지구촌 시대의 문학

지구촌 시대의 문학

초판인쇄일 | 2009년 09월 21일
초판발행일 | 2009년 09월 29일

지은이 | 김욱동
펴낸곳 | 도서출판 황금알
펴낸이 | 金永馥

주간 | 김영탁
실장 | 조경숙
편집 | 칼라박스
표지디자인 | 칼라박스
주 소 | 110-510 서울시 종로구 동숭동 201-14 청기와빌라2차 104호
물류센타(직송 · 반품) | 100-272 서울시 중구 필동2가 124-6 1F
전 화 | 02) 2275-9171
팩 스 | 02) 2275-9172
이메일 | tibet21@hanmail.net
홈페이지 | http://goldegg21.com
출판등록 | 2003년 03월 26일 (제300-2003-230호)

값 17,000원

ISBN 978-89-91601-69-7-03810

지구촌 시대의 문학

김욱동 문학평론집

황금알

기침을 하자
젊은 시인이여 기침을 하자
눈을 바라보며
밤새도록 고인 가슴의 가래라도
마음껏 뱉자
— 김수영

책머리에

물 건너 쪽 한 서양 시인은 시로써는 아무 것도 일어나게 할 수 없다고 절망감을 털어놓은 적이 있다. 시를 비롯한 문학은 길거리에서 벌이는 요란한 시위와 비교해 보면 그야말로 무력하게 보일는지 모른다. "펜이 칼보다 강하다"는 말은 어떤 의미에서는 문필가의 무력함을 애써 감추려는 수사처럼 들린다. 특히 요즈음처럼 영상 매체가 활자 매체를 밀어내고 그 자리에 이미지의 왕국을 세우고 있는 지금 문학이 설 땅은 점점 좁아만 간다. 그리하여 문학은 이제 존재이유 자체를 위협받고 있는 실정에 이르렀다. 이러다가는 자칫 문학이 아예 없어지게 될는지 모른다고 우려하는 사람들마저 있다.

그러나 이러한 생각은 한낱 기우에 지나지 않는다. 진시황제의 분서갱유도, 플라톤의 시인 추방론도 따지고 보면 문학의 힘이 무척 크다는 사실을 보여 주는 반증이었다. 만약 문학이 힘이 없었다면 온갖 책을 불사르고 문인들이나 학자들을 그토록 학대하지는 않았을 것이다. 마찬가지로 플라톤도 자신이 상정하고 있던 이상적 공화국에서 굳이 시인을 추방시키려고 하지 않았을 것이다. 문학의 힘이 생각보다 크다는 사실을 잘 알고 있던 진시황제나 플라톤이었기에 그렇게 책과 문학을 두려워하였던 것이다.

나는 아직껏 문학에 대한 꿈을 포기하지 않고 있다. 포기하기는커녕 오히려 그 꿈을 더욱 키우고 있다. 신약성서에 나오는 탕아처럼 영상 매체에 혼을 빼앗긴 독자들이 언젠가는 다시 문학이라는 아버지의 품 안으로 돌아오리라고 믿고 있다. 지금껏 여러 자리에서 힘주어 말해 왔듯이 활자 매체에 의존하는 문학은 다른 매체에 기대는 어떤 분야한테도 양도할 수 없는 그 나름대로의 권리가 있다. 그런데 그 권리는 다름아닌 무한한 상상력에서 비롯한다. 영상 매체의 이미지는 일시적이지만 문학적 상상력은 영구적이다. 문학은 청마(靑馬) 유치환(柳致環)의 깃발처럼 "소리 없는 아우성"이요 "영원한 노스탤지어의 손수건"이다. 막상 소리는 없지만 그 아우성은 귀를 찌를 듯 요란하고, 휘황찬란하게 시각을 자극하지는 않지만 영원히 사라지지 않는 아련한 향수를 불러일으킨다.

그렇다고 문학이 이러한 권리만을 주장하며 안주할 수는 없다. 구슬이 서 말이라도 꿰어야 보배이듯이 문학도 시대적 요청에 부응하지 않으면 살아남기 힘들고 제 구실을 할 수 없다. 영상전자 매체 시대에 문학이 변신을 꾀하지 않으면 그 권리를 제대로 행사할 수 없다. 그 동안 서양에서나 동양에서나 포스트모더니즘의 거센 물결을 타고 인종, 계급, 성, 자연에 따른 차별의 벽을 허무는 일에 박차를 가해 왔다. 그리하여 동일자와 타자 사이에 놓여 있던 높다란 벽이 많이 허물어져 버렸다. 물론 아직도 허물어야 벽이 남아 있음은 두말할 나위가 없다. 문학가는 이제 '타자의 목소리'에 좀 더 귀를 기울여야 한다.

이 비평집에는 『문학을 위한 변명』(문예출판사, 2002) 이후에 틈틈이 쓴 글을 한데 모았다. 지면을 통하여 발표한 글이 대부분이지만 아직 발표하지 않은 글도 한두 편 있다. 얼핏 다양한 주제에 이렇다 할 일관성이 없어 보이지만 좀 더 꼼꼼히 살펴보면 그 나름대로 한두 주제가 책 전체를 관류하고 있음이 드러난다. 넓은 의미에서 '포스트모더니즘'으로 일컬을 수 있는 이론과 비평 방법으로 텍스트를 읽고 있기 때문이다. 그러고 보니 내가 포스트모더니즘한테 지고 있는 빚은 생각보다 무척 많은 것 같다. 다시 한 번 고백하지만 1980년대 초엽 만약 포스트모더니즘의 세례를 받지 않았다면 나는 지금과는 다른 학문의 길이나 문학의 길을 걷고 있을 것이다.

이번 비평집에는 '지구촌 시대의 문학'이라는 제목을 붙였다. 나라와 나라 사이의 국경이 모두 허물어지다시피 하고 눈부신 정보과학의 발달 덕분에 지구가 하나의 촌락으로 좁아진 지금, 문학 텍스트를 읽는 방법도 달라져야 한다는 점을 보여 주고 싶었다. 「근대적 사유와 탈근대적 반성」에서는 자크 데리다를 비롯한 최근 서구 이론가들의 이론을 조심스럽게 적용해 보았다. 또한 페미니즘의 시각에서 텍스트를 분석한 글도 한두 편 있다. 은유와 환유를 비롯한 수사학의 관점에서 문학 텍스트를 읽은 글도 눈에 띤다. 그런가 하면 지구 온난화 문제가 지적 유희나 담론이 아니라 이제 지구촌 주민 누구에게나 피부에 직접 와 닿는 절실한 문제가 된 지금, 문학 생태학의 관점에서 문학 작품을 다루거나 서구 생태주의 계보를 밝힌 글도 두세 편이나 있다. 참다운 의미의 지구촌이나 세계화란 단순히 공간적인 측면에서만 의미를 지니지 않는다. 공간의 벽을 무너뜨린 것 못지않게 시간의 벽을 허무는 것도 자못 중요하다.

요즈음처럼 책을 출간하기가 여간 망설여지지 않는 때도 없을 듯하다. 그런데도 이렇게 이 책을 출간할 것을 선뜻 허락해 주신 도서출판 '황금알'에게 감사드린다. 특히 여러 조언을 주신 편집주간 김영탁 선생님과 이 책이 햇빛을 볼 수 있도록 원고를 꼼꼼히 읽어 준 편집부 여러분께도 감사를 드린다. 마지막으로 이 책의 원고 일부를 읽고 소중한 조언을 해준 김태철 교수에게 고마움을 표한다.

2009년 여름
김욱동

차례

01

근대적 사유와 탈근대적 반성

— 김춘수와 황지우

한 서양 철학자는 언어를 두고 '존재의 집'이라고 부른 적이 있다. 언어가 존재의 집이라면 언어를 매체로 삼는 문학가는 존재의 집을 짓는 목수라고 할 수 있다. 문학가는 언어를 건축 자재로 삼아 존재의 집을 쌓아올리는 사람이다. 그러나 목수마다 짓는 집이 서로 다르듯이 문학가들이 짓는 문학의 집도 저마다 다르다. 작가마다 짓는 집이 다를 뿐만 아니라 시대에 따라서 짓는 집도 서로 다르다. 이렇게 저마다 모양이 다르고 크기가 다른 문학의 집을 두고 흔히 작가의 세계관, 좀더 좁혀 말해서 작가의 문학관이라고 부른다. 그리고 시대에 따라 달리 지은 집을 문학 전통이니 문학 사조니 하고 부른다.

한국 시인 중에서 김춘수(金春洙)와 황지우(黃芝雨)가 지은 문학의 집은 그 모습과 규모에서 사뭇 다르다. 두말할 나위 없이 그들이 살아온 시대가 서로 다를뿐더러 그들의 문학관과 세계관이 서로 다르기 때문이다. 김춘수가 지은 집이 모더니티(근대성)의 집이라고 한다면 황지우가 세운 집은 가히 포스트모더니티(탈근대성)의 집이라고 할 만하다. 여기에서 모더니즘이니 포스트모더니즘이니 하는 용어를 사용하지 않고 굳이 모더니티와 포스트모더니티라는 용어를 사용하는 것은 두 시인이 지은 존재의 집을 좀더 뚜렷이 대조시키기 위해서이다. 지금까지 포스트모더니즘을 둘러싼 몇 가지 오해는 바로 모더니즘과 모더니티, 포스트모더니즘과 포스트모더니티를 서로 엄격히 구분하지 않고 동의어처럼 사용하였기 때문이다. 다시 말해서 심미적 문예 개념으로서의 모더니즘과 포스트모더니즘은 역사적 · 사회적 개념으로서의 모더니티와 포스트모더니티와는 서로 적잖이 차이가 난다. 빗대어 말하자면 모더니즘을 모더니티, 포스트모더니즘을 포스트모더니티와 혼동하는 것은 다 같이 바다 속에 살고 있다고 하여 상어와 고래를 혼동하는 것과 크게 다르지 않다. 상어는 연골어류에 속하는 물고기이지만 고래는 고릴라처럼 포유류에 속한다.

잘 알려진 바와 같이 제2차 세계대전 이후 본격적으로 모습을 드러내기 시작한 포스트모더니즘은 모더니즘을 비판하고 그것에 도전하되 어디까지나 상당 부분 그 유산을 거의 그대로 물려받다시피 한다. 말하자면 모더니즘에 대하여 포스트모더니즘은 전통의 계승과 단절이라는 이중적이고 양면적인 태도를 취한다. 그러나 포스트모더니티는 모더니티와 좀더 급진적으로 결별을 선언한다. 모더니티는 계몽주의한테서 역사의 발전과 진보, 과학과 기술의 가능성, 이성 숭배, 그리고 자유의 관념 같은 유산을 물려받았고, 이러한 유산은 20세기 중엽에 이르기까지 몇 세기 동안 소중한 덕목으로 융숭한 대접을 받았다. 포스트모더니티는 바로 이러한 계몽주의한테서 물려받은 유산, 위르겐 하버마스의 말을 빌리자면 '계몽주의의 미완성 계획'에 쐐기를 박는다.

시간적 차이를 보더라도 모더니즘은 그 시기를 아무리 일찍 잡는다고 하여도 19세기 말엽 이전으로 거슬러 올라가기 어렵지만 모더니티는 무려 몇 세기에 걸쳐 있다. 가깝게는 19세기 산업혁명, 멀게는 신(神)을 밀어내고 그 자리에 인간을 세운 르네상스 시대, 그리고 더 멀게는 우리가 흔히 '암흑기'라고 잘못 부르는 중세가 끝날 무렵부터 모더니티가 시작한다고 주장하는 학자들이 적지 않다. 모더니티가 끝나고 포스트모더니티가 시작한 시기도 학자에 따라 저마다 달라서 멀게는 제2차 세계대전 이후, 가깝게는 20세기 후반으로 본다. 그러나 포스트모더니티와 포스트모더니즘은 제2차 세계대전을 전후하여 거의 동시에 시작되었다. 모더니즘과 포스트모더니즘을 모더니티와 포스트모더니티와 동일한 위상에서 볼 수 없는 것은 바로 그 때문이다.

1

꽃을 소재로 작품을 쓴 시인이 어찌 김춘수뿐이랴 마는 유달리 그는 그동안 꽃에 자못 깊은 관심을 기울여 왔다. 김소월(金素月)이 진달래, 김영랑(金永郎)이 모란, 서정주(徐廷柱)가 국화를 노래하듯 다른 시인들이 구체적이고 개별적인 꽃을 노래한다면, 김춘수는 어느 특정한 꽃에 얽매이지 않고 꽃 일반을 두루 노래하는 것이 다르다면 다르다. 1950년대 김춘수는 「꽃」(1952)이라는 작품 말고도 이와 같거나 비슷한 제목으로 작품을 많이 썼다. 가령 「꽃의 소묘」를 비롯하여 「꽃을 위한 서시」, 「꽃, 순수한 거짓」, 「두 개의 꽃잎」 등 줄잡아 꼽아 보더라도 꽃에 대하여 그가 쓴 시는 무려 스무 편 가까이 된다.

이 중에서도 「꽃」은 김춘수의 가장 대표적인 작품으로 지금도 널리 애송되고 있는 시로 꼽힌다. 그러나 이 작품을 좀더 자세히 살펴보면 단순히 꽃을 노래하는 것에 그치지 않고 더 나아가 삶에 대한 철학적 입장을 표명하고 있음이 드러난다. 이 작품에서 그는 좁게는 모더니즘, 넓게는 모더니티의 가치를 천명한다. 그렇다면 김춘수는 아직 탈근대성의 세례를 받지 않은 채 근대 합리성의 세계 속에 안주해 있는 셈이다.

> 내가 그의 이름을 불러 주기 전에는
> 그는 다만
> 하나의 몸짓에 지나지 않았다.

내가 그의 이름을 불러 주었을 때
그는 나에게로 와서
꽃이 되었다.

—「꽃」 일부

모두 네 연으로 되어 있는 작품 중에서 처음 두 연이다. 귀에 너무 익어서 그렇지 좀더 꼼꼼히 따져보면 이 시의 통사론적 구조는 어디까지나 서구어의 구조일 뿐 한국어의 구조로 보기 어렵다. 외국어투 문장에 너무 익숙해 있는 탓에 그 사실을 미처 깨닫지 못할 따름이다. 전통적인 우리말 어법에서는 "~하기 전에는 ~하지 않는다"는 문장 구문을 좀처럼 사용하지 않는다. 사정은 두 번째 연도 마찬가지여서 "~할 때 ~이 되었다"라든지, "~가 ~에게로 왔다"라든지 하는 어법도 우리말 통사 구조로서는 서구인들의 몸짓처럼 왠지 낯설다. 한마디로 이 작품은 외국어를 서툴게 옮겨놓은 것 같다.

처음 두 연에서 무엇보다도 눈을 끄는 것은 이항대립의 구조이다. 이 시의 일인칭 화자인 '나'와 그가 말을 걸고 있는 삼인칭 '그'는 첨예한 대립을 이룬다. 둘째 연의 마지막 행을 읽고 나면 '그'는 인간이 아니라 식물인 꽃이라는 사실이 밝혀진다. 그러므로 '나/그'의 이항대립은 좁게는 '동물/식물', 넓게는 '인간/자연'의 이항대립으로 발전한다. 이밖에도 위 두 연을 좀더 꼼꼼히 살펴보면 '주체/객체'를 비롯하여 '유정/무정', '동일자/타자', '명명/무명', '의미/무의미', '이동/정지', '생성/존재' 같은 이항대립이 마치 꽃밭에 도사리고 있는 뱀처럼 숨어 있음이 밝혀진다.

프랑스의 해체주의 이론가 자크 데리다는 이러한 이항대립을 '폭력적'이라고 부른 적이 있다. 이러한 '폭력적' 계급 질서를 붕괴시킴으로써 그는 몇천 년 동안 이어 온 서구 철학을 비판하는 발판으로 삼는다. 데리다는 전통적인 형이상학이 그 동안 자연스럽게 받아들여 온 제1원리나 절대적 기초를 꼼꼼히 들여다보면 거의 예외 없이 이항대립에 의존하고 있음이 드러난다고 지적한다. 가령 이러한 이항대립은 진리/허위, 본질/현상, 선/악, 내용/형식, 이성/감성, 영혼/육체, 주체/객체, 동일자/타자, 시간/공간, 능동성/수동성, 말/글, 파롤/랑그, 기의(시니피에)/기표(시니피앙), 통시성/공시성, 남성/여성, 인간/자연, 문명/원시, 빛/어둠 등 그 예를 하나하나 들 수 없을 만큼 수없이 많다.

데리다는 이러한 이항대립이 받아들일 수 있는 것과 받아들일 수 없는 것, 진리로 인정할 수 있는 것과 진리로 인정할 수 없는 것 사이에 작둣날을 세워 놓는다고 지적한다. 다시 말해서 이항대립은 어쩔 수 없이 상호배타적인 두 구성 요소 가운데에서 유독 어느 한쪽에만 특권을 부여하고, 나머지 다른 한쪽을 부정하게 마련이다. 이항대립의 한쪽은 다른 한쪽을 제외시킴으로써 비로소 자신의 존재이유를 부여받는다. 말하자면 빛과 어둠의 이항대립에서 빛이 빛으로서 의미를 지니는 것은 바로 어둠을 몰아내기 때문인 것과 같다.

데리다는 서구 철학에서 이러한 이항대립의 역사는 꽤 오래되었다고 지적한다. 가깝게는 페르디낭 드 소쉬르의 일반 언어학과 로만 야콥슨을 비롯한 프라하학파의 언어 이론, 멀게는 르네 데카르트의 철학에서 찾아볼 수 있지만 그 뿌리를 거슬러 올라가 보면 까마득히 멀리 서구 철학의 요람과 만나게 된다는 것이다. 영국 철학자 앨프리드 노스 화이트헤드는 언젠가 유럽 철학 전통이란 따지고 보면 결국 플라톤에 대한 일련의 각주에 지나지 않는다고 말한 적이 있다. 서양 철학이 그만큼 플라톤한테서 지고 있는 빚이 무척 크다는 말일 것이다. 한마디로 플라톤 이후 서구 철학은 이항대립의 토대 위에 세워진 집과 같다.

플라톤과 아리스토텔레스로부터 마르틴 하이데거에 이르기까지 서구 철학, 좀더 넓은 의미에서 서구 문화는 하나같이 '만물의 창조자로서의 하나님'을 비롯하여 '플라톤적 형식' 같은 어떤 통일성의 원리로 작용하는 중심적 체계를 토대로 삼아 왔다. 절대적 중심이 되는 통일성의 원리를 지향하려는 욕망은 초월적 신이나 플라톤적 형식 말고도 '절대적 지식', '근원적 진리', '결정적 의미 작용' 같은 의미에 대한 태도, 그리고 '통일된 존재', '자의식적 의식', '궁극적 본질', '고정 불변한 의도' 등에서도 엿볼 수 있다. 이 밖에도 이러한 절대성에 대한 추구나 갈망은 시대마다 여러 얼굴로 나타난다. 데리다는 이렇게 어떤 절대적 권위에 지향하려는 태도를 바로 로고스중심주의라고 부른다.

데리다는 서양의 형이상학이 기초하고 있는 이러한 이항대립의 집을 무너뜨리는 데 온힘을 쏟는다. 특히 그는 이항대립을 이루고 있는 구성 요소들이 언뜻 겉으로는 서로 맞서는 것처럼 보일는지 모르지만 실제로는 이 두 항목 가운데 어느 한쪽은 다른 쪽 속에 이미 내재되어 있다고 지적한다. 물론 이항대립으로부터 완전히 벗어난다는 것은 그렇게 쉬운 일이 결코 아닐 것이다. 이항대립은 지금까지 인간 사고와 경험의 범주에 가장 핵심적인 원칙으로 작용해 왔기 때문이다. 그러나 데리다는 인간이 이러한 이항대립적 사고의 틀에서 벗어나지 않는 한 참다운 사고를 하기란 매우 어렵다고 지적한다. 어떤 의미에서는 '해체'나 '해체주의'는 이렇게 이항대립의 벽을 허물어 버리려는 데리다의 태도를 일컫는 용어에 지나지 않는다.

로고스중심주의를 굳게 믿는 전통적인 서양 철학자들과 마찬가지로 김춘수도 「꽃」에서 이항대립의 굳건한 토대 위에 사상의 집을 짓는다. 이 작품에서 화자인 '나'는 주체에 해당하는 반면, 꽃인 '그'는 객체에 해당한다. 주체인 '나'가 객체인 '그'에게 꽃이라는 이름을 불러 주기 전에는 '그'는 꽃이 아니라 오직 '하나의 몸짓'에 지나지 않을 뿐이다. '나'가 '그'에게 꽃이라고 명명해 줄 때 비로소 '그'는 꽃이라는 존재가 된다. 동양에서나 서양에서나 이렇듯 이름을 짓는 명명(命名) 행위는 아주 중요하다. 흔히 구조주의적 마르크스주의 이론가로 일컫는 루이 알튀세르의 용어를 빌려 말한다면 이데올로기가 개인을 주체로 종속시키는 '호명(呼名)' 행위에 해당하는 것이다.

구약성서 「창세기」에는 하나님이 "'빛이 생겨라' 하니 빛이 생겼다"(1장 3절)는 구절이 나온다. 또한 빛과 어둠에 이름을 부여하여 낮과 밤이 생긴다. 그런가 하면 하나님이 에덴동산에서 아담에게 동물을 끌고 오자 "그 사람이 살아 있는 동물 하나하나를 이르는 것이 그대로 동물들의 이름이 되었다"(1장 19절)고 씌어 있다. 이렇게 어떤 대상에게 이름을 붙여 주는 행위는 상대방에게 권위를 행사하고 자신의 지배적 지위를 확인하는 것을 뜻한다. 여기에서 한 걸음 더 나아가 명명 행위는 동일성이나 정체성 또는 존재이유를 부여해 주는 역할을 하기도 한다.

한편 '나'는 명명 행위를 통하여 꽃에게 존재이유를 부여할 수 있듯이 이와는 반대로 언제든지 꽃을 무명(無名)의 세계로 사라지게 할 수도 있다. 가령 김춘수의 「꽃 2」는 이러한 경우를 잘 보여 준다.

> 바람도 없는데 꽃이 하나 나무에서 떨어진다. 그것을 주워 손바닥에 얹어 놓고 바라보면 바르르 꽃잎이 훈김에 떤다. 화분(花粉)도 난[飛]다. '꽃이여!'라고 내가 부르면 그것은 내 손바닥에서 어디론지 까마득히 떨어져 간다.
>
> 지금, 한 나무의 변두리에 뭐라는 이름도 없는 것이 와서 가만히 머문다.
>
> —「꽃 2」 전문

이 작품은 여러모로 「꽃」과 상호텍스트적 관계를 맺고 있다. 물론 상호텍스트성이 다른 시인의 작품과의 관련성에서 일어나는 것이 아니라 어디까지나 같은 시인의 작품 안에서 일어나기 때문에 '개인적 상호텍스트성' 또는 '내적 상호텍스트성'이라고 부르는 쪽이 더 정확할 것이다. 어찌 되었던 「꽃」에서는 '나'가 꽃의 이름을 부르면 꽃이 '나'를 향하여 다가오지만, 「꽃 2」에서는 "꽃이여!" 하고 부르자 오히려 꽃이 화자의 손바닥에서 떨어져 나간다. 그런 뒤 "이름도 없는 것"이 되어 나무 한 그루 변두리에 가만히 머문다.

그런데 여기에서 찬찬히 눈여겨보아야 할 것은 '그'나 '그것'이 '나'의 명령을 거부하지 않고 충실히 따른다는 점이다. 「꽃」에서 화자는 '그'에게 꽃이라는 이름을 불러 주자 "그는 나에게로 와서 / 꽃이 되었다"고 말한다. 「꽃 2」에서도 화자가 "꽃이여!"라고 부르자 "어디론지 까마득히 떨어져 간다"고 밝힌다. 다시 말해서 '나'는 '그'나 '그것'에게 명령을 내리고, '그'나 '그것'은 그 명령에 고분고분히 따르는 것이다. '나'는 같은 자리에서 서 있거나 앉아서 명명하고 명령을 내리는 반면, '그'나 '그것'은 그러한 행동을 하는 '나'를 향하여 다가오거나 멀어져 간다. 그 방향성이 다를 뿐 꽃이 '나'의 명령에 따라 움직인다는 점에서는 조금도 다르지 않다.

이렇듯 김춘수의 이 두 작품을 읽다 보면 서슬 퍼런 계몽주의나 근대성한테서 물려받은 유산이라고 할 인간중심주의가 도사리고 있음을 알 수 있다. 인간인 '나'는 만물의 영장으로서 한낱 풀에 지나지 않는 '그'에게 절대적인 권한과 권위를 행사한다. '나'의 앞에서 '그'나 '그것'은 그지없이 초라하고 무력할 수밖에 없다. 또한 하나님의 형상을 따라 빚어졌다는 인간과, '하나의 몸짓'이거나 '이름도 없는 것'에 지나지 않는 꽃 이전의 어떤 대상 사이에는 그야말로 건너지 못할 심연이 가로놓여 있다.

그러나 좀더 자세히 뜯어보면 김춘수가 「꽃」에서 이항대립의 주춧돌 위에 세운 로고스중심주의의 집은 모래 위에 세운 집처럼 쉽게 무너져 내린다는 것을 알 수 있다. 이 시의 화자인 '나'는 그 자체로 아무런 본질이 없고 오직 꽃을 통해서만 존재이유를 부여받기 때문이다. 만약 '나'에게 아무런 본질이나 존재이유가 없다면 꽃을 지배할 근거를 잃어버리게 된다. 여성이 있기 때문에 남성이 남성으로서의 본질과 존재이유를 부여받고, 어둠이 있기 때문에 빛이 빛으로서 본질과 존재이유를 지니는 것과 똑같은 이치이다.

더구나 '나/그'를 비롯하여 '주체/객체', '동일자/타자', '인간/자연', '동물/식물', '유정/무정' 같은 이항대립도 「꽃」의 나머지 두 연을 보면 언뜻 겉으로 보이는 것과는 달리 그렇게 계급질서적인 관계를 맺고 있지 않다는 사실이 밝혀진다. 그들 사이에는 계급질서적인 수직적 관계보다는 오히려 대등한 수평적인 관계가 이루어진다.

> 나의 이 빛깔과 향기에 알맞는
> 누가 나의 이름을 불러다오.
> 그에게로 가서 나도

그의 꽃이 되고 싶다.

우리들은 모두
무엇이 되고 싶다.
너는 나에게 나는 너에게
잊혀지지 않는 하나의 눈짓이 되고 싶다.

—「꽃」 일부

객체인 '그'에 대하여 그토록 권력을 행사하던 주체인 '나'도 이제는 한낱 객체의 위치로 떨어진다. 주체에서 객체로의 전락은 "누가 나의 이름을 불러다오. / 그에게로 가서 나도 / 그의 꽃이 되고 싶다"는 구절에서 단적으로 엿볼 수 있다. 앞의 두 연에서는 화자요 주체인 '나'가 '그'에게 이름을 불러 주어 그를 꽃으로서의 존재이유를 부여해 준다. 그러나 이 마지막 두 연에 이르러서는 이와는 정반대로 화자요 주체는 "누가 나의 이름을 불러다오" 하고 말하면서 오히려 다른 대상한테서 명명을 통하여 존재이유를 부여받고 싶어한다.

그런가 하면 처음 두 연에서는 '그'가 직접 화자요 주체인 '나'한테 다가가서 꽃으로서의 존재이유를 부여받지만, 뒤의 두 연에서는 '나'가 '그'한테로 다가가서 그의 꽃이 되고 싶다고 말한다. 맨 마지막 연 "우리들은 모두 / 무엇이 되고 싶다. / 너는 나에게 나는 너에게 / 잊혀지지 않는 하나의 의미가 되고 싶다"라는 구절에 이르면 '나'와 '그', 주체와 객체, 동일자와 타자 사이에 놓여 있던 높다란 장벽은 온데간데없이 사라지고 만다.

마지막 연에서 특별히 눈을 끄는 것은 '우리들'이라는 일인칭 복수형이다. 지금까지 김춘수는 '나'나 '그'처럼 일인칭이건 삼인칭이건 주로 단수형을 사용해 왔다. 그러나 마지막 연에 이르러서는 삼인칭 단수형 대명사가 어느덧 일인칭 복수형 대명사로 바뀐다. 개별적인 개체가 집단으로 변모하는 것이다. 개별적인 자아인 '나'와 집단적인 자아인 '우리' 사이에는 큰 차이가 있다.

일인칭 '나'와 삼인칭 '그'의 날카로운 대립도 "너는 나에게 나는 너에게" 처럼 일인칭 '나'와 이인칭 '너' 사이의 쌍방적 관계로 바뀐다. 독일의 철학자요 유태 사상가인 마르틴 부버는 유태교의 신비주의에 바탕을 두어 인간관을 현대에 접목하려고 애썼다. 『너와 나』(1923)를 비롯한 책에서 그는 임마누엘 칸트도 게오르크 빌헬름 프리드리히 헤겔도 시원하게 대답하지 못한 "인간이란 무엇인가?"라는 물음에 답하려고 하였다. 부버는 구체적인 실존에 기반을 두어 '닫힌 서양 철학'을 넘어 만남을 탐구하였고 '더불어' 존재하는 인간에 주목한 대화의 철학자였다. 그는 인간의 존재를 '더불어 존재하는 인간' 또는 '사이존재'라고 부른다. 인간이란 말하자면 '나와 너의 만남' 속에서 살아가는 존재라는 것이다.

그런가 하면 맨 마지막 행에 이르러 첫 연의 '몸짓'이 갑자기 '눈짓'으로 바뀐다는 점도 찬찬히 눈여겨보아야 한다. 김춘수는 이 시를 처음 발표할 때는 '눈짓' 대신에 '의미'라는 어휘를 사용하였다. 그러다가 시 전집을 간행하면서 '눈짓'이라는 말로 살짝 바꿔 놓았다. 음악적 효과는 접어두고라도 이 두 낱말 사이에는 의미에서 그야말로 엄청난 차이가 난다. '눈짓'이라는 순수한 토박이말은 이미지에서 '의미'라는 한자어보다는 훨씬 더 구체적이고 감각적이다.

또한 '의미'라는 말이 마네킹에 박힌 눈처럼 죽어 있는 느낌을 준다면, '눈짓'이라는 말에서는 아름다운 미녀의 교태처럼 이미지가 살아서 꿈틀거린다. 같은 '짓'이라도 '몸짓'과 '눈짓'은 적잖이 차이가 난다. 몸짓이 몸을 움직여 어떤 뜻을 나타내는 행동이라면, 눈짓은 눈을 움직여서 상대편에게 어떤 뜻을 전달하거나 암시하는 동작이다. 직접적이고 명시적인 몸짓과는 달리 눈짓은 어디까지나 간접적이고 묵시적이다. 그렇기 때문에 몸짓보다는 눈짓이 호소력이 훨씬 더 강할는지 모른다. 시인이 이렇게 굳이 '의미'를 '눈짓'으로 바꾼 데에는 그럴 만한 까닭이 있다.

이렇게 단수형에서 복수형으로, '나–그'의 물화적(物化的) 관계에서 '너–나'의 대화적 관계로, '의미'가 '눈짓'으로 바뀌면서 마치 죽은 나뭇가지에서 푸른 잎이 피어나듯 그야말로 생명의 신비가 되살아난다. 김춘수가 로고스 중심주의의 집을 세우는 데 주춧돌로 사용한 이항대립은 이제 별다른 의미가 없다는 사실이 밝혀진 셈이다. 「꽃」이라는 집은 이미 그 안에 붕괴될 수밖에 없는 내적 모순이나 결락 또는 무의식을 지니고 있기 때문이다. 말하자면 근대성이 그 자체에 내재되어 모순 때문에 스스로 붕괴된 것과 똑같은 이치인 것이다.

2

김춘수의 「꽃」은 또 다른 점에서 근대성의 젖을 떼지 못하고 여전히 그것으로부터 자양분을 얻고 있다. 라이너 마리아 릴케를 비롯한 서구 모더니즘 시인들한테서 한 차례 강하게 세례를 받은 김춘수는 어떤 시인보다도 인간의 자아와 언어의 힘을 굳게 믿는다. 그 동안 서구 철학이나 문학은 인간의 자아는 말할 것도 없고 언어와 세계 사이의 관계를 지극히 당연하고 자연스러운 것으로 믿어 왔다. 자크 데리다의 해체주의도 따지고 보면 한편으로는 이항대립의 '폭력적' 계급 조직을 붕괴하고, 다른 한편으로는 이러한 인간 주체와 언어관을 비판하는 것에 지나지 않는다. 텍스트가 기초하고 있는 근거가 유사(流砂)처럼 불안정하다는 사실을 드러내는 데에는 아마 매체인 언어와 그 언어를 사용하는 주체를 문제 삼는 것보다 더욱 효과적인 방법도 없을 것이다.

김춘수는 「꽃」에서 화자 '나'가 '그'에게 이름을 불러 주기 전에는 한낱 '몸짓'에 지나지 않지만 그 이름을 불러 주자 비로소 '꽃'이 되었다고 말한다. 또한 '나'는 '그'한테로 가서 그의 '꽃'이 되고 싶다고 밝히기도 한다. 그런데 여기에서 무엇보다도 중요한 것이 다름아닌 '나'의 역할이다. 화자인 '나'는 다름아닌 의식의 주체요 의미의 기원이다. 바꾸어 말해서 '나'를 떠나서는 아무것도 의식할 수가 없을 뿐만 아니라 어떠한 의미를 표현하거나 전달할 수도 없다.

특히 김춘수의 자아에 관한 개념은 18세기 영국 철학자 조지 버클리의 주관적 관념론에 가깝다. 지금까지 많은 존재론자들은 "존재한다는 것은 곧 지각한다는 것이다"는 버클리의 그 유명한 명제를 주관적 관념론의 출발점으로 삼아 왔다. 이 이론에 따르면 물리적 대상은 그것을 의식하는 정신을 떠나서는 한 순간도 존재할 수 없다. 김춘수의 「꽃」에서도 꽃이라는 대상이 존재할 수 있는 것은 어디까지나 그 대상을 의식하는 '나'라는 개별적 자아가 존재하기 때문이다.

물리적 대상을 의식하는 정신은 르네 데카르트가 일찍이 『방법서설』(1637)에서 "나는 생각한다. 그러므로 나는 존재한다"고 말하였을 때의 바로 그 '나'이다. 데카르트는 비록 이 세상에 존재하는 다른 모든 것에 대해서는 의심을 품을 수 있어도 지금 사유하고 있는 순간만은 자신이 존재한다는 사실을 의심할 수 없다고 지적하였다. 그는 이 명증적인 제1원리에서 출발하여 모든 존재 인식을 이끌어 내려고 하였던 것이다. 데카르트가 말한 명제를 줄여 한마디로 '코키토'로 부르기도 한다. 그는 본디 이 명제를 "Cogito, ergo sum"이라는 라틴어가 아닌 "Je pense, donc je suis"라는 프랑스어로 말하였다. 그러나 히포의 아우구스티누스도 『신의 도시』에서 동일한 표현을 사용하였기 때문에 데카르트 철학이 중세 철학과 단절한다는 점을 강조하기 위하여 이 라틴어 표현을 훨씬 더 널리 사용해 왔던 것이다.

이렇게 근대성에서 데카르트적 자아는 자율적이고 합리적이며 독립적이며 일관성을 지닌다. 앞에서도 이미 밝혔듯이 르네상스 이후 인간은 신을 밀어내고 그 자리에 자신을 세워놓았다. 신 중심의 세계관에서 해방된 인간은 자유스런 지적 행위자로서 아주 융숭한 대접을 받고, 역사적 상황이나 문화적 상황에 얽매이지 않은 채 비교적 자유롭게 사유하고 판단할 수 있다. 방금 앞에서 데카르트의 말을 인용하였지만 그는 앞서 인용한 말 바로 다음에 "나는 의도와 목적과 목표를 지니고 있다. 그러므로 나는 내 행위의 유일한 기원이며 자유로운 행위자이다"라고 덧붙인다.

그런데 문제는 신에서 해방된 자아가 '행위의 유일한 기원'이며 '자유로운 행위자'에 머물지 않고 한 발 더 나아가 다른 피조물 위에 군림하여 지배하고 통치한다는 데 있다. 「창세기」의 저자의 기록대로 '신의 형상대로'로 지음을 받은 인간은 그 동안 만물의 영장으로서 그야말로 무소불위한 막강한 힘을 떨쳐 왔다.

> 나는 시방 위험한 짐승이다.
> 나의 손이 닿으면 너는
> 미지(未知)의 까마득한 어둠이 된다.
>
> 존재(存在)의 흔들리는 가지 끝에서
> 너는 이름도 없이 피었다 진다.
> 눈시울에 젖어드는 이 무명(無名)의 어둠에
> 추억의 한 접시 불을 밝히고
> 나는 한밤내 운다.
>
> —「꽃을 위한 서시」 일부

이 작품에서 김춘수가 밝히듯이 인간은 이제 '위험한 짐승'과 크게 다르지 않다. 막강한 힘을 행사할 수 있는 '나'는 마음만 먹으면 언제든지 '너'인 꽃을 파괴하고 이 세상에서 사라지게 할 수 있다. 화자가 "나의 손이 닿으면 너는 / 미지의 까마득한 어둠이 된다"고 위협적으로 말하는 까닭이 바로 여기에 있다. 이러한 상황에서 꽃은 "존재의 흔들리는 가지 끝에" 매달린 채 "이름도 없이 피었다" 지는 보잘것없고 가엾기 그지없는 존재일 뿐이다. 화자인 '나'의 기분에 따라 한 순간에 꽃은 '무명의 어둠'으로 전락할 수도 있다.

여기에서 잠깐 '무명'이라는 말을 좀더 찬찬히 눈여겨볼 필요가 있다. 처음 이 작품을 발표할 때와 초판본 이후에 나온 몇몇 텍스트에서 김춘수는 이 무명이라는 말을 '無名' 대신에 '無明'이라는 한자어로 표기하였다. 그러나 바로 앞의 "너는 이름도 없이 피었다 진다"의 그 '이름'과 관련지어 보면 빛이 없어 어둡다는 뜻의 '무명'보다는 아무래도 이름이 없다는 뜻의 '무명'이 훨씬 더 걸맞은 것 같다. 더구나 '無名'은 「꽃」에서 말하는 명명의 문제와도 맞아 떨어진다. 「꽃」에서는 화자가 '그'에게 꽃이라는 이름을 붙여 줌으로써 꽃으로서의 정체성과 존재이유를 부여해 주었지만, 「꽃을 위한 서시」에서는 꽃을 파괴함으로써 오히려 그 정체성과 존재이유를 박탈할 수 있다는 가능성을 강하게 내비친다.

한편 이렇게 개별적 자아가 행위의 주체가 되고 의미의 기원이 될 수 있는 것은 바로 인간에게 언어가 있기 때문이다. 그 동안 철학자들은 온갖 방법으로 인간을 다른 동물과 구분 지으려고 애써 왔다. 가령 도구를 사용한다든지 (호모 파베르), 지혜를 지니고 있다든지 (호모 사피엔스), 놀이를 할 수 있다든지 (호모 루덴스), 심지어 부평초처럼 정처 없이 떠돌아다닌 다는지 (호모 비아토르) 하는 특성에서 동물과 다른 점을 찾으려고 한다. '호모 로쿠엔스'라고 하여 언어를 사용할 줄 안다는 점에서 인간이 동물과 다른 특성을 찾으려는 학자도 있다. 이 세계에 존재하는 모든 대상에 대한 지각은 어디까지나 언어와 그 언어를 통한 명명에 의하여 이루어진다는 것이다.

김춘수의 「꽃」에서 '나'(주체)와 '그'(객체) 사이를 서로 밀접하게 연결시켜 주는 연결고리는 다름아닌 언어이다. 만약 이 세계에 언어가 없다면 주체는 아예 처음부터 객체를 '꽃'이라고 부를 수도 없을 것이다. 이러한 관점에서 보면 김춘수의 「꽃」은 언어 공동체를 강조하는 작품이기도 하다. 언어의 소중함을 쉽게 잊어버리고 살고 있지만 인간은 언어가 없다면 한 순간도 살아갈 수가 없다. 그것은 마치 물고기가 물을 떠나서는 한 순간도 살 수 없는 것과 같다. 인간은 언어로써 말할 뿐만 아니라 언어로써 생각하고 언어로써 판단을 내린다. 이렇게 오직 언어라는 유리창을 통하여 세계를 바라볼 수 있다는 생각은 비단 구조주의자들의 이론만이 아니다. 그 이전에도 적지 않은 철학자들이 언어의 중요성을 입에 침이 마르도록 끊임없이 역설해 왔다.

더구나 이 작품의 화자요 주체인 '나'가 객체요 대상인 '그'에게 꽃으로서의 정체성과 존재이유를 부여해 줄 수 있는 것은 바로 언어의 지시적 성격 때문이다. 비록 이 세계에 언어가 존재해 있어도 언어에 사물을 올바로 지칭하는 기능이 없다면 꽃을 꽃이라고 부를 수 없을 것이다. 근대성의 언어학에서는 언어와 세계 사이에 일대일의 상응 관계가 성립해 있다고 굳게 믿고 있었다. 다시 말해서 기표(시니피앙)와 기의(시니피에)는 서로 일대일로 상응하는 것으로 보았다. 만약 '나'가 '그'에게 꽃이라고 불렀는데 꽃 대신에 나무나 풀이 대답한다면 언어는 지시적 기능을 모두 잃어버리는 것이 된다.

전통 언어학에서 말하는 언어의 지시적 기능은 투명한 유리창에 빗댈 수 있다. 인간은 투명한 유리창을 통하여 세계를 바라본다. 김춘수의 「꽃」에서 화자 '나'가 '그'를 꽃이라고 부를 수 있는 것은 어디까지나 언어가 투명한 유리창과 같은 구실을 하기 때문이다. 만약 '나'가 사용하는 언어가 투명하지 않다면 '나'는 '그'를 꽃이라고 부를 수 없을 것이고, 꽃이라고 부를 수 없다면 '그'는 꽃으로서 아무런 존재이유를 부여받지 못한 채 어쩌면 풀이나 나무로서 남아 있을 수밖에 없을는지도 모른다. 한마디로 아직 '의미'가 되지 못하고 오직 '몸짓'으로만 남아 있을 것이다. 물론 '몸짓'도 의사소통의 기호로서는 가치가 없지 않지만 인간의 언어로서는 아직 충분하다고 할 수 없을 것이다.

3

김춘수가 「꽃」을 비롯한 일련의 작품에서 근대성의 가치와 사유에 무게를 싣는다면, 황지우는 「게 눈 속의 연꽃」(1990)을 비롯한 일련의 작품에서 근대성의 가치와 사유에 의문을 품으면서 탈근대성의 반성에 좀더 무게를 싣는다. 김춘수는 일제 강점기에 태어나 혹독한 식민주의를 몸소 겪으면서 신산스런 삶을 살았다. 식민지 지식인으로 그가 겪은 고통이 무척 컸을 것이다. 한편 황지우는 황지우대로 어수선한 한국전쟁 막바지에 태어나 유신 독재 정권과 1980년대 초 광주민주화 운동을 거치면서 역사의 거친 맥박을 몸소 겪으며 살았다. 이렇게 비록 온갖 고통과 시련을 겪으며 살아 왔을망정 두 시인이 살아온 시대, 그리고 그들이 호흡한 시대정신은 서로 사뭇 다르다.

김춘수가 일본 문인들이 서양 문학에서 수입해 온 모더니즘의 세례를 받은 것처럼, 황지우는 1980년대와 1990년대에 걸쳐 알게 모르게 포스트모더니즘의 세례를 한차례 받는다. 황지우가 왕성하게 작품 활동을 하던 이 무렵에는 태평양 건너 쪽에서나 한반도 안에서나 포스트모더니즘의 회오리바람이 한바탕 휘몰아치던 시기였다. 미학을 전공한 시인답게 예술적 조류에 예민한 황지우는 간접 또는 직접으로 이러한 시대정신을 호흡하지 않을 수 없었고, 이러한 과정에서 자연스럽게 어느 시인보다도 탈근대성에 일찍 눈을 떴다. 기법과 형식에서 과감하게 실험을 꾀하는 한편, 주제와 내용에서는 근대성에서 벗어나 탈근대성을 지향하려고 애쓰는 흔적을 곳곳에서 찾아볼 수 있다.

> 처음 본 모르는 꽃이여, 이름을 받고 싶겠구나
> 내 마음 어디에 자리하고 싶은가
> 이름 부르며 마음과 교미하는 기간,
> 나는 또 하품을 한다
>
> 모르는 꽃이여, 내 마음은 너무 빨리
> 식은 돌이 된다. 그대 이름에 내가 걸려 자빠지고
> 흔들리는 풀꽃은 냉동된 돌 속에서도 흔들거린다
> 나는 정신병에 걸릴 수도 있는 짐승이다
>
> —「게 눈 속의 연꽃」 일부

김춘수의 작품을 잘 알고 있는 독자라면 아마 황지우가 이 작품에서 꽃을 소재로 쓴 김춘수의 일련의 작품을 상호텍스트로 삼고 있다는 사실을 금방 눈치 챌 것이다. 첫째 연은 「꽃」과 상호텍스트적 관계를 맺고 있고, 둘째 연은 「꽃을 위한 서시」와 「꽃의 소묘」를 비롯한 몇몇 작품과 상호텍스트적 관계를 맺고 있다. 좀더 구체적으로 말해서 첫째 연의 "처음 본 모르는 꽃이여, 이름을 받고 싶겠구나"라는 구절은 "'꽃이여!'라고 내가 부르면"(「꽃 2」) 이라는 구절과, "내가 그의 이름을 불러 주었을 때 / 그는 나에게로 와서 / 꽃이 되었다"(「꽃」)라는 구절을 한데 뒤섞어 살짝 비틀어 놓은 것이다.

이러한 사정은 둘째 연에서도 크게 다르지 않다. "나는 정신병에 걸릴 수도 있는 짐승이다"라는 구절에서 황지우는 "나는 시방 위험한 짐승이다"(「꽃을 위한 서시」)라는 구절을 한 발 더 밀고 나간다. 또한 "흔들리는 풀꽃은 냉동된 돌 속에서도 흔들거린다"라는 구절은 "존재의 흔들리는 가지 끝에서"(「꽃을 위한 서시」), 그리고 "꽃이여 (……) / 나는 싸늘하게 굳어서 / 돌이 되는데"(「꽃의 소묘」)라는 구절을 마치 그림퍼즐처럼 짜 맞추어 만든 구절이다.

모더니스트답게 문학의 순수성과 창조성에 무게를 싣는 김춘수와는 달리, 포스트모더니스트라고 할 황지우는 문학 텍스트를 그렇게 순수하고 독창적인 것으로 보지 않는다. 구약성서 「전도서」의 저자는 "이미 있던 것이 훗날에 다시 있을 것이며, 이미 일어났던 일이 훗날에 다시 일어날 것이다. 이 세상에 새 것이란 없다"(1장 9절)고 잘라 말한다. 의식적 또는 무의식적으로 포스트모더니즘을 호흡한 황지우는 「전도서」의 저자처럼 태양 아래 새로운 것이 없듯이 문학의 세계에서도 참다운 의미에서 창조적이고 독창적인 작품이란 없다고 생각하는 듯하다. 실제로 어느 문학 텍스트 안을 자세히 들여다보면 수많은 다른 텍스트가 고생물을 간직하고 있는 화석처럼 온갖 흔적을 남기도 있음을 볼 수 있다.

이렇게 황지우의 「게 눈 속의 연꽃」과 김춘수의 「꽃」은 상호텍스트적인 관계를 맺고 있으면서도 그 세계관에서는 그야말로 하늘과 땅만큼 큰 차이가 난다. 김춘수의 작품에서는 '나'와 '그', 인간과 자연, 주체와 객체, 동일자와 타자 사이에 이항대립의 높다란 장벽이 가로놓여 있다. 이 작품에서 이러한 이항대립은 텍스트의 집이 기초하고 있는 주춧돌이라고 할 수 있다. 앞에서 이미 지적하였듯이 '나' · 인간 · 주체 · 동일자는 '그' · 자연 · 객체 · 타자보다 언제나 우월한 위치를 차지하면서 그 위에 군림하여 막강한 힘을 떨치고 있다.

그러나 황지우의 작품에서는 이러한 이항대립은 아무리 눈을 씻고 찾아보아도 찾아보기 어렵다. '나'와 '너(그대)'의 관계가 이루어져 있지만 자크 데리다가 가히 '폭력적'이라고 규정한 이항대립의 관계와는 거리가 멀어도 한참 멀다. "처음 본 모르는 꽃이여"라는 첫 연의 첫 마디부터가 화자와 그 대상이 소원하고 무관심한 관계를 맺고 있다는 사실을 드러낼 뿐 어떠한 지배와 종속의 관계를 드러내지는 않는다. 화자가 꽃을 처음 보았으면 마땅히 모르는 꽃일 터인데도 굳이 췌언법(贅言法)을 구사하여 이렇게 말하는 것은 그 관계가 서로 이해관계가 뒤얽힌 복잡한 관계가 아닐 뿐만 아니라 무관심하고 소원한 관계라는 사실을 힘주어 말하기 위해서이다.

더구나 꽃이 묻지도 않는데도 화자는 꽃에게 먼저 "이름을 받고 싶겠구나 / 내 마음 어디에 자리하고 싶은가" 하고 친절하게 묻는다. 꽃의 의중을 미리 알고 있지 않고서는 던질 수 없는 물음이다. 또한 화자가 꽃을 '너'라고 낮추어 부르지 않고 '그대'라고 짐짓 높여 부르는 것도 여간 예사롭지 않다. 그런데 화자가 '그대'라고 이렇게 높여 부르는 꽃이 꽃 중의 꽃으로 일컫는 장미나 백합 같은 화려한 꽃이 아니라 한낱 보잘것없는 풀꽃이라면 더더욱 놀랄 것이다. 김춘수의 작품에서는 어느 꽃을 가리키는지 명시적으로 드러나 있지는 않지만 모르긴 몰라도 아마 장미나 백합처럼 꽃병에 꽂아 놓은 꽃일 것이다. 그는 이 작품을 창작하게 된 동기와 관련하여 교사 생활을 하던 1950년대 초 교실에서 우연히 꽃병에 꽂힌 꽃을 보고 문득 시상(詩想)을 얻었다고 밝힌 적이 있다. 그러나 황지우가 「게 눈 속의 연꽃」에서 노래하는 꽃은 꽃병에 꽂힐 만큼 화려한 꽃이 아니라 한낱 길가에 피어 있는 보잘것없고 초라한 풀꽃일 뿐이다. "흔들리는 풀꽃이여, 유명해졌구나" 하고 말하는 까닭이 바로 여기에 있다.

흔들리는 풀꽃이여, 유명해졌구나
그대가 사람을 만났구나

돌 속에 추억에 의해 부는 바람,
흔들리는 풀꽃이 마음을 흔든다

내가 그대를 불렀기 때문에 그대가 있다
불을 기억하고 있는 까마득한 석기 시대,
돌을 깨뜨려 불을 꺼내듯
내 마음 깨뜨려 이름을 빼내가라

—「게 눈 속의 연꽃」 일부

초라하고 연약한 풀꽃이기 때문에 바람이 조금만 불어도 흔들릴 수밖에 없다. 앞에서 인용한 둘째 연과 방금 인용한 첫 연에서도 엿볼 수 있듯이 '흔들리는'이나 '흔들거린다'라는 말을 유난히 자주 사용하는 것은 그 때문이다. 또한 여기에서 '유명해졌구나'라는 말을 찬찬히 눈여겨보아야 한다. 한낱 풀꽃에 지나지 않는 꽃에게 유명해졌다고 하는 말은 반어법으로 자칫 빈정대는 것으로 들릴는지도 모른다. 그러나 지금까지 화자가 꽃에 대하여 보여 준 태도나 관심에 비추어보면 반어법이 아니라 액면 그대로 받아들여야 한다. '유명해졌다'는 것은 이름이 널리 알려져 있다는 뜻이지만 축어적으로 해석하면 이름을 얻었다는 말, 곧 정체성이나 존재이유를 획득하였다는 말이 된다. 꽃을 소재로 한 김춘수의 일련의 작품이 꽃의 무명성(無名性)을 강조한다면, 황지우의 작품은 꽃의 유명성(有名性)을 강조한다. "그대가 사람을 만났구나"라는 구절을 보면 더더욱 그러한 생각이 든다. 그런데 이 표현은 꽃이 화자를 만났다는 뜻보다는 자신을 알아주는 사람을 제대로 만나 이름을 얻게 되었다는 뜻이다.

그러고 보니 "흔들리는 풀꽃이 마음을 흔든다"는 구절도 그 뜻이 새롭다. 여기에서 황지우는 그 특유의 장난기가 발동하여 말장난(펀)을 한다. 앞의 '흔들리는'이라는 형용사는 두말할 나위 없이 풀꽃이 바람에 나부끼는 모습을 가리킨다. 그러나 뒤의 '흔든다'는 동사는 이와는 조금 다른 뜻을 지닌다. 한 국어사전에는 이 말을 "어떤 일이나 말이 사람의 마음을 동요하게 하거나 약한 상태가 되게 하다"로 풀이한다. 그렇다면 화자는 바람에 흔들리는 풀꽃 때문에 마음이 동요를 받고 있는 것이다. 여기에서도 화자와 꽃, 주체와 객체 사이에서 이항대립 구조에 기초한 어떤 지배와 종속의 관계를 찾아보기란 어렵다.

둘째 연의 첫 행 "내가 그대를 불렀기 때문에 그대가 있다"는 구절은 자칫 권위적이고 위협적으로 들릴는지 모르지만 좀더 꼼꼼히 따져보면 실제로는 그렇지가 않다는 것이 밝혀진다. "돌을 깨뜨려 불을 꺼내듯 / 내 마음 깨뜨려 이름을 빼내가라"는 다음 구절을 보면 더더욱 그러한 생각이 든다. 까마득히 멀리 석기시대부터 인간이 부싯돌을 이용하여 불을 얻었듯이 풀꽃도 화자의 마음을 '깨뜨려' 이름을 얻어 가라고 권한다. 권면이나 충고일지언정 명령이나 협박과는 거리가 멀다. 화자가 꽃에게 "내가 그대를 불렀기 때문에 그대가 있다"고 말하는 것은 어디까지나 김춘수의 「꽃」을 염두에 두고 있기 때문이다. 김춘수의 "내가 그의 이름을 불러 주었을 때 / 그는 나에게로 와서 / 꽃이 되었다"는 구절과 비교해 볼 때 적어도 이 구절에서 화자의 태도는 훨씬 더 공손하고 겸손하다.

「게 눈 속의 연꽃」에서 화자와 꽃의 평등한 관계는 앞에서 인용한 첫째 연의 마지막 두 행 "이름 부르며 마음과 교미하는 기간, / 나는 또 하품을 한다"는 구절에서 좀더 뚜렷이 드러난다. 둘째 행에서 화자가 꽃에게 "내 마음 어디에 자리하고 싶은가" 하고 묻기 무섭게 셋째 행에 이르러 화자는 어느 사이에 꽃과 '교미'하기에 이른다. 그런데 이 "이름 부르며 마음과 교미하는 기간" 중에서 '마음과 교미'라는 구절을 찬찬히 눈여겨보아야 한다. 토착어로 '흘레'라고 일컫는 교미는 식물에는 사용하지 않으며 오직 동물한테만 사용할 수 있는 말이다. 그것도 생식을 목적으로 성적 관계를 맺는 일을 가리킬 때 주로 사용하는 말이다.

화자가 꽃의 마음과 교미한다는 것은 곧 꽃의 육체를 지배하고 종속하는 것이 아니라 꽃의 정신이나 영혼과 혼연일치가 된다는 것을 뜻한다. 또한 화자는 꽃의 마음과 교미하는 동안에도 "나는 또 하품을 한다"고 말한다.

'또'라고 부사를 사용하는 것을 보면 한 번이 아니라 여러 번에 걸쳐 하품을 하는 것이다. 교미를 하면서 이렇게 여러 번 하품을 되풀이하는 것을 보면 화자는 꽃에 대하여 일상성에 적잖이 권태를 느끼고 있음에 틀림없다. 화자에게는 명명을 통하여 꽃에게 정체성이나 존재이유를 부여해 주는 일이 한낱 부질없고 귀찮을 뿐이라는 사실을 은근히 내비치는 대목이다. 그렇다면 화자가 꽃에게 이름을 받고 싶겠구나니, 자신의 마음 어디에 자리하고 싶으냐니 하고 묻는 것은 공허한 인사치레에 지나지 않는 셈이다.

화자는 꽃에 대하여 이렇게 권태를 느낄 뿐만 아니라 때로는 소원하고 무관심한 태도를 취하기도 하다. 화자는 꽃의 '마음과 교미'를 하였으면서도 여전히 "모르는 꽃이여" 하고 말한다. 첫 연에서는 "처음 본 모르는 꽃이여" 하고 돈호법을 구사하였지만 둘째 연에 와서는 그냥 "모르는 꽃이여" 하고 돈호법을 구사한다. 그냥 무심코 지나치기 쉽지만 생각해 보면 볼수록 여간 예사롭지 않은 구절이다. 꽃을 처음 보기 때문에 모른다고 하는 것은 그렇게 이상할 것이 없을는지 모른다. 그러나 꽃의 '마음과 교미'를 한 뒤에도 여전히 모른다고 말하는 것은 차원이 다르다. 한마디로 화자는 꽃에 무척 무관심하다고 할 수밖에 없다.

첫째 연에서 비록 겉으로나마 동정을 보이던 화자는 둘째 연에 이르러 갑자기 태도를 바꾼다. "내 마음은 너무 빨리 / 식은 돌이 된다"는 구절에서 단적으로 드러나듯이 동정적인 화자는 온데간데없고 싸늘한 돌처럼 냉랭한 태도를 취한다. 화자가 무명(無名)의 존재인 꽃에게 이름을 불러 주어 비로소 정체성이나 존재이유를 부여해 주는 「꽃」의 화자와는 달리, 「게 눈 속의 연꽃」의 화자는 오히려 꽃의 이름에 "걸려 자빠지고" 만다. 이렇듯 꽃은 화자를 넘어뜨리는 걸림돌이 되는 것이다.

김춘수의 「꽃」에서 "존재의 흔들리는 가지 끝에" 매달려 있던 꽃은 황지우의 작품에서는 "흔들리는 풀꽃"이 되어 "냉동된 돌 속에서도 흔들거린다." 여기에서 '냉동된 돌'이라고 말하는 것은 화자가 차디차게 '식은 돌'로 변하기 때문이다. 그런데 더욱 놀라운 것은 냉동이 된 돌 속에서도 꽃이 계속 흔들거리고 있다는 점이다. 김춘수의 작품에서는 화자의 의지에 따라 꽃은 얼마든지 "이름도 없이 피었다 질 수" 있지만, 황지우의 작품에서는 화자의 의지와는 관계없이 어떤 힘의 영향에 따라 계속 흔들거린다. 다시 말해서 꽃은 화자 '나'의 지배와 종속에서 완전히 벗어나 있는 셈이다.

적어도 이 점에서 「게 눈 속의 연꽃」은 소박실재론을 다루고 있다고 볼 수도 있다. 소박실재론에서는 물질적 대상으로 이루어진 세계는 주관과는 무관하게 독립되어 있다고 본다. 주체(나)와 객체(꽃)는 서로 분리되어 있을 뿐만 아니라, 대상을 경험하는 주체도 궁극적으로는 객체의 일부에 지나지 않는다. 이것을 달리 바꾸면 물질적 대상은 명명과는 아무런 관계없이 존재한다는 말이 된다. 말하자면 '나'가 꽃에게 '꽃'이라고 불러 주지 않아도 꽃은 여전히 꽃으로 존재할 따름이다.

십여 년 전 노자(老子)의 『도덕경(道德經)』의 그 유명한 첫 구절 "도가도비상도(道可道非常道) 명가명비상명(名可名非常名)"을 두고 한 재야 학자는 종래의 해석을 뒤엎고 "도라고 해도 좋겠지만 (그 이름이) 꼭 도이어야 할 필요는 없다. (어떤) 이름으로 (어떤 것의) 이름을 삼을 수는 있지만 꼭 그 이름이라야 하는 것은 아니다" 하고 풀이하여 관심을 끌었다. 그 해석이 과연 올바른지는 좀더 꼼꼼히 따져보아야 하겠지만 일단 소박실재론과 관련해 볼 때 자못 흥미롭다. 한 선사(禪師)는 "물은 물이요, 산은 산"이라는 유명한 말을 남겼지만 물이 물이고 산이 산이듯이 꽃은 어디까지나 꽃일 따름이다. 그런가 하면 사정은 물 건너 쪽에서도 크게 다르지 않아서 윌리엄 셰익스피어는 『로미오와 줄리엣』(1597)에서 줄리엣의 입을 빌려 "장미는 어떤 다른 이름으로 부르더라도 역시 장미에 지나지 않지요" 하고 말한다.

게 눈 속에 연꽃은 없었다
보광(普光)의 거품인 양
눈곱 낀 눈으로
게가 뻐끔뻐끔 담배 연기를 피워올렸다

눈 속에 들어갈 수 없는 연꽃을
게는, 그러나, 볼 수 있었다

—「게 눈 속의 연꽃」 일부

황지우가 지금까지 시도해 온 이항대립의 붕괴는 이 연에 이르러 그야말로 정점에 이른다. 이 작품을 처음 읽은 독자는 "게 눈 속에 연꽃은 없었다"는 첫 행에 적잖이 당황할 것이다. 게[蟹] 눈과 연[蓮] 꽃 사이에 도대체 무슨 관계가 있다는 것일까? "보광의 거품"이라는 말은 무엇인가? 또한 "눈 속에 들어갈 수 없는 연꽃"이라는 구절은 무슨 말인가? 그리고 한국어의 전통적 어법을 깨뜨리면서까지 굳이 외국어 통사 구조를 따라 "게는, 그러나, 볼 수 있었다"고 말하는 까닭이 과연 어디에 있을까? 이 연을 읽고 있노라면 의아한 점이 한두 가지가 아니다.

그런데 황지우가 이 작품을 창작하게 된 동기나 과정을 알게 되면 그 수수께끼 같은 궁금증이 모두 풀린다. 언젠가 시인이 직접 밝힌 적이 있듯이 황지우는 이 작품을 그의 문학적 스승이라고 할 문학 평론가 김현한테서 영향을 받고 썼다. 어느 날 황지우는 이 무렵 《한국일보》 문화부 기자였던 김훈(金薰)한테서 경기도 파주 보광사(普光寺)의 어느 불당 처마 밑 벽화에 바닷게가 그려져 있다는 말을 듣는다. 그런데 놀랍게도 그 게의 눈 속에 연꽃이 들어 있다는 것이다. 그리하여 어느 봄 날 황지우는 한 잡지사의 청탁을 받고 김현과 인터뷰도 할 겸 그와 함께 이 특이한 탱화를 보러 보광사를 찾아간다. 그런데 김훈이 말한 대로 불당 처마 밑 벽화에 바닷게가 그려져 있는 것은 사실이었지만 게의 눈 속에 연꽃은 없었다. 바닷게는 마치 '뻐끔뻐끔 담배를' 피듯이 거품을 품고 있을 뿐이다.

황지우가 비록 바닷게의 눈 속에서 연꽃을 볼 수 없었지만 "눈 속에 들어갈 수 없는 연꽃을 / 게는, 그러나, 볼 수 있었다"고 노래하는 데에는 그 나름대로 까닭이 있다. 보광사로 탱화를 보러 간 그 날 김현은 황지우에게 대승불교와 그 불교를 창안한 유마힐(維摩詰)에 관한 이야기를 들려준다. 황지우는 보광사에 찾아갈 때만 하여도 유마거사나 대승불교에 대해서는 아는 것이 거의 없었다. 재가거사인 유마힐은 불이법문(不二法門)의 교리를 설파한 『유마경(維摩經)』을 지어 대승불교의 토대를 다진 이론가이다. 유마힐은 "중생이 아프면 나도 아프다"니 "번뇌가 곧 보리(菩提)이며 생사가 곧 열반이다"니 하고 가르친 바로 그 장본인이다.

이 '대승(大乘)'이라는 말은 본디 많은 사람을 구제하여 태우는 '큰(maha) 수레(yana)'라는 뜻으로 일체중생의 제도를 그 목표로 삼고 있었다. 출가자(出家者)만의 종교였던 불교를 널리 민중에게까지 개방하려는 진보적인 불교 운동이라고 할 대승불교는 그때까지만 하여도 석가에게만 한정하던 보살이라는 개념을 넓혀 일체중생을 모두 보살로 보고, 자기만의 구제보다는 이타를 지향하는 보살의 역할을 그 이상으로 삼고 광범위한 종교 활동을 펴 나갔다. 기원후 2-3세기에는 나가르주나(龍樹)가 출현하여 대승불교의 사상적 기반을 확립한다. 대승불교가 '안락한 사원'에 안주하던 소승불교와는 달리, 낡은 껍질을 깨고 일반 대중과 함께 고통의 바다를 건너는 나룻배를 타려고 하였다는 이야기는 황지우에게 아마 큰 신선한 충격이요 깊은 감동이었을 것이다.

황지우가 보광사의 벽화에 그려진 바닷게와 관련하여 김현한테서 배운 교훈은 값지고 소중하다. 인간은 게 눈 속에서 연꽃을 볼 수 없지만 게는 "눈곱 낀 눈으로" 연꽃을 볼 수 있다는 교훈을 얻기 때문이다. 더러운 흙탕물이 그림처럼 아름다운 연꽃을 피워 낼 수 있는 것과 똑같은 이치이다. 그렇다면 누추하고 궁핍한 현실 세계에서도 얼마든지 가치 있고 의미 있는 삶을 창출할 수가 있을 것이다. 이러한 상황에서 '나'와 '너', 인간과 자연, 주체와 객체, 안과 밖 사이에 놓여 있는 이항대립은 마치 베를린 장벽처럼 무너져 내릴 수밖에 없다. 궁극적으로는 빛(보광)과 어둠(무명), 차안과 피안, 사바세계와 극락정토의 이항대립도 별다른 의미가 없다. 그러고 보니 포스트모더니티는 불교적 세계관과 적잖이 서로 맞닿아 있다.

이러한 이항대립의 붕괴는 「게 눈 속의 연꽃」의 문장 구조에서도 잘 드러난다. 황지우가 만약 "눈 속에 들어갈 수 없는 연꽃을 / 게는, 그러나, 볼 수 있었다"는 구절을 국어 어법에 걸맞게 "그러나 게는 눈 속에 들어갈 수 없는 연꽃을 / 볼 수 있었다"고 하였더라면 그 정서적 강도는 지금보다 훨씬 떨어질 것이다. 황지우는 러시아 형식주의자들이 말하는 '낯설게 하기' 기법을 빌려 독자들이 사물을 새롭게 바라보기를 바란다. 러시아 형식주의자들이 주장하듯이 마치 신발짝처럼 닳고 닳은 일상어를 비틀고 왜곡하여 그 언어에 새로운 힘을 불어넣는다. '그러나'라는 접속사를 주어 다음에 사용하는 것도 한국어 어법에서 벗어나지만 그 앞뒤로 쉼표로 묶어 두는 것은 더더욱 표준 어법에서 벗어난다.

바로 이 점에서 황지우의 「게 눈 속의 연꽃」은 김춘수의 「꽃」과는 문학관과 세계관에서 근본적으로 다르다. 김춘수의 작품에서 '나/그대', 주체/객체, 동일자/타자, 인간/자연 사이에 놓여 있는 이항대립이 황지우의 작품에서는 이렇다 한 만한 의미가 없다. '나'는 꽃에게 정체성이나 존재이유를 부여해 줄 수 없으며, 꽃 또한 '나'로부터 그러한 정체성이나 존재이유를 부여받을 까닭이 없다. '나'는 '그대', 주체는 객체, 동일자는 타자, 인간은 자연과 계급조직적 수직적 관계가 아니라 어디까지나 평등한 수평적 관계를 맺고 있을 뿐이다.

김춘수의 「꽃」과 관련하여 이미 앞에서 밝혔듯이 어떤 대상에게 이름을 붙여 준다는 것은 상대방에게 권위를 행사하고 자신의 지배적인 지위를 확인하는 것을 뜻한다. 또한 명명 행위는 '동일성'이나 '정체성' 또는 존재이유를 부여해 주는 역할을 하기도 한다. 그러나 황지우의 작품에서는 김춘수의 작품에서 볼 수 있는 것과 같은 명명 행위는 아무리 눈을 씻고 찾아보아도 찾아볼 수가 없다.

4

황지우는 「게 눈 속의 연꽃」에서 이항대립을 붕괴시킬 뿐만 아니라 더 나아가 데카르트적 자아의 개념에 쐐기를 박는다. 르네 데카르트의 '코기토'에 깊은 회의를 품는다는 점에서 황지우는 탈근대성의 시인이라고 할 수 있다. 합리적 이성을 소유한 인간의 자아가 후기 자본주의 사회에 이르러 거의 완전히 소멸하였다는 생각은 포스트모더니즘의 세례를 받은 예술가들한테서 그다지 어렵지 않게 찾아볼 수 있다. 인간의 자아는 이제 더 사고의 중심도 아니며, 의지에 따라 자유롭게 행동하는 행위자도 아니다. 자아는 말하자면 텅 비어 있는 공간과 크게 다름없다. 그리하여 최근 들어 몇몇 이론가들은 계몽주의적 휴머니즘을 함축하는 '자아'라는 용어보다는 가치중립적이고 더 나아가 사회적 권력에 종속된다는 뜻에서 '주체'라는 용어를 즐겨 사용한다. 영어로 '서브젝트'라고 하면 객체와 대립하는 주체나 문장의 주어라는 뜻이지만, 제국주의적 식민주의 국가의 피식민 주민이나 군주국의 신민을 가리키는 말이기도 하다.

루이 알튀세르는 포스트구조주의의 이러한 입장을 대변하는 가장 대표적인 이론가 가운데 한 사람으로 흔히 꼽힌다. 그는 카를 마르크스나 그의 유물론을 반휴머니즘적 관점에서 새롭게 조명하면서 인간 주체를 이성과 합리성의 굴레에서 해방시켜 이데올로기적 주체로 삼는다. 그에 따르면 이데올로기는 개인을 주체로 호명함으로써 개인에게 정체성을 부여하려고 한다. 이렇게 인간 주체에 깊은 회의를 품기는 자크 라캉도 마찬가지이다. "나는 생각한다. 그러므로 나는 존재한다"는 데카르트의 그 유명한 명제를 비틀어 라캉은 "나는 존재하지 않는 곳에서 생각한다. 그러므로 나는 생각하지 않는 곳에 존재한다"니, "나는 존재한다고 말할 수 없는 곳에서 생각한다"니 하고 밝힌다. 그런데 이러한 현상은 프리드리히 니체의 전통을 이어받고 있는 미셸 푸코도 크게 다르지 않다. 푸코는 현대적 의미의 자아, 즉 주체는 사회 구조나 제도를 벗어나서는 생각할 수 없다고 지적한다. 그에 따르면 주체는 오직 우리가 살아가는 사회관계 안에서만 규정될 수 있을 뿐이다. 이 말을 달리 바꾸면 주체는 언제나 사회 권력의 영향권 아래 놓여 있다는 말이 된다.

안정적이고 합리적이며 예측 가능한 근대성의 자아와는 달리 탈근대성의 주체는 이렇게 가변적이고 불안정하며 어떤 면에서는 정신질환적인 성격을 지닌다. 이러한 탈근대적 주체는 황지우의 「게 눈 속의 연꽃」의 둘째 연 마지막 세 행에서 단적으로 엿볼 수 있다.

> 그대 이름에 내가 걸려 자빠지고
> 흔들리는 풀꽃은 냉동된 돌 속에서도 흔들거린다
> 나는 정신병에 걸릴 수도 있는 짐승이다.

방금 앞에서 밝혔듯이 탈근대성에 이르러 '나'는 '너', 화자(주체, 동일자)는 꽃(대상, 타자)을 지배하고 통제하기는커녕 오히려 꽃의 이름에 "걸려 자빠지는" 상황에 이른다. 물론 꽃의 이름이라는 장애물 때문에 발이 걸려 넘어지는 것이기는 하지만 화자의 정신 상태를 엿볼 수 있는 대목이기도 하다. 빗대어 말하자면 근대성의 자아가 제정신을 지닌 사람처럼 앞을 향하여 똑바로 걷는다면, 탈근대성의 주체는 마치 술에 취한 사람처럼 비틀거리며 걷는다. 이러한 상황에서 주체는 꽃이라는 이름에 "걸려 자빠질" 수밖에 없을 것이다. 근대성의 자아가 꽃에 이름을 붙여 줌으로써 꽃에 정체성이나 존재이유를 부여해 주는 것과는 참으로 엄청난 차이가 난다.

탈근대성의 주체를 좀더 분명히 깨닫기 위해서는 "나는 정신병에 걸릴 수도 있는 짐승이다"는 맨 마지막 구절을 찬찬히 눈여겨보아야 한다. 이 구절에 이르러 황지우는 화자(주체)의 상태가 극도로 불안정한 상태에 있음을 내비친다. 김춘수가 「꽃을 위한 서시」에서 "위험한 짐승"이라고 말한 구절을 황지우는 "정신병에 걸릴 수도 있는 짐승"이라고 살짝 바꾸어 놓는다. 요즈음 광우병 문제가 장안의 화제가 되고 있지만 여기에서 '위험한' 짐승이나 '정신병에 걸릴 수도 있는' 짐승이란 다름아닌 인간, 좀더 구체적으로 이 작품의 일인칭 화자인 '나'를 가리킨다.

그런데 '위험한'이라는 형용사와 '정신병에 걸릴 수도 있는'이라는 표현 사이에는 큰 차이가 있다. '위험한'이라는 형용사는 인간인 화자가 대상인 꽃에 대하여 폭력을 행사할 수 있다는 사실을 은근히 암시하는 말이다. 어떻게 보면 꽃에게 은근히 협박하는 말로 받아들일 수도 있다. 그러나 후자의 표현에서는 오히려 화자의 정신 상태가 매우 불안정한 상태에 있음을 뜻한다. 바꾸어 말해서 화자는 이제 대상인 꽃에게 어떤 해를 끼치기는커녕 자신을 제어할 능력조차 없는 상태에 이른다.

어떤 의미에서 황지우가 말하는 정신병자는 질 들뢰즈와 펠릭스 가타리가 말하는 정신분열증 환자와 비슷하다. 푸코한테서 영향을 받은 들뢰즈는 라캉한테서 영향을 받은 정신분석학자 가타리와 함께 현대 자본주의와 정신분열증의 관련성을 파헤친 『앙티오이디푸스』(1972)라는 책을 써서 큰 주목을 받았다. 제목에서도 잘 드러나듯이 이 책에서 두 저자는 오이디푸스 콤플렉스를 내세워 무의식을 가족관계의 틀 안에 가둔 지그문트 프로이트의 이론을 정면으로 반박하고 나선다. 들뢰즈와 가타리에 따르면 무의식은 마치 고아와 같아서 프로이트가 파악한 것처럼 안정된 가족관계라는 틀 속에 갇혀 있지 않다. 더구나 이 두 이론가는 프로이트와는 달리 정신분열증을 욕망의 분출로 파악할 뿐만 아니라 창조적 성격을 지니고 있으며 개인이 아닌 사회에서 비롯한다고 파악한다. 인간의 욕망은 아주 긍정적인 에너지를 지니지만 자본주의는 욕망의 혁명성 때문에 그 욕망을 억제하지 않을 수 없다. 이렇게 억제된 욕망은 자본주의 사회에서 정신질환을 낳는다는 것이다.

「게 눈 속의 연꽃」의 화자도 어쩌면 들뢰즈와 가타리가 말하는 한낱 '욕망의 기계'에 지나지 않을는지 모른다. 이러한 욕망의 기계가 자본주의 사회에서 온갖 억압을 받으며 제대로 기능을 발휘하지 못하자 정신분열증을 일으킨다고 볼 수도 있다. 가령 "이름 부르며 마음과 교미하는 기간, / 나는 또 하품을 한다"니, "그대 이름에 내가 걸려 자빠지고"니, "흔들리는 풀꽃은 냉동된 돌 속에서도 흔들거린다"니 하는 구절을 보면 더더욱 그러한 생각이 든다.

그러고 보니 화자가 왜 '교미하는 시간'이라고 하지 않고 굳이 '교미하는 기간'이라고 하는지 이제 알 만하다. 동물한테는 교미하는 일정한 기간이 있어 그것을 교미기라고 부른다. 그러나 그 기간은 짧게는 며칠에서 길게는 몇 달에 이른다. 그런데 이 기간 동안 내내 화자가 하품을 하고 있을 수는 없는 노릇이다. 한마디로 "교미하는 기간"이라는 구절은 논리와 상식에는 좀처럼 들어맞지 않는다. 또한 얼음처럼 꽁꽁 얼어붙어 있는 돌 속에서 꽃이 흔들거린다는 것도 상식이나 논리에 어긋나기는 마찬가지이다. 하나 같이 정신질환자가 아니고서는 좀처럼 쓸 수 없는 말이다. 들뢰즈와 가타리에 따르면 "정신질환을 앓고 있는 환자는 한 부호에서 다른 부호로 이동한다. (……) 이렇게 한 부호에서 다른 부호로 빠르게 이동함으로써 그는 의도적으로 모든 부호를 뒤섞어 놓는다." 김춘수의 「꽃」에서 근대성 작가한테서 흔히 볼 수 있는 신경쇠약증적인 특징을 엿볼 수 있다면, 황지우의 「게 눈 속의 연꽃」에서는 정신질환이나 그 증후라고 할 망상증과 편집광증적인 특징을 엿볼 수 있다.

5

황지우는 「게 눈의 연꽃」에서 데카르트적 자아에 회의를 품을 뿐만 아니라 이번에는 언어의 지시적 기능도 좀처럼 받아들이지 않는다. 이 작품에서 기표는 기의와 일대일의 상응 관계를 맺고 있다고 보기 어렵다. 다시 말해서 언어는 좀처럼 사물을 지칭하는 기능이 없다. 가령 "이름 부르며 마음과 교미하는 기간, / 나는 또 하품을 한다"는 구절에서 언어가 지시성의 굴레에서 풀려나 허공에서 메아리처럼 맴돌고 있음을 내비친다. 언뜻 꽃의 이름을 부르면서 '꽃의 마음과 교미'한다는 것은 언어의 지시적 기능을 굳게 믿는 것처럼 보일는지 모른다. 특히 '교미'라는 말에서는 그러한 느낌이 든다. 그것도 단순히 육체적 교섭이 아니고 마음과 마음이 통하는 정신적 교감이라면 더 더욱 그러할 것이다. 그러나 꽃과 '교미'를 하면서도 한 번도 아니고 여러 번 '하품을 한다'고 말하는 것은 이러한 생각에 그야말로 찬물을 끼얹는다.

더구나 "그대 이름에 내가 걸려 자빠지고"라는 구절에 이르러서는 기표가 기의를 더 이상 통제할 수 없음이 단적으로 드러난다. 여기에서 화자 '나'를 기의로, '그대'인 꽃을 기표로 해석하여도 크게 틀리지 않을 것이다. 김춘수의 「꽃」에서는 기의와 기표는 안정된 상태에 놓여 있다. 다시 말해서 기표는 사물을 지시하는 기능을 지니고 있어 화자는 대상인 꽃에게 이름을 불러 줌으로써 정체성이나 존재이유를 부여해 줄 수 있다. 그러나 황지우의 작품에서는 '나'(기의)는 '그대'(기표)에게 '걸려 자빠지는' 상황에 이르는 것이다. 이렇게 기의가 기표에 '걸려 자빠지는' 상황에서는 이 둘 사이의 관계가 극도로 불안정할 수밖에 없다. 화자는 이 작품에서 '기의의 유희'에 탐닉해 있을 뿐 언어의 지시성에는 이렇다 할 관심이 없다. 말하자면 기의와 기표의 관계는 마치 바람에 나부끼는 풀꽃처럼 흔들거릴 뿐이다.

「게 눈 속의 연꽃」에 드러난 언어의 지시적 기능에 대한 회의는 황지우의 또 다른 작품에서도 쉽게 찾아볼 수 있다. 제목부터가 무척 이색적인 이 작품에서 황지우는 좀더 명시적으로 기표와 기의의 상응 관계를 거부한다.

> 낫 놓고 ㄱ도 모른다.
>
> 내가 꽃에게 다가가 '꽃'이라고 불러도 꽃이 되지 않았다. 프라스틱 조화(造花)였다.
>
> (중　략)
>
> ㄱ 놓고 낫도 몰라!
>
> —「다음 진술들 가운데 버트란트 러셀 경(卿)의 '확정적 기술'을 포함하고 있는 것은」 일부

두말할 나위 없이 황지우는 첫 행에서 아주 머리가 우둔한 사람을 두고 이르는 한국어 속담을 거의 그대로 따온다. 다만 'ㄱ(기역) 자도'라고 하여야 할 것을 그냥 'ㄱ도'라고 한 것이 다를 뿐이다. 'ㄱ' 자 모양으로 생긴 낫을 바로 앞에 두고도 기역 자를 모르는 사람은 그야말로 아주 무식할 사람일 수밖에 없을 것이다. 영어에서도 이와 비슷하게 "알파벳 'ABC'도 모른다"니 "'A' 자와 'B' 자도 제대로 구별하지 못한다"니 하고 말한다. 마지막 행 "ㄱ 놓고 낫도 몰라!"라는 구절에 이르러서는 황지우 특유의 기지와 해학이 또 한 번 발동한다. 여기에서 그는 치환법 또는 교환법으로 흔히 일컫는 수사법을 빌려온다. 『춘향전』에서 암행어사가 출두하자 몹시 당황한 남원 사또가 "어 추워라. 문(門) 들어온다 바람 닫아라. 물 마른다 목 뒤려라." 하고 말하는 것과 같은 독특한 효과를 낳는다.

그런데 황지우가 이렇게 "낫 놓고 ㄱ도 모른다"니 "ㄱ 놓고 낫도 몰라!"니 하고 말하는 데에는 그럴 만한 까닭이 있다. 전자에서는 '낫'이 기표의 기능을 하고, 'ㄱ'이 기의의 기능을 한다. 한편 후자에서는 'ㄱ'이 기표의 구실을 맡는 반면, '낫'이 기의의 구실을 맡는다. 기표가 기의를 모른다고 말하는 것은 곧 의미의 지시성을 거부하는 것과 크게 다르지 않다. 이러한 상황에서 기표와 기의의 관계는 매우 불안정하여 전혀 예측할 수가 없다.

언어에 대한 황지우의 태도는 둘째 연 "내가 꽃에게 다가가 '꽃'이라고 불러도 꽃이 되지 않았다. 프라스틱 조화였다"는 행에서 좀더 뚜렷이 드러난다. 김춘수의 작품에서는 화자가 대상인 꽃에게 꽃이라고 불러 주자 꽃이 그에게 '와서' 꽃이 되었다. 그러나 황지우의 이 작품에서는 화자가 직접 꽃에게 '다가가' 아무리 꽃이라고 불러 주어도 꽃이 되지 않는다. 김춘수한테는 신통하게 통하던 언어적 마술이 황지우한테는 전혀 통하지 않는 것이다. 그도 그럴 것이 탈근대성의 세례를 받은 황지우는 언어의 지시성을 좀처럼 믿지 않기 때문이다. 믿지 않는 사람에게는 마술도 통하지 않는 법이다.

그러고 보니 「다음 진술들 가운데 버트란트 러셀 경의 '확정적 기술'을 포함하고 있는 것은」이라는 작품의 제목도 여간 예사롭지 않다. 러셀은 『철학의 문제점』(1912)이라는 책에서 진술을 "어떤 것이 이러이러하다"는 형식을 지닌 어구와 "그것은 이러이러하다"는 형식을 지닌 어구의 두 가지로 크게 나눈다. 전자를 '다의적(多義的) 기술'이라고 부르고, 후자를 '확정적 기술'이라고 부른다. 러셀에 따르면 '어떤 사람'이라는 기술은 다의적 기술에 속하는 반면, '철가면을 쓴 그 사람'은 확정적 기술에 속한다. 그런데 황지우가 이 작품에서 말하려는 것은 그가 열거하고 있는 열세 개 항목 가운데 어느 것 하나 확정적인 기술이 없다는 점이다. 하나같이 러셀이 말하는 다의적 기술에 속할 뿐이다. 다의적 기술에 속한다는 것은 기표가 의도하는 기의를 표현하거나 지시하지 못한다는 것을 뜻한다.

이 점과 관련하여 여기에서 잠깐 오규원(吳圭原)의 작품 「'꽃'의 패러디」라는 작품을 짚고 넘어가는 것이 좋을 것 같다. 그 동안 오규원은 어느 시인보다도 언어에 깊은 관심을 기울여 왔다. 그는 언어에 대하여 강박관념을 지니고 있다고 하여도 크게 틀리지 않다. 「말」이라는 작품에서 언어를 두고 그는 "욕망의 성기며 육체의 현실"이라고 말한다. 그러나 오규원은 황지우처럼 언어의 확정적 기술에 대해서는 적잖이 회의를 품는다. 1940년대 초엽에 태어난 오규원은 1920년대 초엽에 태어난 김춘수와 1950년대 초엽에 태어난 황지우 중간쯤에 속하는 시인이다. 그러나 시기적으로 보나 사상적으로 보나 오규원은 아무래도 근대성보다는 탈근대성에 더 가깝다. 그는 「'꽃'의 패러디」에서 아예 김춘수의 작품을 거의 그대로 '베끼고' 있다시피 하다.

> 내가 그의 이름을 불러 주기 전에는
> 그는 다만
> 왜곡될 순간을 기다리는 기다림
> 그것에 지나지 않았다.
>
> —「'꽃'의 패러디」 일부

화자가 꽃에게 이름을 불러 주기 전에는 왜곡되기를 기다리는 순간에 지나지 않았다는 말을 뒤집어 보면, 꽃에게 이름을 불러 주자마자 꽃이 왜곡되었다는 말이 된다. 과연 꽃의 무엇이 왜곡되었는지에 대해서 화자는 자세히 밝히지 않는다. 그러나 '이름'이라고 못 박아 말하고 있는 것을 보면 꽃의 정체성이나 존재이유와 관련이 있음에 틀림없다. 이 작품의 화자도 「게눈 속의 연꽃」의 화자처럼 언어가 진리나 사실을 표현하거나 전달하기보다는 오히려 왜곡한다고 생각한다. 앞에서 탈근대성의 언어관을 거울에 빗대었지만 오규원에게 언어라는 거울은 오목거울이거나 볼록거울처럼 사물을 일그러져 보이게 하는 구실을 한다.

적어도 이 점에서 황지우는 좁게는 자크 데리다의 해체주의, 넓게는 포스트구조주의 이론과 맞닿아 있다. 그에게 언어란 투명한 창밖의 사물을 바라보는 투명한 유리창이 아니라 차라리 사물을 비쳐 보는 거울과 같다. 기표와 기의의 관계를 자연스럽게 받아들인 전통적인 언어학과 최근의 포스트구조주의 사이에 징검다리 역할을 한 사람이 바로 페르디낭 드 소쉬르이다. 그는 기표와 기의 사이의 관계란 어디까지나 임의적인 약속이며 차별적인 것에 지나지 않는다고 주장함으로써 전통 언어학에 그야말로 찬물을 끼얹는다. 소쉬르가 일반 언어학 이론을 통하여 처음 불을 댕긴 언어의 지시적 기능에 대한 불신은 해체주의와 포스트구조주의에 이르러 훨씬 더 극단적인 형태로 발전한다. 데리다는 소쉬르가 기표를 기의로부터 해방시켰지만 여전히 언어의 지시적 기능과 안정된 의미에 대한 미련을 완전히 떨치지 못한다고 지적한다.

그러나 근대성에 점차 회의를 느끼면서 적지 않은 사람들이 언어의 지시적 기능이나 의미의 안정성에 의구심을 품기 시작하였다. 언어를 자연을 비추는 거울로 보는 태도는 한낱 환상에 지나지 않는다고 생각하였다. 언어의 의미는 실재(實在)의 구조에 뿌리를 두고 있기 때문에 그 구조에 대한 진리를 직접 인간의 마음이나 정신에 나타나게 해준다는 구조주의 주장을 이제 더 믿지 않기 때문이다. 데리다는 이러한 허황된 믿음을 '존재의 형이상학'

이라고 부른다.

데리다와 그의 해체주의 이론을 따르는 이론가들은 이러한 주장을 한 발 더 밀고 나가 철학이나 문학, 심지어 과학도 이 세계를 객관적으로 정확하게 지시하고 기술한다는 생각, 또는 역사적 서사가 사실이거나 진리라고 생각하는 것은 어디까지나 헛된 망상에 지나지 않는다고 지적한다. 진리란 한낱 '허위'에 지나지 않고, 독서란 어쩔 수 없이 '오독'이며, 우리가 이해라고 믿고 있던 것이 실제로는 '오해'와 다름없다는 것이다. 탈근대성의 이론가들이나 예술가들에게 회의주의, 심지어 허무주의의 혐의를 두려는 것은 바로 그 때문이다.

6

황지우는 「게 눈 속의 연꽃」에서 일직선적 세계관을 의혹의 눈길로 바라본다는 점에서도 탈근대성의 틀 안에서 사유하고 그 가치를 받아들이려고 한다. 바로 이 점에서도 그는 어디까지나 근대성의 틀 안에서 사유하는 김춘수와는 크게 다르다. 김춘수는 일정한 목표를 세워놓고 앞만 바라보고 달려가는 일직선적 세계관을 받아들인다. 그러나 황지우는 오히려 강강술래처럼 돌고 도는 순환론적 세계관을 훨씬 더 설득력 있는 것으로 받아들인다. 황지우의 이러한 태도는 「게 눈 속의 연꽃」의 맨 마지막 연에서 잘 드러나 있다.

투구를 쓴 게가
바다로 가네

포크레인 같은 발로
걸어온 뻘밭

들고 나고 들고 나고
죽고 낳고 죽고 낳고

바다 한 가운데에는
바다가 없네

사다리를 타는 게,
게座에 앉네

—「게 눈 속의 연꽃」

바다는 생명체가 잉태되어 자라는 자궁이요 그 생명체가 소멸하는 무덤이다. 동물이 어미의 양수에서 생겨나 자라나듯 생명체가 바닷물에서 처음 생겨났다고 주장하는 학자들도 있다. 그러나 바다는 또한 생명체가 묻히는 곳이기도 하다. 첫째 행에서는 마치 투구를 쓴 것 같다고 하여 흔히 투구게라고 일컫는 바닷게가 바다를 향하여 걸어 나간다. 그러나 둘째 행에서 게는 어느 사이 "포크레인 같은 발로" 뻘밭을 향하여 다시 걸어 나온다. 셋째 행에서 화자의 말대로 게는 "(바다를 향하여) 들고 (뻘밭을 향하여) 나고 들고 나고" 하는 동작을 반복한다. 이러한 과정에서 "죽고 낳고 죽고 낳고" 하는 순환을 반복하는 것이다.

특히 셋째 행의 '뻘밭'이라는 낱말에 주목하여야 한다. 거무스름하고 미끈미끈한 개흙이 많은 개펄을 이르는 말이다. '개펄'을 이르는 말이므로 원칙적으로는 '뻘밭'이 아닌 '펄밭'으로 써야 한다. 그런데도 황지우는 굳이 호남 사투리인 '뻘밭'이라는 말을 고집한다. 이 말에는 소리에서나 함축적 의미에서나 '개펄'이나 '펄밭'으로는 담아내지 못할 뜻이 담겨 있기 때문일 것이다. 뻘밭은 중생이 살아가는 '고통의 바다' 중에서 가장 더럽고 질퍽한 곳이다. 흙도 아니요 그렇다고 물도 아닌 어중간한 중간 지대에 놓여 있는 뻘밭은 바다와 육지의 경계에 올라 타 있다.

앞에서 파주 보광사의 벽화와 관련하여 대승불교를 언급하였지만 특히 대승불교에서는 삶과 죽음은 서로 구별되지 않는다. 삶이 곧 죽음이고, 죽음이 곧 삶이다. 황지우가 "바다 한 가운데에는 / 바다가 없네" 하고 모순법을 구사하여 말하는 까닭이 바로 여기에 있다. 바다 한 가운데 바다가 없다면, 삶의 한 가운데에도 삶이 없고 죽음 한 가운데에도 죽음이 없을 것이다. 이렇게 삶과 죽음, 죽음과 삶은 원무처럼 끊임없이 꼬리에 꼬리를 물고 이어진다.

마지막 행 "사다리를 타는 게, / 게좌에 앉네"라는 구절은 선시의 화두처럼 그 뜻이 아리송하다. 축어적으로 해석하면 '사다리를 탄다'는 말은 사다리를 타고 높은 곳에 올라가듯이 개펄의 높은 곳을 향하여 오르는 동작을 가리킨다. 그러나 비유적으로는 더러운 뻘밭에서 하늘로 올라가는 것을 뜻한다. 그 다음 구절 "게좌에 앉네"는 이러한 해석을 더욱 뒷받침한다. 우리말로 '게자리', 한자어로 '해좌(蟹座)'나 '거해궁(巨蟹宮)' 등으로 일컫는 게좌는 천문학에서 말하는 별자리 중의 하나이다. 좀더 구체적으로 말해서 쌍둥이자리와 사자자리 사이에 있는 게자리는 황도십이궁(黃道十二宮)의 넷째 별자리로 3월 하순에 자오선을 통과한다. 그렇다면 바닷게는 이제 누추하고 질퍽한 지상의 세계에서 벗어나 마침내 천상의 세계로 인도되어 왕좌와 같은 자리에 앉는 셈이다. 자칫 천문학에 가려 보이지 않을는지 모르지만 바닷게가 사다리를 타고 올라가 앉아 있는 하늘의 게좌는 극락의 세계요 정토의 세계이다. 그러나 게는 다시 질퍽한 지상으로 다시 내려와 "포크레인 같은 발로" 뻘밭을 누비고 다닐 것이다.

「게 눈 속의 연꽃」은 황지우가 1987년 정치 현실에 좌절과 절망을 느끼고 무등산 자락 담양에 거처를 마련하고 2년여 동안 은거하던 시절에 구상하고 창작한 작품이다. 시인도 고백하듯이 이 작품뿐만 아니라 이 작품이 수록된 시집 「게 눈 속의 연꽃」에는 그런 흔적이 남아 있다. 이 무렵 그는 '선적인 깨달음'에 이르기 시작한다.

> 저는 선적(禪的)인 것이 놓여 있는 성층권, 즉 정신의 성층권, 거의 산소가 희

> 박해서 숨도 쉴 수 없는 너무 높은 곳에 올라갈 수 없었고 또 올라가고 싶지도 않았고, 그러다가 문득 거꾸로 추락해서 진흙 속에 처박혔습니다. 그래서 저는 어두운 선(禪)으로서 인간의 심층에 놓여 있는, 어두운 것에서 시적인 것을 발견할 수는 없을까 해서 이번에 나온 시집에는 선적인 깨들음을 많이 담고자 애썼습니다.

이 인용문에서 황지우가 말하는 '정신의 성층권'이 바닷게가 천상에 올라가 앉아 있는 '게좌'에 해당한다면, 그가 '거꾸로 추락하여' 처박혀 있는 '진흙' 속은 바닷가의 뻘밭이다. 황지우는 선적인 세계에서는 산소가 희박하여 살 수가 없을뿐더러 그러고 싶은 생각조차 없다고 밝힌다. 그렇다고 누추하고 질펵한 대지에서도 만족스럽게 살아갈 수 없다. 그는 양서류의 동물처럼 끊임없이 두 세계를 오가면서 살아갈 수밖에 없다. 그리고 마치 부싯돌을 부딪쳐 불을 얻듯이 바로 이 두 세계가 서로 충돌할 때 한 편의 시가 태어난다.

이것이 바로 프리드리히 니체가 철학적 서사시 『차라투스트라는 이렇게 말했다』(1883-85)에서 말하는 영원재귀의 사상이다. 밀란 쿤데라가 『참을 수 없는 존재의 가벼움』(1984)의 첫 머리에서 밝히듯이 "영원 재귀는 아주 신비스러운 사상"으로 니체는 이 사상으로 많은 철학자들을 어리둥절하게 만들었다. 또한 니체가 불교를 비롯한 동양 사상에 심취하였다는 것은 잘 알려진 사실이다. 그의 영원재귀는 불교의 윤회와도 맞닿아 있다. 더러운 진흙탕 속에서 한 떨기 화엄의 꽃이 피어나듯이 현실 세계와 화엄 세계를 끊임없이 반복하는 과정 속에서 시가 태어나는 것이다.

02

참척을 바라보는 세 가지 시각

— 정지용, 김광균, 김현승

부모가 죽으면 산에 묻지만 자식이 죽으면 가슴에 묻는다는 말이 있다. 비가 내린 뒤 서쪽 하늘에 걸린 무지개를 바라보고 홍석하(洪錫夏) 시인은 문득 부모보다 먼저 이 세상을 떠난 어린 아이들을 머릿속에 떠올린다. 「무지개」라는 작품에서 그는 “어느 어머니의 가슴에 / 무덤을 파나 / 저승으로 걸린 / 꽃길” 하고 노래한다. 옛날 사람들은 부모의 죽음을 천붕지괴(天崩地壞)라고 하였고, 자식의 죽음을 단장지애(斷腸之哀)라고 하였다. 천붕지괴란 하늘이 무너지고 땅이 꺼지는 것 같은 슬픔이라는 뜻이고, 단장지애란 그야말로 창자가 끊어지는 같은 애달픔이라는 뜻이다. 또한 부모에 앞서 이 세상을 떠난 자식의 죽음은 슬픔 중의 슬픔이요 이 세상에서 가장 참혹한 슬픔이라는 뜻으로 ‘참척(慘慽)’이라고 부르기도 한다.

이렇게 못 다 핀 꽃 한 송이처럼 일찍 세상을 떠난 자식의 죽음은 부모에게는 그만큼 엄청난 슬픔이요 참을 수 없는 고통이다. 자식이 어버이보다 일찍 죽는 것보다 더한 불효는 없다는 말도 이러한 맥락에서 이해할 수 있다. 아무리 부모의 속을 썩여도 부모보다 오래 사는 것이 자식의 도리요 효라고 생각하는 것이 동양의 윤리관이다. 소설가 박완서(朴婉緖)는 뜻하지 않은 사고로 외아들을 잃고 수녀원에서 스무 날 넘게 아들을 데려간 하나님에게 "한 말씀만 하소서" 하고 따진 적이 있다. "내 아들아. 이 세상에 네가 없다니 그게 정말이냐. (……) 하느님이란 그럴 수도 있는 분인가. 사랑 그 자체라는 하느님이 그것밖에 안 되는 분이라니. 차라리 없는 게 낫다. 아니 없는 것과 마찬가지다" 하고 항변한다. 그러면서 참척을 당한 어머니에게 조의는 '모진 고문이요 참기 어려운 수모'였다고 고백한다. 장유유서(長幼有序)의 그 서슬 퍼런 유교 질서 아래에서는 이렇게 죽는 것마저도 일정한 순서가 있게 마련이다.

부모보다 먼저 죽은 자식을 흔히 애물단지라고 한다. 옛날에는 아기나 어린 자식이 죽으면 관 대신 단지에 담아서 묻었다. 맨 땅에 그냥 시체를 묻을 수도 없고, 그렇다고 어른처럼 관을 마련하여 묻을 수도 없어 궁여지책으로 생각해낸 방법이다. 그러니까 애물단지란 부모의 애를 태우던 아기 무덤이라는 뜻인 셈이다. 그러나 이 말은 어린 아이의 시체를 담는 단지에서 점차 그 뜻이 확대되어 부모의 속을 많이 썩이는 자식이나 이러지도 저러지도 못하는 귀찮은 물건을 가리키게 되었다.

조선시대의 빼어난 시인으로 자신의 불행한 삶을 아름다운 시로 승화시켰던 허난설헌(許蘭雪軒)은 바다 건너 일본과 중국에까지 널리 그 이름을 떨쳤다. 그런데 그녀는 젊은 나이에 한 자식도 아니고 아들과 딸을 잇달아 먼저 떠나보내는 슬픔을 맛보았다. 자신보다 먼저 두 자식을 떠나보낸 슬픔을 읊은 시가 바로 그 유명한 한시 「곡자(哭子)」, 즉 '죽은 아들을 통곡하며'라는 작품이다. "하염없는 마음 황대사(黃臺詞) 외며 / 피눈물 울어 / 소리 삼켜라!" 이 마지막 구절에 이르러서는 절로 숙연한 기분이 감돈다. 그런데 여기에서 '황대사'란 당나라의 장회태자(章懷太子) 현(賢)이 지은 노래로 오이에 빗대어 읊었다고 하여 '황대과사(黃臺瓜辭)'라고도 한다. 당 고종(高宗)의 아들이 여덟인데 위로 넷은 천후(天后)의 소생이다. 맏인 홍(弘)을 태자로 삼았지만 두 번째 왕비가 시기하여 그를 독살하자 둘째인 현을 태자로 삼는다. 그러나 수심에 가득 차 말이 없는 현이 이 노래를 지어 악공에 주어 부르게 하여 임금과 후(왕비)의 깨달음을 얻으려 하였지만 결국 그도 쫓겨나 죽고 말았다.

조선 중기의 강직한 선비 남명(南冥) 조식(曺植)도 마흔넷에 아홉 살 난 총명한 외아들을 잃고 「상자(喪子)」라는 한문시를 써서 서글픈 마음을 달랬다. 이 작품에서 그는 "집도 아들도 없어 승려와 비슷하고 / 뿌리도 꼭지도 없는 이내 몸 구름 같구나"하고 노래한다. 어린 아들을 먼저 저 세상으로 떠나보낸 조식의 슬픔 또한 두 자식을 먼저 보낸 허난설헌 못지않다. 다만 다른 점이 있다면 난설헌보다 남명은 슬픈 감정을 좀처럼 겉으로 드러내지 않고 절제하고 있을 뿐이다.

우리 현대 시인 가운데에서도 사랑하는 자식을 일찍 떠나보내고 슬픔과 고통을 겪은 사람들이 있다. 정지용(鄭芝溶)과 김광균(金光均) 그리고 김현승(金顯承)이 바로 그들이다. 이 세 시인은 난설헌이나 남명처럼 자식을 일찍 떠나보낸 슬픔을 아름다운 한 편의 시로 승화시킨 것으로 유명하다. 자식의 죽음이라는 똑같은 소재를 사용하여 그들이 느끼는 슬픔과 고통의 정한을 표현하되 그것을 표현하는 방식은 저마다 사뭇 다르다. 현대시를 대표하는 이 세 시인이 시도하는 참척의 시적 변용은 무척 흥미롭다. 자식의 죽음을 두고 쓴 작품에서는 세 시인의 세계관과 함께 시적 형식과 기교를 엿볼 수 있다.

1

한국 현대시사에서 서구 모더니즘과 함께 토착적 서정시의 전통을 세우는 데 크게 이바지한 정지용은 스물아홉 살의 젊은 아비로 폐렴을 앓던 어린 딸을 먼저 저 세상으로 떠나보내야 하는 슬픔을 겪는다. 이렇게 자신보다 먼저 어린 딸을 떠나보내고 쓴 작품이 바로 「유리창」이다. 정지용은 이 작품을 1930년 《조선지광》에 처음 발표한 뒤 처녀 시집 『정지용 시집』(1935)에 수록하였다.

이 작품을 발표한 1930년은 정지용이 일본 도시샤(同志社) 대학 영문학과를 졸업한 해로 이때부터 모교 휘문고등보통학교에서 영어 교사로 근무하기 시작하였다. 장남 구관이 태어난 것이 바로 한 해 전이니 연년생으로 딸을 낳은 것이다. 이 무렵 조혼 풍습에 따라 열두 살 때 결혼한 것에 비추어 본다면 정지용은 조금 늦은 나이에 자식을 둔 셈이다. 이렇게 늦게 둔 딸자식을 먼저 저 세상에 떠나보낸 탓에 아비로서 느끼는 슬픔이 더더욱 컸을 것이다.

琉璃에 차고 슬픈 것이 어른거린다.
열없이 붙어 서서 입김을 흐리우니
길들은 양 언 날개를 파다거린다.
지우고 보고 지우고 보아도
새까만 밤이 밀려나가고 밀려와 부딪치고,
물 먹은 별이, 반짝, 보석처럼 박힌다.
밤에 홀로 유리를 닦는 것은
외로운 황홀한 심사이어니,
고운 肺血管이 찢어진 채로
아아, 늬는 山새처럼 날아갔구나.

—「유리창 1」 전문

이 작품의 시간적 배경은 삼라만상이 꽁꽁 얼어붙은 추운 한겨울, 그것도 모든 만물이 잠들어 있는 깊은 밤이다. 여기에서 굳이 신화 비평 이론을 들먹이지 않더라도 황량한 겨울과 밤은 죽음을 상징한다. “새까만 밤이 밀려나가고 밀려와 부딪치고”라는 구절에서 정지용은 밤이 점점 깊어지는 것을 바닷가 바위에 밀려와 부딪치는 파도에 빗댄다. 시간적 개념을 공간적 개념으로 바꾸는 그의 상상력이 무척 놀랍다. “동짓달 기나긴 밤을 한 허리 베어내어 / 춘풍 이불 아래 구부구비 넣었다가” 하고 노래하는 황진이(黃眞伊)의 시적 상상력에 가히 견줄 만하다. 한편 이 작품의 공간적 배경은 모든 것이 쥐 죽은 듯 조용한 집안이거나 한적한 건물 안이다. 유리창이 있는 것으로 보아 재래식 초가집보다는 아무래도 서구식으로 지은 양옥집인 듯하다.

그렇다면 이 작품의 시적 상황은 어떠한가? 지금 화자는 추운 한겨울 밤 멍하니 유리 창가에 서 있다. 유리 창가에 바짝 붙어 서서 입김을 불었다 지웠다 하면서 창밖에 펼쳐진 밤 풍경을 바라보고 있다. 숨을 들이쉬고 내쉴 때마다 입김이 차가운 유리창에 부딪쳐 뿌옇게 흐려졌다가 사라지면서 성애가 낀다. 성애 속에는 마치 새가 날갯짓을 하는 모습이 드러난다. 이 구절은 맨 마지막 행 "아아, 늬는 산새처럼 날아갔구나"라는 구절과 맞닿아 있다. 갓난아이의 때 이른 죽음을 산새가 잠깐 동안 나무에 앉아 있다가 훌쩍 산속으로 날아가 버린 것에 빗대는 표현이다.

비록 딸아이가 살아 있어도 성장하여 시집을 가면 어차피 부모의 품안에서 산새처럼 훌쩍 떠나갈 터이지만 지금처럼 그렇게 애달프지는 않을 것이다. 날갯짓도 제대로 하지 못하는 어린 나이에 이 세상을 떠나갔기에 더더욱 가슴이 아플 것이다. 지금 화자는 이렇게 유리 창가에 우두커니 선 채 먼저 이승을 떠나 저승으로 간 어린 자식을 생각하며 깊은 슬픔에 잠겨 있다. "고운 폐혈관이 찢어진 채로"라는 구절로 미루어보면 태어난 지 얼마 되지 않는 갓난아이 딸아이가 아마 폐렴에 걸려 적잖이 고통을 겪으며 사망한 것 같다.

정지용은 한국 문학사에서 어느 누구보다도 언어에 강한 자의식을 느낀 시인이다. 문학이 언어를 매체로 삼는 예술인만큼 문학가치고 언어에 자의식을 느끼지 않는 사람은 아마 하나도 없을 것이다. 그러나 1920년대 감정을 헤프게 늘어놓는 《폐허》나 《백조》 동인 같은 낭만주의 시인들에 맞서 시란 본질적으로 '언어 예술'이라는 자각을 심어 주었다는 점에서 한국 현대시사에서 그가 차지하는 몫이 무척 크다. 이렇게 삶의 모습을 이미지로 압축하여 전보문처럼 짧게 표현하여야 하는 시인에게 언어란 마치 금싸라기와도 같이 소중하다. 가히 '언어의 장인'이라고 할 정지용은 시어 한 마디 한 마디에 무척 세심한 주의를 기울인다.

같은 '시문학파(詩文學派)'에 속한 동인이면서도 정지용은 김영랑(金永郎)

과는 언어 구사에서 크게 다르다. 김영랑의 시어가 음악에 가깝다면, 정지용의 시어는 차라리 회화나 조각에 가깝다. 청각적 이미지가 두드러지게 나타나는 김영랑의 작품과는 달리 정지용의 작품에서는 시각적 이미지가 뚜렷하게 드러난다.

> 모란이 피기까지는
> 나는 아직 나의 봄을 기다리고 있을 테요.
>
> 모란이 뚝뚝 떨어져 버린 날
> 나는 비로소 봄을 여읜 설움에 잠길 테요.
>
> —「모란이 피기까지는」 일부

김영랑의 「모란이 피기까지는」의 첫 두 연이다. 이 시를 읽고 있노라면 모란꽃이 땅 위에 '뚝뚝' 떨어지는 소리가 그야말로 귓가에 낭낭하게 들리는 듯하다. 샤를 보들레르는 한 작품에서 가을에 낙엽이 땅에 떨어지는 소리를 두고 관 뚜껑에 못을 박는 소리라고 표현하였다. 김영랑의 작품에서나 보들레르의 작품에서나 청각적 이미지가 귓가에 와 닿는다. 방금 인용한 김영랑의 시 두 연을 정지용의 「유리창」의 두 행과 비교해 보면 청각적 이미지와 시각적 이미지에서 그야말로 하늘과 땅만큼 큰 차이가 난다.

> 새까만 밤이 밀려나가고 밀려와 부딪치고,
> 물 먹은 별이, 반짝, 보석처럼 박힌다.

이 구절을 읽고 있노라면 한겨울 밤하늘을 배경으로 별이 보석처럼 반짝 빛나는 모습을 눈으로 직접 보는 듯하다. 그런데 이 두 행의 감칠맛은 다름 아닌 '반짝'이라는 의태어에 있다. 작은 빛이 잠깐 나타났다가 사라지는 모양을 나타내는 이 '반짝'이라는 말이 '물 먹은 별'과 '보석' 사이에 삽입되어 절묘한 뉘앙스를 자아낸다. 문장 구조나 논리로 보자면 "별이 반짝 보석처럼 박힌다"고 말할 수는 없을 것이다.

이 '반짝'이라는 말은 어디까지나 별이 보석처럼 빛나는 모습을 가리키는 부사일 뿐이다. 그런데도 '별'과 '보석' 사이에 이 '반짝'이라는 말을 놓아 말하자면 장기에서처럼 양수겸장의 효과를 노린다. 즉 밤하늘에 '반짝' 빛나는 보석처럼 별이 박혀 있다는 뜻과 함께 그러한 별이 '반짝' 하고 하늘에서 잠깐 빛을 내뿜는다는 뜻을 지닌다. 이보다 더욱 관심을 끄는 것은 '반짝'이라는 말 앞과 뒤에 쉼표를 찍어 중간 휴식법을 구사한다는 점이다. 이 수사법은 화자의 호흡을 조절할뿐만 아니라 별이 반짝이는 강도를 더욱 강조하는 효과가 있다. 만약 '반짝'의 앞과 뒤에 쉼표를 사용하지 않았더라면 그 음악적 효과나 정서적 강도는 지금보다 훨씬 줄어들었을 것이다.

「유리창 1」을 읽고 있노라면 마치 대리석 조각 작품 한 점을 바라보고 있는 듯한 느낌이 든다. 정지용이 구사하는 언어는 하나같이 조각가가 망치로 조탁한 대리석 조각과 같다. 무엇보다도 첫 행 첫 머리에 사용하는 '유리'라는 낱말이 예사롭지 않다. 투시와 차단이라는 이중적 성격을 지니는 유리는 한편으로는 건너편의 바깥세상을 바라볼 수 있게 해주는 매개 역할을 하고, 다른 한편으로는 이쪽 세계(현세)와 저쪽 세계(내세)를 가로막는 장애물의 구실을 한다. 화자는 죽은 딸아이를 그리워하며 슬픔에 잠길 수 있지만 막상 죽은 딸아이의 세계 속으로는 들어갈 수 없다. 그 아이의 영혼은 벌써 '물 먹은 별'이 되어 보석처럼 하늘에서 반짝이고 있기 때문이다. 한마디로 투명하고 딱딱한 유리창은 이승과 저승, 삶과 죽음이 서로 만나는 임계점이요, 의식 세계와 무의식 세계가 만나는 접점이다. 또한 입김이 하얗게 어려 성애를 만들어낼 만큼 차가운 '유리'는 자칫 격할 수 있는 화자의 감정을 억제해 주는 구실을 하기도 한다.

이 작품에서 정지용이 감각적 이미지나 은유를 구사하는 솜씨가 무척 뛰어나다. 첫 부분에서 유리창에 입김을 불어 생긴 자국을 가냘픈 새에 빗댄다. "차고 슬픈 것이 어른거린다"는 구절에서 '찬' 것은 한겨울의 차디찬 유리창을 가리키는 동시에 "고운 폐혈관이 찢어진 채" 싸늘하게 식어버린 어린 아이의 시체를 가리킨다. 이 '차고'라는 말이 '슬픈'이라는 말과 함께 어울리면 화자의 꽁꽁 얼어붙은 마음이라는 또 다른 의미를 만들어낸다.

"언 날개를 파다거린다"는 구절에서 화자는 다시 한 번 창밖에 깔린 어둠의 세계로 훌쩍 날아가 버린 어린 생명을 한 마리의 가련한 새로 형상화한다. 어느 철학자는 삶을 두고 한마디로 '움직임'이라고 정의를 내린 적이 있다. 동적인 것은 하나같이 살아 있는 것이요 움직이지 않고 멈추어 있는 것은 곧 죽음이라는 것이다. 그렇다면 새가 날갯짓으로 공중을 훨훨 날아가는 것만큼 살아 있음을 실감나게 보여 주는 것도 없을 것이다. '언 날개'는 두말할 나위 없이 유리창 위에 화자의 입김이 만들어낸 날개 모양의 성애를 가리킨다. 그러나 마치 화석에 새겨진 중생대의 고조류(古鳥類)처럼 꽁꽁 얼어붙어 있어 움직일 수 없는 이 날개는 죽은 자식을 상징한다. '언 날개'는 정지용이 영향을 받은 T. S. 엘리엇의 용어를 빌려 말한다면 날개가 잘린 새, 즉 죽은 할 딸아이를 가리키는 객관적 상관물이다.

또한 "새까만 밤이 밀려나가고 밀려와 부딪치고"라는 구절의 '새까만 밤'은 죽음의 세계를 감각적으로 보여 주는 시각적 이미지이다. 동양에서나 서양에서나 죽음은 흔히 검은색이나 흰색으로 표현한다. 요한 볼프강 폰 괴테가 임종의 자리에서 "나에게 빛을!" 하고 말하였다는 일화는 유명하다. 이 유언을 형이상학적으로 받아들이는 학자들도 있지만 그가 빛을 달라고 애원하는 것은 죽음의 세계가 칠흑처럼 어둡기 때문이다. 이렇듯 '새까만 밤'은 지금 유리창 앞에 서서 화자가 느끼는 절망감을 드러낸다. 한편 파도에 빗대는 '밀려나가고 밀려오는' 밤은 그의 심적 동요를 잘 보여 준다. 화자는 한편으로는 깊은 절망감에 빠져 있고, 다른 한편으로는 격한 감정의 소용돌이에 휩싸여 있다.

'물 먹은 별'도 죽은 자식의 영혼을 표상하는 상징적 이미지이다. 동양에서나 서양에서나 별은 죽은 사람의 영혼과 깊이 관련되어 있다. 특히 사람이 죽으면 별로 환생한다는 생각이 문화권에 관계없이 널리 퍼져 있다. 서양에서는 한 사람의 운명을 흔히 하늘의 별과 자주 연관 짓는다. 예를 들어 한스 안데르센의 『성냥팔이 소녀』에서 소녀의 할머니는 "하늘에서 별이 떨어지는 것은 인간의 영혼이 신의 곁으로 가기 때문이란다" 하고 말한다. 『삼국지』에서도 사마중달(司馬仲達)은 서쪽 하늘의 황색별이 한 가닥 줄을 그리며 사라져 가자 제갈공명(諸葛孔明)이 마침내 사망하였음을 알아차린다. 더구나 「유리창」의 화자는 죽은 아이의 영혼을 별과 연관시키되 '물 먹은 별'로 표현함으로써 천상의 별처럼 순수하고 아름다운 영혼이라는 사실을 내비친다.

한편 이 '물 먹은 별'은 때 이르게 이승을 떠나 저승 세계에서 하늘의 별이 된 죽은 자식의 영혼 못지않게 화자의 눈을 가리키는 은유이기도 한다. 앞에서도 밝혔듯이 화자는 지금 유리창 앞에 서서 죽은 딸아이를 생각하며 깊은 슬픔에 잠겨 있다. 찬 유리창에 새 날개 모양의 성애며 하늘의 반짝이는 별이며 하나같이 죽은 자식을 떠오르게 하는 것뿐이다. 그러므로 '물 먹은 별'은 물기를 머금은 하늘의 별을 가리킨다기보다는 별을 바라보고 있는 화자의 두 눈에 눈물이 어려 있음을 나타내는 비유적 표현으로 보는 쪽이 옳다. 눈물 어린 눈으로 사물을 바라보면 사물이 별 모양처럼 일그러져 보이기 때문이다.

마지막 셋째 행의 '외로운 황홀한 심사'라는 모순법도 마찬가지이다. 어린 딸아이를 떠나보낸 아비의 마음이야 외롭고 쓸쓸하기 그지없을 것이다. 그러나 유리창을 닦는 순간 죽은 아이의 영혼이 어느덧 별이 되어 보석처럼 반짝 빛나는 모습을 바라보는 화자는 잠깐 동안이나마 '황홀한' 기분을 맛보지 않을 수 없다. 달리 생각해 보면 내세를 믿는 화자에게는 죽은 자식을 다시 만날 수 있다는 소망이 있기에 비록 순간적이지만 '황홀한' 정신적 기쁨을 느낄 수 있는 것이다. 생각해 보면 생각해 볼수록 시인의 언어 구사가 놀라울 뿐이다.

이 작품에서 화자는 죽은 딸아이에 대하여 한 마디도 드러내놓고 언급하지 않는다. 하나같이 엘리엇이 말하는 객관적 상관물을 빌려 넌지시 보여 줄 따름이다. '차고 슬픈 것', '언 날개를 파닥거리는' 것, '물 먹은 별', '찢어진 폐혈관', '날아간 산새' 등은 하나같이 죽은 아이를 가리키는 시각적 이미지거나 청각적 이미지이다. 마지막 두 행에 이르러 비로소 시인은 지금까지 억제해 온 감정의 빗장을 열어젖히고 슬픔을 왈칵 터뜨린다. "고운 폐혈관이 찢어진 채로 / 아아, 늬는 산새처럼 날아갔구나"라는 구절에서는 자식을 먼저 떠나보낸 아비로서의 애통한 마음이 피부에 와 닿는다. 물론 그렇다고 정지용은 그 감정마저도 그렇게 헤프게 늘어놓지 않는다. 한마디로 슬퍼하지만 마음이 상하지 않는다는 애이불비(哀而不悲)의 절제된 정서를 엿볼 수 있다.

윌리엄 워즈워스 같은 서구 낭만주의자들은 시를 두고 '감정의 자연스러운 분출'이라고 못 박는다. 정지용은 영문학도로서 일찍이 한 차례 서구 시의 세례를 받았지만 좀처럼 낭만주의 시 전통을 따르지 않는다. 오히려 그는 낭만주의에 맞서 일어난 이미지즘에서 시적 자양분을 흡수한다. 에즈러 파운드나 엘리엇은 될 수 있는 대로 감정을 억제하고 객관적 대상이나 이미지 또는 상황을 통하여 그러한 감정을 간접적으로 표현하려고 하였다. 적어도 이 점에서는 정지용은 서구 이미지즘 시인들과 크게 다르지 않다.

그러나 정지용은 단순히 서구 이미지즘 시인들을 모방하는 것으로 그치지 않는다. 구체적이고 감각적인 이미지에 무게를 싣되 마음에 호소하는 서정성에도 관심을 기울인다. 이미지즘 전통에 속하는 몇몇 서구 시인처럼 이미지에만 매달리다 보면 작품이 자칫 길가에 나뒹구는 돌멩이처럼 무미건조하기 쉽다. 아닌 것이 아니라 파운드는 실제로 여러 작품에서 돌멩이 같은 단단함을 추구하려고 애썼다. 그러나 정지용은 돌멩이 같은 시어에 서정성이라는 영혼을 불어넣음으로써 이성과 감성을 하나로 결합하려고 하였던 것이다.

2

자식을 먼저 내세로 떠나보낸 아버지가 느끼는 슬픔과 고통은 김광균한테서 찾아볼 수 있다. 정지용이 어린 딸을 먼저 저승으로 떠나보냈다면 김광균도 정지용과 비슷한 나이에 어린 아들을 먼저 저 세상으로 떠나보냈다. 김광균이 그 슬픔과 고통을 시로 형상화한 작품이 바로 「은수저」이다. 문예지 《문학》 1946년 7월호에 처음 발표하였다가 그 이듬해 정음사에서 펴낸 두 번째 시집 『기항지』(1947)에 수록하였다. 이 시집에 수록한 작품에 대하여 김광균이 「발문」에서 "내 나이 스물여섯부터 서른까지의 것"이라고 밝히고 있는 것을 보면 어린 아들을 잃은 것은 아마 서른 살이거나 그 이전일 것이다. 정지용이 일본 제국주의가 한참 힘을 떨치던 무렵에 「유리창 1」을 썼다면, 김광균은 식민주의의 굴레에서 풀려난 지 얼마 되지 않는 어수선한 해방 공간을 전후하여 「은수저」를 썼다.

> 산이 저문다
> 노을이 잠긴다
> 저녁 밥상에 애기가 없다
> 애가 앉던 방석에 한 쌍의 은수저
> 은수저 끝에 눈물이 고인다
>
> 한밤중에 바람이 분다
> 바람 속에 애기가 웃는다
> 애기는 방속을 들여다본다
> 들창을 열었다 다시 닫는다
>
> 먼 들길을 애기가 간다
> 맨발 벗은 애기가 울면서 간다
> 불러도 대답이 없다
> 그림자마저 아른거린다
>
> —「은수저」 전문

이 작품은 정지용의 「유리창 1」과 여러모로 비슷하다. 가령 밤을 시간적 배경으로 삼는다는 점에서도 그러하고, 방안이나 실내를 공간적 배경으로 삼는다는 점에서도 그러하다. 또한 두 작품 모두 감각에 호소하는 구체적인 이미지가 두드러지게 드러난다. 그러고 보니 김광균은 정지용과 김기림(金起林)한테서 이미지즘과 모더니즘의 바통을 이어받았다. 또한 최재서(崔載瑞)가 처음 소개한 서구 주지주의 문학의 영향을 받았는지도 모른다.

더구나 김광균의 「은수저」는 은유나 환유 같은 비유법을 효과적으로 구사한다는 점에서도 정지용의 「유리창」과 비슷하다. 「은수저」의 첫 연에서 "산이 저문다 / 노을이 잠긴다"는 구절은 은유이다. 축어의 세계에서 산은 '저물' 수 없고, 노을은 '잠길' 수 없다. 저무는 것은 날이거나 해이며, 잠기는 것은 산이다. '산이 저문다'는 말은 해가 저물어 산이 어둠에 잠긴다는 뜻이다. '노을이 잠긴다'는 말도 황혼의 불그레한 노을 속에 산을 비롯한 주위 풍경이 잠기는 모습을 가리킨다. 하나같이 일몰의 시간에 조금씩 어둠에 잠기기 시작하는 풍경을 나타내는 은유적 표현이다. 또한 노을과 어둠이 깔리는 산은 쇠락과 죽음을 상징한다. 아침이 생명의 탄생을 상징하듯 저녁은 생명의 소멸을 상징한다.

그런가 하면 정지용이 "아아, 늬는 산새처럼 날아갔구나" 하고 말하면서 간접적으로 자식이 죽었다는 사실을 암시하듯이, 김광균은 "은수저 끝에 눈물이 고인다"고 말하면서 아들의 죽음을 넌지시 드러낸다. 정지용이 슬픈 감정을 극도로 절제하여 표현하듯이 김광균도 자식을 잃은 애틋한 감정을 간접적으로 표현할 뿐 좀처럼 감정을 헤프게 늘어놓지 않는다. 감정을 절제하는 것으로 말하자면 김광균이 정지용보다 한 수 위이다. 정지용만 같아도 마지막 행에서 영탄법에 기댄다. 그러나 "애가 앉던 방석에 한 쌍의 은수저"라는 한 행을 빼놓고는 김광균은 '잠긴다', '저문다', '고인다', '웃는다' 등 하나같이 직설법 현재형 동사를 사용한다. 또한 김광균은 오직 명사와 동사를 염주 알을 실에 꿰듯이 길게 늘어놓는다. 형용사는 아무리 눈을 씻고 찾아보아도 좀처럼 찾아볼 수가 없고, 부사는 '다시'라는 말 한 마디뿐이다.

그러나 좀더 찬찬히 뜯어보면 김광균의 「은수저」는 정지용의 「유리창」과는 적잖이 다르다는 사실이 밝혀진다. 정지용의 작품에서는 별이 보석처럼 빛나는 한밤중이 시간적 배경이라면, 김광균의 작품에서는 아직 한밤중이 되기에 앞서 하루해가 저물면서 노을이 잠기는 시점에서 시작하여 점점 시간이 한밤중으로 진행한다. 다시 말해서 정지용의 작품에서 시간은 정태적이라면 김광균의 작품에서 시간은 동태적이다. 또한 앞의 작품에서 시간적 배경이 한겨울의 한밤중인 것과는 달리 뒤의 작품에서는 계절이 구체적으로 명시되어 있지 않다. 죽은 아이가 맨발로 들판을 걸어가는 것을 보면 한겨울이 아닌 것만은 틀림없다.

정지용의 작품에서는 유리창 앞이 공간적 배경이라면, 김광균의 작품에서는 방안 한복판이 공간적 배경이다. 전자의 작품에서 화자가 서 있다면, 후자의 작품에서는 화자가 앉아 있다. 또한 죽은 딸아이를 직접 언급하지 않는 정지용과는 달리, 김광균은 '애기'나 '애'라는 말을 무려 여섯 차례에 걸쳐 반복하여 사용한다. 그것도 '아기'나 '아이'가 아니라 '애기'라는 말을 쓴다. '애기'는 주로 북한 지방이나 남도 지방에서 사용하는 사투리이지만 '아기'와 비교하여 좀더 다정하고 친근한 느낌을 준다. 김광균이 태어나 자란 개성에서도 이 '애기'라는 말을 자주 썼을 것이다.

「유리창」에서 가장 눈을 끄는 구절이 "물 먹은 별이, 반짝, 보석처럼 박힌다"라면, 「은수저」에서 가장 눈을 끄는 구절은 "은수저 끝에 눈물이 고인다"이다. 두말할 나위 없이 이 은수저는 죽은 아이의 백일잔치나 돌잔치 때 받은 선물일 것이다. 이러한 은수저에는 흔히 아이의 수복강녕(壽福康寧)을 비는 뜻에서 '수' 자나 '복' 자가 새겨져 있다. 그러므로 지팡이를 흔히 노인을 가리키는 환유로 쓰듯 은수저는 백일이나 돌을 맞이한 갓난아이나 어린아이를 가리키는 환유로 자주 쓴다. 서양 사람들은 '요람'이라는 말을 갓난아이나 어린아이를 가리키는 환유로 사용하기 일쑤이다.

더구나 "은수저 끝에 눈물이 고인다"는 구절에서 김광균이 은유를 구사하는 솜씨가 여간 놀랍지 않다. 바로 앞 행에서 "애가 앉던 방석에 한 쌍의 은수저" 하고 읊은 뒤에 곧바로 이 '은수저'라는 말을 다시 한 번 받아서 "은수저 끝에 눈물이 고인다"고 말하는 것이다. 화자는 은수저 끝에 고여 있어야 할 음식(물이나 죽 또는 이유식)과 자신의 눈에 고여 있는 눈물 사이에서 유사성을 발견한다. 아니면 죽은 아이가 받은 선물인 은수저를 바라보는 순간 화자는 그 은수저처럼 생긴 자신의 두 눈에 갑자기 눈물이 고이는 것을 느끼는지도 모른다. 어느 쪽으로 해석하던 이 구절은 저 17세기 존 던 같은 영국 형이상학파 시인들이 사용하였을 법한 참신하고 기발한 비유임에 틀림없다.

그런가 하면 정지용과 김광균 모두 구체적이고 감각적인 이미지를 한껏 구사하면서도 그들이 사용하는 이미지는 성격이 조금 다르다. 정지용이 주로 시각적 이미지에 기대는 것과는 달리 김광균은 시각적 이미지 못지않게 청각적 이미지를 구사한다. 곱게 물드는 노을과 점점 어두워지는 산을 비롯하여 방석 위에 덩그러니 놓여 있는 은수저 한 벌, 죽은 아이가 웃는 모습이며 아이가 방안을 들여다보는 모습은 하나같이 시각적 이미지이다. 또한 죽은 아이가 먼 길을 걸어가는 모습도, 화자의 눈앞에 아른거리는 아이의 그림자도 모두가 시각적 이미지이기는 마찬가지이다.

한편 한밤중에 집밖에서 불어대는 바람 소리며 그 바람 속에 죽은 아이가 웃는 소리는 독자의 귀에 호소하는 청각적 이미지이다. 죽은 자식이 방안을 들여다보고 있다는 환상에 화자가 들창을 열었다가 닫는 소리도, 죽은 아이가 맨발 벗은 채 걸어가며 우는 소리도, 그리고 그 울음소리를 듣고 화자가 아이를 부르는 소리도 하나같이 청각적 이미지이다. 이렇듯 김광균은「은수저」에서 시각적 이미지와 청각적 이미지 사이에 조화와 균형을 꾀하려고 무척 애를 쓴다.

> 하이얀 입김 절로 가슴이 메어
> 마음 허공에 등불을 켜고
> 내 홀로 밤 깊어 뜰에 내리면

머언 곳에 여인의 옷 벗는 소리

—「설야」 일부

김광균의 작품 가운데에서 비교적 잘 알려진 「설야(雪夜)」의 셋째 연과 넷째 연이다. 이 작품에서도 시인은 눈이 내리는 한밤중의 정경을 한 폭의 그림처럼 묘사하되 비단 시각적 이미지에 그치지 않고 청각, 후각, 촉각 등 온갖 구체적인 감각적 이미지를 빌려 표현한다. 그러므로 김광균의 작품을 회화성(繪畫性)을 강조하는 이미지즘의 시로만 국한시켜 해석하는 것은 그렇게 바람직하지 않다.

그러나 김광균의 작품이 정지용의 「유리창 1」과 무엇보다도 뚜렷이 다른 점이라면 역시 화자의 시선에서 찾을 수 있다. 정지용의 작품에서 화자의 시선은 어디까지나 원심적이다. 다시 말해서 가까운 데에서 시작하여 먼 곳으로 점차 이동한다. 유리창에서 창밖으로, 창밖에서 하늘의 별로, 하늘의 별에서 죽은 아이가 있는 저승으로 옮아간다. 그런가 하면 죽은 딸아이인 한 마리 가냘픈 산새는 집안에서 집밖으로, 새장에서 산속으로 날아가기도 한다.

한편 김광균의 「은수저」에서 화자의 시선은 구심적인 동시에 원심적이다. 먼 데에서 출발하여 점차 가까운 곳으로 옮겨온 뒤 다시 가까운 곳에서 출발하여 먼 곳으로 이동한다. 첫째 연에서 화자의 시선은 일몰의 산과 서쪽 하늘의 노을에서 시작하여 집안의 안방에 차려놓은 저녁 밥상에 머문다. 다시 밥상에서 그 아래에 깔아놓은 죽은 아이가 앉던 방석으로 시선이 이동하고, 또 다시 시선은 이번에는 방석에 놓인 은수저 한 벌에 머문다. 그리고 다시 화자의 시선은 마침내 은수저 끝으로 이동한다. 도표로 그려 본다면 '산과 노을' → '저녁 밥상' → '방석' → '은수저' → '은수저 끝'이 될 것이다. 그렇다면 이 작품에서 김광균은 영화에서 자주 사용하는 클로즈업 기법을 구사하고 있는 셈이다.

화자가 죽은 아이의 환영을 만나는 둘째 연에서 시선은 잠시 방안에 정지해 있다. 말하자면 둘째 연은 구심적 시선과 원심적 시선이 잠시 교차하는 중간 지대라고 할 수 있다. 들창의 상징성에도 드러나듯이 방안 세계와 바깥 세계가 만나는 임계점, 생자(生者)와 망자(亡者), 살아 있는 아버지와 죽은 아들이 서로 만나는 공간이다. 그러다가 셋째 행에 이르러서 화자의 시선은 다시 방안에서 바깥을 향하여 원심적으로 이동한다. 방긋 웃던 아이는 어느덧 들창에서 멀어지고 울면서 들길을 따라 홀로 길을 걸어간다.

「은수저」에서 또 한 가지 찬찬히 눈여겨볼 것은 먼 곳에서 점점 가까운 곳으로 이동할 뿐만 아니라 높은 곳에서 점차 낮은 곳으로 이동한다는 점이다. 「유리창」만 하여도 화자의 시선은 아래쪽에서 위쪽으로 이동한다. 유리창 위에 입김을 불어 만들어 낸 성애를 바라보던 화자는 산새처럼 훌쩍 날아가 버린 하늘 쪽으로 시선을 옮긴다. 그러나 「은수저」에서 화자의 시선은 어디까지나 하향적이다. 서쪽 하늘과 높은 산에서 집으로, 집에서 방안으로, 방안에서 밥상으로, 밥상에서 은수저가 놓여 있는 방석으로 시선은 언제나 위쪽에서 아래쪽으로 옮겨간다.

「은수저」에서 공간이 구심적으로 이동하듯이 시간도 점점 깊은 밤을 향하여 진행한다. 이 시의 화자는 미국의 극작가 유진 오닐처럼 '밤으로의 긴 여행'을 떠난다. 그런데 김광균이나 오닐에게 시간적 여행 못지않게 중요한 것이 심리적 여정이다. 다시 말해서 자신에 앞서 떠나보낸 자식의 영혼을 보내는 의식을 치르는 셈이다. 「은수저」에서 시간은 해가 서쪽으로 기우면서 노을이 지기 시작하는 늦은 오후와 초저녁에서 한밤중을 거쳐 새벽녘을 향하여 조금씩 나아간다. 그러므로 「은수저」 전체의 구성으로 보면 화자는 아이의 죽음을 확인하고 저승으로 완전히 떠나보내는 과정을 순차적으로 묘사한다.

좀더 구체적으로 말해서 첫째 연에서 화자는 저녁식사 시간에 밥상에서 은수저를 보고 어린 아들의 부재를 확인하는 것에서 시작한다. 둘째 연에서 잠자리에 들지만 아이에 대한 그리움과 슬픔 때문에 쉽게 잠을 이루지 못하는 화자는 한밤중에 죽은 아이의 환영을 만난다. 아이는 살아 있을 때처럼 방긋 웃는 얼굴을 하고 창문을 통하여 방안을 들여다보고 있다. 화자는 놀라서 들창을 열고 아이를 찾아보지만 아이는 온데간데없고 창밖에는 바람만 세차게 불고 있을 뿐이다.

지금까지 많은 비평가들이 "들창을 열었다 다시 닫는다"는 구절의 행위자를 죽은 아이로 파악해 왔다. 바로 앞 행 "애기는 방 속을 들여다본다"는 구절과 같은 의미 구조로 파악하려고 하기 때문이다. 그러나 이 구절의 행위자는 죽은 아이보다는 아무래도 화자로 보는 쪽이 더 옳을 듯하다. 앞의 행과 뒤의 행은 주어가 서로 다른 문장이다. 화자는 아이의 환상을 보고 들창문을 열었다가 아이가 없는 것을 확인하고 다시 문을 닫는 것이다. 셋째 연에서 아이는 마침내 죽음의 세계로 떠나간다. 저승에 가는 길을 흔히 황천(黃泉)길이라고 말하지만 화자는 이 작품에서 '먼 들길'이라는 말을 사용한다. "맨발 벗은 애기가 울면서 간다 / 불러도 대답이 없다"는 구절은 이 점을 더욱 뒷받침한다.

여기에서 잠깐 김광균이 「은수저」에서 유난히 이항대립 구조에 기댄다는 점을 눈여겨볼 필요가 있다. 언어학자이건 문화 인류학자이건 아니면 문학 이론가이건 구조주의자들은 하나같이 이항대립을 주춧돌로 삼아 이론의 집을 세운다. 첫 연에서 이항대립은 겉으로 훤히 드러나 있지 않고 그림자처럼 뒤에 숨어 있다. 가령 '저물다'는 '밝다'와 이항대립을 이루고, '잠기다'는 '드러나다'와 이항대립을 이룬다. '없다'는 '있다'와 이항대립을, '눈물'은 '웃음'과 이항대립을 이룬다. 둘째 행과 셋째 행에 이르러 이항대립은 좀더 뚜렷이 드러난다. 들창을 경계로 '방 안'과 '방 밖', '열다'와 '닫다', '들여다보다'와 '내다보다', 그리고 '웃다'와 '울다'가 바로 그러하다. 이러한 이항대립 구조에서 구조주의자들이 어떤 변별적 차이를 찾아내려고 하듯이 김광균도 이승과 저승, 차안과 피안, 현세와 내세 사이에서 건널 수 없는 어떤 심연을 발견하는 것이다.

죽음을 바라보는 정지용의 시각이 형이상학적이라면 김광균의 시각은 다분히 형이하학적이다. 「유리창」에서 화자가 죽은 자식을 고고한 천상의 별과 관련짓는다면, 「은수저」의 화자는 질펵한 지상의 숟가락과 관련짓는다. 앞의 작품에서는 죽은 딸아이의 영혼이 별이 되어 하늘에서 보석처럼 반짝이는 것과는 달리, 뒤의 작품에서는 죽은 아들은 질펵한 대지에서 헤맨다. 바람 속에 떠도는 모습이며, 먼 들길을 걸어가는 모습이며, 신발도 신지 않고 맨발로 울면서 걸어가는 모습이 천상의 별과는 거리가 멀어도 한참 멀다.

그 동안 김광균은 흔히 '껍데기만의 모더니즘'을 표방한다는 비판을 받아왔다. 와사등, 전신주, 기차 같은 도회와 관련한 시어로써 센티멘털리즘의 정서를 노래함으로써 서구 모더니즘의 형식만을 답습할 뿐 내용에서는 여전히 전통적인 낭만주의에서 젖을 떼지 못하고 있다는 것이다. 가령 김동석(金東錫)은 "간접적이고 상징적이고 때로는 비틀어지고 알쏭달쏭한 표현만이 시라는 관념은 세기말적인 것에 불과하다"고 날카롭게 비판한다. 그러면서 김광균의 작품을 두고 김동석은 "신경질 된 문학청년의 것이지 인간의 것이 될 수는 없을 것이다" 하고 잘라 말하였다. 김동석의 이러한 지적은 1950년대 박인환(朴寅換)의 작품에는 그런대로 들어맞을는지 몰라도 김광균의 작품에는 좀처럼 들어맞지 않는다. 「은수저」를 비롯한 몇몇 작품에서 김광균은 정지용 못지않게 명징한 이미지와 상징을 구사할뿐더러 새로운 리듬을 창조하려고 노력하기 때문이다.

3

참척이나 단장지애의 감정을 겪는 것은 김현승도 마찬가지이다. 정지용이나 김광균과 마찬가지로 그 또한 어린 자식을 일찍 저 세상으로 떠나보내는 슬픔과 고통을 맛본다. 그리고 두 시인처럼 그도 이러한 슬픔과 고통을 아름다운 한 편의 시로 승화시킨다. 이렇게 한 편의 시로 승화시킨 작품이 바로 우리에게 잘 알려진 「눈물」이다. 김현승은 이 작품을 첫 시집인 『김현승 시초』(1957)에 수록하였다. 이 작품을 시집 제2부에 실으면서 이곳에 실린 작품은 이 시집을 출간하기 몇 해 전에 쓴 것들이라고 밝힌다. 그렇다면 김현승이 아들을 먼저 떠나보낸 것은 아마 1950년대 초엽이거나 중엽인 것 같다.

더러는
沃土에 떨어지는 작은 생명이고저……

흠도 티도,
금가지 않은
나의 전체는 오직 이뿐!

더욱 값진 것으로
드리라 하올 제,

나의 가장 나아종 지니인 것도 오직 이뿐!

아름다운 나무의 꽃이 시듦을 보시고
열매를 맺게 하신 당신은
나의 웃음을 만드신 후에
새로이 나의 눈물을 지어 주시다.

—「눈물」 전문

이 작품에 대하여 김현승은 「굽이쳐 가는 물굽이와 같이」라는 글에서 "나는 내 가슴의 상처를 믿음으로 달래려고 그러한 심정으로 썼다"고 밝힌 적이 있다. 그러면서 그는 "'신 앞에 드릴 것이 있다면 그 무엇이겠는가. 그것은 변하기 쉬운 웃음이 아니다. 이 지상에 오직 썩지 않는 것이 있다면 그것은 신 앞에서 흘리는 눈물뿐일 것이다'라는 것이 이 시의 주제라 할 수 있을 것이다" 하고 말하였다. 한마디로 「눈물」은 아들을 잃은 슬픔을 종교적으로 승화시킨 작품이라고 할 수 있다.

정지용의 「유리창」이나 김광균의 「은수저」와 비교하여 이 작품에서 무엇보다도 먼저 눈을 끄는 것은 독백체로 자신의 내면세계를 고백하는 형식을 취한다는 점이다. 어떤 의미에서 시인은 이 작품에서 기도문의 형식을 사용한다고 볼 수도 있다. "가을에는 / 기도하게 하소서. / 낙엽들이 지는 때를 기다려 내게 주신 / 겸허한 모국어로 나를 채우소서"로 시작하는 「가을의 기도」처럼 김현승은 이러한 기도문의 형식을 즐겨 사용한다. 그러므로 이 작품에서는 정지용이나 김광균의 작품보다 좀더 경건한 분위기를 느낄 수 있다.

또한 김현승이 정지용이나 김광균의 작품과는 달리 이 작품에서 경어체를 사용한다는 점도 눈여겨보아야 한다. 이 시의 화자는 '보시다', '만드시다', '주시다'처럼 존칭어미를 사용할 뿐만 아니라 '드리다'처럼 객체 높임말을 사용한다. 네 번에 걸쳐 사용하는 '나의'라는 말이 조금 마음에 걸리기는 하지만 어디까지나 이인칭 대명사 '당신'이라는 말과 서로 대조시키기 위한 시도로 볼 수 있다. 두말할 나위 없이 여기에서 화자가 말하는 '당신'은 초월적 존재자를 가리킨다. 장로교 목사의 아들로 태어난 김현승이 평생 동안 독실한 기독교 신자였다는 것은 잘 알려진 사실이다. 김현승의 작품을 좀더 잘 이해하기 위해서는 그의 기독교적 세계관을 깨달아야 하는 까닭이 바로 여기에 있다.

그렇다고 이 시를 비롯한 김현승의 작품을 지나치게 기독교 신앙의 굴레에 가두어 두는 것은 바람직하지 않다. 그가 기독교 신앙에 바탕을 두고 작품을 쓰는 것은 사실이지만 그렇다고 단순히 그 신앙을 천명하는 것에 그치지 않기 때문이다. 기독교 세계관에 바탕을 두되 종교적인 테두리에 안주하지 않고 좀더 보편적인 가치를 지향한다. 김현승은 언제가 "나는 또한 신앙에 순응하기만 하는 시인은 아니다" 하고 밝힌 적이 있다. 그러면서 "떳떳하고 참되고 올바른 인간 정신을 나의 시에 스며들게 하는 데 더 큰 가치를 느낀다"고 말한다.

「자화상」이라는 작품에서도 김현승은 "눈이 커서 눈이 서러워, / 모질고 싸특하진 않으나, / 신앙과 이웃들에 자못 길들기 어려운 나" 하고 노래한다. 그러고 보니 김현승의 작품에서는 오노레 드 발자크의 문학과 관련하여 프리드리히 엥겔스가 말한 '위대한 리얼리즘의 승리'를 엿볼 수 있다. 엥겔스는 친구에게 보낸 한 편지에서 발자크가 자신의 신분적 계급을 초월하여 작품을 쓴 점을 높이 평가한다. 발자크의 작품이야말로 소설이 정치적 이데올로기를 넘어서는 리얼리즘의 승리를 보여 주는 좋은 예라는 것이다. 19세기 부르봉 왕조를 지지한 골수 보수주의자였음에도 발자크가 계급적 한계를 넘어선 작품을 썼듯이 김현승도 자신의 종교에 구속받지 않고 자유롭게 작품을 썼기 때문이다.

기독교 신자답게 김현승은 성서에서 이미지나 상징 또는 모티프 등을 즐겨 빌려온다. 첫 연 "더러는 옥토에 떨어지는 작은 생명이고저……"라는 구절부터가 신약성서에서 빌려온 비유이다. 예수 그리스도는 바닷가에 모여 있는 사람들에게 농부가 씨를 뿌리는 것에 빗대어 복음을 전한다. "더러는 길가에 떨어지니, 새들이 와서, 그것을 쪼아 먹었다. 또 더러는 흙이 많지 않은 돌짝밭에 떨어지니, 흙이 깊지 않아서 싹은 곧 났지만, 해가 뜨자 타버리고, 뿌리가 없어서 말라 버렸다. 또 더러는 가시덤불에 떨어지니, 가시덤불이 자라서 그 기운을 막았다. 그러나 더러는 좋은 땅에 떨어져서 열매를 맺었는데, 어떤 것은 백배가 되고, 어떤 것은 육십 배가 되고, 어떤 것은 삼십 배가 되었다" (「마태복음」 13장 3-8절).

김현승이 말하는 '옥토에 떨어지는 작은 생명'은 이 중에서 맨 마지막 유형으로 몇 십 배에서 백배까지 결실을 얻는 경우이다. 지금도 크게 다르지 않지만 예수가 사역을 할 무렵 팔레스타인 땅은 워낙 돌이 많고 척박한 땅이었기 때문에 제대로 개간을 하여 농사를 지을 수가 없었다. 그리하여 팔레스타인 농부들은 무작위로 씨앗을 뿌려 농사를 짓곤 하였다. 그런데 그렇게 뿌려진 씨앗은 더러는 길바닥에, 더러는 자갈밭에, 더러는 가시덤불에, 더러는 옥토에 떨어졌다. 이렇게 옥토에 떨어진 씨앗만이 결국 열매를 맺게 되었던 것이다.

그렇다면 옥토에 떨어져 열매를 맺는 '작은 생명'이란 과연 무엇을 가리킬까? 이 작품의 주제를 제대로 깨닫기 위해서는 '눈물'이라는 작품 제목에 너무 얽매여서는 안 된다. 이 시를 분석하는 비평가들은 거의 예외 없이 이 '작은 생명'을 눈물로 해석하는 실수를 범해 왔다. 한 비평가는 "화자는 눈물을 하나의 생명으로, 열매를 맺게 할 작은 씨앗으로 본다. 작은 씨앗(눈물)을 뿌림은 백배의 열매(진실, 영원, 기독교적 초월 행위)를 위한 자기 극복의 몸짓이다" 하고 주장한다. 그러면서 "이렇게 될 때 슬픔(눈물)은 절대의 기쁨(눈물)으로 화할 수 있다. 그러기에 눈물의 의미는 단순한 차원에서보다 초월적인 것으로 바뀌게 된다"고 지적한다.

이렇게 눈물로 해석하려는 것은 비단 '작은 생명'만이 아니다. 둘째 연의 "흠도 티도 / 금가지 않은, / 나의 전체는 오직 이뿐!"에서 '나의 전체'도 눈물로 해석한다. 눈물은 흠도 티도 없는 순수성을, 금가지 않은 완전성을 지닌다는 것이다. 그리하여 한 비평가는 "눈물은 완벽한 가치를 지닌 절대의 것이 되고 만다. 화자는 이 절대의 가치, 절대의 순수에 빠지고자 한다. 화자의 절대 가치는 눈물뿐이다" 하고 주장한다. 한마디로 눈물이야말로 곧 신이 인간에 준 선물이요 은총이라는 것이다.

또한 대부분의 비평가들은 셋째 연의 '더욱 값진 것', 넷째 연의 '나의 가장 나아종 지니인 것'도 하나같이 눈물로 파악하려고 한다. 특히 '나아종'이라는 표현에 대하여 눈물이 사람이 가진 것 중에서 가장 근원적이고 순수한 것이라는 사실을 강조하기 위한 것이라고 지적한다. 몇몇 비평가들에 따르면 눈물보다 더 가치 있는 것을 하나님이 요구한다고 하여도 화자에게 가장 순수한 것은 오직 눈물뿐이기 때문에 이 눈물밖에는 절대자에게 바칠 것이 없다는 것이다.

심지어 마지막 행의 "열매를 맺게 하신 당신은"이라는 구절에서 '열매'조차 눈물로 파악하기도 한다. 한 비평가는 "시인이 눈물을 열매에 비유함으로써 눈물이 인간이 지닌 가치 중 가장 고귀한 것으로 생명의 씨앗, 절대 순수, 지고의 가치, 하느님의 사랑으로 이어진다"고 밝힌다. 인간은 흔히 기쁨보다는 고통과 슬픔을 통하여 성숙하고, 그 눈물은 인간의 영혼을 맑게 씻어 주는 역할을 한다는 점에서 삶의 역설적 의미를 잘 드러내는 작품이라고 지적한다.

> 눈물은 첫째 연이 노래하듯이 옥토에 떨어지는 작은 생명이며, 가장 진실한 순간에 있어서의 사람이 가진 것의 전부이다. 우리가 신 앞에 드릴 수 있는 것 중에서 가장 값지고 확실한 것도 눈물이다. (……) 김현승은 눈물이 피해야 할 것이기보다는 신이 사람에게 내려 준 가장 소중한 것이라고 보는 경지에 도달한다. 그것은 마치 나무의 꽃이 시든 뒤에 열매가 열리도록 한 신의 섭리와도 같다. 웃음이 잠시 피었다가 지는 삶의 꽃이라면 슬픔과 눈물은 그 열매에 해당된다고 그는 노래한다. 그리하여 그는 역설적으로 눈물이 오직 사람에게만 주어진 신의 은총이라고 여김으로써 지극한 슬픔을 이겨내는 종교적 경지에 도달하는 것이다.

"모든 길이 로마로 통한다"는 서양 격언도 있지만 이 작품의 해석이나 비평에서는 모든 해석이 눈물로 통한다. 그러나 이 '눈물'의 굴레에서 벗어날 때 비로소 이 작품을 제대로 이해할 수 있다. 말하자면 눈물 때문에 눈이 가려 비평가들은 이 작품의 의미를 제대로 볼 수 없었던 것이다. 이 작품을 해석하면서 지나치게 '눈물'에 얽매이는 것은 만해(萬海) 한용운(韓龍雲)이 『님의 침묵』(1926)에서 노래하는 '님'을 식민지 조국이나 불교의 절대적 구원자로 해석하는 것과 크게 다르지 않다.

물론 김현승의 작품에 '눈물'이라는 시어가 마치 민요가락의 후렴처럼 자주 나오는 것은 사실이다. 언젠가 그는 눈물이 너무 흔하여 아무래도 천국에 가지 못할 것 같다고 털어놓은 적이 있다.

> 네 눈물로 나를 씻겨 주지 않았고
> 네 웃음이 내 품에서 장미처럼 피지도 않았다.
>
> —「고독」 일부

김현승의 「고독」이라는 작품의 일부이다. 이 작품에서 그는 눈물의 정화 작용을 언급한다. 그의 말대로 눈물은 이러한 심리적 효과를 지닐 뿐만 아니라 의학적으로도 꼭 필요한 분비물이다. 과학자들에 따르면 약한 알칼리성의 성분인 눈물은 눈에 들어 있는 이물질을 씻어내고 각막 상피에 포도당과 산소를 공급하고 노폐물을 받아내며 감염 방지 작용을 한다고 한다. 김현승은 「어제」라는 작품에서 또 이렇게 눈물이 인간의 마음을 깨끗이 정화시켜 준다고 노래한다.

> 어제,
> 그 시간을
> 정한 눈물로 닦아 두자.
> 내게는 이제 다른 보석은
> 빛나지 않으려니……
>
> —「어제」 일부

이 작품에서도 김현승은 눈물을 더러운 과거를 말끔히 씻어 버리는 맑고 깨끗한 정화수로 본다. 또한 다른 어떤 보석보다도 아름답게 반짝이는 소중한 보석에 빗대기도 한다. 김현승은 비단 눈물뿐만 아니라 슬픔에서도 위로를 받고 마음을 정화하기도 한다. 「아버지의 마음」에서는 "아버지의 눈에는 눈물이 보이지 않으나 / 아버지가 마시는 술에는 항상 / 보이지 않는 눈물이 절반이다" 하고 노래한다. 그런가 하면 「슬픔」이라는 작품에서 그는 "슬픔은 나를 / 목욕시켜준다. / 나를 다시 한 번 깨끗게 하여준다"고 노래하기도 한다. 우리 문학사에서 김현승처럼 고독과 슬픔과 눈물을 그렇게 일관성 있게 노래한 시인도 아마 찾아보기 어려울 것이다.

그러나 「눈물」에서 '작은 생명'을 비롯하여 '나의 전체', '더욱 값진 것', '가장 나아종 지니인 것', '열매' 따위를 지나치게 눈물로만 한정시켜 해석한다면 궁극적으로 다른 해석의 가능성을 닫아놓는 결과를 낳는다. 실제로 위의 구절은 얼마든지 다른 의미로 받아들일 수 있다. 무엇보다도 '작은 생명'은 화자가 자신보다 일찍 저 세상으로 떠나보낸 어린 아들을 가리킨다. 첫 행 "더러는 옥토에 떨어지는 작은 생명이고저……"라는 구절은 이 점을 뒷받침한다. 비록 '씨'나 '씨앗'이라는 말을 생략하고 있지만 화자가 자식을 낳는 행위를 씨를 뿌리는 것에 빗대는 점에서도 그러하고, 아예 '작은 생명'이라고 못 박아 말하는 점에서도 그러하다. 화자가 뿌리는 씨앗이 옥토에 떨어지기를 갈망하는 것은 자식이 신체적으로나 영적으로 건강하게 태어나 훌륭하게 성장하기를 바라는 아버지의 심정일 것이다.

또한 흠도 없고 티도 없으며 금도 가지 않은 그야말로 완전한 '나의 전체'도 화자보다 먼저 내세로 떠난 아들로 보아 크게 틀리지 않다. 비록 자신의 삶은 실수와 오점으로 얼룩져 있을망정 일찍 저승으로 떠난 어린 자식은 아직 세상 때에 묻지 않은 순수 그 자체일 것이다. 이렇게 완벽한 자신의 분신을 두고 화자는 "나의 전체는 오직 이뿐!"이라고 밝힌다. 신약성서에서 세례 요한은 사람들이 예수 그리스도에 대하여 묻자 그들에게 "보시오, 세상 죄를 지고 가는 하나님의 어린 양입니다"(「요한복음」 1장 29절) 하고 말한다. 여기에서 '어린 양'은 속죄양이나 희생자라는 뜻을 지니지만 아직 죄에 물들지 않은 순진무구한 존재라는 뜻이다. 적어도 자식이 '어린 양'처럼 순수한 존재가 되기를 바라는 것은 아마 세상의 모든 아버지가 꿈꾸는 소망일 것이다.

그런가 하면 셋째 연과 넷째 연의 "더욱 값진 것으로 / 드리라 하올 제, // 나의 가장 나아종 지니인 것도 오직 이뿐!"에서도 '더욱 값진 것'과 '나의 가장 나아종 지니인 것'은 좀더 꼼꼼히 살펴보면 죽은 아들임이 밝혀진다. 이 세상에 값진 것이 어디 한두 가지이랴 마는 방금 앞에서도 지적하였듯이 순진무구한 자식만큼 이 세상에서 '더욱 값진 것'도 없을 것이다. 이 사실은 곧바로 뒤에 나오는 구절 '나의 가장 나아종 지닌 것'을 보면 더욱 더 뚜렷하게 드러난다. 지금 저 세상으로 떠난 아들은 화자의 자식 중에서도 가장 뒤늦게 태어난 자식임에 틀림없다. 만약 자식이 값진 보물이라면 가장 뒤늦게 태어난 자식은 그가 지니고 있는 값진 보물 중에서도 가장 뒤늦게 소유하게 된 보물인 셈이다. '나종(나중)'을 가음법(加音法)을 구사하여 '나아종'이라고 길게 말하는 까닭은 음악적 효과를 높이는 동시에 의미를 좀더 강조하기 위해서이다.

이 글 첫 머리에서 이미 밝혔듯이 박완서는 뜻밖의 사고로 하나밖에 없는 아들을 잃고 깊은 절망감에 빠진 적이 있다. 그 경험을 바탕으로 쓴 것이 바로 「나의 가장 나종 지니인 것」(1993)이라는 단편소설로 이 작품으로 박완서는 제25회 동인문학상을 받았다. 두말할 나위가 없이 그녀는 이 작품의 제목을 김현승의 「눈물」에서 따왔다. 아들을 잃은 이 작품의 화자요 주인공인 '나'는 "교통사고로 반신불수에 치매 상태가 된 친구 아들이 오히려 부러울 지경"이라고 털어놓는다. "다만 볼 수 있고, 만질 수 있고, 느낄 수 있는 생명의 실체가 그렇게 부럽더라. 세상에 어쩌면 그렇게 견딜 수 없는 질투가 다 있을까" 하고 말한다. 이 소설에서도 볼 수 있듯이 '가장 나아종 지니인 것'은 눈물이 아니라 가장 뒤늦게 태어났다가 어미의 가슴에 못을 박고 먼저 세상을 떠난 자식이다.

마지막 연의 "아름다운 나무의 꽃이 시듦을 보시고 / 열매를 맺게 하신 당신은"에서 '열매'도 눈물이 아니라 어디까지나 자식으로 보아야 한다. 아름다운 나무의 꽃이 시들었다는 것은 화자의 나이가 어느덧 청춘을 지나 중년기로 접어들었다는 것을 뜻한다. 구약성서에서 야훼가 늙은 아브라함에게 이삭이라는 아들을 선물로 준 것처럼 하나님은 화자에게 뒤늦게 아들을 주었다는 말이다. 화자가 "나의 웃음을 만드신 후에"라고 말하는 까닭이 바로 여기에 있다. 그리고 맨 마지막 행에 이르러 "새로이 나의 눈물을 지어주시다" 하고 말하는 것은 뒤늦게 선물로 준 아들을 도로 앗아감으로써 화자에게 더할 수 없는 슬픔을 안겨주기 때문이다.

마지막 연에서 김현승이 구사하는 은유가 오월의 신록처럼 무척 싱그럽다. "아름다운 나무의 꽃이 시듦을 보시고 / 열매를 맺게 하신 당신은"이라는 구절에서 그는 매체 관념(비유적 관념)만 드러내 놓을 뿐 축어적 관념(원관념)은 뒤에 살짝 감춘다. 방금 앞에서 밝혔듯이 '나무의 꽃'은 화자의 청춘을 가리키고, '꽃의 시듦'은 청춘의 상실과 장년의 도래를 가리킨다. 그 다음 행에서도 축어적 관념은 생략되어 있고 오직 비유적 관념만이 명시적으로 드러나 있을 뿐이다. 나무에게 열매를 맺게 하는 것은 화자에게 자식을 낳게 해주는 것을 뜻한다.

김현승이 마지막 연에서 이렇게 구사하는 은유의 묘미를 놓쳐 버리면 그만 터무니없이 엉뚱한 해석을 내리게 된다. 가령 한 비평가는 꽃이 일시적이고 가변적인 가치를 상징하는 반면, 열매는 영원하고 불변적인 가치를 상징한다고 주장한다.

> 이 작품에서 눈물은 순수한 생명이라는 내포를 가졌다. 그것은 시인에게 유일무이한 가치다. 동시에 이 눈물은, 꽃과 열매의 관계가 웃음과 눈물의 관계에 상응하는 이런 관계의 관계를 통하여 영원하고 불변적인 가치가 됨을 시인은 암시한다. 꽃은 아름답지만 쉽게 시들므로 그것은 일시적이고 가변적이다. 마찬가지로 웃음도 일시적이고 가변적이다. 그러나 이와 대립되는 열매와 눈물은 영원하고 불변적인 것이 될 수밖에 없다. 결국 이 작품의 주제는 영원한 가치로서의 생명의 순수성이다. 시인은 이런 주제를 직접 진술하지 않고 눈물의 핵심 이미지로써 우리에게 전달하고 있는 것이다.

열매가 열릴 수 있는 것은 어디까지나 꽃이 피었다가 지기 때문이다. 『춘향전』에서도 춘향은 창문 앞에 피어 있는 앵두꽃이 갑자기 떨어지는 꿈을 꾼다. 봉사는 이 꿈에 대하여 "그 꿈 장이 좋다. 화락(花落)하니 능성실(能成實)이요……" 하고 해몽한다. 즉 꽃이 떨어지니 열매가 맺게 된다는 뜻이다. 눈물이 '순수한 생명'을 내포하고 있다는 주장도 맞지 않지만 시인에게 '유일무이한 가치'라는 주장은 더더욱 맞지 않는다. 또한 김현승이 이 작품의 주제를 '영원한 가치로서의 생명의 순수성'으로 파악하고 있는 것도, 눈물을 '핵심 이미지'로 사용하고 있다는 주장하는 것도 터무니없기는 마찬가지이다. 이 비평가가 이렇게 해석하는 것은 아마 김현승이 이 작품을 두고 한 말을 염두에 두고 있기 때문인 것 같다. 앞에서 이미 밝혔듯이 김현승은 “이 지상에서 오직 썩지 않는 것이 있다면 그것은 신 앞에서 흘리는 눈물뿐일 것이다” 하고 말하였던 것이다. 그러나 영국의 소설가요 비평가인 D. H. 로런스의 말대로 비평가는 작가의 말보다는 오직 작품을 믿어야 한다. 역사 비평가들이 흔히 범하기 쉬운 오류가 바로 ‘저자의 의도’를 찾아내려는 것이다. 그 의도는 흔히 찾아낼 수 없을뿐더러 비록 찾아낸다고 하여도 문학 텍스트를 해석하는 데 크게 도움이 되지 않는다.

또한 「눈물」의 마지막 두 행 “나의 웃음을 만드신 후에 / 새로이 나의 눈물을 지어 주시다”라는 구절에서도 비유는 찬란한 빛을 내뿜는다. 김현승은 화자를 ‘웃게’ 만들게 하거나 눈물을 ‘짓게’ 만든다고 말하지 않는다. ‘웃음을 만들고’ 또한 ‘눈물을 지어 줄’ 뿐이다. 다시 말해서 창조주요 초월적 존재자가 화자를 웃게 만들고 눈물을 흘리게 만드는 행위를 김현승은 마치 옷을 짓는 것에 빗댄다. 여기에서 ‘새로이’는 비유적으로는 새 옷을 지어 준다는 뜻이지만 축어적으로는 곧바로 또 다시 슬픔을 느끼게 해준다는 뜻이다.

더구나 김현승은 여기에서 동사 ‘짓다’의 이중적 의미를 한껏 살린다. 한국어에서 어떤 재료를 사용하여 옷이나 밥이나 집 따위를 만드는 것을 ‘짓다’라고 한다. 그런가 하면 눈물을 흘리거나 눈물이 고이는 것을 두고도 ‘눈물짓다’라고 한다. 여기에서 ‘짓다’는 ‘한숨짓다’라고 할 때의 바로 그 ‘짓다’와 똑같다. 앞에서는 ‘웃음을 만든다’라고 표현하면서도 뒤에 와서는 하필이면 왜 굳이 ‘눈물을 지어’ 준다고 말하는지 그 까닭을 알 만하다. 생각해 보면 볼수록 김현승의 비유법의 구사가 무척 뛰어나는 데 새삼 놀라게 된다.

이렇게 김현승은 언어의 뉘앙스나 비유에 세심하게 주의를 기울이면서도 내용이나 사상에도 큰 관심을 둔다. 그는 언젠가 내용이나 사상이 없는 시를 무정란(無精卵)에 빗댄 적이 있다. 무정란이 수정을 할 수 없듯이 내용이나 사상이 없는 시도 허공의 메아리처럼 공허할 수밖에 없을 것이다. 현대 시인 가운데에서 김현승만큼 소리와 의미, 음악과 사상을 하나로 결합시키려고 노력한 시인도 아마 찾아보기 힘들 것이다. 특히 그는 종교와 철학의 추상적 관념을 구체적이고 감각적인 이미지와 상징을 빌려 표현하려고 하였다. 그러므로 그의 작품은 속이 알차고 잘 익은 과일에 빗댈 수 있다.

김현승은 한편으로는 '청록파(靑鹿派)'의 서정적 전통에서 벗어나려고 하였고, 다른 한편으로는 모더니즘의 주지주의적 경향도 극복하려고 하였다. 「옹호자의 노래」(1955)에서 그는 "싸늘한 증류수의 시대여 / 나는 나의 우울한 혈액 순환을 노래하련다!" 하고 읊는다. '싸늘한 증류수'의 시대가 형식적 기교에 지나치게 무게를 싣는 모더니즘 문학을 가리킨다면, '혈액 순환'은 인간의 피가 도는 따뜻한 휴머니즘 문학을 가리키는 것으로 보아 크게 틀리지 않다. 김현승은 비록 '증류수의 시대'에 살면서 시를 쓸망정 '혈액 순환'이 제대로 되는 작품을 쓰려고 하였던 것이다.

03

은유의 정치학, 환유의 정치학

— 정현종과 문정희

은유와 환유는 수사학의 집을 떠받들고 있는 두 기둥이라고 할 수 있다. 이 두 비유법이 수사학에서 차지하는 몫은 흔히 생각하는 것보다 무척 크다. 그러나 두 비유법이 작용하는 원리나 정치적 함의는 서로 적잖이 다르다. 수직적 차원의 은유가 계열적 선택과 유사성에 기대는 반면, 수평적 차원의 환유는 통합적 결합과 인접성에 기댄다. 은유가 통시성을 중시한다면 환유는 어디까지나 공시성에 무게를 싣는다. 이 말을 달리 바꾸면 은유는 비교적 시간적인 특성이 강하고 환유는 비교적 공간적 특성이 강하다는 말이 된다. 그런가 하면 은유와 환유는 그 특성을 밝혀내는 방법이나 과정에서도 큰 차이가 난다. 은유에서 유사성을 밝혀내는 데에는 무엇보다도 유추화 과정이 필요하다. 유추화 과정을 통하여 은유는 두 대상 사이에서 어떤 본질적인 유사성이나 공통점 또는 차이점을 찾아낸다. 한편 환유에서 인접성을 찾아내는 데에는 유추보다는 오히려 연상 작용이 훨씬 더 효과적이다.

한국 정치권력의 심장부라고 할 청와대와 그것을 상징하는 봉황에서 은유와 환유의 차이를 엿볼 수 있다. 두말할 나위 없이 봉황은 은유이고 청와대는 환유이다. 생물도감에서는 찾아볼 수 없고 오로지 전설에나 나오는 새인 봉황은 실제로 권부의 핵심과는 아무런 상관이 없다. 다만 오동나무에 깃들고 대[竹]의 열매를 먹으며 예천(醴泉)을 마신다는 이 새는 성덕이 높은 천자(天子)가 나타날 때에야 비로소 그 모습을 드러낸다고 하여 경사스러움과 고귀함을 상징할 따름이다. 더구나 '예천'이니 '천자'니 하는 말에서도 잘 드러나 있듯이 봉황은 한국보다는 오히려 중국과 훨씬 더 깊이 연관되어 있다. 그런데도 그 많은 새를 제쳐놓고 봉황은 예로부터 우리나라에서 권부의 상징으로 자주 사용해 왔다. 조선조 시대 임금이 입고 있던 용포에서도 드러나듯이 임금의 옷에는 하나같이 금실로 봉황을 화려하게 수놓았다.

한편 지붕 위에 푸른 기왓장을 얹어 놓았다고 하여 그 이름이 붙은 청와대는 지리적 인접성 때문에 권부를 상징하는 환유로 쓰인다. "오늘 오후 청와대에서 중대 발표가 있을 예정이다"라는 문장에서 '청와대'는 바로 한국 정부나 권력을 가리키는 환유이다. 권력을 손에 쥐고 있는 사람들이 머물거나 자주 드나드는 곳인 탓에 그러한 환유가 생겨난 것이다. 지붕 위에 똑같이 푸른색 기와를 얹어 놓았어도 서교동에 있는 '청기와 주유소'와는 청와대는 전혀 다른 의미를 지닌다. 청와대에서는 정치권력을 둘러싸고 침방울이 튀기지만, 청기와 주유소에서는 휘발유 방울만 튀길 따름이다. 많은 사람들은 '청기와 주유소'라는 말을 들으면 기껏해야 주유소 옆에 있는 청기와 예식장 정도를 떠올릴 것이다.

1

은유는 여러모로 환유와는 본질적으로 차이가 난다. 예를 들어 은유는 언어의 유희에 무게를 싣는 반면, 환유는 될 수 있는 대로 언어의 유희를 멀리하려고 한다. 환유에서는 언어의 유희보다는 오히려 삶의 구체적인 모습을 전달하는 데 훨씬 큰 관심을 기울인다. 로만 야콥슨이 운문이나 시를 은유적으로 보고 산문이나 소설을 환유적으로 보는 것은 바로 그 때문이다. 이러한 특징은 맥락이나 문맥에 대한 태도에서도 엿볼 수 있다. 은유에서는 기호와 그 기호의 의미에 관심을 기울이지만 환유에서는 기호가 쓰이는 맥락에 무게를 싣는다. 야콥슨은 아예 "결합과 맥락은 동일한 기능을 지칭하는 두 얼굴이다" 하고 잘라 말한다.

일상생활에서 누군가가 "나 바람맞았어!" 하고 말하는 것을 가끔 듣게 된다. 그런데 누가 어느 맥락에서 어떻게 이 표현을 사용하느냐에 따라 그 의미가 크게 달라진다. 가령 젊은 처녀나 총각이 이 말을 한다면 자기 좋아하는 사람한테서 퇴짜를 맞았다는 뜻이 된다. 젊은 남녀가 구애에 성공하지 못하였을 때 흔히 쓰는 표현이다. "앵두나무 우물가에 동네 처녀 바람났네"라는 흘러간 유행가 가사처럼 이성에 마음이 끌리어 들뜬 상태를 일컫는 때에도 이 '바람'이라는 말을 쓴다.

'바람이 나다'는 말 말고도 '바람이 들다'니 '바람을 피우다'니 하는 표현에서도 바람은 똑같은 비유적 뜻을 지닌다. '바람맞았다'는 말은 연약한 식물이 거센 바람을 이기지 못하고 부러진 것에 빗대어 말하는 표현이다. 벼이삭이나 갈대가 바람에 부러진 것처럼 젊은이의 들뜬 마음도 한풀 꺾였다는 뜻이다. 그러므로 '바람맞았다'는 말에서는 의미 전이가 서로 다른 개념 영역이나 의미 영역 안에서 일어나는 만큼 환유적 성격보다는 오히려 은유적 성격이 강하다.

한편 나이 많은 할머니나 할아버지가 "나 바람맞았어!" 하고 말한다면 열에 아홉은 뇌졸중에 걸렸다는 말이다. 이때 '바람'은 풍병(風病)을 속되게 이르는 말이다. 풍병이란 한방에서 신경의 탈로 생기는 병을 통틀어 이르는 말로 '풍기(風氣)', '풍증(風症)', '풍질(風疾)' 또는 줄여서 그냥 '풍'이라는 말로 쓰기도 한다. 흔히 뇌일혈이나 뇌졸중으로 말미암아 생기는 중풍이 그 대표적인 병으로 꼽힌다. '바람맞았다'는 말 대신에 한자어로 '풍 맞았다'라고 말하기도 한다. 그런데 여기에서 '바람'이나 '풍'은 실제 바람과 깊이 연관되어 있다. 신경 계통의 질병은 바람과 관련되어 있는 경우가 많기 때문이다. "나이가 들면 무릎에 바람이 든다"라든가, "이 무에 바람이 들었다"

라든가 할 때의 그 '바람'도 실제 바람과 깊이 관련되어 있다. 이러한 맥락에서는 같은 의미 영역이나 개념 영역 안에서 의미 전이가 일어나기 때문에 은유보다는 오히려 환유로 보는 쪽이 더 옳다.

그러나 은유와 환유의 가장 중요한 차이라고 한다면 역시 철학적 입장에서 찾아야 한다. 은유는 보편성이나 일반성을 중시한다는 점에서 환유와는 크게 다르다. 환유에서는 보편적이고 일반적인 것보다는 오히려 특수한 것이나 국부적인 것에 무게를 싣는다. 한마디로 은유는 모든 현상을 보자기처럼 하나로 덮어씌워 버리려는 성격이 강한 반면, 환유는 마치 알곡과 쭉정이를 가려내는 키처럼 모든 현상을 낱낱이 가려내려는 성격이 강하다. 이것을 달리 표현하면 은유는 동일성에 무게를 싣고 환유는 차별성에 무게를 싣는다는 말이 된다.

더구나 가히 마술적이라고 할 은유와는 달리 환유는 오랜 시간을 두고 생겨난 연관 관계나 관습에 따른 연상에 의존한다. 은유가 심층적 논리를 기초로 삼는 연관 관계를 중시한다면, 환유는 구체적인 역사적 사건과 상황을 토대로 하는 연관 관계를 중시한다. 야콥슨은 보리스 파스테르나크에 관한 한 글에서 은유가 외부 실재와 동떨어진 비세속적인 성격을 지니는 반면, 환유는 외부 실재와 깊이 연관되어 있다고 밝힌 적이 있다. M. 르 게른은 야콥슨의 이론을 한 발 더 밀고 나가 유사성의 원리에 의존하는 은유는 순전히 언어적이고 개념적 성격이 강하고 인접성을 강조하는 환유는 실재를 지칭하는 성격이 강하다고 지적한다.

이른바 '예일학파'를 이끌며 미국에서 자크 데리다의 해체주의를 널리 퍼뜨리는 데 힘쓴 대표적인 이론가 폴 드만은 이보다 한 발 더 나아가 은유는 본질을 지향하지만 환유는 우발적이고 우연적인 것에 관심을 둔다고 밝힌다. 다시 말해서 드만은 은유를 필연성과 연관시키는 반면 환유를 우연성과 연관시킨다. 마르셀 프루스트의 『잃어버린 시간을 찾아서』(1913-27)와 관련하여 드만은 "은유와 환유, 필연성과 우연성은 유사성과 인접성을 구분 짓는 논리적인 한 방법으로 (……) 은유를 구성하는 동일성과 총체성의 추론은 순전히 관계를 중시하는 환유적 접촉에서는 찾아볼 수 없다"고 잘라 말한다.

필연성과 우연성은 옛 그리스 시대부터 지금까지 서양 철학자들이 입에 침이 마를 날 없이 토론을 벌이다시시피 해 온 철학적 주제 가운데 하나이다. 드만에 따르면 은유는 영원불변하는 어떤 본질적인 것과 연관되어 있으며, 환유는 이와는 반대로 우발적이고 불확실한 어떤 것과 관련되어 있다. 이것을 달리 바꾸어 말하면 추상적이고 본질적인 성격이 강한 은유와는 달리, 환유는 좀더 구체적이고 현실적인 역사적 사건과 맞닿아 있다는 말이 된다.

이러한 예는 미국 현대 시인한테서도 쉽게 찾아볼 수 있다. 흔히 20세기 미국 시단을 대표하는 두 시인 로버트 프로스트와 T. S. 엘리엇은 이러한 경우의 좋은 본보기가 될 것이다. 같은 시대에 살았으면서도 이 두 시인은 삶과 문학에서 여러모로 큰 차이가 난다. 미국 시단에 토착 전통을 세운 프로스트는 좀처럼 미국 땅을 떠나지 않은 채 뉴잉글랜드 시골구석에 살면서 미국적 경험을 즐겨 노래하였다. 한편 미국 시단에 유럽 전통을 세운 엘리엇은 젊었을 적부터 늘 대서양 건너 유럽 쪽을 향하여 고개를 돌리고 있었다. 마침내 미국인의 국적을 버리고 영국인으로 귀화할 만큼 그는 유럽 전통에 대한 향수가 무척 남달랐다. 한 사람은 투박스럽기 짝이 없는 소박한 미국의 시골뜨기요, 또 한 사람은 세계 여러 나라를 제 집처럼 드나드는 세련된 사회동포주의자라고 할 만하다.

문학 전통에서 보더라도 프로스트가 리얼리즘 전통에 굳건히 서 있는 반면, 엘리엇은 모더니즘 전통의 대부로 융숭한 대접을 받는다. 그런데 흥미롭게도 프로스트와 엘리엇은 제각기 「뉴햄프셔」라는 제목으로 작품을 썼다. 두 시인 모두 북쪽으로 캐나다의 퀘벡 주와 국경을 접하고 있고, 동쪽으로 메인 주와 대서양, 남쪽으로 매사추세츠 주, 그리고 서쪽으로 버몬트 주와 접한 이 시골 지방을 노래하면서도 작품에서 비유법을 구사하는 방법은 사뭇 다르다.

나는 농사일에 실패하고 화재 보험금을 타내기 위해
자신의 농가에 불을 지른 사람을 알고 있지.
그리고 그 사람은 그 돈으로 망원경을 구입하여
무한한 공간에 위치한 우리의 지구에 대해
평생 동안 느낀 호기심을 만족시켰지.
속세를 초월하는 데 얼마나 좋은 방법인가?

—「뉴햄프셔」 일부

프로스트의 「뉴햄프셔」는 길이가 꽤 긴 작품으로 그는 1923년 이 시를 제목으로 삼아 「뉴햄프셔」라는 시집을 펴내기도 하였다. 캘리포니아 주 샌프란시스코에서 태어났지만 아버지가 사망한 뒤 선조의 고향인 뉴햄프셔로 옮겨온 뒤 거의 평생 동안 이곳에서 살았다. 그러므로 프로스트에게 뉴햄프셔는 고향과 다름없는 곳이다. 그는 이 뉴잉글랜드 시골 지방을 배경으로 이곳에 살고 있는 농부들의 삶의 애환을 즐겨 작품의 소재로 다루었다. 많은 독자들에게 프로스트 하면 뉴햄프셔, 뉴햄프셔 하면 프로스트가 금방 머리에 떠오르는 것도 그렇게 무리가 아니다. 그런데 이 작품에서 그는 뉴햄프셔는 비단 버몬트 주와 메인 주 사이에 놓여 있는 특정한 한 주를 가리키지 않는다. 좁게는 대서양 연안의 뉴잉글랜드 지방, 넓게는 미국 전체를 가리킨다는 점에서 시인은 뉴햄프셔를 환유로 사용한다.

꽃피는 시절과 결실기 사이의
과수원에서 아이들의 목소리.
푸른 우죽과 뿌리 사이의
금빛 머리와 진홍빛 머리.
검정 날개와 갈색 날개여, 날아라.
20년, 그리고 봄은 끝났다.
오늘이 슬퍼하고, 내일이 슬퍼한다.
나를 뒤덮으려무나, 나뭇잎 속의 빛이여.

금빛 머리와 검정 날개여
매달려라, 흔들어라,
뛰어라, 노래하라
흔들어 사과나무 속으로 들어가라.

—「뉴햄프셔」 전문

이 작품은 1933년 엘리엇이 영국과 미국 여행길에 쓴 일련의 시 '풍경들'의 한 편이다. 「뉴햄프셔」는 그가 뉴햄프셔 지방을 여행할 때 쓴 작품이다. 1927년 서른아홉 살의 나이로 미국 국적을 포기하고 영국 시민이 된 그에게 뉴햄프셔의 시골 지방은 감회가 남달랐을 것이다. 그러나 질퍽한 뉴햄프셔의 대지에 뿌리를 박고 살아가는 프로스트와는 달리 다분히 도회적인 엘리엇은 이 낯선 뉴햄프셔 시골을 관념적으로밖에는 이해할 수가 없었다. 이 작품에서 엘리엇은 과수원에서 놀고 있는 어린아이들의 모습을 노래하고 있지만 여러모로 프로스트의 작품과는 크게 다르다. 이 작품에서 뉴햄프셔는 구체적인 지리적 공간과는 이렇다 할 관련이 없이 한낱 잃어버린 젊음이나 인간의 영혼을 가리키는 은유에 지나지 않는다.

2

로만 야콥슨과 데이비드 로지가 문학 연구에 처음 적용한 은유와 환유는 비단 문학 전통과 문학 장르에만 그치지 않는다. 문학 전통과 장르를 뛰어넘어 문학 이론이나 비평 또는 문학 연구 방법론에서도 얼마든지 적용할 수 있다. 여기에서 은유와 환유의 두 축은 언어 행동뿐만 아니라 인간의 모든 행동에 걸쳐 두루 나타난다고 한 야콥슨의 말을 다시 한 번 떠올리는 것이 좋을 것이다. 최근 들어 마치 비온 뒤 죽순이 돋아나듯 새롭게 생겨난 온갖 문학 비평 이론과 연구 방법론을 생각할 때 은유와 환유를 적용할 수 있는 가능성은 그만큼 크다.

실제로 인도 태생의 영국 이론가 호미 K. 바바는 최근 은유와 환유를 포스트식민주의 문학 이론에 적용하여 큰 관심을 끌었다. 한 문학 텍스트를 어떠한 비유에 초점을 맞추어 읽느냐에 따라 그 의미가 크게 달라진다고 지적한다. 다시 말해서 은유적으로 읽으면 의미의 보편성에 주목하게 되는 반면, 환유적으로 읽으면 보편성보다는 개별성과 특수성에 주목하게 된다는 것이다. 영국 제국주의의 피식민지 주민으로 직접 살지는 않았지만 여러모로 그 영향을 받은 바바가 유럽의 문학관이나 문학 이론에 깊은 회의를 품는 것은 어쩌면 당연할는지도 모른다. 물론 그가 포스트식민주의 이론을 정립하고 전개하는 데 자크 데리다를 비롯한 자크 라캉이나 미셸 푸코 같은 포스트구조주의자들한테서 이론적 자양분을 받았다는 것과는 또 다른 이야기이다. 어찌되었든 바바는 제국주의나 식민주의 이데올로기에 대한 대항 담론인 포스트식민주의 문학 텍스트를 읽을 때는 은유적으로 읽기보다는 어디까지나 환유적으로 읽어야 한다고 주장한다.

> 문학의 범주는 문학사의 범주와 마찬가지로 필수적이고 철저히 중재되어 있다. 그 실재는 주어지는 것이 아니라 만들어지는 것이다. 그 의미는 계시적이라기보다는 변혁적이고 역사적이며 관계적이다. 그 연속성과 일관성은 분열과 차별에 따라 강조된다.

위 인용문에서 "실재는 주어지는 것이 아니라 만들어지는 것"이라는 구절을 눈여겨보아야 한다. 포스트구조주의자들에 따르면 삶의 실재란 역사적으로나 사회적으로 '구성되는' 것일 뿐 어떤 보편적인 기준에 따라 미리 '주어지는' 것이 아니다. 심지어 민족이나 민족주의의 개념도 근대 자본주의 발전 과정에서 생겨난 역사적 구성물로 한낱 '상상의 공동체'에 지나지 않는다고 주장하는 학자가 있다. 바바는 문학 범주도 예외가 아니라고 지적한다. 문학 범주의 실재도 어디까지나 역사적 구성물이나 사회적 구성물이라는 것이다. 그는 피식민지 주민을 문학 작품 속에 재현하거나 표상한다는 것은 곧 "차별의 주체, 타자의 역사와 타자의 문화를 재현하거나 표상하는 것과 같다"고 밝힌다.

바바는 텍스트의 의미를 은유적으로 해석하려는 것은 등가의 원칙을 끌어들이는 것이고, 이 원칙에 따라 문화적 차별성을 다루는 소설 작품을 읽으려고 한다면 구체적인 삶의 모습을 자칫 이름도 없는 추상적 명제로 환원해 버릴 위험성이 크다고 경고한다. 그렇기 때문에 그는 텍스트의 의미를 보편적이고 일반적으로 이상화하려는 은유로써는 포스트식민주의 문학 작품을 읽어내는 데 한계가 따를 수밖에 없다고 잘라 말한다. 바바는 인도에서 태어나 카리브해 트리니다드에서 활약하는 작가 V. S. 나이폴의 『비스워스씨를 위한 집』(1961)에서 그 구체적인 예를 찾는다. 영국의 비평가들이 이 소설을 은유적으로 읽어 온 것에 대하여 아주 못마땅하게 생각하는 그는 오히려 환유적으로 읽음으로써 이 작품의 의미를 종래와는 아주 색다르게 해석한다.

바바의 이 해석은 은유와 환유를 다른 문학 이론에 끌어들일 새로운 가능성을 활짝 열어 준다는 점에서 자못 의미가 크다. 은유와 환유에 관한 그의 이론은 1960년대부터 부쩍 관심을 끌어온 페미니즘 담론에도 적용할 수 있다. 전통적인 인습이나 제도 또는 이데올로기를 날카롭게 비판한다는 점에서 페미니즘은 포스트식민주의와 여러모로 서로 닮은 데가 많다. 포스트식민주의 담론이 제국주의나 식민주의의 이데올로기를 무너뜨리려고 하는 것처럼, 페미니즘은 남성 중심의 가부장 질서를 무너뜨리려고 한다. 포스트식민주의의 인종 문제를 성(性)의 문제로 끌어들인 것이 바로 페미니즘이라고 할 수 있다. 최근에 그 모습을 드러낸 이론 가운데에서 이 두 이론만큼 그렇게 실천적이고 해방적 성격이 강한 이론도 아마 찾아보기 쉽지 않을 것이다. 두 이론은 한편으로는 포스트모더니즘이나 포스트구조주의한테서 자양분을 얻고 자랐으면서도 다른 한편으로는 포스트모더니즘이나 포스트구조주의의 정치적 무의식에 대해서는 의혹의 눈길로 바라본다.

몇몇 이론가들의 지적대로 제국주의나 식민주의는 남성 중심의 가부장 질서와 비슷하고, 종주국의 지배를 받는 피식민 주민은 가부장 질서에서 지배와 억압을 받아 온 여성과 비슷하다. 피식민 주민이 제국주의나 식민주의의 타자라면 여성은 다름아닌 남성의 타자이다. 이렇게 그 동안 억압받고 착취당해 왔다는 점에서 피식민지 주민과 여성은 서로 공통점을 지닌다. 그렇다면 제국주의나 식민주의의 지배를 받고 있는 피식민 국가의 여성은 이중으로 고통을 받고 있는 셈이다. 피식민 주민으로서 고통을 받을 뿐만 아니라 자국의 남성으로부터도 고통을 받기 때문이다. 일본 식민주의를 경험한 우리나라와 중국, 그리고 영국 식민주의를 경험한 인도와 아프리카 여러 나라의 여성은 이러한 경우의 가장 대표적인 예이다.

3

제국주의나 식민주의 담론에서 은유가 많이 나타나는 것처럼 가부장 담론에서도 은유가 지배적인 수사적 장치로 쓰인다. 마찬가지로 포스트식민주의 담론에서 환유가 많이 쓰이듯이 페미니즘 담론에서도 환유가 자주 쓰인다. 장석주(張錫周)는 「비」라는 작품에서 "앞이 보이지 않는다 / 어떤 전망도 허용되지 않는다 / 빗줄기 사이 풍경만 있다 / 풍경은 은유다 / 폭압의 시대에는 은유만 발달한다"고 노래한다. 이렇듯 제국주의나 식민주의 담론에서나 가부장 담론에서나 은유는 흔히 폭력과 깊이 연관되어 있다. 그러므로 은유가 폭력의 수사라면 환유는 이러한 폭력에 맞서는 저항의 수사이다.

은유에 의존하는 가부장 담론과 환유에 의존하는 페미니즘 담론은 한국 시단에서 확고한 위치를 차지하고 있는 두 시인 정현종(鄭玄宗)과 문정희(文貞姬)한테서 그 좋은 예를 찾아볼 수 있다. 정현종은 「부엌을 기리는 노래」에서, 문정희는 「작은 부엌의 노래」에서 부엌을 중심적인 소재로 다룬다. 이 두 작품은 그 제목에서부터 마치 샴의 쌍둥이처럼 서로 닮아 있다. '부엌'이라는 말이 그러하고 '노래'라는 말이 그러하다. 그러나 이 두 작품에서다 같이 부엌이라는 공간을 노래하고 있으면서도 두 시인의 문학관이나 세계관은 달라도 아주 다르다. 가부장 질서의 남성중심주의에서 좀처럼 벗어나지 못하는 정현종의 작품에서는 은유가 자주 쓰이는 반면, 그 질곡에서 벗어나려고 몸부림치는 문정희의 작품에서는 오히려 환유가 지배적으로 나타난다.

「부엌을 기리는 노래」는 정현종의 시집으로서는 비교적 최근에 나온 『세상의 나무들』(1995)에 실려 있는 작품이다. 이 시집에 실린 맨 첫 번째 작품으로 언뜻 시집 전체에 비교적 일관되게 나타나는 생태주의 주제와는 이렇다 할 관련이 없다. 오히려 반생태주의적이라고 할 이 작품은 마치 살아 있는 나무에 박힌 쇠못처럼 왠지 이 시집에는 걸맞지 않아 보인다. 또한 최근 들어 여성 문제와 생태 문제를 하나로 묶어 생각하려는 생태 페미니즘(에코페미니즘)이 부쩍 관심을 끌고 있는 지금 이 작품은 아무래도 시대착오적이라고 할 만하다.

여자들의 권력의 원천인
부엌이여
利他의 샘이여
사람 살리는 자리 거기이니
밥하는 자리의 공기여
몸을 드높이는 노동
보이는 세계를 위한 聖壇이니
보이지 않는 세계의 향기인들
어찌 생선 비린내를 떠나 피어나리오
—「부엌을 기리는 노래」 전문

겨우 아홉 행밖에 되지 않는 짧은 작품이지만 온통 은유로 가득 차 있다. 물론 그렇다고 하여 환유가 전혀 쓰이고 있지 않다는 말은 아니다. 가령 넷째 행 "사람 살리는 자리 거기이니"와 다섯째 행 "밥하는 자리의 공기여"에서 '자리'라는 말은 여성이 차지하는 한정된 공간인 부엌을 가리키는 환유이다. '자리'라는 말은 또한 지위나 직위를 가리키는 환유로도 자주 쓰인다. 마지막 행의 '생선 비린내'도 좁게는 반찬 냄새, 넓게는 부엌, 그리고 더 넓게는 여성의 가사 노동을 가리키는 환유로 볼 수 있다. 이 냄새는 생선을 팔고 사는 수산 시장뿐만 아니라 생선을 요리하는 부엌과도 깊이 연관되어 있기 때문이다.

이 환유를 빼고 나면 이 작품에서 정현종이 사용하는 비유는 거의 대부분 은유로 보아도 크게 틀리지 않다. 그런데 이 은유는 찬찬히 뜯어보면 뜯어볼수록 여간 예사롭지가 않다. 정현종은 작품 제목에서부터 은유를 쓴다. '기리는'이라는 표현은 '은공을 기리다'에서처럼 잘하는 일이나 좋은 점을 칭찬하여 일컫는 말이다. 그러나 '부엌을 기리다'라는 말은 한국어 어법에는 잘 들어맞지 않는다. 부엌이 지니고 있는 좋은 점을 기릴 수는 있어도 부엌 그 자체는 기릴 수 없기 때문이다. 이 말은 곧 여성이 일하는 공간인 '부엌'을 미덕에 견주는 은유이다. '부엌을 기린다'는 것은 곧 부엌의 긍정적 속성을 들추어내어 예찬한다는 뜻이다.

첫 행에서 정현종이 부엌을 두고 말하는 '권력의 원천'은 은유이다. '책상다리'니 '바늘귀'니 '버선코'니 하는 말처럼 지금은 '죽은' 은유로 떨어지고 말았지만 아마 이 은유도 처음에는 창조의 새아침처럼 해맑고 신선하였을 것이다. 그러나 이 은유는 오랜 세월에 걸쳐 많은 사람이 사용해 온 탓에 너덜너덜해져 지금은 실오라기가 훤히 드러나 보이게 되었다. 어찌 되었든 '권력의 원천'이란 은유는 여성들이 휘두르는 힘이 바로 부엌에서 나온다는 것을 뜻한다. 남성들이 부엌 밖에서 힘을 쓰지만 여성들은 부엌에서 힘을 쓴다. 정현종은 이번에는 부엌을 '이타의 샘'이라는 은유로써 묘사한다. 자신의 몸을 돌보지 않고 오직 식구들을 위하여 희생하는 곳인 까닭이다. 특히 이 '이타'라는 말은 불가에서 공덕과 이익을 베풀어 중생을 구제하는 뜻으로도 자주 쓴다. 한마디로 시인이 '기리는' 부엌에서는 이기심이라고는 눈을 씻고 보아도 찾을 길이 없다.

이 '이타의 샘'이라는 은유의 뜻을 좀더 잘 이해하기 위해서는 '샘'이라는 말을 찬찬히 눈여겨보아야 한다. '권력의 원천'이라는 구절의 그 원천(源泉)이라는 말도 그 뿌리를 캐어 들어가면 샘과 만나게 된다. 갈빗집마다 '원조'라는 간판을 내걸고 생수마다 '샘물'이라는 꼬리표를 붙이고 있지만, 샘처럼 물이 솟아나는 근원이 원천이요 모든 것이 처음 시작하는 곳이 원천이다. 정현종은 여성의 희생정신도 샘물처럼 언제나 변함없이 흘러넘칠 뿐더러 집안의 힘이 솟아나는 근원지라는 사실을 넌지시 내비친다.

더구나 샘은 물과 깊이 연관되어 있고, 물은 다시 여성이나 여성성과 관련되어 있다. 전통적으로 물은 생명의 근원을 상징한다. 우주의 생명체가 처음 흙에서 나왔다고 주장하는 학자들도 없지 않지만 많은 학자들은 물에서 처음 생겨났다고 주장한다. 인간의 생명이 처음 잉태되는 정충과 난자도 물이고, 태아가 자라나는 자궁의 양수(羊水)도 물이다. 인간이 늘 물에 대하여 향수를 느끼는 것도 결국 양수가 상징하는 어머니의 세계로 되돌아가고 싶은 충동을 표현한 것에 지나지 않는다고 주장하는 심리학자도 있다. 그러므로 첫 행의 첫 구절 '여자들의'에서 여자라는 말에서는 성별의 벽을 뛰어넘어 자연스럽게 '어머니들'이라는 말을 떠올리게 된다. 똑같은 대상을 가리키면서도 '여자'라는 말과 '어머니'라는 말은 그 함축적 의미에서 사뭇 다르다.

이렇게 정현종이 부엌을 치켜세우는 것은 "보이는 세계를 위한 성단이니"라는 구절에 이르러 정점에 이른다. 그는 한낱 음식을 마련하는 공간에 지나지 않는 부엌을 마침내 종교의 차원에까지 끌어올린다. 두말할 나위 없이 성단은 신 같은 초월적인 존재자를 모시는 그야말로 거룩하고 성스러운 곳이다. 자신도 모르게 옷깃을 여미고 갑자기 숙연해지는 곳이 바로 성단이다. 정현종은 부엌이란 남성들이 함부로 접근할 수 없는 여성들만의 거룩한 공간이라는 점을 넌지시 내비친다. 이렇듯 시인은 온갖 은유를 구사하여 쇳덩어리를 황금으로 만드는 연금술사처럼 한낱 '밥하는 자리'에 지나지 않는 공간을 신성한 성단으로 바꾸어 놓는다.

그렇다면 정현종은 하필이면 왜 부엌을 "보이는 세계를 위한 성단"이라고 말하는 것일까? '눈에 보이는 세계'란 다름아닌 현상 세계요 물질세계이다. 그것은 형이상학적이고 관념적인 불가시성의 세계와는 근본적으로 다르다. 이 점을 좀더 쉽게 알기 위해서는 바로 앞의 세 구절 "사람 살리는 자리 거기이니 / 밥하는 자리의 공기여, / 몸을 드높이는 노동"을 다시 한 번 찬찬히 살펴보아야 한다. 이 구절을 읽고 있노라면 저 유물론적 변증법을 부르짖은 카를 마르크스와 프리드리히 엥겔스의 그림자가 눈앞에 어른거린다. 그들은 그 동안 서구를 지배하던 게오르크 빌헬름 프리드리히 헤겔의 절대정신을 밀어내고 그 자리에 물질과 노동을 세워 놓았던 것이다. '밥'이니 '몸'이니 '노동'이니 하는 말은 하나같이 영혼보다는 육체, 정신보다는 물질과 훨씬 더 깊이 연관되어 있는 말이다. 여성의 위대함을 단순히 초월적 내세에 가두어 두지 않으려는 정현종의 의도를 엿볼 수 있는 대목이다. 막연하고 추상적인 내세를 위한 성단이 아니라 오히려 '지금 여기'에 있는 구체적인 현실 세계를 위한 성단인 탓에 부엌은 그 의미가 더더욱 되살아난다.

'사람 살리는 자리'라는 구절도 환유 못지않게 은유로 볼 수 있고, '몸을 드높이는 노동'이라는 구절도 은유이기는 마찬가지이다. 여성이 음식물을 통하여 식구들에게 영양분을 공급해 주는 것을 두고 시인은 '사람 살린다'는 은유적 언어로 표현한다. 그러니까 어떤 큰 위험이나 죽음에서 건져내는 행동에 빗대는 것이다. 이 표현에서는 식탁에 둘러앉아 밥을 먹는 모습보다는 오히려 불 난 집에서 어린아이를 구해 내는 모습이 먼저 떠오른다. 마찬가지로 '몸을 드높인다'는 구절도 양생이나 섭생을 하늘 높이 깃발을 올리는 것에 빗대는 은유이다. 한국어 관습에 '기상을 드높인다'는 말은 써도 '몸을 드높인다'는 말은 좀처럼 쓰지 않는다. 그러므로 '사람 살리는 자리'이니 '몸을 드높이는 노동'이니 하는 구절은 하나같이 여성의 가사 노동을 찬양하기 위한 은유에 지나지 않는다.

이 작품에서 은유는 "보이지 않는 세계의 향기인들 / 어찌 생선 비린내를 떠나 피어나리오"라는 맨 마지막 두 행에 이르러 가장 찬란한 빛을 내뿜는다. 이 두 행에서 은유와 이미지는 육체와 영혼처럼 한데 뒤엉켜 있어 서로 구분해 내기가 그렇게 쉽지 않다. '보이지 않는 세계의 향기'가 과연 무엇을 뜻하는지는 분명하지 않지만 아마 내세의 구원을 가리키는 것으로 보아 크게 틀리지 않을 것 같다. 그러니까 정현종은 내세의 구원을 아름다운 향기에 빗대고 있다. 더구나 후각 이미지 탓에 추상적인 개념이 구체적으로 코끝에 와 닿는다. 이러한 후각 이미지는 그 다음 행의 '생선 비린내를 떠나'라는 구절에서도 마찬가지로 나타난다.

또한 맨 마지막 구절 '피어나리오'도 언뜻 보면 은유가 아닌 것처럼 생각할는지 모르지만 좀더 꼼꼼히 따져보면 은유임이 곧 드러난다. '피어나다'는 '장미꽃이 피어나다'나 '뭉게구름이 피어나다'처럼 꽃이나 구름 따위가 피거나 부풀어 오르는 모습을 가리키는 말이다. 또는 '숯불이 피어나다'나 '옹색하던 살림이 피어나다'처럼 형편이 전보다 더 좋아지는 것을 뜻하기도 한다. 그러나 "향기인들 (……) 피어나리오"는 아무래도 은유로서밖에는 볼 수 없을 것 같다. '향기가 난다'라고는 말하여도 '향기가 피어난다'라고는 좀처럼 말하지 않는 것이 한국어 관습이다. 그러니까 여기에서 정현종은 천상의 향기를 갓 피어오르는 꽃봉오리나 뭉게구름에 빗대고 있으며, 이러한 은유 탓에 그 향기는 더없이 신선하게 느껴진다.

그런가 하면 "어찌 생선 비린내를 떠나 피어나리오"라는 마지막 행은 반어법인 동시에 수사의문법이다. 이 물음에 대한 답은 두말할 나위 없이 그러한 향기는 결코 피어날 수 없다는 것이다. 그러나 그 사실을 더욱 힘주어 말하기 위하여 시인은 짐짓 이렇게 수사적 기법을 쓰고 있다. '보이지 않는 세계'보다는 '보이는 세계'가 더 낫고, 내세나 초월적 세계의 향기보다는 차라리 현세의 부엌에서 나는 생선 비린내가 더 낫다고 말한다. 그렇다면 이 마지막 두 행에는 여성이 밥을 짓고 반찬을 만드는 행위야말로 내세의 어떤 구원보다도 더 아름답다고 고귀하다는 뜻이 담겨 있다.

정현종이 '부엌이여 · 샘이여 · 공기여' 하고 무려 세 번에 걸쳐 돈호법을 쓰는 것도 눈여겨볼 만하다. 겨우 아홉 행밖에 되지 않는 짧은 작품에서 이렇게 세 번씩이나 돈호법을 되풀이하여 구사한다는 것은 여간 보기 드문 일이 아니다. 돈호법이란 지금 자리에 없거나 죽은 사람 또는 무생물을 마치 자리에 있거나 살아 있는 것처럼 부르는 수사법이다. 동물이나 무생물에 사람의 인격을 부여한다는 점에서 돈호법은 의인법과 아주 비슷하다. 그런가 하면 '피어나리오'라는 맨 마지막 구절도 자못 영탄적이다. '피어날 것인가'나 '피어날까'와는 그 느낌이 크게 다르다. 그런데 정현종이 이렇게 헤프다고 할 만큼 감정을 털어놓는 것이 아무래도 수상쩍다. 감정을 지나치게 과장하고 있는 것을 보면 무엇인가를 숨기고 있다는 혐의가 짙다.

이렇듯 「부엌을 기리는 노래」에서 정현종은 부엌과 관련하여 온갖 은유를 늘어놓으면서 음식 준비를 비롯한 여성의 가사 노동에 찬사를 아끼지 않는다. 19세기 영국 수필가 찰스 램이 굴뚝 청소부 소년을 입에 침이 마르도록 예찬을 늘어놓는 것과 비슷하다. 그러나 언뜻 여성을 치켜세우기 위한 것처럼 보이지만 반드시 그렇게 볼 수만도 없다. 이 작품에서 부엌은 핵심적 은유로서 어떤 의미에서는 음식을 만드는 공간과는 아무런 상관이 없기 때문이다.

「부엌을 기리는 노래」에서 부엌은 곧 여성의 희생과 헌신 그리고 봉사 정신을 가리키는 은유에 지나지 않는다. 정현종이 "밥하는 자리의 공기여" 하고 부엌을 예찬하는 것만 보아도 잘 알 수 있다. 음식을 만드는 부엌의 공기가 오죽하겠는가 마는 시인은 돈호법을 구사하여 그 공기마저도 찬사를 보낸다. 그러나 부엌은 실제로 그야말로 메스껍게 코를 찌르는 생선 비린내며 음식을 만들며 흘리는 땀방울이며 불쾌한 냄새가 한두 가지가 아닐 것이다. 냄새도 냄새지만 가스레인지에서 나오는 유독 가스나 연기, 전자 오븐에서 나오는 전자파, 주방 용품에서 나오는 갖가지 유해 물질, 그리고 무엇보다도 음식을 만들고 난 쓰레기 냄새는 어떻게 하겠는가. 집안에서 공기 오염도를 측정해 보면 아마 부엌이 그 정도가 가장 심할 것이다. 국토로 치자면 부엌은 공장이 밀집되어 있어 온갖 공해를 방출하는 공단 지역과 같은 곳이다.

더구나 부엌은 여성한테는 노동과 고통의 공간이다. 식구들이 먹을 음식을 만드는 일도 일이지만 음식을 먹고 난 찌꺼기를 치우는 설거지는 여간 귀찮고 힘든 일이 아닐 것이다. 이러한 사정은 아무리 현대식으로 편리하게 만들었다고는 하지만 아파트의 부엌도 마찬가지이다. 어머니들이나 할머니들이 일하던 재래식 부엌에서는 더더욱 말이 아닐 것이다. 웬만한 주부라면 아마 저절로 한숨을 지을 때가 적지 않을 것이다. 설이나 추석 같은 명절 때가 되면 으레 음식 준비를 둘러싸고 심심치 않게 가정불화가 일어나 일간 신문이나 텔레비전 뉴스를 장식한다. 그런데도 이러한 땀과 한숨은 온데간데없고, 여성의 가사 노동은 희생과 봉사라는 그럴듯한 이름으로 분식되고 있다. 극단적으로 말하면 여성에게 가사 노동의 본거지라고 할 부엌은 지옥과 크게 다름없는 공간일 것이다.

부엌을 추상적 가치로 일반화함으로써 정현종은 이 작품에서 남성 중심의 가부장 질서를 더욱 더 굳건히 다진다. 겉으로는 여성의 미덕을 예찬하는 것처럼 들릴는지 모르지만 실제로는 반드시 그렇지만도 않다. 여성은 남성과 동등한 대접을 받기는커녕 여전히 남성의 타자로 남아 있다. 다시 말해서 이 작품에는 여성을 부엌이라는 공간에 계속 가두어 두려는 엉큼한 속셈이 숨어 있다. 부엌은 '권력의 원천'이니 '이타의 샘'이니 또는 '보이는 세계를 위한 성단'이니 하고 치켜세우는 것은 한낱 사치스런 말장난에 지나지 않는다. 이 말을 뒤집어 보면 가정주부로서의 '신성한' 임무를 저버리고 감히 어떻게 사회로 나갈 수 있느냐고 묻는 것이 된다. 실제로 여성 해방이 오히려 여성을 묶는 쇠사슬이 되었다고 주장하는 남성들이 있고, 심지어는 여성 가운데도 그렇게 주장하는 사람도 가끔 있다. 물론 이러한 여성들은 '동료 여성의 등에 칼을 꽂는 배반자'라는 낙인이 찍히기도 한다. 이러한 상황에서 여성 해방의 길은 마치 하늘에 걸린 무지개를 잡으려고 하는 것처럼 부질없는 일일 것이다.

이렇게 여성을 이상화하여 계속 가부장 질서의 틀 안에 가두어 두려는 태도는 실제로 그 역사가 아주 오래 되었다. 이러한 태도는 비단 한국에 그치지 않고 물 건너 쪽 서양에서도 쉽게 찾아볼 수 있다. 서구에서 흔히 페미니즘의 첫 번째 물결을 일으킨 이론가 가운데 한 사람으로 꼽히는 버지니아 울프는 남성들이 여성을 이상화하고 미화하여 '집안의 천사'라고 부른다고 불평을 늘어놓은 적이 있다. 그런데 울프는 이 '집안의 천사'가 집집마다 한 사람씩 살고 있다고 말한다.

> [집안의 천사는] 아주 동정적이었다. 그녀는 무척 매력적이었다. 그녀는 전적으로 이타적이었다. 그녀는 가정생활의 그 어려운 기술들을 숙달하고 있었다. 그녀는 날마다 자신을 희생하였다. 만약 닭고기 요리가 있다면 그녀는 다리를 먹었고, 만약 바람이 들어오는 구멍이 있다면 그녀가 그곳에 가 앉았다.—한마디로 그녀는 결코 자신만을 생각하거나 소망하는 일이 없이 늘 다른 사람의 생각과 소망에 따르기를 더 좋아하였다. 무엇보다도—군이 이것을 말할 필요도 없겠지만—그녀는 순수하였다. 그녀의 순수성은 그녀의 중요한 아름다움이 되도록 요구 받았다.—얼굴을 붉히는 수줍음이 그녀의 큰 아름다움이었다.

이 '집안의 천사'라는 용어는 영국 빅토리아 시대의 시인 카븐트리 패트모어가 작품 이름으로 처음 사용한 말이다. 1854년에 처음 발표한 뒤 1862년 다시 개작한 이 작품에서 패트모어는 아내 에밀리에 대한 찬사를 늘어놓는다. 이 작품은 19세기 중엽은 말할 것도 없고 20세기에 접어들어서까지도 큰 인기를 끌었다.

울프는 이 '집안의 천사'라는 용어를 헌신적인 가정주부를 가리키는 은유로 사용한다. 헌신적으로 환자를 놀본다고 하여 간호사를 높여 부르는 '백의(白衣)의 천사'라는 말을 떠올리면 쉽게 이해가 갈 것이다. 가정주부는 마치 하늘에 살고 있는 천사처럼 언제나 집안 식구들을 위하여 온갖 희생을 아끼지 않는다. 그런데 문제는 이 '집안의 천사'는 실제로 존재하는 인물이 아니라 어디까지나 남성이 만들어 낸 허구적 인물이거나 '유령'에 지나지 않는다는 데 있다. 울프는 가부장 사회에서 자신이 작가가 되기 위하여 '집안의 천사'를 살해하지 않으면 안 되었다고 털어놓는다. 다시 말해서 남성 중심의 가부장 질서가 만들어 놓은 여성 이미지의 굴레를 과감하게 벗어 던질 때 비로소 작가로서 글을 쓸 수 있었다는 것이다.

정현종의 작품에 대하여 한 비평가는 "우리가 일상생활 속에 너무 익숙해 있어 잊어버리기 쉬운 공간을 마치 엄숙한 성단의 위치로 바꿔놓음으로써, 그 과장이 웃음을 터뜨리게 하지만, 그 웃음은 일과성으로 소진되는 것이 아니라, 일상의 삶을 되돌아보고 삶의 사소한 부분에서 포착될 수 있는 본질적 의미를 반성하게 만든다"고 밝힌 적이 있다. 시인이 일상생활 속에 너무 낯익은 탓에 쉽게 잊어버리기 쉬운 부엌을 시의 소재로 삼고 있다고 말한 점에서 그 비평가의 주장은 옳다. 또한 그의 말대로 독자에 따라서는 그 누추한 부엌이 거룩한 성단의 반열에 올라 있는 것을 보고 웃음을 터뜨릴는지도 모른다.

그러나 그 비평가는 이 작품의 의미를 액면 그대로 읽은 나머지 정현종의 숨은 의도를 놓치고 있다. 아무래도 이 작품이 사소한 일상을 되돌아보게 하여 삶의 '본질적 의미'를 깨닫게 해준다고 보기 어렵다. 앞에서도 이미 밝혔듯이 은유는 한편으로는 차별성과 개별성을 없애 버리는 반면, 다른 한편으로는 보편성과 일반성을 내세우는 속성을 지닌다. 물론 그가 말하는 '본질적 의미'가 여성 해방이라면 이야기는 다를 것이다. 그러나 모르긴 몰라도 그가 염두에 두고 있는 '본질적 의미'란 '집안의 천사'라는 그럴듯한 이름으로 여성을 가정과 가사에 얽매어 두려는 남성 중심의 가부장 질서를 가리키는 듯하다.

은유는 대지를 하얗게 뒤덮는 흰 눈처럼 모든 것을 하나로 덮어 씌어 버리는 본질주의를 가장 중요한 무기로 삼는다. 본질주의의 흰 눈에 덮여 있을 때 모든 대지는 아름답게 보일 따름이다. 맑은 물이 졸졸 흐르는 시냇물도 썩은 물이 흐르는 더러운 시궁창도 하나같이 흰 눈에 가려 아름답게 보인다. 또한 본질주의는 마치 용광로와 같아서 이질적인 것들을 하나로 녹여 버린다. 이러한 상황에서 구체적이고 개별적인 것이 들어설 자리란 아예 없다.

어떤 중심이나 절대적 권위를 부정하는 포스트모더니즘 시대에 본질주의는 축복이 아니라 저주요 미덕이 아니라 죄악이다. 포스트모더니즘이 뜻하는 것이 한두 가지가 아니지만 중심이나 권위가 기초하고 있는 토대를 무너뜨리는 것이 그 가운데 하나이다. 최근 지식인들의 입에 자주 오르내리는 '반정초주의(反正定礎主義)'라는 말은 바로 그러한 기반이나 토대를 무너뜨리려는 입장이다. 지금 이 시대 무엇보다도 중요한 것은 부엌을 예찬함으로써 가부장 질서를 계속 유지하는 일이 아니라, 여성의 가사 노동이 얼마나 힘든지 밝힘으로써 가부장 질서의 음모를 깨닫고 그것에 과감하게 맞서게 하는 일일 것이다.

4

문정희의 작품 가운데에서도 「작은 부엌노래」는 가부장 사회에서 여성의 위치가 과연 어떠한가를 아주 실감나게 보여주는 작품이다. 한국 현대시를 아무리 샅샅이 뒤져보더라도 남성한테 억압받는 여성의 모습을 이 작품만큼 그렇게 감동적으로 그린 작품도 아마 찾아보기 드물 것이다.

> 부엌에서는
> 언제나 술 괴는 냄새가 나요
> 한 여자의
> 젊음이 삭아가는 냄새
> 한 여자의 설움이
> 찌개를 끓이고
> 한 여자의 애모가
> 간을 맞추는 냄새
> 부엌에서는
> 언제나 바삭바삭 무언가

타는 소리가 나요
세상이 열린 이래
똑같은 하늘 아래 선 두 사람 중에
한 사람은 큰방에서 큰소리 치고
한 사람은
종신 동침계약자, 외눈박이 하녀로
부엌에 서서
뜨거운 촛농을 제 발등에 붓는 소리.
부엌에서는 한 여자의 피가 삭은
빙초산 냄새가 나요.
그런데 언제부터인가 모르겠어요
촛불과 같이
나를 태워 너를 밝히는
저 천형(天刑)의 덜미를 푸는
소름끼치는 마고할멈의 도마 소리가
똑똑히 들려요
수줍은 새악시가 홀로
허물 벗는 소리가 들려와요
우리 부엌에서는……

—「작은 부엌노래」 전문

이 작품은 시집『하늘보다 먼 곳에 매인 그대』(1988)에 실린 작품이다. 이 작품에서 무엇보다도 먼저 눈길을 끄는 것은 문정희가 은유보다는 환유를 훨씬 더 많이 구사한다는 점이다. 물론 정현종이「부엌을 기리는 노래」에서 더러 환유를 쓰는 것처럼 문정희도 이 작품에서 가끔 은유를 쓴다. 예를 들어 '삭아가는'이라든지 '찌개를 끓이고'라든지 또는 '간을 맞추는'라는 말은 은유적 표현이다. "세상이 열린 이래"라는 구절도 세상의 시작을 문이 열리는 것에 빗대는 은유이다. 또한 "촛불 같이 / 나를 태워 너를 밝히는"라는 구절에서는 직유와 은유를 함께 쓰고 있다. 마지막에서 두 번째 행의 "허물 벗는 소리가 들려와요"라는 구절도 은유적 표현이다. '허물 벗는다'는 말은 매미나 뱀 같은 곤충이나 파충류 짐승이 껍질을 벗거나, 사람에게는 살갗의 꺼풀이 벗어지는 것을 뜻한다. 그저 살갗을 바꾸는 일처럼 들릴는지 몰라도 허물을 벗는다는 표현에는 그 이상의 깊은 뜻이 함축되어 있다. 이 표현은 뼈를 바꾸고 태를 빼앗는다는 환골탈태와 거의 비슷한 은유적 의미로 자주 쓰인다. '허물 벗는'이라는 비유는 바로 앞 행의 '새악시'라는 구절과 한데 어울려 마치 초봄의 미풍처럼 아주 신선한 느낌을 준다.

그러나 이 작품 전체를 지배하는 비유는 역시 은유보다는 환유이다. 바로 이 점에서 같은 소재를 다루고 있으면서도 이 시는 정현종의 「부엌을 기리는 노래」와는 크게 다르다. 문정희의 작품에서 제목은 비록 '노래'로 되어 있지만 이 작품 전체를 지배하는 이미지는 청각 이미지가 아니라 오히려 후각 이미지이다. 좁은 부엌에서는 그야말로 온갖 냄새가 코를 찌른다. '술 괴는' 냄새가 나는가 하면, '삭아가는' 냄새가 난다. '찌개를 끓이는' 냄새가 나는가 하면, '간을 맞추는' 냄새가 난다. 그런가 하면 '빙초산' 냄새가 나기도 한다.

그런데 문정희는 하나같이 부엌이나 여성과 관련된 이 냄새들을 여성의 노동 공간을 가리키는 환유로 사용한다. 이 냄새들은 부엌의 네 벽과 살림 도구에 찌들어 있어 냄새와 부엌을 서로 구분해 내기가 쉽지 않다. 부엌이 곧 냄새요 냄새가 곧 부엌인 셈이다. 정현종의 작품에 나오는 '보이지 않는 세계의 향기'와는 질적으로 다르다. 다시 말해서 부엌은 '보이지 않는 세계'가 아니라 '보이는 세계'를 가리키는 비유이다. 정현종이 불가성을 통하여 가부장 질서의 음모를 숨기려고 한다면, 문정희는 이러한 가시성을 통하여 남성 중심의 가부장 질서에 도전하려고 한다.

이러한 환유는 열넷째 행 "한 사람은 큰방에서 큰소리 치고"라는 구절에서도 쉽게 찾아볼 수 있다. 두말할 나위 없이 집안에서 가장 넓고 큰 방을 뜻하는 '큰방'은 곧 가장(家長)이나 그의 권위를 가리키는 환유이다. 엄격한 유교 질서 사회에서 집안의 우두머리인 가장은 늘 큰방을 차지하고 있는 탓에 이 둘은 자연스럽게 서로 맞닿아 있다. 또한 가장이 큰방에 앉아 여성들이나 아이들에게 지르는 '큰소리'도 가장을 가리키거나 그의 명령이나 지시 또는 꾸지람을 가리키는 환유이다. 이렇게 목소리이건 방이건 크다는 속성은 이 작품에서 늘 집안의 우두머리와 관련되어 있다.

열여덟째 행 "뜨거운 촛농을 제 발등에 붓는 소리"에서 '발등'도 환유, 좀 더 정확히 말하면 제유이다. '일손'이라는 말이 일하는 손보다는 일하는 사람을 가리키는 것처럼, '발등'이라는 말도 단순히 여성의 신체 일부만을 가리키는 것이 아니라 여성의 몸 전체를 가리킨다. '발등에 불이 떨어지다'나 '발등 밟히다' 또는 '발등 찍히다' 같은 관용어에서도 볼 수 있듯이 발등은 신체 부위 가운데에서도 특히 비유적 뜻을 많이 가지고 있는 곳이다. 여성 신체 가운데에서 고통스러운 곳이 어찌 발등뿐이겠는가. 발등에서부터 머리끝에 이르기까지 여성의 몸 전체가 고통을 느낄 것이다. 그러므로 이렇게 뜨거운 촛농을 발등에 붓는다는 것은 여성으로서 모든 것을 참고 견뎌야 하는 피학증적인 인종(忍從)의 몸짓이다. 이 환유에서는 모든 것이 남성 위주로 짜여 있는 가부장 질서에서 가혹한 고통과 시련을 겪고 있는 여성의 모습이 잘 드러나 있다.

이 작품의 마지막 부분에 이르러 "저 천형의 덜미를 푸는 / 소름끼치는 마고할멈의 도마 소리가 / 똑똑히 들려요"라는 구절에서도 사정은 크게 다르지 않다. '덜미'는 뒷덜미와 목덜미를 통틀어 일컫는 말로 '덜미 잡히다'나 '덜미 누르다' 같은 관용어에서 자주 쓴다. '덜미' 또한 '발등'과 마찬가지로 부분으로써 전체를 나타내는 제유이며, 좁게는 여성의 신체를 가리키지만 넓게는 가부장 사회에서 여성이라면 숙명처럼 어쩔 수 없이 짊어져야 하는 의무와 책임을 뜻한다. '덜미'라는 말을 수식해 주는 '천형'이라는 말은 이 점을 더욱 뒷받침한다. 한국처럼 모든 것이 남성 중심으로 이루어져 온 사회에서 여성은 이 세상에 태어날 때부터 그야말로 '덜미가 잡혀 있다'고 할 수 있다. 또한 한국어 어법에서 좀처럼 쓰지 않는 '덜미를 푸는'이라는 구절도 '질곡에서 벗어나게 해 준다'는 뜻의 환유적 표현이다.

저 바다 건너에서 처음으로 여성 운동에 불을 지핀 페미니즘의 대모(大

母) 시몬 드 보부아르는 "우리는 여성으로 태어나는 것이 아니라 오히려 여성으로 만들어진다. (……) 여성적이라고 묘사되는 피조물을 만들어 내는 것은 바로 문명 전체이다" 하고 말한 적이 있다. 여성이 여성으로서 간주되는 것은 어떤 생래적인 본질적 특성 때문이 아니라 사회적 · 문화적으로 길들여진 결과라는 말이다.

그러나 페미니즘의 황금률 같은 이 유명한 명제도 유교 질서 앞에서는 제대로 맥을 못 춘다. 문정희가 이 작품에서 '노래'하고 있는 우리나라 여성과 비교해 보면 서양 여성들의 불평은 차라리 엄살에 가깝다. 한국에서 여성은 후천적으로 길들여질 뿐만 아니라 태어나면서부터도 굴레를 뒤집어쓰기 때문이다. 그러므로 서양보다도 한국에서는 생물학적 개념인 성별(섹스)와 사회 · 문화적 개념인 성차(젠더)의 구별이 이렇다 할 의미가 없다. 성별이 곧 성차요 성차가 곧 성별인 경우가 많기 때문이다.

이러한 환유는 "소름끼치는 마고할멈의 도마 소리"라는 구절에서도 쉽게 찾아볼 수 있다. 도마는 여성이 부엌에서 음식을 만들 때 없어서는 안 될 아주 중요한 살림 도구 가운데 하나이다. 언뜻 하찮은 물건처럼 보일는지 모르지만 도마나 칼이 없이는 음식을 만들 수 없다. 한마디로 도마는 새로운 음식을 만들어 내는 생산의 도구요 창조의 도구이다. 집안 식구들의 원동력과 건강은 모두 이 도마에서 나온다고 하여도 크게 지나친 말이 아닐 것이다. 쌀독에서 인심 난다는 말도 있지만 도마에서는 힘이 솟는다.

더구나 집안에서 여성은 제대로 소리를 낼 수 없다고 하지만 방망이질을 하거나 부엌에서 도마를 쓸 때만은 예외가 된다. 도마는 가부장 질서의 권위가 제대로 힘을 쓰지 못하는 말하자면 치외법권적인 공간이다. 시부모나 남편 또는 아이들한테 받는 스트레스를 푸는 것도 부엌에서 도마를 두드릴 때이다. 한국 최초의 비언어적 퍼포먼스로 관심을 끌고 있는 뮤지컬 『난타(亂打)』도 어떤 의미에서는 가정주부가 부엌에서 도마를 두드리는 모습에서 힌트를 얻었다고 할 수 있다. 사물놀이 리듬을 근간으로 하여 한국적 리듬을 창출해 낸 이 뮤지컬은 부엌과 그곳에서 사용하는 중심적인 도구인 도마에 뿌리를 두고 있다.

그러나 도마가 언제나 이렇게 긍정적 의미만을 가지고 있는 것은 아니다. '도마에 오른 물고기'라는 속담도 있듯이 도마에는 긍정적인 뜻 못지않게 부정적인 뜻이 들어 있다. 도마는 여성이 음식을 만드는 부엌 도구를 가리키는 제유일뿐더러 더 나아가서는 여성이 일하는 공간인 부엌을 가리키는 환유이기도 하다. 집안 식구들을 먹여 살린다는 창조적 기쁨 뒤에는 땀과 노동 그리고 한숨과 절망이 있다. 그렇다면 도마는 바로 가부장제에 바치는 제물이며 희생자로서 어찌할 수 없이 된 여성의 운명을 가리키는 환유라고 볼 수 있다.

무심코 넘어가기 쉽지만 '소름끼치는'이라는 수식어도 찬찬히 뜯어보면 환유적 표현임이 드러난다. 이 구절은 저 중국의 신화와 전설에 나오는 늙은 노파 마고할멈을 꾸미는 형용사이다. 이 마고할멈의 모습이 너무나 늙고 추하여 소름이 생긴다는 뜻이다. 한자어로 한속(寒粟)이라고 하는 소름은 날씨가 춥거나 징그러운 어떤 것을 볼 때 살갗에 좁쌀같이 도톨도톨하게 돋아나는 것을 말한다. 그러니까 이 표현은 결과로써 원인을 나타내는 환유로서 "전쟁은 비참하다"나 "딸애는 나의 자랑이요 기쁨이다"라는 표현과 같은 원리에서 작용한다.

마지막에서 둘째 행 '허물 벗는'이라는 구절도 환유이기는 마찬가지이다. 허물이란 살갗에서 저절로 일어나는 꺼풀로 주로 파충류나 곤충류 따위가 자라면서 벗는 껍질을 말한다. 가령 "구렁이가 한 꺼풀 허물을 벗었다"고 할 때 이 표현을 사용한다. 물론 뱀이 껍질을 벗듯이 '허물 벗는다'는 것은 낡고 틀에 박힌 삶의 방식을 모두 버리고 새로운 삶의 방식을 취하려고 하는 태도를 가리키는 은유적 표현이다. 그러나 '허물' 그 자체는 좁게는 인간의 살갗, 넓게는 인간의 신체를 가리키는 환유이다. 벗은 옷가지는 다시 입을 수 있지만 일단 허물을 벗으면 다시 갈아입지 못하는 법이다.

이 밖에도 「작은 부엌노래」에서 환유나 제유는 얼마든지 더 찾아볼 수 있다. 가령 '종신 동침계약자'도 '외눈박이 하녀'도 그리고 '수줍은 새악시'도

하나같이 은유보다는 오히려 환유에 더 가깝다. 여성 운동가들이 입버릇처럼 자주 쓰는 '종신 동침계약자'라는 말은 그야말로 "검은 머리가 파뿌리가 되도록" 평생 동안 함께 살기로 약속하고 부부의 인연을 맺은 여성을 가리키는 제유이다. 남성중심주의가 지배하는 가부장 사회에서 여성이 맡고 있는 역할은 남성의 성적 대상이 되는 일 말고도 집안일을 돌본다든지 아이들을 키운다든지 하는 일들이 더 있다. 그런데도 결혼한 여성은 늘 남편의 동침 상대로 그 지위가 뚝 떨어져 버리기 일쑤이다. 결혼 전에는 자유롭게 생활하다가도 막상 결혼하고 나면 여성은 집안에 갇혀 '종신 동침계약자'로서밖에는 이렇다 할 존재이유를 지니지 못한다.

'종신 동침계약자'와 마찬가지로 '외눈박이 하녀'도 결혼한 여성을 가리키는 환유적 표현이다. 여성은 일단 결혼을 하면 집안의 온갖 일을 도맡아 하여야 하는 탓에 하녀의 신분과 크게 다름없다. 미국에서 변호사를 두고 우스갯소리로 '면허 받은 강도'라고 부른다지만, 한국처럼 남성 중심의 가부장 사회에서 결혼한 여성은 '계약을 맺은 하인'이라고 불러도 크게 틀리지 않을 것이다. 더구나 여성이 그저 하녀의 신분으로 그치지 않는다는 데 더 큰 문제가 있다. 하녀라고 하더라도 제대로 두 눈이 달린 온전한 하녀가 아니라 신체적으로 결함이 있는 '외눈박이 하녀'이다. 옛날 우리 선조들은 시집살이를 두고 "벙어리 석삼년에 귀머거리 석삼년"이라고 하였지만 남성 중심 사회에서 여성은 아마 눈뜬장님으로도 석삼년을 보내야 할 터이다. 말하자면 여성에게는 눈이 있어서도 보아서는 안 되고, 귀가 있어도 들어서는 안 되며, 입이 있어서도 말하여서는 안 된다는 것을 두고 이르는 표현이다. 또한 흔히 애꾸눈이라고도 부르는 '외눈박이'는 곧 여성의 결핍이나 불완전성을 가리키는 환유이다. 온전한 남성과 비교해 볼 때 여성은 언제나 불완전한 인간일 뿐이다.

여기에서 잠깐 아리스토텔레스의 여성관을 떠올리는 것이 좋을 것 같다. 그는 여성이 여성인 것은 바로 남성이 가지고 있는 그 무엇을 가지고 있지 않기 때문이라고 말한다. 다시 말해서 결핍이나 불완전성에서 여성의 특성을 찾아내려고 하였고, 이러한 특성을 여성 지배나 착취의 근거로 삼았다. 물론 아리스토텔레스는 남성 성기를 두고 말하였지만 어찌 되었든 결핍이나 불완전성의 기준에 따른다면 한쪽 눈밖에 가지고 있지 않은 여성은 두 쪽 눈을 다 가지고 있는 남성과는 분명히 다른 존재이다. 애꾸눈이가 사물을 균형 있게 바라볼 수 없듯이 '외눈박이 하녀'도 세상의 물정을 제대로 바라볼 수 없기 때문이다. 그리고 세상 물정을 제대로 헤아릴 수 없다면 가부장 질서의 벽을 무너뜨린다는 것은 거의 불가능한 일일 것이다.

바로 앞 행의 '소름끼치는 마고할멈'과 대칭을 이루는 '수줍은 새악시'도 환유적 표현이다. 그런데 여기에서 '새악시'라는 말이 누구를 뜻하는지 그 의미를 정확히 헤아리기가 쉽지 않다. '색시'의 사투리로 본다면 아직 시집을 가지 않은 처녀를 가리키는 말이 된다. '수줍은'이라는 수식어를 보면 더더욱 그러한 생각이 든다. 그러나 이 말을 '새아기씨'의 준말로 보면 갓 시집 온 여성을 가리키는 듯하다. '새아기씨'는 '새색시'의 높임말로서 '새아씨'라고 줄여 쓰기도 한다. 결혼을 하였건 하지 않았건 이 말은 젊은 여성을 가리키는 것만은 틀림없다. 이 말은 젊은 여성 한 사람만을 가리키는 것이 아니라 젊은 여성을 두루 가리킨다는 점에서 환유적 표현으로 볼 수 있다. 좁게는 아직 젊디젊은 여성, 넓게는 오늘날의 신여성을 가리키는 말이다. '우리 부엌에서는……'이라는 맨 끝 행은 시사하는 바 자못 크다. 여성이라는 한 개체 개념에서 이제 '우리'라는 집단 개념으로 바뀐다. '수줍은'이라는 구절 때문에 조금 망설여지기는 하지만, 새악시는 작품 전체 맥락에서 미루어 보면 페미니즘 정신을 호흡한 신여성을 가리키는 것으로 보아도 크게 틀리지 않다.

그런데 여기에서 한 가지 찬찬히 눈여겨보아야 할 것은 이 작품에서 문정희가 여성의 신체에 남달리 깊은 관심을 기울이고 있다는 점이다. '종신 동침계약자'니 '외눈박이 하녀'니 하는 구절이 그러하고, '발등'이니 '피'니 하는 구절도 그러하다. 이 밖에도 '덜미'와 '허물'과 '소름'도 하나같이 여성의 몸과 관련한 것들이다. 적지 않은 페미니즘 이론가들이 그 동안 몸에 부쩍 깊은 관심을 기울여 왔다. 특히 이러한 현상은 급진주의 페미니즘 이론가들에게서 훨씬 더 두드러지게 드러난다. 가부장 질서에서 빼앗긴 것과 다름없는 여성의 몸을 다시 되찾는 것이야말로 참다운 여성 해방의 지름길이라고 생각하기 때문이다. 악의 근원이라고 여겨져 온 바로 그 몸에 관심을 두는 것은 정신이나 영혼 같은 초월적 세계에만 주의를 기울이는 남성에 반기를 드는 행위와 크게 다름없다. 급진주의 페미니즘 이론가들이 자주 내세우는 "개인적인 것이 정치적이다"라는 슬로건도 이러한 맥락에서 보면 그 의미가 새롭게 되살아난다.

더구나 여성의 몸은 포스트식민주의 담론에서도 눈에 보이는 차별성의 기호로서 자주 쓰인다. 포스트식민주의에 처음 이론적 기틀을 마련해 준 서인도 제도 마르티니크 태생의 정신 분석가요 문화 이론가인 프란츠 파농은 일찍이 그러한 관점에서 여성의 몸을 보았다. 전체 인구 가운데 아랍인이 무려 75퍼센트를 차지하고 있는 알제리는 국교가 이슬람교이고, 여성들은 이슬람교의 종교적 관습에 따라 얼굴을 숨기기 위하여 '히잡'이라는 베일로 가린다. 프랑스 식민주의자들은 이 베일을 벗기려고 애쓴 반면, 원주민 여성들은 이에 맞서 베일을 쓰기를 고집하였다. 물론 현대에 이르러 이슬람 문화권에서도 페미니즘 운동이 일어나면서 히잡을 비롯한 전통 의상이 여성을 억압하는 수단이라 하여 착용하지 않는 여성들이 점차 늘어나고 있다. 그러나 대부분의 이슬람권에서는 아직도 종교적인 이유로 노출 방지를 위하여 히잡을 착용하고 있다.

어찌 되었든 파농은 알제리 여성들이 얼굴에 쓰고 있는 베일이 가부장 사회에서 억압받는 여성의 상징일 뿐만 아니라, 더 나아가서는 프랑스 식민지 지배 아래에서 고통 받고 착취당하고 있는 알제리 전체의 상징으로 보았다. 파농은 "흑인을 창조하는 것은 백인이지만 '흑인문화 예찬'을 만들어 내는 것은 바로 흑인이다. 식민주의자들의 베일에 대한 공격에 피식민지 주민들을 베일 숭배로 맞선다"고 지적한다. 이렇게 파농은 흥미롭게도 알제리 여성의 베일에서 환유적 의미를 찾아낸다. 그의 분석에 따르면 알제리 여성과 베일은 환유적 관계를 맺고 있으며, 그 베일은 여성과 알제리를 나타내는 기표이다.

여성이 신체의 일부를 감추는 행위가 환유적 의미를 지닌다면, 이와는 반대로 신체의 일부를 드러내는 행위도 환유적 의미를 지닌다. 유럽의 선교사들이 아프리카에서 포교 활동을 하면서 겪은 어려움이 한두 가지가 아니었지만 그 가운데에서도 가장 큰 어려움은 여성의 젖가슴과 관련한 것이었다. 서아프리카에서 백인 선교사들은 어떻게 해서든지 원주민 여성들이 젖가슴을 드러내 놓지 못하도록 하였지만 원주민 여성들은 한사코 젖가슴을 드러내 놓으려고 하였다. 원주민 여성들의 쪽에서 보면 선교사들의 태도는 자신들의 신체에 대한 간섭이요 통제일 뿐이다. 말하자면 원주민 여성들의 젖가슴은 기독교로 대변되는 유럽 문명과 원시 토착 문명이 서로 맞부딪치는 싸움터와 다름없었다.

사돈 남 말 한다고 굳이 먼 데에서 실례를 찾을 것도 없이 19세기 말엽 조선의 풍경만 보아도 잘 알 수 있다. 이 무렵 서양 선교사들이나 여행가들이 찍은 조선 아낙네들의 사진을 보면 크게 두 가지 모습을 하고 있다. 장옷으로 얼굴을 가리고 있는 여성과 젖가슴을 훤히 드러내고 있는 여성이 바로 그것이다. 얼굴을 가리는 장옷은 방금 앞에서 언급한 이슬람 문화권의 히잡에 해당한다. 여염집 여성은 장옷으로 머리를 덮어 얼굴을 노출시키지 않으려고 하였다. 한편 평민이나 하층 계급에 속하는 여성들은 젖가슴을 드러내 놓고 있었다. 물론 매우 짧은 저고리를 입고 있어 우물가에서 물을 길거나 몸을 구부리고 일을 할 때 젖가슴이 훤히 드러날 수밖에 없었다. 서양 선교사들은 조선 여성들에게 젖가슴을 드러내지 못하도록 하였다.

이 점과 관련하여 카디아투 카네는 "흑인과 여성의 정체성은 단순히 유희와 은유의 비유적이거나 표층적인 장소가 아니라 이산과 추방과 저항의 정치적 공간을 차지한다"고 지적한다. 이와는 조금 다른 맥락이지만 인도에서 남편이 죽으면 아내도 함께 매장하는 순장(殉葬) 풍습이나, 중국에서 어렸을 때부터 여성의 발을 천으로 옥죄어 자라지 못하게 하던 전족(纏足) 풍습도 여성 억압을 보여주는 환유로 보아 크게 틀리지 않는다. 그렇다면 포스트식민주의 담론에서나 페미니즘 담론에서나 여성의 신체는 아주 중요한 정치적 공간이 된다.

그러나 문정희의 「작은 부엌노래」에서 가장 중요한 환유를 꼽는다면 역시 '부엌'을 빼놓을 수 없다. 제목도 제목이려니와 이 시는 '부엌'이라는 말로 시작하여 '부엌'이라는 말로 끝을 맺는다. 제목까지 넣으면 시인은 무려 여섯 번에 걸쳐 이 말을 되풀이하고 있다. 이 말을 제목까지 넣어 겨우 두 번밖에는 쓰지 않는 정현종의 「부엌을 기리는 노래」와는 판이하게 다르다. 물론 '부엌'이라는 말을 얼마나 자주 되풀이하여 쓰느냐가 중요한 것이 아니다. 그러나 여성 시인인 문정희는 이 '부엌'이라는 어휘를 계속 되풀이하여 사용함으로써 독자들에게 이 여성의 공간에 주목하도록 한다. 이 '부엌'이라는 어휘를 자주 사용하는 것보다 더 중요한 것은 시인이 부엌을 어떻게 바라보느냐 하는 점이다. 부엌을 바라보는 태도에 따라 시인의 여성관과 문학관 그리고 더 나아가 세계관이 크게 달라지기 때문이다.

정현종의 작품에서와는 달리 문정희의 작품에서 부엌은 추상적 관념의 세계가 아니라 구체적 현실 세계와 맞닿아 있다. 문정희의 작품에서 부엌은 정현종의 작품과 비교하여 환유적 성격이 훨씬 강하다. 그녀의 부엌에서는 온갖 냄새가 코를 찌르는 것은 바로 그 때문이다. '지금 여기'의 구체적 현실 세계를 드러내기 위하여 시인은 후각뿐만 아니라 청각 · 시각 · 미각 · 촉각 따위 거의 모든 감각을 총동원하다시피 한다. 문정희에게 부엌은 '권력의 원천'이 아니라 '젊음이 삭아가는' 장소요, '이타의 샘'이 아니라 '한 여자의 설움이 찌개를 끓이는' 곳이다. '보이는 세계를 위한 성단'이 아니라 '바삭바삭 무언가 / 타는 소리가 나는' 장소요, '몸을 드높이는 노동'의 장소가 아니라 '피가 삭은 / 빙초산 냄새가 나는' 곳이다. 한마디로 부엌은 '사람 살리는 자리'라기보다는 차라리 사람 죽이는 자리이며 땀과 한숨으로 뒤범벅된 고통스런 노동의 현장일 뿐이다.

더구나 「작은 부엌노래」를 좀더 찬찬히 뜯어보면 정현종의 작품과는 달리 이항대립 구조로 되어 있음이 곧 밝혀진다. 가령 '작다'와 '크다'의 대립이 그 가운데 하나이다. 그런데 이 이항대립은 '부엌'과 '큰방'이라는 또 다른 이항대립과 깊이 연관되어 있다. '작은'이라는 말은 부엌과 관련을 맺고 있는가 하면, '큰'이라는 말은 방과 관련을 맺고 있다. 문정희가 이 작품의 제목으로 삼고 있는 '작은 부엌'은 바로 여성이 평생 동안 땀 흘려 노동하는 공간이다. 한편 '큰방'은 남성이 주로 생활하는 곳으로 좁은 부엌과는 달리 글자 그대로 널찍한 공간이다. 집안에서 일어나는 크고 작은 일이 하나같이 바로 이곳에서는 결정된다. 사람의 신체 기관으로 치자면 큰방은 심장부에 해당하는 곳이라면, 부엌은 발등의 말초 신경에 해당하는 곳이라고 할 만하다.

'작다'와 '크다'의 이항대립은 소리에서도 잘 드러난다. 비좁고 작은 부엌에서는 '언제나 바삭바삭 무언가 / 타는 소리'가 난다. 이 시의 화자가 '들린다'는 말을 사용하지 않고 굳이 '난다'는 말을 사용한다는 사실을 눈여겨볼 필요가 있다. 흔히 '난다'는 표현은 '소리가 난다'처럼 청각을 나타내는 데 쓰지만 그것 못지않게 '냄새가 난다'처럼 후각을 나타내는 데도 자주 쓴다. 물론 여기에서는 '바삭바삭'이라는 의성어 탓에 소리에 더 가까울는지도 모른다. 그러나 '무언가 타는'이라는 표현을 보면 냄새와도 무관하지 않은 듯하다. 어찌 되었든 이 소리는 모기 소리처럼 아주 작은 소리에 지나지 않을 것이다. 또한 여성이 '뜨거운 촛농을 제 발등에 붓는 소리' 또한 무엇인가가 타는 소리처럼 소리라고 하기 어려울 만큼 아주 작은 소리임에 틀림없다. 이와는 아주 대조적으로 큰방에서는 남성이 '큰소리'를 치는 소리가 들린다. 무엇인가 타는 소리나 촛농을 붓는 소리와 견준다면 남성이 지르는 이 소리는 아마 천둥소리만큼이나 크게 들릴 것이다.

이번에는 '서다'와 '앉다'의 이항대립을 눈여겨볼 필요가 있다. 언제나 부엌에 서서 일하는 여성에게는 하루 가운데 앉아서 편히 쉬는 시간이라고는 거의 없다. '종신 동침계약자'로서 남성의 밤시중을 들 때나 겨우 누워 있을 따름이다. 그러나 남성은 거의 언제나 앉아 있거나 누워 있다. 큰방에서 큰

소리를 치고 있는 그는 아마 방석 위에 앉아서 신문을 읽고 있거나 의자에 앉아서 담배를 피우고 있을 것이다. 그런데 바닥이나 의자에 앉지 않고 서 있다는 것은 단순한 동작 이상의 상징적 의미를 지닌다. 어디에서나 앉아 있기를 좋아하는 동양 문화권에서는 더더욱 그러하다.

이러한 이항대립은 '하녀와 상전'에 이르러 정점에 이른다. 여성은 남성과 동등한 관계를 맺고 있는 것이 아니라 '종신 동침계약자'요 '외눈박이 하녀'에 지나지 않는다. '종신'이니 '동침'이니 '계약자'니 하는 말이 하나같이 긍정적 의미보다는 오히려 부정적 의미를 훨씬 더 강하게 함축한다. 여성이 남성과 계약 관계를 맺고 있되 그 관계는 부부로서 맺은 동등한 관계가 아니라 어디까지나 동침을 전제로 한 것에 지나지 않는다는 말이다. 이러한 관계에서 저울은 늘 남성 쪽으로 기울어 있게 마련이다. 더구나 '동침'이라는 말에서도 잘 드러나듯이 여성은 남성의 성욕을 채워 주는 도구로서밖에는 별다른 의미가 없다. 하녀와 대칭을 이루는 것은 바로 상전이다. 물론 이 작품에서 화자가 '상전'이라고 못 박아 부르고 있지는 않지만 이 말은 작품 곳곳에 유령처럼 도사리고 있다. 노예가 있으면 노예주가 있듯이 하녀가 있다면 마땅히 그녀를 부리는 주인이 있을 것이다.

그렇다면 '작은/큰,' '부엌/큰방,' '작은 소리/큰소리', '서다/앉다,' '하녀/상전'의 이항대립은 과연 무엇을 뜻하는가? 두말할 나위 없이 그것은 서슬 퍼런 가부장 사회에서의 남성과 여성을 가리킨다. 모든 이항대립이 으레 그러하듯이 서로 대립되는 두 쪽 가운데에서 유독 어느 한쪽에만 무게가 실려 있게 마련이다. 이 이항대립을 두고 자크 데리다는 '폭력적'이라고 부르지만 프랑스의 페미니즘 이론가 엘렌 식수는 이보다 한발 더 나아가 죽음을 불러올 만큼 '치명적'이라고 부른다. 「작은 부엌노래」에서는 이항대립 가운데 분자에 해당하는 첫 번째 쪽보다는 분모에 해당하는 두 번째 쪽에 훨씬 더 무게가 실려 있다. '똑같은 하늘 아래 선 두 사람'이라고 하지만 남성과 여성 사이에는 건너지 못할 깊은 바다가 가로 놓여 있다.

그런데 문제는 여성을 이렇게 업신여기고 하찮게 보는 태도가 꽤 오래 전에 시작되었다는 데 있다. 이 시의 화자는 이러한 일이 새삼스러운 것이 아니고 '세상이 열린 이래'부터 그러하였다고 말한다. 그 역사를 거슬러 올라가다 보면 까마득히 멀리 모계 혈통 사회가 허물어지던 원시 시대와 만나게 된다. 어떤 의미에서는 여성을 억압하고 착취하는 행위는 우주가 처음 열린 이후 줄곧 되풀이되어 왔다는 말이 된다. 구약성서 「창세기」에 적혀 있는 아담과 하와의 이야기를 떠올려 보는 것이 좋을 것이다. 굳이 먼 데서 예를 찾을 것도 없이 가깝게 단군신화를 보아도 잘 알 수 있다. 웅녀가 사람으로 다시 태어나기 위하여 쑥 한 줌과 마늘 스무 개를 먹으며 무려 한 달 이상이나 어두컴컴한 동굴 속에 갇혀 지내야만 하였다.

이 작품의 마지막 부분에 이르러 여성은 문정희가 '천형'이라고 부르는 남성의 질곡에서 벗어날 수 있다는 가능성을 어렴풋하게나마 보여준다. "수줍은 새악시가 홀로 / 허물 벗는 소리가 들여와요"라는 구절에서 잘 드러난다. 뱀이 오래된 껍질을 벗어버리고 새로운 껍질로 갈아입듯이, 이 젊은 여성도 지금 새로운 길을 모색하고 있다. '소름끼치는 마고할멈의 도마소리'라는 구절을 보면 더 더욱 그러한 생각이 든다. 여기에서 하필이면 왜 시인이 갑자기 마고할멈을 끌어들이고 있는지 알 만하다. 마고할멈은 바로 여성의 출산과 분만을 도와주는 없어서는 안 될 아주 중요한 신선이다. 앞으로 마고할멈은 젊은 여성이 꿈꾸는 여성 해방에서 산파 구실을 맡게 될 것이다.

그러나 여성 해방은 아직도 가시밭길처럼 험난하고 멀다. 남성 중심의 가부장 질서의 벽이 굳어질 대로 굳어졌기 때문이다. 그렇기 때문에 여성 해방이 좀더 구체적인 현실로 다가오기까지는 더 많은 세월을 기다려야 할 것 같다. 이 점과 관련하여 '수줍은 새악시가 홀로'라는 구절에서 '수줍은'이라는 말과 '홀로'라는 말을 찬찬히 눈여겨볼 필요가 있다. 앞에서 밝혔듯이 여성이 수줍다는 것은 가부장 질서에서 남성이 부여한 특성일 뿐 이 세상에 태어날 때 타고난 특성은 결코 아니다. 마거릿 미드 같은 문화 인류학자들은 원시 부족 가운데에는 사회 통념과는 달리 남성보다는 여성이 오히려 더 적극적이고 활동적이라는 사실을 밝혀내어 관심을 끌었다. 그렇다면 수줍다는 여성의 특성은 생물학적 특성에서 비롯한다기보다는 어디까지나 문화적 · 사회적 특성에서 비롯할 따름이다. 두터운 성차의 벽을 허물어뜨릴 때 비로소 여성 해방은 가능하다.

마찬가지로 젊은 여성 '홀로'는 굳어질 대로 굳어진 남성의 억압에서 풀려나기가 쉽지 않다. 여성이 하나로 힘을 모을 때, 그리고 무엇보다도 남성들이 가부장제적인 편견과 선입견을 훌훌 벗어버릴 때 여성은 참다운 해방을 맞이하게 될 것이다. 이 작품의 앞부분에서 문정희가 줄곧 '여자'라는 말만 쓰다가 마지막 부분에 이르러 '새악시'라는 말을 쓴다는 사실에 주목할 필요가 있다. 마지막 행의 '우리 부엌에서'의 그 '우리'라는 일인칭 복수형도 매 한가지이다. 물론 남의 나라 말에서와는 달리 우리말에서는 '우리 집 사람'이니 '우리나라'니 '나'라고 불러야 할 곳에 '우리'라는 말을 자주 쓰기 때문에 화자 한 사람을 가리킨다고 볼 수 없을는지도 모른다. 그러나 여기에서 '우리'는 여성 한 개인보다는 집단으로서의 여성을 가리킨다고 볼 수 있다. 여성 해방은 여성 한 사람이 아니라 여성 모두가 함께 일어설 때 비로소 가능하다는 사실을 넌지시 내비치는 대목이다. 그렇다면 이 작품의 마지막 부분에서 화자가 말하는 '허물 벗는 소리'는 남성의 억압에서 벗어나고 싶은 작은 소망이요 몸짓이다. 페미니즘의 새로운 거센 바람을 타고 가부장 질서의 모순과 폭력에 대하여 젊은 여성이 느끼는 새로운 각성을 읽을 수 있다.

이렇듯 정현종과 문정희는 여성을 바라보는 태도에서 크게 엇갈린다. 정현종은 부엌을 '기리는 노래'를 읊고 있지만 그 노래는 여성을 질곡에서 풀어 주기는커녕 여전히 남성의 굴레에 가두어 두는 데 이바지한다. 한편 문정희의 작품에서는 부엌의 노래는 비록 소리는 '작을'망정 점점 커지고 널리 울려 퍼져 마침내 여성 해방을 앞당기는 나팔소리가 될는지도 모른다. 카를 마르크스와 프리드리히 엥겔스는 『독일 이데올로기』(1846)에서 하늘에서 땅으로 내려오는 헤겔의 관념 철학과는 달리 자신들의 유물론 철학은 이와는 반대로 땅에서 하늘로 올라간다고 부르짖는다. 마르크스와 엥겔스의 말을 빌린다면 정현종은 '하늘에서 땅으로' 내려오려고 하는 반면, 문정희는 오히려 '땅에서 하늘로' 올라가려고 한다. 바꾸어 말해서 정현종의 여성관이나 세계관은 추상적이고 이론적인 헤겔의 관념론에 가깝고, 문정희의 여성관이나 세계관은 구체적이고 실천적인 마르크스와 엥겔스의 유물론에 더 가깝다. 적어도 여성에 관한 한 이 두 시인은 그야말로 하늘과 땅만큼이나 큰 차이가 나는 셈이다.

은유와 환유를 비롯한 모든 비유는 날카로운 칼과 같다. 그 쓰임새에 따라 쓸모 있을 수도 있고 그러하지 못할 수도 있다. 가령 비유는 가부장 질서를 더욱 굳건히 다지는 데 쓸 수 있지만 그것을 무너뜨리는 데에도 쓸 수 있다. 구조주의 이후 최근 이론가들이 왜 비유에 그렇게 깊은 관심을 기울이는지 알 만하다. 빌헬름 폰 훔볼트는 언어를 두고 '세계를 여는 열쇠'라고 말한 적이 있지만 비유야말로 세계를 해석하는 방법이요 그것을 이해하는 비결인 것이다.

04
향가의 수사학

한민족에게 아직 문자가 없던 삼국시대 신라 사람들은 중국의 한자에서 소리와 뜻을 빌려 우리 정서를 노래하였다. 남의 나라 글자에 의존하여 우리의 정서를 표현하는 것은 마치 한쪽 손을 묶고 씨름을 하는 것과 같아서 여간 불편하지 않았을 것이다. 그런데도 이렇게 적잖이 제약을 받으면서도 우리 정서를 한껏 노래한 향가 시인들의 상상력이 무척 뛰어나다는 데 새삼 놀라게 된다. 향찰(鄕札)로 표기한 향가는 빼어난 문학 작품으로 우리 문화의 소중한 유산이요 보물이다. 잘 알려진 것처럼 현재 전하는 향가는 『삼국유사』에 14수, 『균여전』에 11수로 모두 25수이다. 그러나 이 밖에 고려 예종(睿宗)이 1120년에 지은 「도이장가」를 흔히 향가에 넣는가 하면, 고려 의종(毅宗) 때 정서(鄭敍)가 지은 고려 속요 「정과정곡」도 그 형태가 10구체 향가와 비슷하다고 보아 향가에 넣기도 한다. 그렇다면 향가는 모두 27수에 이르는 셈이다.

지금 전하는 향가의 장르적 성격을 규명하기란 그렇게 단순하지 않다. 풍요(風謠) 같은 민요가 있는가 하면, 주술적인 무가(巫歌) 같은 노래도 있다. 유교나 유가의 덕목을 가르치는 교훈적인 노래도 있고, 일을 하며 서로 호흡을 맞추고 일의 능률을 높이려고 흥겹게 부르던 노동요도 있다. 또한 비교적 단순한 4구체 향가에서 4구체가 반복한 8구체 향가, 그리고 격조 높은 10구체 향가 등 시 형식도 갖가지이다. 그리고 내용에서도 내세의 구원에 대한 열망을 비롯하여 친구에 대한 우정, 죽음에 대한 명상, 사악한 것을 쫓고 좋은 것을 받아들인다는 벽사진경, 치국안민이나 국태민안의 이념, 시대적 상황이나 정치적 징후 따위를 은근히 전하는 참요(讖謠) 등 그 주제도 무척 다양하다. 불교에 뿌리를 두고 있는가 하면 유교의 가치와 질서를 표현하고 민간 무속 신앙과도 깊이 관련되어 있어 범종교적으로 유불선을 함께 아우른다.

그러나 향가에서 무엇보다도 관심을 끄는 것은 온갖 수사법을 구사하여 격조 높은 서정시로 끌어올린다는 점이다. 영탄법과 돈호법을 비롯하여 설의법, 반복법, 생략법, 은유법과 직유법, 환유법과 제유법 등 온갖 수사법을 그야말로 능수능란하게 구사한다. 향가 시인이 구사하는 이러한 수사법은 때로는 마치 보석처럼 찬란한 빛을 내뿜는다. 바로 이 점에서 향가는 중국의 선시(禪詩)나 일본의 하이쿠(俳句)와 비슷하다. 또한 영국의 소네트, 프랑스의 샹송, 그리고 이탈리아의 칸초네 등 서양의 서정시와도 여러모로 닮아 있다.

1

향가에서 무엇보다도 먼저 눈에 띄는 수사법은 영탄법과 돈호법이다. 영탄법이란 듣는 사람에게 호소력을 주기 위하여 느낌이나 정감을 간절히 드러내는 수사법이다. 다시 말해서 북받치는 감정을 직접 토로하거나 상대방에게 자신의 감정을 하소연하는 수사법을 말한다. 격렬한 감정을 호소하는 나머지 영탄법은 자칫 감정을 헤프게 늘어놓을 위험성이 있다. 강렬한 감정을 토로하는 만큼 때로는 감탄사를 사용하거나 호칭어를 사용하거나 명령이나 권유의 형식을 취하기도 한다. 영탄법은 비록 그 형식에서는 문법에서 말하는 감탄문과 같거나 비슷할는지 모르지만 표현적 효과는 그보다 훨씬 더 크다. 영탄법은 흔히 돈호법이나 의인법 같은 다른 수사법과 함께 쓰인다.

향가 중에서도 특히 10구체 향가는 이러한 영탄법에 크게 의존한다. 오늘날의 '아'나 '오'에 해당하는 감탄사 '아흐'는 아사(阿邪), 아야(阿也), 아야(阿耶) 등 그때그대 사정에 따라 저마다 다른 향찰로 표기한다. 그런데 향가 시인들은 이 영탄법을 작품의 첫 구절에서는 좀처럼 사용하지 않고 끝 구절에 가서 사용한다. 다시 말해서 처음에는 감정을 절제하여 노래하다가 마지막 두 행에 이르러 갑자기 조금 헤프다 싶을 만큼 감정을 털어놓는 것이다. 그렇기 때문에 10구체 향가에서 마지막 9행과 10행은 '낙구(落句)', '격구(隔句)' 또는 '후구(後句)'라고 일컫는다. 이 점에서 영탄법을 이끄는 낙구는 하이쿠의 키고(季語)나 키레(切れ)처럼 10구체 향가에서는 반드시 지켜야 할 일종의 문학적 관습처럼 되어 있다.

고려 말엽부터 정형시로 자리 잡기 시작한 시조가 10구체 향가에 뿌리를 두고 있다고 주장하는 학자들이 있다. 이 유형의 향가가 전편이 크게 세 토막으로 구성되어 있다는 점, 처음 4행에서는 시상(詩想)을 불러일으키고 5행부터 8행에서는 시상을 발전시킨 뒤 마지막 두 행에 이르러 시상을 완결하는 형식을 취한다는 점에서 그러하다는 것이다. 적어도 이 점에서 보면 10구체 향가를 시조의 원시 형태로 보는 주장에는 일리가 없지 않다. 만약 그 주장이 옳다면 '아흐'로 시작하는 마지막 두 행은 '어즈버'니 '아희야'니 '두어라'니 하는 시조의 종장의 첫 구와 아주 비슷하다. 그러고 보니 '아흐'로 시작하는 마지막 두 행은 윌리엄 셰익스피어가 즐겨 사용한 소네트의 마지막 2행 연구(聯句)와도 닮아 있다. 소네트의 2행 연구도 향가나 시조처럼 마지막 두 구절에 이르러 결론을 맺는다.

아흐, 이 몸 남겨 두고
사십팔 대원(大願) 이루실까

신라 문무왕(文武王) 때의 승려로 분황사 서쪽에서 짚신을 삼으며 살면서 평생 동안 아미타불(阿彌陀佛)을 외었다는 광덕(光德)이 지은 「원왕생가(願往生歌)」의 마지막 두 구절이다. 광덕은 이 작품에서 서방 정토에 가고자 하는 간절한 염원을 읊는다. '사십팔 대원'이란 서방 정토에 있다는 아미타불에게 기원하는 모두 48가지에 이르는 소원을 말한다. 광덕의 이 향가는 이 중에서 제18 대원인 '염불왕생원(念佛往生願)'을 주제로 삼은 노래이다. 또한 사십팔 대원은 아미타불의 본원(本願)을 뜻하기도 한다. 아미타불이 과거세(過去世)에서 수행할 때 법장비구(法藏比丘)가 되어 세자재왕불(世自在王佛) 앞에서 48가지에 이르는 원을 세우고, 그것이 실현될 때라야 비로소 성불하겠다고 맹세한다. 그는 온갖 노력 끝에 복덕(福德)을 쌓아 그가 목표로 삼은 극락세계를 완성한다. 이 서원(誓願)의 하나하나는 모두가 남을 위하여 봉사하는 이타행(利他行)으로 되어 있는데 곧 대승보살행(大乘菩薩行)을 구체적으로 표현한 것이다.

> 아흐, 마타찰(彌陀刹)에서 만나 볼 나는
> 도(道) 닦아 기다리련다

신라 경덕왕(景德王) 때의 승려인 월명사(月明師)가 지은 「제망매가(祭亡妹歌)」의 끝 구절이다. 불교의 이념을 노래한다는 점에서 광덕의 「원왕생가」와 여러모로 비슷하다. 그러나 이 향가는 월명사가 일찍 이 세상을 떠난 누이동생을 추모하기 위하여 재(齋)를 올리면서 노래한 작품이다. 월명사가 이 향가를 지어 부르자 문득 광풍이 불어 와 지전(紙錢)을 서쪽으로 날려 없어지게 하였다고 한다.

사천왕사에 살고 있던 월명사는 피리를 잘 불었고, 그가 달 밝은 밤에 피리를 불면서 문 앞 큰 길을 지나가면 그 피리소리를 들으려고 하늘에 떠 있는 달이 멈추어 섰다고 한다. 물 건너 쪽 신화에서 오르페우스가 리라를 타면 산천초목이 감동하였다는 이야기와 비슷하다. 그런데 이 노래에서 월명사는 누이동생을 먼저 떠나보낸 슬픔도 잠시 잊고 자신도 부지런히 도를 닦아 극락세계에서 그녀를 다시 만날 것을 기약한다. 「제망매가」는 불교적 신앙을 온갖 비유법으로 노래한 신라 향가 중에서도 아주 빼어난 작품으로 꼽힌다.

또한 융천사(融天師)도 「혜성가(彗星歌)」에서 "아흐, 달은 저 아래 떠갔더라 / 이보아 무슨 혜성이 있으랴" 하고 영탄법을 구사하여 노래하기도 한다. 특히 이 향가는 주술적인 성격을 띤 작품이라는 점에서 영탄법은 더욱 더 의미가 크다. 『삼국유사』에 따르면 세 화랑이 풍악(楓岳)에 놀이를 떠나려고 하는데 마침 혜성이 나타나 심대성, 즉 북극성의 중심을 범하는 괴이한 현상이 일어난다. 이러한 천체의 괴변은 나라에 불길한 변란을 가져온다고 생각한 세 화랑은 놀이를 떠날 것을 그만두려고 할 때 융천사가 이 향가를 지어 부르니 별의 괴변이 사라지고 국토를 침범한 일본 병정도 물러갔다는 것이다.

이밖에도 이러한 영탄법은 충담사(忠談師)가 지은 「안민가(安民歌)」의 마지막 두 행 "아흐, 임금답게 신하답게 백성답게 한다면 / 나라가 태평하리이다"에서도 쉽게 엿볼 수 있다. 또한 영탄법은 역시 충담사가 지은 「찬기파랑가(讚耆婆郎歌)」를 비롯하여 희명(希明)의 「천수대비가(千手大悲歌)」, 그리고 영재(永才)가 지은 「우적가(遇賊歌)」 등 하나하나 그 예를 들 수 없을 만큼 아주 많이 쓰인다.

2

향가 시인들은 영탄법과 함께 돈호법을 자주 구사한다. 돈호법이란 지금 자리에 없거나 이미 죽은 사람을 마치 눈앞에 있는 사람처럼 부르거나 인간이 아닌 무생물이나 동식물 또는 추상적 관념을 마치 살아 있는 생물처럼 친근하게 부르는 수사법이다. 그런데 돈호법이 이루어지기 위해서는 자리에 없거나 인간이 아닌 대상이 화자의 소리에 응답할 수 있다는 전제가 반드시 선행되어야 한다. 또한 상대방을 친근하고 다정하게 부르는 만큼 '너'나 '당신' 또는 '그대' 같은 이인칭 대명사를 자주 사용한다. 그런가 하면 감정을 강하게 토로하기 때문에 흔히 영탄법이나 명령법과 함께 쓰기도 한다.

물론 향가는 아니지만 현재 전하는 노래 가운데 가장 오래된 집단 무요(舞謠)라고 할 「구지가(龜旨歌)」는 돈호법을 보여 주는 좋은 예로 꼽을 만하다. "거북아, 거북아 / 머리를 내어라"라는 첫 행이 바로 돈어법으로 되어 있다. 흔히 '영신군가(迎神君歌)'로 일컫는 이 노래는 가락국의 아홉 추장인 구간(九干)이 군중 2, 3백 명과 함께 모여 김수로왕(金首露王)을 최고 통치자로 맞이할 때 불렀다는 노래이다. 그런데 이 노래는 향가와 전혀 관련이 없지도 않다. 가령 견우노인(牽牛老人)이 불렀다는 「헌화가(獻花歌)」와 관련한 설화에서 수로부인(水路夫人)은 한때 동해의 용한테 납치를 당하고, 그녀를 되찾기 위하여 사람들이 부른 노래가 바로 이 「구지가」이기 때문이다. 그렇다면 이 노래는 마치 주문(呪文)처럼 어떤 주술적 효과를 얻기 위한 노래임에 틀림없다.

> 달하, 이제
> 서방(西方) 넘어가시려는고
> 무량수불 전에
> 일러서 사뢰소서

광덕이 지은 「원왕생가」의 첫 구절이다. 광덕은 하늘에 높이 떠 있는 달을 쳐다보고 달을 부르면서 그에게 친근하게 말을 건넨다. 그런데 여기에서 한 가지 눈여겨보아야 할 것은 비록 무생물인 달이지만 그에게 존칭을 사용한다는 점이다. 달에 대한 이러한 태도는 '넘어가시려는고'니 '사뢰소서'니 하는 구절에서도 잘 드러난다. "달하 …… 사뢰소서" 하는 구절에서는 서방정토에 가고자 하는 간절한 염원을 엿볼 수 있다. 그러므로 원문의 '月下'는 그냥 '달아'보다는 '달님이시여'로 옮기는 쪽이 옳을 것이다.

오직 하늘의 뜻에 따라 농사를 지어야 하는 농경민족은 해를 비롯한 달과 별 같은 천체는 말할 것도 없고 심지어 비나 눈 같은 자연 현상한테도 흔히 존칭을 사용한다. 요즈음 젊은 세대는 그렇지 않지만 불과 몇 십 년 전까지만 하여도 우리 조상들은 "비가 내린다"고 말하지 않고 "비가 오신다"니 "비가 내리신다"니 하고 말하였다. 지금도 시골 농부들은 흔히 "비가 온다"는 말 대신에 "비가 오신다"는 표현을 사용한다. 서구 사람들이 기상 현상을 말할 때 'it'나 'il' 같은 비인칭 대명사를 사용하는 것과는 큰 차이가 난다.

그런데『삼국유사』에 따르면 광덕에게 달은 아주 각별한 의미가 있다. 분황사 서쪽 마을에 숨어 살며 처자를 데리고 살고 있는 광덕한테는 남악에 암자를 짓고 농사를 지으며 살아가는 엄장(嚴莊)이라는 친구가 있었다. 이 두 사람은 평소에 먼저 극락으로 돌아가게 될 때에는 서로에게 알리자고 약속하였다. 어느 날 해 그림자가 붉은 빛을 띠고 소나무 그림자가 고요히 저물 때 창밖에서 "나는 이미 서방으로 가니 그대는 잘 있다가 빨리 나를 따라오게"라는 광덕의 소리가 들렸다. 엄장이 문을 열고 나가보니 구름 밖에서 하늘의 음악소리가 들리고 광명이 땅에 뻗쳐 있었다. 다음날 엄장이 집에 찾아가 보니 광덕이 과연 죽어 있었다.

엄장은 광덕의 아내와 함께 친구의 장례를 치르고 나서 그녀에게 "남편이 죽었으니 이제 나와 함께 사는 것이 어떠하오?" 하고 말하였다. 그 아내가 허락하여 마침내 두 사람은 함께 살게 되었고, 밤에 잠자리에 들어 엄장이 정을 통하려 하자 그녀는 "그대가 서방 정토에 가기를 바라는 것은 나무에 올라가 물고기를 얻으려는 것과 같습니다" 하고 꾸짖었다. 엄장이 놀라며 "광덕도 이미 동거했거늘 난들 어찌 안 되겠소?" 하고 물었다. 그러자 그녀는 "광덕이 나와 십여 년을 동거하였으되 아직 단 하룻밤도 잠자리를 같이 하지 않았거늘, 어찌 더러운 짓을 하리오? 다만 밤마다 단정히 앉아 일념으로 아미타불의 이름을 부르고, 십육관(十六觀)을 지어서 이미 진리에 달관하여 명월이 창에 비치면 그 빛에 정좌하였소. 그 정성이 이와 같았으니 비록 서방 정토에 가지 않으려고 해도 달리 어디로 가리오" 하고 대답하였다고 한다.

이렇게 달은 광덕이 죽어서 서방 정토에서 다시 태어나기를 간절히 기원하는 대상이요 또한 속세에서 죄를 말끔히 씻는 정죄의 도구였다. 또한 달은 광덕이 발 딛고 서 있는 차안과 아미타불이 있는 서방 정토 피안을 연결해 주는 징검다리 구실을 하기도 한다. 말하자면 두 세계를 오갈 수 있는 불법의 사자(使者)인 셈이다. 위에 인용한 첫 두 행은 양주동(梁柱東)의 해독에 따른 것이다. 한편 김완진(金完鎭)은 "달이 어째서 / 서방까지 가시겠습니까?"로 해독한다. 그러나 양주동의 해독과 비교해 볼 때 김완진의 해독은 아무래도 별로 설득력이 없다. 그의 해독에 따른다면 죽어 극락세계에서 다시 태어나기 위해서 굳이 서방까지 갈 필요가 없다는 사실을 암시하기 때문이다. 물론 선종(禪宗)에서는 "오직 마음이 정토요, 자신의 마음이 미타(彌陀)이다"라고 말하면서 사람들이 본래 갖추고 있는 일심(一心) 말고는 정토가 없다고 말한다. 또한 이 무렵 불교가 귀족 종교의 차원을 뛰어넘어 평민의 화엄 사상에 이르렀다고 주장하는 학자도 있다. 비록 이 점을 염두에 둔다고 하여도 전체 맥락에서 비추어보면 양주동의 해독이 김완진의 해독보다 설득력이 있다.

돈호법을 구사하여 달에게 기원하는 것은 비단 향가에 그치지 않고 한글로 기록한 노래 중에서 가장 오래되었다는 「정읍사(井邑詞)」에서도 엿볼 수 있다. 백제 때 전라도 정읍에서 살던 행상인의 아내가 지었다는 이 노래에서 화자는 "달하, 높이곰 돋으샤 / 어기야 멀리곰 비취오시라" 하고 읊는다. 「원왕생가」에서 달이 불교적 이상을 성취하려고 기원하는 대상이라면, 「정읍사」에서 달은 어디까지나 세속적 염원을 비는 대상이다. 남편이 행상을 떠난 뒤 오래도록 돌아오지 않자 산에 올라가 멀리 남편이 있을 곳을 바라보며 남편을 염려하여 부른 노래이기 때문이다. 「정읍사」에서는 구체적인 역사적 시간과 사회적 공간에서 일어나는 일상적 경험을 노래하기 때문에 좀더 피부에 와 닿는다.

동양과 서양을 굳이 가르지 않고 고대 시가에서 현대 시가에 이르기까지 달은 문학 작품에 약방의 감초처럼 자주 등장한다. 만약 이 세상에 달이 없었더라면 시인들이 어떻게 시를 썼을까 하는 생각이 들 만큼 달은 시인들에게 아주 각별한 의미가 있다. 이렇게 문학가들이 달을 중요한 모티프나 상징으로 삼는 것은 달이 삶과 우주의 기본 리듬과 깊이 관련되어 있기 때문이다. 좀더 구체적으로 말하여 시인들은 달을 우주의 율동적인 생명과 관련지어 생각해 왔다. 달이 모든 생명의 변화를 다스리고 지배한다고 굳게 믿는다. 달이 차고 기우는 순환 과정은 곧 인간을 포함한 만물이 사멸한 뒤 다시 살아나는 현상과 맞닿아 있다.

더구나 사람들은 달이 생명의 순환을 지배할 뿐만 아니라 더 나아가 인간의 운명을 결정한다고 믿기도 한다. 월하노인(月下老人)이라고 하면 부부의 연을 맺어주는 사람을 말하고, 월노적승(月老赤繩)이란 월하노인이 가지고 다니며 남녀의 인연을 맺어 준다는 주머니의 붉은 끈을 가리킨다. 비단 동양뿐만 아니라 서양에서도 일찍부터 달로써 점을 치는 점성술이 발달하였다. 고대 점성학에서는 광기나 발광은 달빛의 작용에서 비롯한다고 생각하였다. 여러 시대 여러 문화에 걸쳐 두루 퍼져 있는 달 숭배는 달의 이러한 상징성과 맞물려 있다. 그리하여 달은 신화와 문학에서 풍부한 상징을 낳았다.

그러나 달을 바라보는 태도에서는 동양과 서양이 서로 적잖이 다르다. 달을 인격화한 신만 보더라도 서양에서는 동양에 비하여 상대적으로 그 수가 적다. 서양의 원시 수렵문화에서 사람들은 달을 남성으로 간주하기 일쑤였다. 특히 여성들은 달을 아주 악하고 위험한 존재로 생각하였다. 한편 농경사회인 동양 문화권에서 달은 일반적으로 여성으로 의인화할 뿐만 아니라 식물의 생장 과정을 주재하는 자비롭고 풍요로운 신으로 간주하였다.

그런데 돈호법은 흔히 의인법과 깊이 연관되어 있다. 때로는 돈호법과 의인법을 서로 구분 짓기란 그렇게 쉽지 않다. 인간이 아닌 대상에 생명을 불어넣고 언어에 직접성을 가져다준다는 점에서 이 두 수사법은 공통점이 있다. 가령 바람에 나부끼는 억새풀을 두고 "그대는 울부짖는가!" 하고 말한다면 식물인 억새풀에 인간의 속성을 부여하는 의인법이 되면서 동시에 억새풀에게 말을 거는 돈호법이 된다. 물론 돈호법에서는 다른 수사법에서와는 달리 고도의 시적 상상력이 필요하지 않기 때문에 영탄법과 마찬가지로 자칫 매너리즘에 빠질 위험성이 있다.

「원왕생가」의 첫 구절 "달하, 이제 / 서방 넘어가시려는고 / 무량수불 전에 / 일러서 사뢰소서"에서 광덕은 한낱 무생물에 지나지 않는 달에게 생명을 부여한다. 달은 생명이 있지 않고서는 화자가 간절하게 비는 기원을 들어줄 수 없을 것이다. 또한 달이 만약 짐승처럼 다리를 지니고 있지 않다면 서방 세계로 '넘어갈' 수도 없을 것이고, 짐승처럼 입을 지니고 있지 않다면 무량수전에게 '사뢸' 수도 없을 것이다.

충담사는 「찬기파랑가」에서도 의인법을 구사한다. "열치매 / 나타난 달이 / 흰 구름 좇아 떠가는 게 아닌가"라는 첫 부분에서 '흰 구름 좇아 떠가는'이라는 구절이 바로 그러하다. 언뜻 보면 달이 하늘에 '떠가는'이라는 표현을 굳이 의인법으로 볼 필요가 없을는지 모른다. 천문학적으로 보면 달은 언제나 하늘에 높이 떠서 서쪽으로 가기 때문이다. 그러나 '흰 구름 좇아 떠가는'이라는 구절을 좀더 찬찬히 살펴보면 의인법임이 밝혀진다. 달이 하늘에 떠다니거나 흘러가는 것은 자연 현상이지만 '흰 구름을 좇아' 떠가는 것은 무생물인 달을 살아 움직이는 생물에 빗대는 표현이다. 무엇인가의 뒤를 '좇는' 행위는 어디까지나 의지를 수반하는 것이기 때문이다.

현대 시인 가운데 박목월(朴木月)처럼 달을 즐겨 노래한 시인도 아마 찾아보기 어려울 것 같다. 「나그네」에서 그는 "강나루 건너서 밀밭 길을 / 구름에 달 가듯이 가는 나그네" 하고 읊는다. 특히 달을 소재로 한 또 다른 작품 「달」은 내용과 형식 그리고 형식에서 「원왕생가」와 많이 닮아 있다. 달을 언급한다는 점에서 그러하고, 불교를 언급한다는 점에서 그러하며, 경주라는 공간적 배경을 사용한다는 점에서도 그러하다. 그런가 하면 특히 10구행을 구사하는 형식에서도 두 작품은 아주 비슷하다.

배꽃 가지
반쯤 가리고
달이 가네

慶州郡 內東面
惑은 外東面
佛國寺 터를 잡은
그 언저리로

배꽃 가지
반쯤 가리고
달이 가네
—「달」 전문

박목월의 시집 『산도화』(1955)에 실린 작품이다. 「나그네」에서 "달 가듯이"라는 구절이나 「달」에서 "달이 가네"라는 구절은 의인법으로 볼 수 있다. 특히 「달」에서는 "배꽃 가지 / 반쯤 가리고"라는 구절을 보면 더더욱 그러한 생각이 든다. 배꽃 가지를 반쯤 가리는 주체는 다름아닌 달이기 때문이다. 그것은 마치 여성이 꽃밭을 지나가면서 치마폭으로 꽃을 가리고 지나가는 것과 같다.

3

향가 시인들이 즐겨 구사하는 수사법 가운데에서 설의법을 빼놓을 수 없다. 설의법은 의문문의 형식을 빌려 결론을 유도하는 수사법이다. 그러나 문법에서 말하는 의문문과는 달리 이 수사법에서는 물음에 대한 대답을 굳이 요구하지 않는다. 물음 속에 이미 그 답이 들어 있기 때문에 비록 형식은 의문문으로 되어 있지만 내용은 의문문이 아니기 때문이다. 설의법은 상대방의 주의를 끌어 호소하고 판단을 촉구하는 데 효과가 있을 뿐만 아니라 화자의 의도를 정감 있게 표현하는 데에도 효과가 크다. 이 수사법은 흔히 수사의문법 또는 반문법이라고도 부른다. 이 수사법은 의문문의 형식만 갖추고 있을 뿐 그 내용은 오히려 감탄문에 가깝다.

설의법은 "아닌 땐 굴뚝에 연기 날까?", "공든 탑이 무너지랴!", "첫 숟가락에 배부를까?"처럼 속담이나 격언에서 자주 쓰인다. 그런데 이 물음에 대한 답은 하나같이 그럴 수 없다는 것이다. "아닌 땐 굴뚝에 연기 날까?"에서처럼 설의법은 흔히 의문문의 형식을 취하지만, "공든 탑이 무너지랴!"의 경우처럼 가끔 감탄문의 형식을 취할 때도 있다. 또한 설의법은 영탄법과 돈호법 또는 의인법과 같은 다른 수사법과 함께 쓰일 때가 많다.

설의법에는 긍정 의문문을 이용하여 부정의 답을 유도하는 유형, 이와는 반대로 부정 의문문을 이용하여 긍정의 답을 유도하는 유형, 그리고 의문사를 이용하여 대답을 유도하는 등 크게 세 갈래로 나뉜다. 앞에서도 인용한 「원왕생가」의 마지막 행에서 광덕은 첫 번째 유형의 설의법을 구사한다.

> 아흐, 이 몸 남겨 두고
> 사십팔 대원 이룰까

양주동은 이 두 행을 "아흐 이 몸 기텨두고 / 사십팔 대원 일고샤가"로 해독한다. 그의 해독이나 앞에 인용한 현대어 번역이나 설의법을 사용한다는 점에서 조금도 다르지 않다. 김완진도 이 작품의 다른 행에서는 양주동과 아주 다르게 해독하면서도 이 마지막 구절에서는 "아아, 이 몸 남겨두고 / 48대원 이루실까" 하고 양주동과 거의 똑같이 풀이한다. 이 마지막 두 행의 본뜻은 "이 몸 남겨 두고서는 절대로 사십팔 대원을 이룰 수가 없다"라는 것이다. 아내와 잠자리도 멀리하면서 밤낮으로 두 손을 모아 간절히 비는 것을 생각할 때 광덕이 극락왕생을 이룰 것이라는 사실은 쉽게 미루어볼 수 있다. 다만 광덕은 고려 속요 「정석가(鄭石歌)」의 "구슬이 바위에 디신달

/ 긴힛단 그츠리잇가"라는 구절처럼 긍정 의문문을 빌려 부정의 답을 유도할 뿐이다.

> 눈 내두를 사이에
> 어찌 만날 수 있으리

신라 효소왕(孝昭王) 때 화랑 득오(得烏)가 지은 8구체 향가 「모죽지랑가(慕竹旨郎歌)」의 한 구절이다. 자신을 언젠가 크게 도와준 일이 있는 죽지랑을 늘 사모하던 득오가 그가 사망하자 이 노래를 지었다고 전해진다. 이 노래는 「찬기파랑가」와 함께 화랑을 기린 향가로 꼽힌다. 그런데 앞에 인용한 구절은 학자에 따라 해독이 크게 차이가 난다. 양주동은 "눈 돌칠 ᄉᆞ이예 / 맛보ᄋᆸ디 지소리"(눈 깜박할 사이에 / 만나 뵈올 기회를 지으리이다)로 해독한다. 한편 김완진은 "누늬 도랄 업시 뎌옷 / 맛보기 엇디 일요아리"(눈의 돌음 없이 저를 / 만나보기 어찌 이루리)로 해독한다.

첫 구절 '눈 내두른다'는 눈 '깜박할 사이', 즉 짧은 순간이라는 뜻이다. 그러나 달리 생각해 보면 '눈 내두른다'는 말은 살아 있는 기간 동안을 뜻한다고 볼 수도 있다. "내 눈이 시퍼렇게 떠 있는 동안에는 절대로 안 된다"고 말할 때 바로 그 '눈이 …… 떠 있는'이라는 표현이 바로 그러하다. 그렇다면 "눈 내두를 사이에 / 어찌 만날 수 있으리"라는 구절은 목숨이 붙어 있는 동안에는 절대로 만날 수 없다는 뜻이 된다. 광덕이 「원왕생가」에서 그렇게 하듯이 득오도 긍정 의문문 형식을 빌려 부정의 대답을 유도하고 있다.

> 본디 내 것이다마는
> 빼앗긴 걸 어찌하리요

헌강왕(憲康王) 때 처용(處容)이 지은 8구체 향가 「처용가」의 마지막 두 구절이다. 귀신을 물리치고 경사를 맞이한다는 벽사진경의 소박한 민속에서 비롯한 무가에 해당하는 노래이다. 이러한 무격신앙과 관련지어 보면 처용은 역신을 쫓기 위하여 음력 정월 동구 밖에 내던져 액을 면하게 한다는 볏짚 인형인 제웅과 관련이 있음에 틀림없다. 위에 인용한 구절을 양주동은 "본 듸 내해다마른 / 아사늘 엇디ᄒᆞ릿고"(본디 내 것이다만 빼앗긴 것을 어찌하리)로 해독한다. 한편 김완진은 "본듸 내해다마ᄅᆞᄂᆞᆫ / 아아늘 엇디ᄒᆞ릿고"로 해독한다. 적어도 이 구절에서는 두 학자의 해석이 크게 다르지 않다.

그런데 처용은 이 구절에서 설의법을 구사한다. "빼앗긴 걸 어찌하리요"라는 물음은 자신의 힘으로써는 도저히 어찌할 수 없다는 것을 내비치는 말이다. '어찌하리요'라는 구절에는 어떤 사태를 체념하고 받아들이는 절망감이 짙게 배어 있다. 그런가 하면 마지막 구절을 "어찌 빼앗음을 (감히) 하겠는가"로 해석하는 학자도 있다. 이 또한 설의법으로 역신한테서 자신의 아내를 감히 빼앗을 수 없다는 분노와 절망감이 드러나 있다.

한편 이 마지막 두 행에서는 처용의 포용과 관용을 엿볼 수 있는 대목이기도 하다. 자신의 아내가 다른 남자와 동침하는 장면을 목격하고서도 아내나 그 사내를 비난하기는커녕 오히려 너그럽게 용서해 준다는 것이 여간 놀랍지 않다. 처용은 아내의 부정한 행위에 대하여 한편으로는 슬픔과 상실감 그리고 체념을 느끼고, 다른 한편으로는 그러한 감정을 극복하는 한층 더 높은 달관의 경지에 이른다. 비폭력 운동의 사도로서 무저항주의를 부르짖은 인도의 성자 모한디스 간디는 언젠가 '눈에는 눈으로' 갚는다면 이 세상에는 눈 먼 장님들만 살게 될 것이라고 말한 적이 있다. 함무라비 법전이나 구약성서 모세오경(五經)에 따라 피해를 받은 만큼 똑같이 보복한다면 궁극적으로 또 다른 폭력을 낳을 뿐이다. 그러고 보니 처용을 바다를 건너 온 아랍 상인이나 인도 사람이라고 주장하는 학자도 없지 않다. 처용은 폭력과 힘으로써 역신과 맞서 싸우지 않고 오히려 덕과 관용으로 용서함으로써 '부드러움의 힘'을 상징하는 인물이다.

『삼국유사』에 기록된 설화에 따르면 처용은 화를 내지 않고 오히려 그 자리에서 물러나 노래를 부르고 춤을 춤으로써 역신의 마음을 뉘우치게 한다. 자기절제와 초극을 통한 갈등 해결 방식에서 부드러운 마음이 더욱 강한 힘을 발휘한다는 교훈을 새삼 깨닫게 해주는 대목이다. 이로부터 백성들이 처용의 모습을 인형으로 만들거나 그 초상을 그려 대문에 붙여 역신을 쫓았다. 또한 처용무라는 춤을 추어 역신을 물리치는 의식을 행하였고, 이러한 의식은 조선시대까지 이어졌다고 한다. 이러한 절제와 초극은 아내와 역신에 대한 처용의 윤리적 우월성을 입증하는 것이며, 역신이 처용에게 감복한 까닭도 이러한 윤리적 우월성에 감화를 받았기 때문일 것이다.

열치매
나타난 달이
흰 구름 좇아 떠가는 게 아닌가

이렇게 설의법을 구사하기는 충담사의 「찬기파랑가」의 첫 구절도 마찬가지이다. 앞에서 의인법과 관련하여 이미 밝혔듯이 이 구절은 달이 구름을 따라 가나는 것을 묘사하는 장면이다. 그런데 충담사는 이 구절에서 설의법을 구사하여 지금 하늘에 달이 흰 구름의 뒤를 좇아 떠가고 있는 모습을 감동적으로 묘사한다. 다만 방금 앞에서 예로 든 세 설의법과 차이가 있다면 충담사는 부정 의문문 형식을 빌려 긍정적인 답을 유도할 뿐이다. 형식적인 면에서 볼 때 「처용가」의 이 마지막 두 행은 "인생이 일장춘몽이라 아니 놀까"라는 옛 시조의 종장과 비슷하다.

4

향가 시인들은 설의법 못지않게 반복법을 효과적으로 구사하기도 한다. 반복법이란 뜻이 같거나 비슷한 낱말이나 어구 또는 문장을 되풀이하여 사용하는 수사법이다. 이 반복법은 예로부터 가장 자주 그리고 널리 사용되어 온 수사법 중의 하나에 속한다. 같거나 비슷한 표현을 거듭 되풀이하여 말한다는 것은 그 표현이 그만큼 중요하다는 것을 뜻한다. 그러나 반짝인다고 하여 모두 황금이 아니듯이 같거나 비슷한 표현을 되풀이한다고 하여 모두 반복법이 되는 것은 아니다. 반복법 가운데에는 그 동안 너무 자주 쓰여 온 나머지 비유법으로서의 기능을 거의 잃어버린 것들도 얼마든지 있다. 예를 들어 "넓고 넓은 들판"이니 "높고 높은 하늘"이니 또는 "깊고 깊은 바다"니 하는 표현에서 사용한 '넓고 넓은', '높고 높은', '깊고 깊은'은 말하자면 '죽은' 반복법이라고 할 수 있다. 마찬가지로 '자자손손(子子孫孫)'이니 '시시(時時)때때로'니 '구구절절(句句節節)'이니 또는 '방방곡곡(坊坊曲曲)'처럼 아예 관용어로 굳어버린 표현도 엄밀한 의미에서는 반복법으로 보기 어렵다.

무릎을 곧추며
두 손바닥 모으와
천수관음(千手觀音) 전에
비옴은 두노이다.
천(千) 손에 천(千) 눈을
하나를 놓고 하나를 더옵기
둘 없는 내라.
하나야 그으기 고치올러라
아흐, 내게 끼쳐 주시면
놓되 쓰올 자비여 얼마나 큰고.

희명이 지은 10구체 향가 「천수대비가」의 전문이다. '도천수관음가(禱千手觀音歌)', '천수관음가(千手觀音歌)' 또는 '맹아득안가(盲兒得眼歌)' 등으로 일컫기도 하는 노래로 반복법을 효과적으로 구사하는 향가 중의 한 작품으로 꼽을 만하다. 『삼국유사』에 따르면 경덕왕 때 경주 한 마을에 사는 여인인 희명이 한 아들을 낳았지만 그 아들은 낳은 지 다섯 해 만에 갑자기 눈이 멀게 되었다. 그러자 희명이 분황사 좌전에 있는 천수대비의 벽화 앞에서 눈이 먼 아이에게 노래를 부르고 기도를 하게 하니 그 아이가 눈을 떴다고 한다. 이 향가 또한 앞에서 언급한 「혜성가」처럼 노래가 지니는 주술적 효과를 보여 주는 작품이다.

희명은 "천수관음 전에 …… 천 손에 천 눈을"이라는 구절에서 볼 수 있듯이 '천'이라는 말을 유난히 자주 되풀이한다. 천수관음이란 천 개의 자비로운 눈으로 중생을 응시하고 천 개의 자비로운 손으로 중생을 제도한다는 관음이다. 그토록 무한한 힘으로 자비를 베풀기 때문에 천수관음은 흔히 대비관음(大悲觀音)이라고도 일컫는다. 이렇게 반복법을 구사하기는 "하나를 놓고 하나를 …… 하나야"라는 그 다음 구절도 마찬가지이다. 바꾸어 말해서 희명은 천 개의 손과 천 개의 눈 중에서 하나를 내 놓고 하나를 덜어서 아이의 보이지 않는 눈을 고쳐 달라고 간절히 비는 것이다.

지은이가 아직 분명하게 밝혀지지 않은 4구체 향가 「풍요」는 반복법을 구사하는 더할 나위 없이 좋은 예로 꼽을 만하다. 이 향가는 신라 선덕여왕(善德女王) 재임 시절 승려 양지(良志)가 영묘사의 장륙존상(丈六尊像)을 만들 때 온 성안 남녀들이 앞을 다투어 진흙을 나르며 부른 노래로 알려져 있다.

> 오다 오다 오다
> 오다 서럽다여
> 서럽다 우리들이여
> 공덕(功德) 닦으러 오다

이 작품에 대하여 향가 연구에 첫발을 내디딘 일본인 학자 오구라 신페이(小倉進平)는 이 노래를 『삼국유사』에 기록된 대로 '양지사석'이라고 하였고, 양주동도 『삼국유사』에 따라 '풍요'라고 불렀다. 김선기(金善琪)는 우리말로 '바람결노래'라고 불렀는가 하면, 홍기문(洪起文)과 김사엽(金思燁)도 우리말로 각각 '오라가'와 '오라노래'라고 불렀다. 『삼국유사』에서 사용한 '풍요'

라는 이름은 노래의 고유한 이름이라기보다는 민요라는 노래 성격으로 가리킨 것에 지나지 않는다. 바람을 타고 입에서 입으로 전해지는 민요나 한 지방의 풍속을 읊은 노래라는 뜻이다.

이 노래의 감칠맛은 '오다'라는 말과 '서럽다'라는 말을 반복하여 말하는 데 있다. 첫 행에서 '오다'라는 말을 무려 세 번에 걸쳐 되풀이하고 둘째 행에서도 다시 한 번 더 되풀이한다. 그러다가 마지막 행의 마지막 구절에 이르러 이 '오다'는 말로 끝을 맺는다. 그러니까 이 향가를 지은 시인은 '오다'라는 말을 무려 다섯 번에 걸쳐 반복하는 셈이다. 첫 행 "오다 오다 오다"처럼 이렇게 똑같은 낱말이나 구를 계속하여 되풀이할 때 첩어법이라고 부른다.

그런데 시인은 이 '오다'라는 말을 반복하되 단순히 반복하는 것으로 그치지 않고 점증법적으로 조금씩 그 의미를 덧보태어 되풀이한다. 첫 행에서 사용하는 '오다'의 의미는 진흙을 운반해 온다는 뜻으로 해석할 수 있다. 이 점과 관련하여 이 향가는 경주 성안의 남녀들이 앞을 다투어 진흙을 나르며 부른 노래라는 사실을 다시 한 번 떠올리는 것이 좋을 것이다. 몇몇 학자가 이 향가의 장르를 노동요로 규정짓는 까닭이 바로 여기에 있다. 『삼국유사』에 따르면 그 무렵 그곳 사람들이 방아를 찧거나 땅을 다지거나 하는 일을 할 때도 이 노래를 불렀다고 한다.

그러나 둘째 행 "오다 서럽다여"라는 구절에서 '오다'라는 말은 그 뜻이 조금 달라진다. 이 말은 '서럽다'는 말과 결합하여 독특한 뉘앙스를 자아낸다. 다시 말해서 이승에서 살아가는 중생의 삶이 서럽다는 뜻이다. 셋째 행 "서럽다 우리들이여"라는 구절은 이 점을 뒷받침해 준다. 김완진이 "온다 서러운 이 많아라 / 서러운 중생의 무리여"로 해독하는 것은 바로 그 때문이다. 그러다가 마지막 행 "공덕 닦으러 오다"라는 구절에 이르러 진흙을 나르는 세속적 노동은 온데간데없고 공덕을 닦는 성스러운 일로 바뀐다. 그러므로 이 작품을 단순한 노동요로만 보지 않고 한 줌의 흙이라도 바치겠다는 이토시주(泥土施主)의 불교적 의미를 담고 있는 종교적 노래로 보려는 학자도 있다.

이렇게 동일한 어구를 되풀이하여 사용하는 것은 '서럽다'는 말도 마찬가지이다. 그런데 둘째 행과 셋째 행에서 두 번 되풀이하는 이 '서럽다'는 말은 '오다'라는 동사의 뜻을 보강해 주는 구실을 한다. 사람들이 공덕을 닦으려는 것은 바로 중생의 삶이 서럽기 때문이다. 「풍요」에서 반복법은 「천수대비가」에서처럼 소리의 반복을 통하여 음악성을 높일 뿐만 아니라 의미를 보강하고 주술적 효과를 자아내는 구실을 하기도 한다. 반복법의 이러한 이중적 효과는 「구지가」에서도 쉽게 찾아볼 수 있다. "거북아 거북아 / 머리를 내놓아라 / 만약 내놓지 않으면 / 구워 먹으리"에서 첫 행 '거북아 거북아'는 음률을 조성하는 데 이바지하기도 하지만 낱말을 되풀이하는 반복법이다. 이 두 반복법은 의미를 보강할 뿐만 아니라 더 나아가 주술적 의미를 강조하기도 한다.

5

향가에서 가장 돋보이는 수사법 가운데 하나는 생략법이다. 향가 시인들은 음절을 생략하여 말하는 이 수사법을 즐겨 구사한다. 넓은 의미에서는 소리에 따른 수사법 가운데 하나인 약음법의 한 갈래로 볼 수도 있지만 수사적 효과에서 생략법은 약음법과는 조금 다르다. 생략법에서는 낱말이나 구절을 아예 생략해 버리기 때문에 자칫 그 뜻을 놓쳐 버리기 쉽다. 그러므로 생략법은 아주 특별할 경우가 아니고서는 섣불리 사용하여서는 안 된다. 생략법은 "(그리)워라 (그리)워라 그리워라 / 님의 얼굴이 그리워라"처럼 서민의 감정을 진솔하고 소박하게 표현하는 전래 민요에서 엿볼 수 있다.

향가에서 생략법은 음절을 생략할 때보다는 낱말이나 어구 또는 문장을 생략할 때 자주 쓰인다. 이 경우 생략법은 청자나 독자의 상상력을 자극하고 간결성을 얻을 수 있을 뿐만 아니라 감정을 응축하여 집약적으로 표현할 수 있다는 이점이 있다. 생략법에서는 사실상 모든 문장 성분을 생략할 수 있지만 청자나 독자는 문맥에 따라 충분히 생략한 부분의 뜻을 알아차릴 수 있어야 한다. 이 수사법은 빙산에 빗댈 수 있다. 물위에 떠 있는 8분의 1에 해당하는 얼음을 가지고 물밑에 가라앉아 있는 8분의 7의 얼음을 미루어보듯이, 표면적으로 기술하거나 묘사한 말로써 생략한 부분을 미루어 보게 마련이다. 생략법은 의도하는 것보다 적게 말한다는 점에서는 완곡법과 비슷하지만 아예 낱말이나 어구를 생략해 버린다는 점에서는 그 수사법과는 조금 다르다.

예를 들어 송강(松江) 정철(鄭澈)의 훈민가 중의 초장 "이고 진 저 늙은이 짐 벗어 나를 주오"라는 구절은 음절을 생략하는 좋은 예이다. 이 작품을 처음 읽는 독자들은 얼핏 보아서는 무슨 말인지 좀처럼 이해가 가지 않는다. 그도 그럴 것이 우리말 어법에서는 '이다'나 '지다'라는 말은 타동사로 반드시 목적어를 필요로 하기 때문이다. 그러므로 이 행을 뜻이 제대로 통하도록 풀어서 옮긴다면 "(머리 위에 짐을) 이고 (등에 짐을) 진 늙은이(여) 짐(을) 벗어 나를 주오"라고 하여야 한다. 그런데 이 시조의 감칠맛은 이렇게 앞의 음절을 과감하게 생략한 데 있다.

간 봄 그리워
못 견디어 우는 시름.
아름답던 그 모습
세월이 흐르는 사이에

생략법은 득오의 「죽지랑가」에서 찾아볼 수 있다. 첫 행 '간 봄'에서 '간'은 '지나간'이라는 말을 줄여서 말한 생략법이다. 생략된 구절을 보충해 보면 '(지나) 간 봄', 좀더 자세히 보충해 보면 '(그대가 계시던 지나) 간 봄'이 된다. 그러나 어찌 보면 이 구절은 생략법으로 볼 수 없을는지도 모른다. 신라 사람들은 '지나간' 대신에 '간'이라는 표현을 자주 사용한지 모르기 때문이다.

생략법은 위 인용문의 셋째 행과 넷째 행에 이르러 훨씬 뚜렷이 드러난다. 이 두 행은 해독을 둘러싸고 학자들 사이에 의견이 날카롭게 엇가리는 부분이다. 가령 양주동은 "아ᄅᆞᆷ 나톳하온 / 즈ᅀᅵ 샬쯤 디니져"(아름다움 나타내신 / 얼굴이 주름살을 지으려고 하는구나)로 해독한다. 김완진은 "전각(殿閣)을 밝히오신 / 모습이 해가 갈수록 헐어 가도다"로 해독한다. 그런데 이 두 해독은 그야말로 하늘과 땅만큼이나 엄청난 차이가 난다. 특히 '年數就音'을 한 사람은 '주름살'이라는 명사로 해독하는 한편, 또 한 사람은 '해가 갈수록'이라는 부사구로 해석하는 것이 무척 흥미롭다. 그런가 하면 앞에 인용한 것처럼 "아름답던 그 모습 / 세월이 흐르는 사이에"로 해독하는 학자도 있다.

만약 방금 앞의 인용문을 가장 올바른 해독으로 간주한다면 득오는 이 구절에서 생략법을 효과적으로 구사하고 있는 셈이다. 언뜻 보면 "아름답던 그 모습"라는 구절과 "세월이 흐르는 사이에"라는 구절이 구나 절이 빠진 듯 문법적으로나 논리적으로나 서로 연결이 되지 않는 것 같다. 그러나 '사이에' 바로 다음에 '돌아가셨구나'라는 말을 보충해 넣으면 말라빠진 삭정이가 푸른 잎을 피우듯 금방 그 뜻이 되살아난다.

> 자줏빛 바위 가에
> 잡은 손 암소 놓게 하시고

신라 성덕왕(聖德王) 때 사람 견우노인이 지은 4구체 향가 「헌화가」의 첫 구절이다. 그런데 "자ᄫ온 손 암쇼 노ᄒᆡ시고"(잡은 손 암소 놓게 하시고)라는 둘째 행이 언뜻 보면 뜻이 통하지 않는다. 시인은 '잡다'라는 타동사의 목적어를 생략하고 있기 때문이다. 그러나 '잡은 손'이라는 구절 바로 앞에 '암소를'이라는 말을 보충해 넣으면 곧 이해가 갈 것이다. 곧바로 뒤에 '암소'라는 말이 나오기 때문에 아마 일부러 생각하였을 수도 있다. 『삼국유사』

에 전하는 대로 강릉 태수로 부임하던 순정공(純貞公)이 바닷가 절벽 아래에서 점심을 먹고 있을 때 그의 아내인 수로부인이 벼랑에 피어 있는 자줏빛 철쭉꽃을 보고 갖고 싶어 하자 때마침 그곳을 소를 붙잡고 지나가던 한 노인이 이 노래를 지어 부르며 그 꽃을 꺾어 바쳤다고 한다. 이 일화를 보더라도 견우노인이 손에 잡고 있던 것은 다름아닌 암소라는 사실을 알 수 있다.

한편 이 구절은 "암소 잡은 손"이라고 하여야 할 것을 어순을 살짝 바꾸어 "잡은 손 암소"로 표현함으로써 수사적 효과를 노린 도치법으로 보아도 크게 틀리지 않다. 이러한 도치법은 셋째 행 "나ᄒᆞᆯ 안디 붓ᄒᆞ리샤ᄃᆞᆫ"(나를 아니 부끄러워하신다면)에서 '아니'와 '부끄러워하신다면'을 바꾸어 놓은 것에서도 엿볼 수 있다. 뒷날 김소월(金素月)이 「진달래꽃」에서 "죽어도 아니 눈물 흘리우리다" 하고 표현한 것과 궤를 같이한다. 그러고 보니 꽃을 노래하는 내용에서도 도치법을 구사하는 형식에서도 김소월의 작품은 「헌화가」가 여러모로 비슷하다. 생략법으로 해석하든 도치법으로 해석하든 '암소를 잡은 손' 쪽보다는 '잡은 손 암소' 쪽이 정서적 강도가 훨씬 더 크다는 것은 두말할 나위가 없다.

> 열치매
> 나타난 달이
> 흰 구름 좇아 떠가는 게 아닌가

설의법과 관련하여 앞에서 언급한 충담사의 「찬기파랑가」의 첫 구절이다. 그런데 향가 전편을 통하여 이 구절처럼 생략법을 그렇게 효과적으로 구사하는 경우도 찾아보기 어렵다. 양주동은 "열치매 / 나토얀 ᄃᆞ리 / ᄒᆡᆫ 구룸 조초 ᄠᅥ가는 안디하"(열어젖히니 나타난 달이 흰 구름 좇아 떠가는 것이 아닌가)로 해독한다. 한편 김완진은 "늣겨곰 ᄇᆞ라매 / 이슬 ᄇᆞᆯ갼 ᄃᆞ라리 / ᄒᆡᆫ 구름 ᄠᅥ간 언저례"(흐느끼며 바라보매 / 이슬 밝힌 달이 / 흰 구름 따라 떠간 언저리에)로 풀이한다. 「찬가파랑가」의 이 구절도 「모죽지랑가」의 '年數就音'처럼 이 두 학자의 해독이 사뭇 다르다.

적어도 수사적 관점에서 보자면 시인이기도 한 양주동의 해독이 국어학자인 김완진의 해독보다 훨씬 더 시적이다. '열치매'는 생략법으로 '(바람이 구름을) 열어젖히니'라는 뜻이다. 아무런 예고도 없이 갑작스럽게 첫 구절을 열어가는 충담사의 솜씨가 무척 놀랍다. 동사로 시작하는 첫 구절부터 기파랑의 힘찬 모습을 느낄 수 있다. 만약 시인이 생략법을 구사하지 않고 그냥 '바람이 구름을 열어젖히매'로 표현하였더라면 마치 탄력을 잃은 고무줄처럼 시적 긴장이 풀어져 밋밋하게 느껴질 것이다. 그러나 충담사는 이렇게 과감하게 생략법을 사용하여 시적 긴장을 바짝 조인다. 또한 양주동의 해독을 따른다면 충담사는 셋째 행 "힌 구룸 조초 떠는 안디하"라는 구절에서도 생략법을 구사한다. 생략한 구절을 보충해 넣는다면 "흰 구름(을) 좇아 떠가는 (것이) 아닌가"가 될 것이다.

6

향가에서 무엇보다도 찬란한 빛을 내뿜는 수사학은 뭐니 뭐니 하여도 비유법이다. 이 가운데에서도 흔히 '비유법의 황제'로 일컫는 은유법을 비롯한 직유법, 환유법, 제유법 등은 꼼꼼히 눈여겨볼 필요가 있다. 아리스토텔레스는 일찍이 은유법을 잘 구사하는 재주야말로 남에게서 배울 수 없는 능력으로 '천재의 징표'와 다름없다고 밝혔다. 다시 말해서 선천적으로 타고나지 않고서는 은유법을 효과적으로 구사할 수 없다는 말이다. 이렇게 은유법을 높이 간주하는 것은 이 수사법을 효과적으로 구사하기 위해서는 직관을 통하여 서로 이질적인 것에서 비슷하거나 동일한 것을 찾아내는 능력이 필요하기 때문이다. 그런데 일찍부터 향가에서 비유법을 잘 다루어 한민족은 그야말로 언어를 천재적으로 구사하는 민족이라고 할 수 있을 것이다.

향가에서 처음 사용하는 비유법은 고려 속요를 비롯한 옛 시조와 조선시대의 가사(歌辭) 문학에서도 쉽게 찾아볼 수 있다.

신라 진평왕(眞平王) 때 백제의 무왕(武王)이 어렸을 적에 지었다는 4구체 향가 「서동요(薯童謠)」는 환유법을 잘 보여 주는 작품이다. 이 작품은 입에서 입으로 전해오던 전래 민요나 동요가 처음 문자로 정착된 가장 오래된 향가로 꼽힌다. 이렇게 문자가 없던 시대에 널리 구전되던 작품이기 때문에 더더욱 은유법 같은 비유법에 기댈 수밖에 없었을 것이다. 은유법의 구실과 기능이 한두 가지가 아니지만 특히 유사성에 의존하는 은유법은 그것을 사용하는 사람의 기억 속에 오랫동안 남아 있도록 해주는 구실을 한다.

서동은 신라 진평왕의 셋째 공주인 선화(善化) 공주가 세상에 미인이라는 말을 전해 듣고 신라의 서울로 들어가 이 노래를 지어 퍼뜨렸다고 한다. 진평왕은 공주가 부정하다고 여기고 귀양을 보냈고, 이때 서동이 나타나 공주를 아내로 맞이하였다고 한다. 그러므로 이 향가는 신라의 멸망과 고려의 건국을 암시한 「계림요(鷄林謠)」나 조선의 건국을 암시한 「목자요(木子謠)」처럼 시대적 상황이나 정치적 징후를 은근히 전하는 참요인 셈이다.

선화 공주님은
남 몰래 시집가 놓고
맛둥 도련님을
밤에 몰래 안고 간다.

이 노래에서 무엇보다도 눈을 끄는 부분은 마지막 두 행 "맛둥 도련님을 / 밤에 몰래 안고 간다"(薯童房乙 / 夜矣卯乙抱遣去如)라는 구절이다. 처음 이 구절을 읽는 독자는 누가 맛둥(서동)을 '안고 간다'는 말인가 하고 아마 고개를 갸우뚱할 것이다. 물론 서동을 안고 가는 사람은 다름아닌 선화 공주일 것이다. 그런데 문제는 궁중에서 곱게 자라난 가냘픈 젊은 여성이 어떻게 사내아이를 안고 가느냐 하는 데 있다. 여기에서 '안고 간다'는 표현은 한 사물이나 개념을 그것과 깊이 관련되어 있는 속성을 빌려 말하는 수사법인 환유법이다. 원인과 결과의 관계로 본다면 환유법이지만 부분으로써 전체를, 이와는 반대로 전체로써 부분을 나타내는 행위로 본다면 제유법으로도 볼 수 있다.

선화 공주가 "서동을 / 밤에 몰래 안고 간다"는 표현은 한밤중에 서동과 정(情)을 통한다는 뜻이다. 누군가를 '안고 가는' 행위로써 그 행위의 결과를 가리키기 때문이다. 그런데 여기에서 그러한 행위의 결과란 두말할 나위 없이 서동과 육체적 관계를 맺는 것을 말한다. 한편 선화 공주가 서동을 '안고 가는' 행위를 육체적 관계를 맺기 위한 한 과정으로 본다면 이 표현은 제유법에 속한다. 환유법이나 제유법은 음식을 먹고 마시거나 잠을 자거나 성행위를 하는 것 같은 삶의 본능적 행위를 기술할 때 자주 쓰인다.

예를 들어 침대 생활을 하는 서양 사람들은 "침대에 가다"는 말로 잠을 자는 행위를 나타내기 일쑤이다. 그러나 침대 대신에 온돌을 주로 사용하던 우리 선조들한테는 흔히 "자리에 눕다"니 "방바닥에 눕다"니 "잠자리에 들다"니 "방구들을 업다"니 하는 환유적 표현으로 잠을 자는 행위를 나타낸다. "잠자리를 같이한다"는 말은 단순히 같은 침대나 요 위에서 함께 잠을 잔다는 뜻 못지않게 성행위를 하는 것을 가리킨다. 일간신문에서 간통사건과 관련하여 "잠자리를 같이하였지만 살을 섞지는 않았다"는 표현을 심심치 않게 보게 된다. 이 말은 수사적 표현을 축어적으로 해석함으로써 법망을 교묘하게 빠져 나가려는 술수에 지나지 않는다.

서라벌 밝은 달에
밤 깊이 노닐다가
들어와 자리 보니
다리가 넷이어라.
둘은 내 것이고
둘은 뉘 것인고.
본디 내 것이다마는
빼앗길 걸 어찌하리오.

이러한 제유법은 「처용가」에서 좀더 뚜렷이 드러난다. 처용의 아리따운 아내를 흠모한 역신이 처용이 외출한 사이 그의 집에 찾아와 처용의 아내와 몰래 잠자리에 들었고, 집에 돌아와 이 장면을 목격한 처용이 지어 불렀다는 바로 그 향가이다. 첫째 행 "서라벌 밝은 달에"에서 '달'은 '달빛'이나 '달밤'을 가리키는 제유법이다. 또한 셋째 행 "들어와 자리 보니"에서 '자리'는 좁게는 처용이 아내와 함께 잠을 자는 '잠자리', 넓게는 그녀와 같이 쓰는 방을 가리키는 제유법이다.

한편 넷째 행 "다리가 넷이어라"(가ᄅᆞ리 네히어라)에서 '다리'라는 어휘를 좀더 찬찬히 눈여겨보아야 한다. 물론 이 '다리'는 그냥 축어적으로 해석하여도 크게 무리가 되지 않는다. 방에 누워 있는 아내의 두 다리와 역신의 두 다리를 가리키기 때문이다. 아내의 다리 두 개와 역신의 다리 두 개를 합하면 마땅히 넷이 될 것이다. 그러나 그 다음 두 행 "둘은 내 것이고 / 둘은 뉘 것인고"에서 '둘(두 다리)'은 제유법으로서밖에는 볼 수 없다. '일손'이라는 신체의 일부로 일하는 사람 전체를 가리키듯이 이 '다리'라는 말도 신체의 일부로 다리의 소유자인 처용의 아내와 역신을 가리킨다. 마지막 두 행 "본디 내 것이다마는 / 빼앗긴 걸 어찌하리요"라는 구절은 이 점을 잘 뒷받침해 준다.

만약 페미니즘 이론가가 처용이 자기 아내의 다리를 두고 '내 것'이라고 말하는 구절을 읽는다면 아마 눈이 번쩍 뜨일 것이다. 이 표현에는 서슬 퍼런 남성 중심의 가부장 질서가 도사리고 있기 때문이다. 여성을 얕잡아 보는 표현이건 그렇지 않은 표현이건 처용이 아내의 두 다리를 두고 '내 것'이라고 부르는 것은 아내를 소유물로 간주하려는 가부장적 태도로 볼 수밖에 없을 것이다. 그러나 수사학의 관점에서 보면 이 표현은 얼마든지 이해가 가고도 남는다. 아내를 흔히 '집사람'이니 '안사람'이니 '내자(內子)'니 하고 부르는 것도 따지고 보면 환유적 표현에 지나지 않는다.

임금은 아비요
신하는 사랑하는 어미요
백성은 어린 아이라고 한다면
백성이 사랑 받음을 알리이다

충담사는 「안민가」의 첫 부분에서 은유법을 효과적으로 구사한다. 유교나 유가의 최고 덕목이라면 두말할 나위 없이 충과 효일 것이다. 말하자면 충효 사상은 유교나 유가의 집을 떠받들고 있는 기둥이요 대들보라고 할 수 있다. 비록 불교의 승려가 지었다고는 하지만 이 작품의 사상적 기반은 뭐니 뭐니 하여도 유교나 유가에 가장 가깝다. 이 무렵 위기를 맞이한 경덕왕이 왕권을 강화하기 위한 한 방법으로 충담사에게 이 향가를 짓게 하였다고 한다.

충담사는 이러한 주제를 다루는 데 가족의 은유법에 크게 의존한다. 임금을 가부장제에서 집안의 우두머리인 아버지, 신하를 가장(家長)을 보좌하고 자식을 사랑하는 어머니, 그리고 백성을 부모의 보호를 받고 자라는 자식에 빗댄다. 이렇듯 임금–신하–백성은 아버지–어머니–자식의 계급 질서에 맞먹는다. 그리고 그 계급 질서에 따라 그 위치와 역할이 엄격히 나뉜다. 이렇게 친근한 친족 관계에 빗대어 말하는 은유법이 간결하고 소박하여 설득력이 있다.

그런데 여기에서 한 가지 눈여겨볼 것은 셋째 행 "백성은 어린 아이라고 한다면"에서 '어린'이라는 말이다. 이 '얼흔'이라는 말에 대하여 어떤 학자는 '나이가 어린'이라는 뜻으로 해석하고, 다른 학자는 '어리석은'이라는 뜻으로 해석한다. 그러나 이 말은 두 가지 뜻을 동시에 함께 지니고 있다고 할 수 있다. 영어에서도 'childish'나 'childlike'라고 하면 본디 어린애 같다는 뜻이지만 어리석거나 바보 같다는 뜻도 된다. 아직 나이가 어리기 때문에 어리석을 수밖에 없을 것이다. 그렇다면 충담사는 이 작품에서 은유법과 함께 동음이의어법을 구사하고 있는 셈이다.

「안민가」에서 충담사는 불교 승려이면서도 치국안민의 유교 덕목과 이상을 노래하는 것이 눈길을 끈다. 양주동도 일찍이 지적하였듯이 이 작품은 『논어』의 「안연(顔淵) 편」과 상호텍스트적인 관계를 맺고 있다. 제(齊)나라 경공(景公)이 공자(孔子)에게 정치를 물자 공자가 '君君臣臣父父子子', 즉 임금은 임금다워야 하고, 신하는 신하다워야 하며, 어버이는 어버이다워야 하고, 자식은 자식다워야 한다고 대답하였다. 그러자 경공이 말하기를 "훌륭하구나! 만일 임금이 임금답지 못하고 신하가 신하답지 못하고 아비가 아비답지 못하고 자식이 자식답지 못한다면 비록 곡식이 있다 한들 내가 그것을 얻어먹을 수 있겠는가?" 하고 말하였다. 한편 "꾸물거리며 살아가는 인생들 / 이들을 먹여 다스려"라는 구절은 맹자(孟子)의 이식위천(以食爲天) 사상과 맞닿아 있다. 맹자는 백성들이 먹는 것으로 하늘을 삼는다고 말함으로써 정치에서는 무엇보다도 먹는 문제가 절실하다고 밝혔다.

어떤 중심이나 절대적 권위를 부정하는 포스트모더니즘 시대에 이러한 유교의 가치관은 자칫 계급 질서를 두둔하는 말로 오해받기 쉽다. 그러나 충담사는 왕명을 받들어 이 시를 지었고, 이 무렵은 정치적으로 어려운 시대였다는 사실을 염두에 두면 이해가 가지 않는 것도 아니다. 경덕왕 때에는 사회적으로는 천재지변이 잦아 농사가 어려웠을 뿐만 아니라 정치적으로도 왕권이 도전받고 위협당하는 심각한 위기에 놓여 있었다. 먹을 것이 없고 굶주려 유민이 된 백성들이 신라를 떠나 일본으로 이주하는 등 민심이 동요되었기 때문에 이를 수습하기 위하여 유교적 정치 이념이 대안으로 자리 잡던 시기였다.

> 눈 내두들 사이에
> 어찌 만날 수 있으리.
> 낭(郎)이여, 그리운 마음에 내 갈 길
> 다북쑥 구렁에 잘 밤 있으리

이러한 은유법은 득오의 「모죽지랑가」에서도 쉽게 엿볼 수 있다. 양주동과 김완진의 해독이 크게 다르지만 위 인용문에서는 절충적인 입장을 취하였다. 가령 양주동은 마지막 두 행을 "낭이여, 그리운 마음의 가는 길에 / 다북쑥 우거진 마을에 잘 밤인들 있으리이까"로 해독하는 반면, 김완진은 "낭 그리는 마음의 모습이 가는 길다복 굴헝에서 잘 밤 있으리"로 해독한다.

'눈 깜박할 사이', 즉 아주 짧은 순간을 뜻하는 '눈 내두들 사이'는 흔히 '죽은 은유법'으로 일컫는 비유법이다. '죽은 은유법'은 축어적 관념과 비유적 관념 사이에 이렇다 할 거리가 없기 때문에 비유법으로서의 구실을 제대로 하지 못하는 은유법을 말한다. 가령 '책상다리'를 비롯하여 '바늘귀', '버선코', '병목', '못대가리', '산허리'처럼 사람들이 그 동안 하도 많이 써 온 탓에 그만 비유법으로서의 기능을 거의 잃어버리다시피 한 은유법이 바로 '죽은' 은유법이다. "호랑이를 보자 여우가 쏜살같이 도망을 쳤다"에서 '쏜살같이'도 '죽은 비유법'이기는 마찬가지이다. '마치 사냥꾼이 쏜 화살과 같이'라는 말로 어떤 동작이 몹시 빠르다는 것을 일컫는 부사이다.

득오는 맨 마지막 행 "다북쑥 구렁에 잘 밤 있으리"라는 구절에서도 은유법을 구사한다. 이 구절은 앞 뒤 문맥을 미루어보면 아무래도 양주동의 해독보다는 김완진의 해독이 맞는 것 같다. '다북쑥 우거진 마을'보다는 '다복 굴헝'이 논리에 맞는다. '다복 굴헝'이란 바로 다북쑥이 우거진 구덩이를 가리키고, 구덩이는 흔히 무덤을 가리키는 은유법으로 쓰이기 때문이다. 서정주(徐廷柱)는 「무등(無等)을 보며」에서 "쑥구렁에 놓일지라도 / 우리는 늘 옥돌같이 호젓이 묻혔다고 생각할 일이요" 하고 노래한다. 여기에서 '쑥구렁'은 「모죽지랑가」의 '다복(쑥) 굴헝'과 같거나 비슷한 말이다. 그러므로 "다북쑥 구렁에 잘 밤 있으리"라는 은유법은 자신도 죽어서 죽지랑과 함께 잡초가 우거진 무덤에 묻힐 것이라는 뜻이다. 다시 말해서 저 세상에서 다시 만날 것을 약속하는 표현이다. "간 봄이 그리워 / 못 견디어 우는 이 시름"이라는 첫 구절과 이 마지막 구절을 예로 들면서 이 향가를 동성연애를 표현한 작품으로 보려는 학자가 있지만 굳이 그렇게 해석하여야 할 필요는 없을 것이다.

> 아흐, 잣나무 가지 높아
> 서리 모르실 화랑의 우두머리시여

월명사처럼 역시 신라 경덕왕 때의 승려 충담사가 지은 「찬기파랑가」의 마지막 두 행이다. 그런데 기파랑이 과연 누구인지에 대해서는 학자들 사이에서 서로 의견이 크게 엇갈린다. 이 무렵의 시중(侍中)이었던 김기(金耆)라고 하기도 하고, 표훈대덕(表訓大德)이라고 하기도 한다. 최근에는 고대 인도의 명의였던 지바카 코마라바카일 것이라고 주장하는 학자도 있다. 이 이론을 주장하는 학자는 지바카를 음을 빌려 표기하면 '기파'가 되며, 지바카는 이 '기파'라는 별칭으로 불경에 등장하기도 한다는 것이다. 그러나 신라 시대의 이상적인 남성상이라고 할 화랑으로 보는 데 대체로 의견이 일치하는 것 같다.

위 인용문은 양주동의 해독이지만 김완진은 이와는 다르게 "아아, 잣나무 가지가 높아 눈이라도 덮지 못할 고깔이여"로 해독한다. 적어도 은유법의 관점에서 보면 김완진의 해독보다는 양주동의 해독이 훨씬 더 시적이고 설득력이 있다. 잣나무 가지가 높아서 눈이 덮지 못한다는 것은 논리에도 맞지 않을 뿐더러 시적인 것과는 적잖이 거리가 멀다. 물론 이러한 평가는 '고깔이여'라는 구절를 '화랑의 장(長)이여'로 풀이하여도 크게 달라지지 않는다.

이 작품에서 충담사는 은유법을 효과적으로 구사하여 기파랑의 높은 인격과 기상 그리고 번뇌에서 벗어난 의젓한 모습을 노래한다. 그런데 언뜻 위 인용문은 은유법이 아닌 것처럼 보일는지도 모르지만 좀더 찬찬히 뜯어보면 곧 은유법임이 드러난다. 화랑의 우두머리라고 할 기파랑은 잣나무 가지여서 서리를 모른다고 말하기 때문이다. 다시 말해서 충담사는 고매한 인격을 갖춘 기파랑을 하늘을 찌를 듯 높이 솟아 있는 푸른 잣나무에 빗댄다. 소나무과에 속하는 잣나무는 한겨울에도 잎이 떨어지지 않는 늘푸른바늘잎큰키나무[常綠針葉喬木]로 보통 3백 년에서 5백 년 사는 식물이다. 잣나무의 상징적 의미나 비유적 의미는 신충(信忠)이 지은 향가 「원가(怨歌)」에서도 쉽게 엿볼 수 있다. 이 작품에서 신충은 "뜰의 잣이 / 가을에 말라 떨어지지 않으매" 하고 노래한다.

「찬기파랑가」에서 잣나무 가지는 기파랑의 성격을 묘사하는 더할 나위 없이 좋은 은유법이다. 단군신화의 신단수처럼 이 작품에서도 잣나무는 하늘과 땅을 잇는 우주목(宇宙木)의 역할을 한다. 이 노래가 달과 구름 같은 천상의 세계와 냇물과 조약돌 같은 지상의 세계를 함께 다룬다는 사실을 생각하면 더더욱 그러한 생각이 든다. 구름을 비켜 하늘 높이 떠 있는 달이 기파랑의 고결한 모습을 상징한다면, 한 겨울 땅 위를 뒤덮고 있는 서리를 견뎌내고 꿋꿋이 서 있는 잣나무는 그의 늠름한 기상을 상징한다. 또한 조약돌을 돌아 흐르는 새파란 시냇물이 기파랑의 맑고 깨끗한 모습을 상징한다면, 늘 푸른 잣나무 가지는 좀처럼 온갖 역경에 굴하지 않는 단호한 의지와 고결한 절개를 상징한다. 한마디로 달이 구름을 극복하고 시냇물이 조약돌을 이겨내듯이 잣나무는 서리를 이겨내는 것이다.

7

월명사가 지은 「제망매가」는 은유법과 직유법을 보여 주는 더할 나위 없이 좋은 예이다. 불교 신앙을 바탕으로 쓴 이 작품은 향가 가운데에서도 단연 예술성이 돋보이고 서정성이 뛰어난 작품이다. 그런데 이러한 예술성과 서정성은 시인이 구사하는 비유법 때문에 더더욱 빛을 내뿜는다. 피리를 잘 불었다는 월명은 피리뿐만 아니라 은유법과 직유법을 구사하는 솜씨도 무척 남다르다. 이 시를 곰곰이 뜯어보면 뜯어볼수록 월명의 시적 상상력이 아주 뛰어나다는 데 새삼 놀라게 된다.

> 삶과 죽음의 길은
> 예 있음에 마음이 떨려
> 나는 간다는 말도
> 못다 이르고 갔는가.
> 어느 가을 이른 바람에
> 이에 저에 떨어지는 잎처럼
> 한 가지에 나고서도
> 가는 곳 모르온저.
> 아흐, 극락세계에서 만나 볼 나는
> 도(道) 닦아 기다리련다.

월명사는 첫 행 "삶과 죽음의 길은(生死路ㄴ)"이라는 구절에서부터 은유법을 구사한다. 인간의 삶을 나그네 길처럼 노상에서 하는 여행이나 노정(路程)에 빗대는 것은 진부하다면 진부한 비유법이다. 그러나 "인생은 나그네길 / 어디서 왔다가 / 어디로 가는가"라는 유행가 가사도 있듯이 삶을 길에서 보내는 여정으로 보는 것은 진부하면서도 그냥 지나치기 어려운 참으로 그럴듯한 비유법이다. 삶이 나그네 길처럼 고단하고 험난하다는 것도 그러하고, 그 시작과 끝도 분명하지 않다는 것도 그러하다. 그런가 하면 동반자 없이 혼자서 여행할 때가 적지 않다는 점에서도 그러하다.

불교에서는 일찍이 인간의 세계를 고해(苦海), 즉 '고통의 바다'로 보았다. 이 세계에 산다는 것은 곧 험난한 고통의 바다에서 폭풍우와 싸우면서 벌이는 여행에 지나지 않는다. 석가모니는 인간의 삶 자체가 고통의 바다를 건너는 것과 같아서 산다는 것은 곧 그 고통을 참고 견디는 것이라고 하였다. 「천수경(千手經)」에 따르면 인간은 고해의 바다를 건너가 반야선(般若船)을 타고 계(戒)와 정(定)의 길을 따라 원적(圓寂)의 산을 올라가면 무위(無爲) 집이 있다고 가르친다.

비단 불교만이 아니고 기독교에서도 삶을 자주 나그네 길에 빗댄다. 구약성서 「창세기」에는 요셉이 자기 아버지 야곱을 모시고 와서 이집트 왕 바로를 만나게 하는 장면이 나온다. 이 장면에서 바로가 야곱에게 나이를 묻자 야곱은 그에게 "제 나그네 인생이 130년이 됐습니다. 제 인생의 햇수가 짧지만 고달픈 세월을 보냈습니다. 그러나 제 조상들이 살아간 나그네 인생의 햇수에는 미치지 못합니다"(47장 9절) 하고 대답한다. 이 '나그네 인생'이라는 구절을 흠정역(KJV) 성경이나 신국제본(NIV) 성경에는 하나같이 '순례'라는 말로 옮겨 놓았다. '나그네 인생'이건 '순례'이건 길에서 떠돌아다니며 여행을 하는 것임에는 틀림없다.

그런데 여기에서 한 가지 찬찬히 눈여겨보아야 할 것은 월명이 '삶의 길'이니 '죽음의 길'이니 하지 않고 '삶과 죽음의 길'이라고 말하고 있다는 점이다. 죽은 누이동생은 지금 삶과 죽음의 갈림길에 서 있다. 또한 죽고 사는 그 길이 다른 곳이 아닌 바로 '여기(예)'에 있다. 말하는 사람을 기준으로 그 사람으로부터 가까운 곳을 가리키는 지시 대명사로 어디엔가 먼 곳에 있는 곳과는 큰 차이가 난다. 죽음이란 저 멀리 내세에 있는 것이 아니라 현세의 삶 순간순간에 있다는 실존 의식을 드러내는 대목이다. 더구나 이 갈림길에서 마음이 떨려 미처 "나는 먼저 간다"는 말도 오빠에게 이르지 못하고 이 세상을 떠나가고 만 것이다. 삶과 죽음이 갈리는 길, 그것은 곧 이승에서 저승으로 막 떠나가는 임종의 순간이요 임종의 자리이다.

월명사는 셋째 행과 넷째 행 "나는 간다는 말도 / 못다 이르고 갔는가"라는 구절에서도 은유법을 구사한다. '간다는(가ᄂᆞ다)'니 '갔는가(가ᄂᆞ닛고)'니 하는 말은 현세에서 내세로 떠나는 여행, 곧 죽음을 맞이하는 행위를 빗대어 말하는 표현이다. 가령 "송 영감도 이젠 가고 없다네"라는 문장에서 볼 수 있듯이 '가다'는 동사는 흔히 '죽다'는 말을 속되게 이르는 것이다. '돌아가다'는 '죽다'를 완곡하게 이르는 말로 기독교 성서에서 흙에서 왔다가 흙으로 다시 돌아간다고 말하듯이 삶의 근원지로 다시 돌아간다는 뜻을 담고 있다. "나는 간다는 말도……"에서는 '저승에'를 생략하고 그냥 '가다'는 동사만 사용한다.

이밖에도 '비명에 가다'니 '골로 가다'니 하는 표현을 사용하기도 한다. 특히 '골로 가다'는 어수선한 해방 정국 때 말을 듣지 않거나 반대하면 쥐도 새도 모르게 골짜기로 데리고 가서 처형한 뒤에 땅에 묻어 버린다는 뜻이다. 월명사의 누이동생은 "오빠보다 내가 먼저 이 세상을 하직한다"는 말도 미처 하지 못한 채 아쉽게 그만 이 세상을 떠난 것이다. 그렇다면 누이동생이 작별인사를 차마 하지 못하고 이 세상을 떠난 까닭이 어디에 있을까. 둘째 행의 마지막 구절을 '마음이 떨려'로 옮겨 놓았지만 양주동은 '두려워'로, 김완진은 '머뭇거리고'로 해독한다. 죽음에 직면하는 느끼는 공포감 때문에 그녀는 차마 말을 하지 못하는 것이다. 이렇게 죽는다는 말도 하지 못하고 이 세상을 떠나기에 월명사가 누이동생의 때 이른 죽음에 대하여 느끼는 슬픔은 훨씬 더 깊고 애틋할 것이다.

「제망매가」에서 다섯째 행에서 여덟째 행에 이르는 "어느 가을 이른 바람에 / 이에 저에 떨어지는 잎처럼 / 한 가지에 나고 / 가는 곳 모르온저"에 이르러 비유법은 그야말로 보석처럼 찬란한 빛을 내뿜는다. 굳이 노스롭 프라이 같은 신화 비평가들의 이론을 빌리지 않더라도 네 계절은 삶의 순환을 가리키는 상징이다. 좀더 구체적으로 말해서 새봄이 생명의 탄생을 뜻한다면 여름은 왕성한 생명력을 뜻한다. 가을이 쇠퇴와 조락을 뜻한다면 겨울은 죽음과 사멸을 뜻한다. 사람으로 치자면 봄은 유년이요 여름은 청년이며, 가을은 장년이요 겨울은 노년이다. 특히 한국처럼 네 계절의 순환이 뚜렷한 나라에서는 계절의 순환성과 그 상징성에 더욱 민감할 것이다.

그런데 월명사의 누이동생이 한겨울도 아니고 가을, 그것도 '이른' 가을에 이 세상을 떠난다는 것은 때 이른 죽음임을 암시하는 대목이다. 채 익기도 전에 떨어지는 낙과(落果)처럼 오빠보다도 먼저 이 세상을 하직한 때 이른 죽음이다. 월명사의 누이동생처럼 인간은 언제 그리고 어떻게 죽을는지 모르는 것이 인간 실존의 본질이다. 마르틴 하이데거의 말대로 삶이란 '죽음을 향하여 걸어가는 행진'에 지나지 않지만 그 행진마저도 언제 어떻게 끝을 맺을는지는 아무도 모르는 데 삶의 비극성이 있다. 이렇듯 실존주의자들은 죽음의 필연성과 함께 그 우연성과 우발성을 인간 실존을 규정짓는 중요한 특징으로 삼는다.

더구나 월명사는 직유법을 구사하여 누이동생의 죽음을 이른 가을바람에 여기저기 떨어지는 낙엽에 빗댄다. 죽는다는 것은 곧 나뭇가지에서 떨어져 나와 땅에 뒹구는 낙엽이 되는 것이다. 나뭇가지에 매달려 있는 푸른 잎사귀가 왕성한 삶을 가리킨다면 그 나뭇가지에서 떨어지는 누런 낙엽은 죽음을 앞둔 노년기를 가리킨다. 이렇게 인간의 삶을 나뭇잎에 빗대는 것은 그렇게 새로울 것도 신선할 것도 없다. 어찌 보면 삶을 나그네 길에 빗대는 것처럼 진부하게까지 느껴질는지도 모른다. 동양의 상상력만이 이러한 비유법을 쓸 수 있다고 주장하는 것은 문화적 국수주의라는 비판을 면하기 어려울 것 같다. 삶을 나뭇가지에 빗대는 것은 비단 동양 문학에 그치지 않고 서양 문학에서도 그다지 힘들이지 않고 찾아볼 수 있기 때문이다. 가령 서구 문학의 첫 장을 여는 문학가로 흔히 일컫는 저 옛 그리스의 서사시인 호메로스는『일리아스』에서 월명사와 마찬가지로 인간의 삶을 나뭇잎에 빗댄다.

> 인간의 삶은 저 나뭇잎과 같아
> 바람이 불어 잎들이
> 땅에 나뒹굴지만 새봄이 돌아오면
> 나무는 다시 새잎을 피우네
> 인간도 한 세대가 죽으면
> 다른 세대가 자라나네

호메로스가 이 작품을 쓴 것은 줄잡아 기원전 8세기경이다. 그로부터 무려 이천 년 이상이 지난 뒤 윌리엄 셰익스피어도 한 소네트 시에서 호메로스와 거의 같은 비유법을 쓴다.

> 그대는 나에게서 늦가을을 보리라

누런 잎이 몇 개 또는 하나도 없이
삭풍에 흔들리는 저 나뭇가지에 매달려 있는
바로 그 계절을

셰익스피어의 이 시는 표현만 다를 뿐 그 뼈대에서는 호메로스의 작품과 크게 다를 바 없다. 다만 차이가 있다면 호메로스가 땅위에 뒹구는 낙엽에서 삶의 비극뿐만 아니라 새봄의 희망을 읽어내는 반면, 셰익스피어는 그저 인생의 을씨년스런 황혼기를 늦가을 날의 낙엽에 빗댈 따름이다. 이렇게 낙엽을 인간의 삶에 빗댄다는 점에서는 호메로스나 셰익스피어는 월명사와 크게 다르지 않다. 비유법은 문화적으로 제약을 받는 것이 사실이지만 이렇게 문화를 뛰어넘어 서로 공통점을 지니기도 한다.

그러나 이 세 작품을 좀더 찬찬히 뜯어보면 서로 큰 차이가 있음이 드러난다. 호메로스와 셰익스피어는 오직 인간의 삶을 나뭇잎에 빗댈 뿐 월명사처럼 한 나뭇가지에서 피어난 나뭇잎에 빗대지는 않는다. 월명사의 뛰어난 시적 상상력이 바로 여기에 있다. 그의 상상력은 땅위에 뒹구는 낙엽에 멈추지 않고 그 낙엽이 떨어져 나온 나뭇가지로 옮아간다. 놀랍게도 월명은 한 핏줄을 타고 태어난 누이동생을 같은 나뭇가지에서 떨어진 낙엽에 빗대는 것이다.

서양에서는 '가족의 나무'라고 하여 한 집안의 계통을 흔히 나무를 그려 설명한다. 나무의 뿌리가 한 집안의 시조라면 줄기가 직계 부모이고, 그 줄기에서 갈라져 나온 가지는 직계 형제들이다. 줄기와 가지에서는 또 다시 방계 후손들에 해당하는 곁가지들이 갈라져 나온다. 이렇게 한 집안의 혈통을 나무에 비기는 것은 우리나라를 비롯한 동양에서도 크게 다르지 않은 듯하다. 족보라는 것도 따지고 보면 줄기와 나뭇가지들을 일목요연하게 정리해 놓은 것에 지나지 않는다.

한 나뭇가지에서 피어났건만 나뭇잎들은 이른 봄 움트고 자라나 여름 한 철 함께 지낸 뒤 가을이 되면 스산한 바람에 떨어져 이리저리 흩어지고 만다. 같은 그루 같은 가지에서 자라난 모습은 그 흔적을 찾아보기조차 어렵다. 땅에 떨어진 낙엽들은 바람에 쓸려 다른 낙엽들과 함께 뒤섞인 채 여기저기 나뒹굴고, 어느 낙엽이 어느 나무 어느 가지에서 떨어졌는지 도무지 알 길이 없다. 한 부모에게서 태어난 혈육도 이와 다르지 않아서 이승을 떠나 저승으로 가는 때가 저마다 다를 뿐더러 도무지 아무런 흔적도 남기지 않고 어디론가 뿔뿔이 흩어져 버린다. 월명사의 말대로 같은 가지에 나고서도 가는 곳조차 모르는 것이 바로 인간의 비극적 숙명이다.

그런데 문제는 월명사 하필이면 왜 누이동생의 죽음을 나뭇가지에서 떨어지는 잎사귀에 빗대느냐 하는 데 있다. 이 작품의 맨 마지막 두 행 "아아, 미타찰에서 만날 나는 / 도 닦아 기다리련다"라는 구절에서 그 답을 찾을 수 있다. 사랑하는 누이동생을 저승으로 먼저 떠나보내면서 월명은 깊은 슬픔을 느끼면서도 한 가닥 희망을 간직하고 있다. 앞으로 도를 닦아 극락세계에서 그녀를 다시 만날 수 있다고 굳게 믿는 까닭이다. 요단강 건너의 천년지복 세계를 믿는 크리스천처럼 내세를 믿는 승려로서 그것은 어쩌면 지극히 당연한 일일는지도 모른다. 한 학자가 「제망매가」를 두고 '언어로 조각한 석굴암의 석불'이라고 말한 까닭도 바로 여기에 있다.

기독교도 마찬가지이지만 불교에서는 삶과 죽음, 이승과 저승을 따로 떼어서 생각하지 않는다. 삶은 죽음으로 이어지지만 죽음은 다시 삶으로 바뀐다. 이승은 저승으로 통하고 저승은 다시 이승으로 통한다. 월명사는 삶과 죽음을 하나의 생명 현상으로 파악하는 것이다. 북한 학자들이 이 구절에 대하여 "불교적 관념에 기초한 부질없는 위안"이라고 풀이하는 것은 전혀 들어맞지 않는다. 카를 마르크스와 마찬가지로 종교를 민중의 아편으로 보려는 나머지 내린 어처구니없는 해석이다.

삶과 죽음의 순환성을 표상하는 데 나뭇가지만큼 썩 좋은 비유법도 아마 없다. 여러 식물 가운데에서도 나무는 살아 있는 유기체로서 첫 손가락에 꼽힌다. 한겨울에는 죽은 듯이 서 있다가도 새봄이 찾아오면 어김없이 잎사귀를 피우며 다시 되살아난다. 여름이 되면 가지마다 나뭇잎이 무성하게 돋아나고, 가을이면 잎사귀들이 누렇게 물들어 떨어지고 겨울이 오면 다시 앙상한 나목으로 바뀐다. 이렇듯 나무 스스로 삶과 죽음을 되풀이한다. 특히 잎사귀가 돋아나고 떨어지는 나뭇가지는 나무 가운데에서도 생명 현상이 가장 왕성한 곳이다. 새봄이 되면 잎사귀가 떨어진 바로 그 자리에서 기적처럼 새 잎이 돋는다. 강아지 · 송아지 · 망아지의 그 '아지'가 바로 나뭇가지의 '가지[枝]'에서 첫 자음 'ㄱ'이 탈락한 것이라고 주장하는 국어학자도 있다. 만약 그 주장이 사실이라면 나뭇가지는 새 생명을 잉태하는 나무의 자궁과 다름없다.

더구나 땅 위에 떨어지는 나뭇잎들은 언뜻 흔적도 없이 사라지는 것처럼 보일는지 모르지만 밑거름이 되어 다른 생명체가 자라나는 데 도움을 준다. 썩어서 새로운 생명을 낳는 것은 밀알만이 아니고 나뭇잎도 마찬가지이다. 땅 위에 나뒹구는 작은 나뭇잎에서 월명은 생명의 눈부신 신비를 읽어낸다. 나뭇가지에 떨어졌다가 다시 솟아나는 저 잎사귀처럼 인간의 삶도 죽음과 부활을 끊임없이 되풀이한다는 사실을 깨닫는 것이다. 그렇다면 이 시를 단순히 인간의 실존적 고뇌와 절망감을 표현한 작품으로 읽는 것은 옳지 않다. 고뇌 뒤에는 희열이, 절망감 뒤에는 소망이 살아서 꿈틀거리기 때문이다.

월명사의 상상력이 얼마나 뛰어난가 하는 것은 불교에서 흔히 사용하는 다른 비유법과 비교해 보면 금방 알 수 있다. 불교의 한 게송(偈頌)에서는 "生也一片浮雲起, 死也一片浮雲滅" 하고 말한다. 즉 이 세상에 태어난다는 것은 한 조각 뜬 구름이 일어나는 것이요, 죽는다는 것은 한 조각 뜬 구름이 사라지는 것이다. 또한 동일한 게송에서는 "浮雲自體本無實, 生死去來亦如然", 즉 뜬구름이란 본래 그 실체가 없는 것으로 살고 죽는 것 역시 그와 같다고 말하기도 한다. 그러나 삶과 죽음을 나뭇잎사귀에 빗대는 것이 미인의 아름다운 얼굴과 같은 것이라면, 삶과 죽음을 뜬 구름에 빗대는 것이 미인의 해골과 같다고 할 수 있다.

이처럼 은유법과 직유법을 비롯한 비유법은 궁극적으로는 인식론과 맞닿아 있다. 실재를 그저 묘사하는 것에 그치지 않고 더 나아가서 실재를 깨닫게 하고 그것을 변화시키는 구실을 맡는다. 이 점에서 비유법은 세계를 바라보는 유리창이라고 할 수 있다. 비유법이라는 유리창을 통하지 않고서는 이 세계를 제대로 바라볼 수 없다. 더 나아가 비유법은 이 세계를 새롭게 만들어내는 망치라고 할 수 있다. 적절한 비유법을 구사할 때 언어는 저 창조의 아침처럼 찬란하고 신선하다. 그러므로 물이 없이 물고기가 살 수 없듯이 비유법 없이 인간도 살 수 없다고 하여도 그렇게 지나친 말이 아닐 것이다.

05
옛 시조의 녹색 사상

생태 의식이나 녹색 사상을 표현하는 것으로 말하자면 모든 문학 장르 가운데에서 시가 단연 첫손가락에 꼽힌다. 소설은 흔히 개인과 사회의 갈등에 무게를 싣고, 희곡도 사회적 존재로서의 인간을 묘사하는 데 좀더 깊은 관심을 기울인다. 그러나 소설이나 희곡과는 달리 구체적이고 감각적인 이미지를 빌려 인간의 감정과 사상을 압축하여 표현하는 시는 자연의 소중함을 일깨우고 생태계 위기나 환경 위기를 깨닫게 하는 데 가장 안성맞춤인 문학 장르이다. 시의 효능을 두고 공자(孔子)는 일찍이 "부부 관계를 다스리고 효도와 공경을 이룩하고 인륜을 두터이 하고 교화를 아름답게 하고 풍속을 바로 잡는다"고 밝힌 적이 있다. 역시 시를 도(道)를 싣는 그릇이나 도를 밝히는 등불로 보았다. 그러나 시는 비단 문이재도(文以載道)나 문이명도(文以明道)에 그치지 않고 더 나아가 자연과 환경을 지키는 일에도 크게 이바지할 수 있다.

고려시대 중엽에 처음 본격적인 문학 장르로 자리 잡기 시작하여 조선시대에 걸쳐 크게 유행한 시조는 동양의 대표적인 전통 시가라고 할 중국의 한시나 일본의 하이쿠(俳句)와 여러모로 비슷하다. 비교적 길이가 짧고 일정한 율격에 따르는 정형시라는 점에서도 그러하고, 자연을 즐겨 노래한다는 점에서도 그러하다. 그러나 좀더 꼼꼼이 따져보면 시조는 한시나 하이쿠와는 적잖이 다르다는 사실이 밝혀진다. 길이에서 한시와 하이쿠의 중간에 속하는 시조는 4음보의 안정된 율격을 지닌다. 한마디로 3장 6구 12음보의 시조는 평이하면서도 서정적 긴장을 담아내는 데 가장 알맞은 그릇이다.

이렇게 서정적 긴장을 담아내는 데 가장 알맞은 문학 장르인 시조는 자연을 노래하는 작품이 아주 많다. 사설시조 하면 곧 남녀의 질펀한 사랑을 떠올리듯이 평시조 하면 자연스럽게 음풍농월(吟風弄月)을 떠올리게 된다. 그러나 자연을 노래한다고 하여 모두 생태 의식을 불러일으키는 것은 아니다. 겉으로는 생태주의를 내세우고 있지만 한 꺼풀만 걷어내면 반자연적인 태도를 드러내는 작품이 얼마든지 있기 때문이다. 물론 시조에는 자연의 소중함을 일깨우는 자연친화적인 작품도 적지 않다. 바로 이 점에서 그 어느 때보다도 생태계 위기를 겪고 있을뿐더러 지구 온난화가 첨예한 관심사로 떠오르고 있는 지금 시조가 우리에게 주는 의미는 새롭고도 각별하다.

1

시조는 자연을 즐겨 소재로 삼기 때문에 언뜻 보면 생태주의적이고 자연친화적인 것 같다. 그러나 좀더 자세히 뜯어보면 반드시 그러하지만도 않다. 우리가 알고 있는 대부분의 시조는 반생태주의적이고 반자연친화적인 경우가 생각보다 적지 않다. 그런데 이러한 사실은 시조를 쓴 사람들이 일반 평민보다는 어디까지나 사대부 계층이었다는 점과 깊이 관련되어 있다. 일본의 하이쿠의 시인들과는 달리 시조를 쓴 시인들은 권력을 누리던 정치가들이 거의 대부분이었다. 이러저러한 까닭으로 현실 정치에서 잠시 물러나 있거나 아예 낙향하여 고향에서 살고 동안 자연을 벗 삼아 자연을 노래하는 경우가 많다. 그들이 노래하는 강호자연(江湖自然)은 기껏해야 심미적 완상의 대상이거나 성리학적 도(道)의 구현을 위한 수단일 뿐이다. 그러므로 그들에게 자연은 목적이 아니라 여전히 한낱 도구나 수단에 지나지 않았다.

정치권력에서 밀려나 자연을 '벗 삼고' 있는 시조 시인들은 자연에 본질적 가치나 내재적 가치를 좀처럼 인정하지 않는다. 시조에 나타나는 자연은 인간과 더불어 살아 숨 쉬는 대자연이라기보다는 일종의 문학적 관습에 지나지 않은 경우가 적지 않다. 그들은 시조라는 문학적 관습에 기대어 사대부의 이데올로기를 서정적으로 노래할 뿐이다. 예를 들어 시조에는 기러기나 갈매기가 마치 약방의 감초처럼 자주 나온다. 하이쿠 시인들이 벚꽃을 자주 노래하고 중국의 전통적인 시인들이 강과 호수를 자주 노래하는 것처럼 한국의 시조 시인들은 건뜻 하면 갈매기 같은 날짐승을 내세우기 일쑤이다. 예를 들면 "백구(白鷗)야 놀라지 마라 너 잡을 내 아니로다"니 "강산(江山)아 나 왓노라 백구야 반갑고야"니 하는 구절이 바로 그러하다. 하서(河西) 김인후(金麟厚)의 「백구가」는 이러한 경우를 보여주는 좋은 예로 꼽을 만하다.

> 노화(蘆花) 깊은 곳에 낙하(落霞)를 빗기 띄고
> 삼삼오오 섞어 떠 있는 저 백구들아
> 우리도 강호구맹(江湖舊盟)을 찾아보려 하노라

이 작품은 '백구가'라는 제목 그대로 아예 백구를 소재로 삼아 자연을 노래하고 있다. 시인은 갈대꽃 우거진 곳에 저녁노을을 배경으로 떼를 지어 나르고 있는 흰 갈매기를 부른다. 그러면서 갈매기가 그러하듯이 자신도 자연을 벗 삼기로 한 옛 맹세를 지키려고 찾아왔다고 밝힌다. 여기에서 '구맹'이라고 말하는 것을 보면 이전에도 이곳에 찾아와 자연과 벗하기로 약속하였음에 틀림없다. 진본『청구영언(靑丘永言)』에는 지금의 종장 대신에 "무엇에 잠착하였관대 날 온 줄 모로나니"로 되어 있다. 다른 일에 정신 팔린 나머지 자신이 찾아온 것도 모르는 백구를 나무라는 표현이다. 그러나 따지고 보면 강과 호수만이 자연이 아니요 무리를 지어 하늘에 떠 있는 흰 갈매기들도 자연의 일부이다.

그런데 문제는 시인이 좀처럼 갈매기를 볼 수 없는 깊은 산 속에 들어가 있으면서도 갈매기를 노래한다는 데 있다. 종소리만 들어도 침을 줄줄 흘려대는 파블로프의 개처럼 시조 시인들은 호수나 강 또는 산이나 들판에 나서기만 하면 거의 무의식적으로 갈매기를 불러댄다. 산 속에서 갈매기를 노래하는 것은 바닷가에서 부엉이나 소쩍새를 노래하는 것과 다르지 않다. 그러나 시조 시인들에게 실제로 산에 갈매기가 살고 있느냐 그렇지 않느냐 하는 것은 크게 문제가 되지 않는다. 갈매기는 살아 숨 쉬는 날짐승이 아니라 한낱 시조라는 무대에 장식해 놓은 소도구이거나 시조라는 방에 꾸며놓은 실내 장식에 지나지 않기 때문이다. 물론 바닷가나 호숫가를 배경으로 하늘을 나는 갈매기나 기러기를 노래한 작품이 전혀 없는 것은 아니지만 이러한 경우는 예외에 속한다.

또한 시조에는 종장에서 흔히 어린아이를 부르는 것이 문학적 관습으로 되어 있다. 특히 종장 첫머리에서 호격을 사용하여 아이를 부른다. 물론 한호(韓濩)의 "아이야 박주산채(薄酒山菜)일망정 없다 말고 내어라"나 송강(松江) 정철(鄭澈)의 "아이야 네 권농(勸農) 계시냐 정좌수(鄭座首) 왔다 하여라"처럼 시의 화자가 무엇인가 일을 시키려고 실제로 아이를 부르는 경우도 없지 않다. 그러나 종장 첫 음보는 반드시 3음절로 하여야 한다는 시조의 관습에 따르거나 운을 맞추기 위하여 그냥 아이를 부른 경우가 거의 대부분이다.

가령 이재(李在)의 작품은 이러한 경우를 보여 주는 더할 나위 없이 좋은 예이다. "샛별 지고 종다리 떴다 호미 메고 사립 나니 / 긴 수풀 찬이슬에 베잠방이 다 젖는다 / 아이야 시절이 좋을손 옷이 젖다 관계하랴"에서 '아이야'는 소장과 대장 사이에 붙어 있는 맹장처럼 있어도 그만 없어도 그만이다. '아이야'는 호격이라기보다는 차라리 '어즈버'나 '어떻다'처럼 정서를 한껏 돋우기 위한 감탄사에 더 가깝다. 이러한 작품을 읽다 보면 왠지 달짝

지근한 인공 감미료 같은 묘한 맛이 느껴진다.

바로 이 점에서 시조는 서양의 목가 문학이나 전원 문학과 비슷하다. 서양의 목가 문학이나 전원 문학 장르에 서 있는 작품에는 꽃이 피고 나무가 우거진 시골 목장을 배경으로 목동들이 등장하지만 땀을 흘려가며 양떼를 돌보거나 농사를 짓는 사람은 눈을 씻고 찾아보아도 찾아볼 수 없다. 시골 농부의 흙 묻은 옷 대신에 우아한 옷차림을 한 등장인물들은 사치스럽게 사랑을 즐기거나 한가로이 시를 짓고 노래를 부를 뿐이다. 꽃과 나무가 우거진 그림같이 아름답기 이를 데 없는 초원을 배경으로 목동들이 등장하지만 실제로 땀을 흘려가며 농사를 짓거나 양떼를 돌보는 사람은 한 사람도 등장하지 않는다. '목동 아닌 목동들'이 서로 주고받는 대화도 시골 사람의 말투라기보다는 궁정이나 도회에서 쓰는 세련된 말투로 이루어진다. 더구나 그들이 입고 있는 옷차림도 시골 목초지보다는 오히려 도시의 사교장에 더 잘 어울린다. 목가 문학에서는 우아한 남녀 목동들이 등장하여 사랑을 즐기거나 시를 짓고 노래를 부른다. 자연을 소재와 배경으로 삼고 목동을 등장인물로 삼고 있다는 점을 빼놓고 나면 목가 문학은 동화 속의 이야기처럼 구체적인 현실과는 아주 동떨어져 있다.

공간적 배경도 현실과는 자못 동떨어져 있다. 아름다운 목장을 배경으로 양떼들이 한가롭게 풀을 뜯어먹고 있고, 여기저기에서 새들이 아름다운 소리로 노래 부르며, 나무에는 온갖 과일이 주렁주렁 매달려 있을 뿐이다. 가시 돋친 야생 덤불, 사나운 들짐승, 뱀 같은 파충류, 또는 독수리 같은 맹금류는 좀처럼 찾아볼 수 없다. 시간적 배경도 크게 다르지 않아서 계절의 변화 없이 언제나 녹음방초가 우거진 여름이다.

서구 문학사에서 목가 문학 또는 전원 문학은 문학사에서 꽤 오랜 전통을 지니고 있다. 기원전 3세기 고대 그리스의 시인 테오크리토스가 시칠리아 지방의 양치기들을 처음 작품에 다루면서 이 전통을 세운 것으로 알려져 있다. 그 뒤 로마 시대에 이르러 비루길리우스와 로마의 풍자시인 유베날리스가 이 전통을 이어받았고, 르네상스 시대에 접어들어서는 목가 엘레지나 목가 로망스 또는 목가극처럼 다른 형태로 발전하기도 하였다. 서구 문학사를 보면 현실이 고달프고 각박하면 할수록 전원을 배경으로 한 목가 문학이 발전하였다.

이렇듯 목가 문학은 현실 도피적 성격이 아주 강하다. 목가 문학에서 그려진 자연은 한낱 이상향이요 낙원에 지나지 않는다. 언뜻 보면 자연을 다루는 것 같지만 실제로 자연과는 거의 무관하다. 목가 문학에서 자연은 다만 쓰라린 현실 세계에서 벗어나기 위한 도피처의 구실을 할 따름이다. 목가 문학 작가들은 전쟁의 폭력이나 도시 생활에 염증을 느낀 나머지 평온한 시골의 자연에서 안식처를 찾는다. 마찬가지로 이러한 작품을 읽으면서 독자들은 잠시나마 현실 세계의 고통을 잊어버린다. 목가 전통은 호메로스의 황금시대나 아담과 하와가 선악과를 따먹고 추방당하기 이전의 에덴동산에 대한 애틋한 향수에 그 뿌리를 두고 있다.

2

시조 시인들은 한편으로는 자연을 벗하여 살고 있으면서도 다른 한편으로는 언제나 정치권력을 잊지 못한다. 그들은 자나 깨나 앉으나 서나 늘 궁궐에 있는 임금 생각뿐이다. 아무리 군신유의(君臣有義)를 목숨처럼 소중하게 생각하는 유교 질서라고는 하지만 자연과 더불어 생활하면서까지 임금을 생각하는 것은 지나치다고 할 수밖에 없다. 시조가 아닌 가사 문학이지만 송강 정철은 「관동별곡」 첫머리에서 "강호에 병이 깊어 죽림에 누웠더니 관동 팔백 리에 방면을 맡기시니, 어와 성은(聖恩)이야 갈수록 망극하다"고 노래한다. 첫 구절은 언뜻 자연을 사랑하는 마음이 너무 지나쳐 고황 같은 고질병에 걸렸다는 천석고황(泉石膏肓)을 노래하는 것처럼 보일는지 모른다. 그러나 자신에게 관동 관찰사를 맡긴 임금의 은혜를 어떻게 갚아야 할지 모른다고 말하는 것을 보면 자연을 너무 사랑한 나머지 그만 병에 걸렸다는 말은 한낱 거짓으로 드러난다.

송강의 이러한 자연관은 시조 시인한테서도 쉽게 엿볼 수 있다. 가령 맹사성(孟思誠)의 「강호사시가(江湖四時歌)」의 첫 작품은 이러한 경우를 보여주는 좋은 예로 꼽을 만하다.

> 강호에 봄이 드니 미친 흥이 절로 난다
> 탁료계변(濁醪溪邊)에 금린어(錦鱗魚) 안주로다
> 이 몸이 한가하옴도 역군은(亦君恩)이샷다

맹사성이 벼슬에서 물러난 뒤 고향에 돌아와 자연과 더불어 한가한 세월을 보낼 때 지은 작품이다. 네 계절마다 한 수씩 읊은 것으로 이른바 '강호가'의 효시에 해당하는 작품이다. 시인은 자연에 봄이 찾아오자 저절로 '미친 흥'이 솟아난다고 밝힌다. 흥만 나는 것이 아니라 입맛까지도 되살아난다고 기뻐한다. 그러면서 막걸리 안주로는 시냇가에서 잡은 쏘가리가 제격이라고 말한다. 이렇게 자연 속에서 유유자적하며 봄기운에 취해 있으면서도 늘 궁중에 두고 온 임금에 대한 생각이 그의 뇌리에서 떠날 줄을 모른다. 자연과 더불어 이렇게 한가롭게 시간을 보내는 것도 '역시' 임금의 은혜 때문이다. 임금이 없다면 봄의 정취도 심지어는 입맛도 제대로 느낄 수가 없다는 것이다.

모두 네 편으로 되어 있는 「강호사시가」에는 종장마다 임금의 은혜에 대한 칭송이 나온다. 몸이 서늘한 것도, 시간을 보내는 것도, 심지어는 몸이 춥지 아니한 것도 맹사성은 하나같이 임금의 은혜 덕분으로 돌린다. 모르기는 몰라도 맹사성은 아마 숨을 쉬고 손을 움직이고 밥을 먹고 잠을 자는 것도 모두 임금님의 은혜 때문이라고 말할 것이다. 이 작품에서 자연은 이렇다 할 의미를 지니지 못 한 채 오직 임금의 크나큰 은혜를 생각나게 하는 촉매에 지나지 않는다. 아무리 군신유의의 유교 질서가 큰 힘을 떨치고 있던 시대라고 하지만 임금에 대한 관심이 지나치다는 느낌을 떨쳐 버릴 수 없다.

강산이 좋다 한들 내 분(分)으로 누었느냐
임금 은혜를 이제 더욱 아노이다
아무리 갚고자 하여도 해올 일이 없어라

윤선도(尹善道)의 「산중신곡(山中新曲)」 가운데 '만흥' 6번으로 흔히 「어부사여음」(漁父詞餘音)이라고도 일컫는 작품이다. 임금에 대한 관심에서 윤선도는 맹사성보다 한 수 더 뜬다. 초장에서 분명히 드러나 있듯이 자연을 벗삼게 된 것도 자신의 분수 때문이 아니고 어디까지나 임금의 은혜 때문이라고 밝힌다. 임금 곁에 있다가 멀리 떠나와 보니 이제야 비로소 그 은덕을 깨닫게 되었다고 말한다. 그리고 임금의 은혜는 아무리 갚으려고 하여도 갚을 길이 없다고 한탄하기도 한다. 이러한 상황에서 자연은 어쩔 수 없이 뒷전으로 밀려날 수밖에 없을 것이다.

강산아 나 왔노라 백구야 반갑구나
청풍명월도 기다려줄 줄 알건마는
성은이 하 지중하시니 자연 지체하여라

신교(申濴)의 「귀산음(歸山吟)」이라는 작품이다. 제목에서도 잘 드러나 있듯이 벼슬을 그만두고 고향 산골로 돌아와 부른 노래이다. 이 작품에서도 자연은 우선순위에서 뒷전으로 밀려난다. 강산과 백구에게 반갑다고 인사하면서도 임금의 은덕이 너무 커서 이렇게 늦게 찾아올 수밖에 없었다고 변명한다. 청풍명월도 마땅히 임금 때문에 늦어진 자신을 기다려 줄 것으로 믿고 있었다고 말하기도 한다. 종장의 '자연'이라는 말에 속아넘어가서는 안 된다. 이 낱말은 강산이나 청풍명월 같은 대자연을 뜻이 아니라 '자연히'의 준말로 사람의 의도적인 행위 없이 저절로 이루어지거나 마땅하거나 당연하다는 당위성을 뜻하는 부사이다. 아무리 자연이 소중하다고는 하지만 임금보다 더 중요할 수는 없다는 뜻을 강하게 내비치는 표현이다. 그렇다면 초장에서 강산과 백구를 반갑게 맞이하는 시인의 태도에는 어딘지 감정을 과장하여 표현한다는 혐의가 짙다.

그런가 하면 어떤 시조 시인은 임금과 자연 사이에서 선뜻 선택을 하지 못하고 고민하기도 한다. 「한거십팔곡(閑居十八曲)」으로 잘 알려진 권호문(權好文)의 작품은 이러한 경우를 보여주는 좋은 예이다.

강호에 놀자 하니 성주(聖主)를 저버리겠고
성주를 섬기자 하니 소락(所樂)에 어긋나네
호올로 기로(岐路)에 서서 갈 데 몰라 하노라

시인은 자연과 더불어 놀자 하니 임금님을 저버려야 하겠고, 임금님을 섬기려고 하니 자연을 가까이 할 수 없다고 딱한 사정을 털어놓는다. 부모를 따르자니 처자가 울고 처자를 따르자니 부모에게 불효를 할 수밖에 없다는 식이다. 이 작품에서 강호와 성주, 자연과 시인은 이항대립적 관계에 있기 때문에 반드시 둘 가운데 어느 한 쪽을 택할 수밖에 없다. 이러한 상황에서 시인은 그야말로 "호올로 기로에 서서 갈 데 몰라" 하며 어찌할 바를 모른다. 그러나 비록 임금님을 저버리고 자연을 택한다고 하더라도 여전히 한계는 있게 마련이다. 중장의 "소락에 어긋나네"의 '소락'은 단순한 놀이나 오락이 아니라 강호에서 성리학적 도를 추구하는 것을 말하기 때문이다. 앞으로 좀더 자세히 밝히겠지만 자연은 도를 구현하고 심성을 수양하는 도장(道場) 같은 역할을 맡기도 한다.

3

시조 시인들이 하필이면 왜 자연을 벗 삼게 되었는가 하는 것도 좀더 꼼꼼히 따져보아야 한다. 많은 시인들은 자연이 좋아 스스로 벗 삼기로 한 것이 아니라 어쩔 수 없이 자연으로 밀려났다고 솔직히 밝힌다. 능동적인 의지에 따른 것이라기보다는 오히려 수동적인 강압 때문에 자연을 벗 삼게 되었다. 다시 말해서 시인들은 자유의지에 따른 선택이 아니라 필연적인 강요로 자연에 온 셈이다. 좀더 구체적으로 말해서 그들은 당파 싸움에서 패배하고 정치권력에서 밀려났거나 이러저러한 이유로 임금의 총애를 잃고 시골로 낙향해 온 것이다.

> 이 몸이 쓸 데 없어 세상이 버리오매
> 서호(西湖) 옛집을 다시 쓸고 누었으니
> 일신이 한가할지나 임 못 뵈워 하노라

흔히 '서호주인'으로 일컫는 이총(李摠)의 작품이다. 이 시조에서는 자연을 벗 삼게 된 까닭이 맹사성이나 윤선도의 작품에서보다 좀더 뚜렷이 드러나 있다. 맹사성이나 윤선도는 자연과 벗 삼아 여유 있는 삶을 누릴 수 있게 된 것도 모두 임금의 은혜 때문이라고 밝힌다. 그러나 이총은 어떤 까닭에서인지는 몰라도 세상에서 더 이상 쓸모가 없게 되어 버림을 받은 나머지 자연으로 돌아올 수밖에 없게 되었다고 말한다. 그의 마음 한 구석에서는 자신을 버린 세상에 대하여 섭섭하게 생각하는 마음이나 원망이 자리 잡고 있다. 그러면서도 이총은 궁중에서 멀리 떨어져 있는 탓에 임금을 만나지 못하는 것을 여간 애석하게 생각하지 않는다.

> 세상이 버리거늘 나도 세상을 버린 후의
> 강호의 임자 되어 일 없이 누었으니
> 어즈버 부귀공명이 꿈인 듯하여라

「일민가(逸民歌)」로 흔히 일컫는 윤이후(尹爾厚)의 작품이다. 서호주인 이총처럼 윤이후도 세상에서 버림을 받았기 때문에 어쩔 수 없이 자연에 묻히게 되었다고 고백한다. 그러나 세상이 자신을 버린 탓에 자신도 세상을 버렸다고 말하는 것을 보면 서호주인보다는 윤이후가 훨씬 더 능동적이고 적극적이다. 더구나 윤이후는 벼슬을 하면서 누린 부귀공명이 한바탕 어지러운 꿈에 지나지 않는다는 사실을 깊이 깨닫는다. 이 작품에서도 스스로 좋아서 자연을 벗 삼게 된 것이 아니라 어쩔 수 없어 자연을 벗 삼게 되었다고 솔직히 털어놓는다. 서양어의 문법 용어를 빌려 표현하자면 시인의 행동은 능동형이 아니라 어디까지나 수동형에 해당한다.

백구야 놀라지 마라 너 잡을 내 아니로다
성상이 버리시니 갈 곳 없어 예 왔노라
이제는 찾을 이 없으니 너를 좇아 놀리라

「청구영언」을 편찬하여 시조를 후세에 널리 전하는 데 크게 이바지한 김천택(金天澤)의 작품이다. 이 작품에는 자연을 벗하게 된 까닭이 좀더 구체적으로 드러나 있다. 이총이나 윤이후는 그저 막연히 세상이 자신을 버려서 자연에 묻히게 되었다고 밝히고 있다. 여기에서 '세상'은 전체로써 부분을 나타내는 일종의 제유법이다. 다시 말해서 세상 전체를 가리키는 것이 아니라 세상의 일부, 그 중에서도 그 일부 세상에 속해 있는 어떤 사람을 가리키는 표현이지만 그것이 과연 누구인지는 분명히 드러나 있지 않다.

그러나 김천택은 "성상이 버리시니 갈 곳 없어 예 왔노라" 하고 말하면서 임금이 자신을 버렸기 때문에 '갈 곳이 없어' 어쩔 수 없이 자연에 파묻히게 되었다고 못 박아 말한다. 그러면서 이제 더 이상 자신을 찾을 사람이 없으니 갈매기나 좇아다니며 놀겠다고 밝힌다. 이 말을 뒤집어 보면 임금을 제외한 어떤 사람도 김천택한테는 이렇다 할 의미가 없다는 것이 된다. 그런가 하면 임금이 다시 자신을 찾으면 언제라도 궁중으로 달려가겠다는 의지를 표명하는 것이기도 하다.

스스로 그만두었건 권력 다툼에서 밀려났건 고향에 돌아와 자연을 대하는 태도도 찬찬히 눈여겨보아야 한다. "강호의 임자 되어 일 없이 누었으니"라는 구절에서도 잘 드러나 있듯이 윤이후는 자신이 자연의 주인이라고 생각한다. 비록 권력에서는 밀려났을망정 자연에서는 주인으로 행세한다. 이렇게 자신을 자연의 소유주라고 말하는 것을 보면 자연을 한낱 소유할 수 있는 대상이나 객체로 보고 있음에 틀림없다. 이 구절에서는 영혼을 가지고 있다고 하여 인간을 '우주의 주인이요 소유주'로 본 저 17세기 프랑스의 철학자 르네 데카르트의 말이 쉽게 떠오른다. 그리하여 그가 젖소를 도고 '우유를 만드는 기계'라고 부른 것은 너무 유명하다. 데카르트에게 인간을 제외한 나머지 개체나 종은 하나같이 인간을 위하여 복무하는 노예에 지나지 않았다. 이렇듯 그는 인간이 자연을 정복하고 지배하는 데 이론적 초석을 마련해 주었던 것이다.

그런데 문제는 이렇게 스스로를 '강호의 임자'로 보려는 것은 비단 윤이후 한 사람에게만 그치지 않는다는 데 있다. 시조에서는 스스로 자연의 주인임을 자처하는 그 말고도 쉽게 찾아볼 수 있다.

평생에 일이 없어 산수간(山水間)에 노니다가
강호에 임자 되니 세상 일 다 잊어라
어떻다 강산풍월이 그 벗인가 하노라

선조의 손자인 인흥군(仁興君)의 아들 낭원군(朗原君)의 작품으로 여러모로 윤이후의 작품과 비슷하다. 윤이후의 "강호의 임자 되어 일 없이 누었으니"라는 구절은 "평생에 일이 업서 …… 강호에 임자 되니"와 짝을 이룬다. 자연의 주인이 되어 할 일이 없는 것이나 마땅히 할 일이 없어 자연의 주인이 된 것이나 자연의 소유주가 되었다는 점에서는 크게 다르지 않다. 더 나아가 낭원군은 중장에서 강호에 '임자' 되니 세상 온갖 일 다 잊어버렸다고 말한다. 그러고 보니 종장의 "어떻다 강산풍월이 그 벗인가 하노라"라는 구절이 왠지 공허하게 들린다. '임자'라는 말과 '벗'이라는 말은 마치 불과 얼음처럼 서로 어울릴 수 없기 때문이다. 참다운 친구가 되려면 상대방을 자신과 똑같이 대등하게 수평적으로 생각하여야 할 것이다. 주인과 하인의 수직적 관계에서는 참다운 의미의 친구란 있을 수 없다.

송단(松壇)에 선잠 깨어 취안(醉眼)을 들어보니
석양 포구에 나드나니 백구로다
아마도 이 강산 임자는 나뿐인가 하노라

김창업(金昌業)의 작품으로 알려져 있지만 때로는 김창흡(金昌翕)이나 김삼현(金三賢)이 지은 것이라고 전하기도 한다. 이 작품에서도 시인은 자신을 두고 '이 강산 임자'라고 말할 뿐만 아니라, 한 발 더 나아가 아예 자연의 주인은 자신 한 사람뿐이라고 못 박는다. 멀쩡한 제정신도 아니고 술에 취하여 선잠을 자다 갑자기 깨어서 이렇게 강산을 소유하고 있다고 말하는 것이 무척 놀랍다. 그야말로 몽매에도 잊지 못하고 자연의 주인으로 행세하고 있다는 증거이다. 자연은 인간이 소유할 수 없는 것이라는 사실을 시인을 까맣게 잊어버리고 있다.

그런데 여기에서 한 가지 찬찬히 눈여겨보아야 할 것은 시조 시인들이 흔히 자연과 더불어 시골에서 한가롭게 지내는 것을 두고 '눕다'라고 표현한다는 점이다. 예를 들어 "서호 옛집을 다시 쓸고 누었으니"니 "강산이 좋다 한들 내 분으로 누었느냐"니 "강호의 임자 되어 일 없이 누었으니"니 하는 구절이 바로 그러하다. 앞에서 언급한 송강 정철의 「관동별곡」의 그 유명한 첫 구절 "강호에 병이 깊어 죽림에 누었더니……"도 마찬가지이다. '지내다'나 '보내다' 또는 '산다'라고 하여도 좋을 터인데 이렇게 굳이 '눕다'라고 말하는 까닭이 어디에 있을까. 모르기는 몰라도 아마 자연 그 자체에 의미를 부여하기보다는 자연을 도피처나 은신처로 여기고 있기 때문일 것이다. '일어서다'라는 말이 활동을 뜻한다면 '눕다'라는 말은 휴식을 뜻한다. 이렇게 시인에게 자연은 잠시 누워 휴식을 취하는 공간에 지나지 않는다. 자리를 툭 툭 털고 다시 일어나는 순간 시인은 자연을 말끔히 잊어버린 채 임금이 있는 곳으로 곧바로 달려간다.

자연은 잠시 휴식을 취하는 공간일 뿐만 아니라 유학자로서 성리학적 도를 추구하고 심성을 연마하는 공간이기도 하다. 앞에서 밝힌 권호문의 작품에서도 자연은 그러한 역할을 맡는다. 그러나 퇴계(退溪) 이황(李滉)의 「도산십이곡(陶山十二曲)」은 권호문의 「한거십팔곡」보다 이러한 경우를 훨씬 더 구체적으로 보여 준다.

> 유란(幽蘭)이 재곡(在谷)하니 자연이 듣기 좋아
> 백운(白雲)이 재산(在山)하니 자연이 보기 좋아
> 이 중에 피미일인(彼美一人)을 더욱 잊지 못하네

시인은 골짜기에는 난초가 그윽한 향기를 내뿜고 골짜기에는 흰 구름이 떠 있어 그야말로 자연은 아름답기 그지없다고 노래한다. 예로부터 난초는 학문이나 그것을 추구하는 학자를 상징하는 식물이다. 언제나 푸른빛을 잃지 않고 있다는 점에서도 그러하고, 그윽한 향기를 내뿜는다는 점에서도 그러하다. 학문의 세계나 학자를 상징하기는 흰 구름도 마찬가지이다. 자신의 호를 '백운' 또는 '백운거사'라고 지은 것에 대하여 고려시대의 학자요 문인인 이규보(李奎報)는 "나는 백운을 사랑한다. 사랑하고 사랑하여 백운의 이치를 하나하나 배워 가면 비록 세상에 자랑할 만한 것은 없을지라도 하등의 잘못은 없을 것이고 내 자신에게도 큰 손해는 없을 것이다" 하고 말한 적이 있다.

그런데 이렇게 자연이 아름다우면 아름다울수록 이황은 더더욱 또 다른 미인을 잊지 못한다. 종장의 '피미일인'이 바로 그녀이다. 여기에서 '미인'을 미모를 자랑하는 젊은 여성으로 해석하다가는 자칫 이 작품의 의미를 놓치고 만다. 이 작품에서 미인이란 성리학적 도를 이상으로 삼고 그것을 실천하려는 사람을 두고 이르는 표현이기 때문이다. 성리학자한테는 성리학의 도가 오로지 아름다운 미인일 따름이다. 여기에서도 난초나 구름 같은 자연은 '저 아름다운 미인'을 가져오기 위한 촉매에 지나지 않는다. 바꾸어 말해서 자연은 아름다운 미인의 모습을 돋보이게 할 배경에 지나지 않는다. 종장 "이 중에 피미일인을 더욱 잊지 못하네"라는 구절은 이 점을 뒷받침한다.

시인이 '차미일인(此美一人)'이라고 하지 않고 굳이 '피미일인'이라고 말하는 것을 보면 성리학적 도를 실천하는 것이 얼마나 어려운가 하는 것을 알 수 있다. 지시 형용사나 지시 부사인 '피(저)'와 '차(이)'는 영어의 '댓'과 '디스'처럼 거리에서 큰 차이가 난다. 전자가 말하는 사람을 기준으로 좀더 멀리 떨어져 있는 대상을 가리킬 때 사용한다면, 후자는 말하는 사람 바로 가까이 있는 대상을 가리킬 때 사용한다. 정치권력의 단맛을 본 시인들이 자연에 파묻혀 지내면서도 궁중에 두고 온 임금을 못내 잊지 못하는 것처럼, 조선조를 통틀어 가장 유명한 유학자답게 이황은 천석고황 운운하면서도 어쩔 수 없이 성리학적 도에 무게를 싣는다.

이 시조에서 이황이 다른 작품과 비교하여 유난히 한자어를 많이 사용하고 있다는 점도 눈여겨보아야 한다. '유란이 재곡하니'니 '백운이 재산하니'니 '피미일인'이니 하는 구절은 한시를 그대로 옮겨놓은 것 같은 느낌을 준다. 구수한 된장 맛이 나는 우리말 토착어와는 달라서 한자어는 좀더 추상적이고 개념적인 것을 표현하는 데 안성맞춤이다. 만약 '난초의 향기가 골짜기에 가득하고'니 '흰 구름이 산에 떠돌고'니 '저 아름다운 미인 한 사람'이니 하고 우리말로 바꾸어 놓는다면 아마 그 뜻을 헤아리기는 쉬울는지 몰라도 성리학적 도의 추구라는 주제에는 그다지 걸맞지 않을 것이다.

4

시조에는 자연을 한낱 도구나 수단으로 보려는 작품이 적지 않지만 이와는 반대로 자연 그 자체에 존재이유를 부여하고 내재적 가치와 본질적 가치를 인정하려는 작품도 얼마든지 있다. 몇몇 작품은 자연이란 글자 그대로 스스로 존재하는 것일 뿐 인간을 위하여 존재하는 것이 아니라는 사실을 새삼 깨우쳐 준다. 자연은 인간의 타자(他者)로서 지배하거나 정복하여야 할 대상이나 객체가 아니라 인간과 더불어 존재하는 동일자(同一者)일 뿐이라고 가르친다. 이러한 태도에서는 인간과 자연, 주체와 객체의 구별은 별다른 의미를 지니지 못한다. 인간은 넓은 의미에서 어디까지나 자연의 일부에 지나지 않는다. 꽃봉오리가 꽃줄기에서 떨어져 나와 살 수 없듯이 인간도 자연에서 떨어져 나오는 순간 목숨을 잃게 된다. 김수장(金壽長)의 작품은 이러한 경우를 보여주는 좋은 예이다.

천지는 부모요 만물은 처자로다
강산은 형제요 풍월은 붕우로다
이 중에 군신분의(君臣分義)는 비길 곳이 없어라

이 작품의 초장에서는 중국 당나라 때의 시인 소철(蘇轍)의 "惟天地父母 哀而憐之"라는 구절이 떠오른다. 천지는 아버지와 어머니요 천지에 자라는 만물은 아내와 자식이라고 말하는 것은 천지가 온갖 만물을 낳기 때문이다. 또한 시인은 강산 같은 자연은 형제자매이고 바람과 달 같은 자연 현상은 친구이라고 밝힌다. 천지만물을 부모와 형제를 비롯하여 처자와 친구에 빗대는 것이 무척 흥미롭다.

그런데 이 작품에서 무엇보다도 눈길을 끄는 것은 종장이다. 온갖 자연에 부모, 처자, 형제, 붕우는 비길 수 있어도 군신만은 비길 곳이 없다는 것이다. 군신의 관계가 너무 중요해서라기보다는 군신이 끼어들 틈이 없기 때문이라고 보는 쪽이 더 옳을 듯하다. 궁중에서라면 몰라도 적어도 자연에서만은 임금은 이렇게 맥을 못 춘다. "이 중에 군신분의는 비길 곳이 없어라"라는 구절은 맹사성의 "이 몸이 한가하옴도 역군이샷다"나 이총의 "일신이

한가할지나 님 못 뵈어 하노라"라는 구절과 비교해 보면 그야말로 하늘과 땅만큼이나 큰 차이가 난다.

> 치밀어 돌아보니 분명히 상제로되 내리밀러 살펴보니 진실로 자모로다
> 중간 만물이 그 아니 동생(同生)이랴
> 한 집이 한 세간(世間) 되어 동락함이 어떠리

흔히 「천지일가곡(天地一家曲)」으로 일컫는 고응척(高應陟)의 작품이다. 「대학장구(大學章句)」를 시조 형식으로 읊은 것으로 『대학』의 세 강령과 여덟 덕목을 노래한 28수 연시조 가운데 한 편이다. 시인은 하늘을 우러러보면 상제(아버지)를 보게 되고, 땅 아래를 살펴보면 자애로운 어머니를 보게 된다고 말한다. 『대학』을 비롯한 중국 경전에서는 이렇게 하늘은 아버지요 땅은 어머니라고 가르친다. 그것도 엄부자모(嚴父慈母)라고 하여 아버지는 엄격하고 어머니는 자애롭다고 말한다. 아버지와 어머니 사이에서 자식이 태어나듯이 하늘과 땅 사이에서 온갖 만물이 생겨난다. 중장의 '동생'은 한 핏줄을 받고 나온 형제자매라는 뜻과 함께 글자 그대로 더불어 살아간다는 뜻으로도 풀이하여도 크게 틀리지 않다.

시조가 으레 그러하듯이 이 작품에서도 "한 집이 한 세간 되어 동락함이 어떠리"라는 종장에 의미가 실려 있다. '세간'이란 집안 살림에 쓰는 온갖 물건을 가리키기도 하지만 여기에서는 사람들이 살아가는 곳을 가리키는 것으로 보는 쪽이 옳다. 불가(佛家)에서도 중생이 서로 의탁하며 살아가는 이 세상을 두고 세간이라고 부른다. 그러니까 '한 집이 한 세간'이 된다는 것은 이 세상이 한 집이 된다는 것을 뜻한다. 여기에서 집이란 온갖 만물이 살고 있는 우주를 가리킴은 두말할 나위가 없다. 한 솥 밥을 먹고사는 한 식구처럼 모든 개체와 종이 서로 한데 어울려 살아가는 공간이 우주이고, 이 우주라는 집을 연구하는 학문이 바로 생태학이다. 이렇게 만물이 더불어 살아가는 우주를 집으로 보려는 것은 안서우(安瑞羽)도 마찬가지이다.

집이 집이 아냐 인하(絪霞)가 내 집이오
벗이 벗이 아냐 풍월이 내 벗이되
집 있고 벗 얻은 후니 만사무심(萬事無心)하여라

이 작품의 주제를 여는 열쇠는 '집'과 '벗'이라는 낱말과 역설법에 들어 있다. 실제로 이 시조에서 이 두 낱말을 빼고 나면 별로 남는 말이 없다. '집'이라는 말을 네 번, '벗'이라는 말도 네 번 거듭 되풀이하여 쓴다. "집이 집이 아냐"니 "벗이 벗이 아냐"니 하고 말하는 것은 역설법이다. 집은 집일 수밖에 없고 벗은 벗일 수밖에 없기 때문이다. 그러나 언뜻 얼토당토하지 않은 것처럼 보이지만 역설법은 진리를 드러내는 데 아주 효과적인 수사법이다.

초장의 "집이 집이 아냐 인하가 내 집이오"라는 구절에서 맨 앞의 집은 시인이 실제로 살고 있는 주거 공간을 가리키고, 뒤의 두 집은 만물이 살고 있는 우주를 가리킨다. 여기에서 시인이 참다운 집이라고 일컫는 연기와 안개는 중장의 바람과 달처럼 자연을 가리키는 제유법에 지나지 않는다. 생물이건 무생물이건 온갖 존재가 더불어 살고 있는 우주야말로 참다운 집일 것이다. 이렇게 이중적인 의미를 지니고 있기는 '벗'이라는 낱말도 마찬가지이다. 중장에서 첫 번째 '벗'은 이 세상에서 시인이 사귀고 있는 친구를 가리키지만 나머지 두 '벗'은 바람과 달 같은 자연 현상을 가리킨다. 종장에서는 참다운 집과 참다운 벗을 얻은 뒤 시인이 느끼는 마음의 평화를 읽을 수 있다.

무심코 그냥 지나쳐 버리기 쉽지만 종장의 끝 구절 "만사무심하여라"에서 '무심'을 좀더 꼼꼼히 살펴볼 필요가 있다. 작품 전체의 맥락에서 볼 때 아무런 생각이나 감정이 없다는 뜻보다는 마음을 두거나 걱정함이 없는 상태를 뜻한다고 보는 쪽이 더 옳을 듯하다. 불교에서 자주 사용하는 '무상(無想)'이라는 말처럼 물욕과 속세에 전혀 관심이 없게 된 경지를 두고 이르는 말이기도 하다.

> 연하(煙霞)로 집을 삼고 풍월로 벗을 삼아
> 태평성대에 병으로 늙어 가네
> 이 중에 바라는 일이 허물이나 없고자

이황의 「도산십이곡」 가운데 한 작품으로 안개로 집을 삼고 바람과 달을 벗으로 삼겠다고 말하는 점에서 안서우의 작품과 아주 비슷하다. 다만 '인하'라는 말 대신에 '연하'라는 말을 쓰고 있는 것이 조금 다를 뿐이다. 이 작품은 다같이 「도산십이곡」에 속하는 작품이지만 앞에서 예로 든 "유란이 재곡하니……"로 시작하는 작품과는 여러모로 크게 차이가 난다. 성리학적 도를 추구하려는 이상보다는 자연과 더불어 살다가 삶을 마감하고 싶다는 간절한 욕망을 드러내기 때문이다. 이황은 다만 아무 허물없이 죽기를 바랄 뿐이다. 태평성대에 병으로 늙어 가고 마침내 죽는 것도 자연 현상임에 틀림없다. 이렇게 생태계나 우주를 집으로 삼고 자연을 벗으로 삼으려는 것은 김장생(金長生)의 작품에서 좀더 뚜렷이 드러난다.

> 십 년을 경영(經營)하여 초려(草廬) 한 간 지어내니
> 반 간은 청풍이요 반 간은 명월이라
> 강산을 들일 데 없으니 둘러두고 보리라

김장생은 초장에서 무려 십 년을 경영하여 겨우 초가집 한 칸을 마련하였다고 말한다. 자칫 '경영'이라는 말이 마음에 걸릴는지 모르지만 요즈음 기업가들이 자주 입에 올리는 '경영-마인드'와는 사뭇 다르다. 최소한의 자재로 최대한의 이윤을 추구하려는 오늘날의 기업가들과는 달리, 이 작품의 시인은 알뜰하게 살림을 꾸려나가는 것을 두고 이를 뿐이다. 그런데 이렇게 어렵게 마련한 초가집이건만 한 칸 가운데 반 칸은 맑은 바람이 차지하고 있고, 나머지 반 칸은 밝은 달이 차지하고 있다. 집이 너무 좁아서 강과 산

은 둘 곳이 없기 때문에 그냥 초가집 주위에 둘러놓고 보겠다고 말한다. 강과 산은 그만두고라도 집주인조차 들어설 곳이 없다. 좀더 꼼꼼히 따져보면 초장의 "초려 한 간 지어내니"라는 구절을 액면 그대로 받아들여서는 안 될 것 같다. 시인에게는 풀과 억새가 자라는 대자연 그 자체가 바로 집이기 때문이다.

안서우도 김장생도 이황도 하나같이 연기와 안개 그리고 바람과 달 같은 자연을 주거 공간으로 생각한다. 이렇게 우주를 집으로 보려는 생각이야말로 생태주의에서는 참으로 소중하다. 우주가 자신이 살고 있는 집이라고 생각한다면 그것을 함부로 대하지 못할 것이다. 집을 사회적 신분의 척도로 삼는 현대인들과 비교해 볼 때 그들의 세계관과 삶의 방식은 참으로 값지고 소중하다. 이렇게 자연과 더불어 살면서 소유를 따지지 않으려는 것은 성혼(成渾)도 마찬가지이다.

> 말 없는 청산이오 태(態) 없는 유수(流水)로다
> 값없는 청풍이오 임자 없는 명월이라
> 이 중에 일 없는 내 몸이 분별없이 늙으리라

'없다'라는 낱말이 이 작품의 주제를 여는 열쇠이다. 시인은 '없는'이라는 말과 '없이'라는 말을 무려 여섯 번에 걸쳐 사용한다. 푸른 산은 말이 없고 흐르는 물은 겉에 나타난 생김새가 없다. 맑은 바람은 값이 없고 밝은 달은 주인이 없다. 자연을 벗 삼아 살고 있는 이 시의 화자인 '나'도 특별히 할 일이 없다. 종장의 끝 구절 "내 몸이 분별없이 늙으리라"에서 '분별'은 사물을 종류에 따라 나누거나 무슨 일을 사리에 맞도록 판단한다는 뜻보다는 오히려 시름이나 걱정을 뜻한다. 『석보상절(釋譜詳節)』의 "사리불(舍利弗) 닐오대 분별 말라"의 바로 그 '분별'의 뜻에 가깝다. 시조 작품을 통틀어 이 작품처럼 '없음'의 미덕을 보여주는 시도 아마 찾아보기 어려울 것 같다. '있음'에 유달리 무게를 싣는 요즈음 세태에서 이렇게 '없음'을 중요하게 생각하는 것이야말로 무척 소중하다. 말 많은 세상에 말이 없고 온갖 맵시를 부리는 세상에 겉모습에 관심을 두지 않는다는 것은 그만큼 인위적인 것을 멀리하고 자연적인 것을 가까이한다는 것을 뜻한다.

이 작품에서 무엇보다도 눈을 끄는 것은 중장 "값없는 청풍이오 임자 없는 명월이라"는 구절이다. 무엇이든지 값을 따지기를 좋아하는 상황에서 '값이 없다'고 말하기란 여간 어렵지 않을 것이다. 마찬가지로 유난히 내 것 네 것을 따지는 세태에서 '임자가 없다'고 말하는 것도 쉽지 않을 것이다. 여기에서 윤이후의 "강호에 임자 되니 세상 일 다 잊어라"나 이총의 "강호의 임자 되어 일 없이 누었으니"라는 구절을 다시 한 번 떠올리기는 것이 좋을 것이다. "임자 없는 명월"이라고 말하는 성혼과는 달리 윤이후나 낭원군은 강과 호수 같은 자연이 자신의 소유임을 분명히 못 박아 말한다. 이 두 사람은 세상을 다 잊어버리고 특별히 할 일 없다고 말하면서도 소유에 대해서는 무척이나 신경을 쓴다. 이총이 자신을 '서호주인'이라고 부르듯이 스스로의 자연의 주인이라고 자처하는 사람들이 적지 않다.

'없음'을 강조하는 성혼의 작품에서는 도가(道家)에서 말하는 무위자연(無爲自然)의 가치를 읽을 수 있다. 시인이 지향하는 궁극적 가치는 사람의 힘을 보태지 않은 본디 그대로의 자연의 모습이다. 스스로 알아서 작위하는 자연과 비교하면 인위적이거나 인공적인 것은 한낱 부질없는 일에 지나지 않는다. 이렇게 무위자연에 큰 가치를 두려는 태도는 김인후의 작품에서 훨씬 뚜렷이 나타난다.

> 청산도 절로절로 녹수도 절로절로
> 산도 절로 물도 절로 하니 산수간 나도 절로
> 아마도 절로 생긴 인생 절로절로 늙사오려

성혼의 시조가 '없음'의 미덕을 보여주는 작품이라면 김인후의 시조는 '절로'의 미덕을 보여주는 작품이다. 시인은 '절로'라는 낱말을 무려 열 번에 걸쳐 사용한다. 그냥 “청산도 절로 녹수도 절로”라고 하여도 될 것을 일부러 ‘절로’라는 말을 되풀이하여 “청산도 절로절로 녹수도 절로절로” 하고 되풀이하여 말한다. 종장도 마찬가지여서 “절로 늙사오려”라고 하여도 될 터인데도 굳이 “절로절로 늙사오려” 하고 말한다. 이와 비슷한 작품이 송시열(宋時烈)이 쓴 것으로 전하기도 한다. “청산도 절로절로 녹수라도 절로절로 / 산 절로절로 수 절로절로 산수간에 나도 절로절로 / 그 중에 절로 자란 몸이 늙기도 절로절로 하리라”라는 작품이 바로 그것이다. 이 작품에서 송시열은 이 ‘절로’라는 낱말을 김인후보다도 세 번이나 더 많이 되풀이한다. 이 낱말을 빼고 나면 남는 말이 별로 없을 정도이다.

김인후는 이 작품에서 이 ‘절로’라는 낱말을 그야말로 절묘하게 구사한다. 일반적인 문법의 잣대로써는 이 낱말을 제대로 해석할 수가 없다. 종장의 “아마도 절로 생긴 인생 절로절로 늙사오려”에서 앞의 ‘절로’와 뒤의 ‘절로절로’는 각각 ‘생긴’과 ‘늙사오려’를 꾸며주는 부사로 쓰인다. 그러나 초장의 “청산도 절로절로 녹수도 절로절로”에서 ‘절로’는 부사이면서 동시에 동사의 구실을 한다. 그리고 이 작품의 감칠맛은 ‘절로절로’ 다음에 생략되어 있는 동사를 어떻게 풀이하느냐에 있다. 가령 청산도 ‘저절로 생겨났다’로 풀이할 수도 있고, 청산도 ‘저절로 존재한다’로 풀이할 수도 있다. 이렇게 생략법을 구사하는 쪽이 동사를 직접 사용하는 쪽보다 더 큰 함축적 의미를 지닌다. 또한 ‘저절로’나 ‘제 스스로’라고 말하는 것보다도 훨씬 더 압축적이고 긴장감이 있다. 이 작품을 입으로 소리 내어 읽다보면 그 의미를 ‘절로’ 깨닫게 된다.

그런데 김인후가 말하는 이 ‘절로’는 바로 도가에서 이상으로 삼는 무위자연을 가리킨다. 인공을 가하지 않고 자연적으로 생겨나거나 존재하는 것이야말로 생태계에서는 아주 소중하다. ‘절로’는 한마디로 ‘자연’이라고 말하여도 크게 틀리지 않다. 이 작품의 주제를 좀더 쉽게 알기 위해서는 성혼의 『하서속집(河西續集)』에 수록해 놓은 이 시조의 한문 번역을 살펴보는 것이 좋을 것 같다.

青山自然自然 綠水自然自然
山自然水自然 山水間亦自然
已矣哉自然生來人生 自然與然老

성혼은 '절로'라는 말을 하나같이 '자연'이라는 말로 옮겨놓았다. 우리말 시조가 온통 '절로'라는 낱말뿐이었듯이 이 한시는 온통 '자연'이라는 낱말뿐이다. 대충 우리말로 옮겨 보면 청산도 자연 녹수도 자연인 것처럼 이 시의 화자인 '나'도 자연이다. 자연에서 삶을 얻었으니 늙는 것도 자연과 더불어 늙는다. '절로'의 세계가 지향하는 것이 곧 '자연'의 상태라는 것을 단적으로 보여 주는 대목이다. 한편 초기의 한국계 미국 작가요 아시아계 미국 문학의 개척자로 흔히 일컫는 강용흘(姜鏞訖)은 그의 첫 소설 『초당』(1931)에서 이 시조를 영어로 옮기면서 '절로'나 '자연'에 해당하는 낱말을 모두 'natural'로 옮겨놓는다.

Green mountains are natural, natural,
Blue water is natural, natural!
Natural mountains, natural streams,
Mountains above me, rivers around me,
[I too am natural, natural!]
Here where a natural body was grown,
Even old age will be natural, natural!

성혼이 한문으로 옮긴 시에 '자연'이라는 낱말을 아홉 번 되풀이하고 있듯이 강용흘은 영어로 옮긴 시에서 이 'natural'이라는 낱말을 무려 열한 번에 걸쳐 거듭 사용하고 있다.

이 '절로'의 미덕과 그 가치를 받아들여 몸소 실행에 옮긴다면 자연과 환경을 지키는 데 이보다 더 좋은 길이 없을 것이다. 지금 우리가 겪고 있는 환경 위기나 생태계 위기도 따지고 보면 자연을 있는 그대로 두지 않고 그것에 억지로 인공을 가하였기 때문이다. 들과 산을 파헤쳐 길을 만들었고, 바다를 막아 농경지를 만들었으며, 냇물과 강을 막아 댐을 건설하였다. 인간 마음대로 자연을 바꾸어 놓았고 이렇게 자연의 섭리를 거스르는 과정에서 자연의 질서는 다시는 돌이킬 수 없을 만큼 깨뜨려졌다. 미국의 환경론자 배리 코모너는 생태주의의 네 가지 기본 원칙 가운데 하나로 "자연이 가장 잘 알고 있다"는 명제를 꼽는다. 지금 상태의 자연은 오랫동안 진화 과정을 거쳐 이루어진 결과이기 때문에 지금보다 더 좋은 상태는 없다는 것이다. "긁어 부스럼"이라는 우리말 속담도 있듯이 자연도 부스럼과 같아서 손을 대면 댈수록 상처는 더 악화되게 마련이다. 자연은 지금 상태 그대로 그냥 내버려두어야만 제 구실을 할 수 있다. '자연'이라는 한자어를 보더라도 '스스로 그러함'을 뜻한다.

'없음'과 '절로'의 상태가 생태주의가 지향하는 궁극적 목표 가운데 하나라면, 인간과 자연 사이의 높다란 벽을 허무는 것도 또 다른 궁극적 목표이다. 인간과 자연, 주체와 객체를 작둣날 위에 올려놓고 두 쪽으로 쪼개서 보던 이항대립적 사고가 오늘날의 환경 위기나 생태계 위기를 가져온 장본인이라는 것은 이미 잘 알려진 사실이다. 물론 서양에서 근대 과학이 발달한 것도 이렇게 인간과 자연, 주체와 객체를 나누어 보았기 때문이다. 그러나 인간의 삶을 풍요롭게 한다는 바로 그 근대 과학이 오늘날의 환경 위기나 생태계 위기를 낳았다는 것은 참으로 아이러니가 아니라고 할 수 없다. 인간과 자연의 이항대립적 사고를 지양하고 인간도 결국 자연의 일부라고 생각할 때 비로소 그 위기를 극복할 수 있는 길이 열릴 것이다.

> 풍설(風雪) 산제야(山齋夜)에 상대 일수매(一樹梅)라
> 웃고 저를 보니 저도 날을 웃는고나
> 두어라 매즉농혜(梅則儂兮) 농즉매(儂則梅)인가 하노라

화암(花庵) 송타(宋秅)의 작품이다. 그는 꽃을 몹시 좋아하여 늘 꽃과 더불어 살고 꽃을 즐겨 노래하였다고 한다. 오죽하면 호를 '꽃의 암자'라고 불렀을까. 이 작품에서 시인은 인간과 자연이 적대적 관계가 아니라 호의적 관계에 있을 수 있음을 여실히 보여 준다. 화자 '나'는 눈보라 흩날리는 날 밤 깊은 산 속의 집에 묻혀 있다. 그가 상대할 수 있는 것이라고는 고작 매화 한 그루뿐이다. 지긋이 웃으면서 매화를 쳐다보니 매화도 '나'를 쳐다보며 웃는다고 말한다. 그리하여 '나'는 "매화가 곧 나요 내가 곧 매화"라고 결론짓는다.

만물의 영장이요 만물의 척도라고 일컫는 인간이 이렇게 한낱 식물에 지나지 않는 매화와 하나가 된다는 것은 여간 놀랍지 않다. 인간과 자연 사이에는 그 동안 수직적 관계를 맺고 있었다. 자연은 오직 인간을 위하여 존재하고 복무할 뿐 인간이 자연을 위하여 존재하지 않는다는 생각이 널리 퍼져 있었다. 인간이 우주의 주인이나 소유주로 행세해 왔다. 인간과 자연은 말하자면 집주인과 노예의 관계에 있었다. 그러나 이 작품에서 인간과 자연의 수직적 관계는 좀처럼 찾아볼 수 없다. 인간과 자연의 이러한 교감이야말로 참으로 값지고 소중하다 할 것이다.

> 바위로 집을 삼고 폭포로 술을 빚어
> 송풍(松風)이 거문고 되며 조성이 노래로다
> 아이야 술 부어라 여산동취(與山同醉)

장현광(張顯光)의 작품으로 자연과 하나가 되려는 태도를 잘 엿볼 수 있다. 시인은 되도록 인위적이거나 인공적인 것을 멀리하고 오직 자연과 더불어 살려고 한다. 초장의 "폭포로 술을 빚어"라는 구절은 폭포에서 떨어지는 물로 술을 빚겠다는 뜻이 아니라 폭포 물을 그냥 술로 생각하겠다는 뜻이다. 바위가 집이 되고 솔바람이 거문고가 되는 것과 똑같은 이치이다. 종장의 "아이야 술 부어라 여산동취"라는 구절은 송타의 "두어라 매즉농혜 농즉매인가 하노라"와 같다. 산과 더불어 술을 마시겠다는 것이나 매화가 곧 자신이요 자신이 매화는 것이나 인간과 자연의 높다란 벽을 허물어져 버린다는 점에서는 크게 다르지 않다. 이 작품에서 '나'와 매화의 관계는 독일의 철학자 마르틴 부버의 용어를 빌려 말한다면 '나-그것'의 비인격적 관계가 아니라 어디까지나 '나-당신'의 인격적 관계라고 할 수 있다.

이렇게 자연과 인간이 하나가 될 수 있다면 우주에 존재하는 모든 것을 인간의 관점에서 바라보고 판단하고 가치를 두는 것은 잘못된 일이다. 오늘날의 환경 위기나 생태계 위기의 밑바닥에는 서슬 퍼런 인간중심주의가 도사리고 있다. 인간을 만물의 영장이요 만물의 척도로 보려는 태도는 생태계 질서에 어긋날 뿐만 아니라 아주 위험하다. 모든 인간이 법 앞에서 평등하듯이 생물이건 무생물이건 생태계의 모든 구성원도 생태 법칙 앞에서 하나같이 평등하다고 생각하는 것이 무엇보다도 중요하다.

> 무정히 서 있는 바위 유정하여 보이는구나
> 최령오인(最靈吾人)도 직립불의(直立不倚) 어렵거늘
> 만고에 곧게 선 얼굴이 고칠 적이 없구나

노계(蘆溪) 박인로(朴仁老)의 「입암별곡(立巖別曲)」 가운데 한 작품이다. 신파극에서 흔히 볼 수 있는 "무정한 세월은 유수(流水)와 같이 흘러……"라는 표현에서 잘 드러나듯이 인간은 흔히 추상적 개념이 아무런 느낌이나 감정이 없다고 생각하기 일쑤이다. 무생물은 말할 것도 없고 심지어는 생물까지도 '무정'의 범주에 넣기도 한다. '돌부처 같은 사람'이니 '목석(木石) 같은 사람'이니 하는 표현도 있듯이 무생물 가운데에서도 돌이나 바위는 무정을 보여 주는 가장 대표적인 예로 꼽힌다. 아이를 낳지 못하는 여자를 일컫는 '석녀(石女)'나 지능이 없거나 부족한 사람을 가리키는 '석두(石頭)'니 하는 표현도 이와 크게 다르지 않다. 이렇듯 인간은 오직 자신만이 감정과 느낌을 가지고 있다고 여길 뿐 나머지 존재에게는 좀처럼 그러한 특성을 부여하지 않는다. 물론 불교에서는 이 '유정'의 범위를 좀더 넓혀 부처의 구제의 대상이 되는 이 세상의 모든 생물을 통틀어 일컫는다. 이렇게 유정의 대상을 중생(衆生)이나 제유(諸有) 또는 제법(諸法)이라고 부르기도 한다.

박인로는 아무런 감정 없이 서 있는 바위가 '유정하여' 보인다고 노래한다. 바위가 유정하게 보인다는 것은 인간과 다르지 않다는 것을 뜻한다. 이보다 한 발 더 나아가 바위가 인간보다 더 낫다고 말하기도 한다. '최령오인'이라는 표현에서도 잘 드러나듯이 동양에서는 인간을 가장 신령스러운 존재로 파악한다. 맹자(孟子)는 "짐승과 인간 사이에 그렇게 큰 차이가 있는 것은 아니지만 바로 그 차이를 구별할 줄 아는 사람은 군자인 반면 그 차이를 구별할 줄 모르는 사람은 소인이다" 하고 잘라 말한다. 『동몽선습(童蒙先習)』에서는 "천지만물의 무리 가운데에서 오로지 인간만이 가장 귀하다"고 가르친다.

이와 관련하여 중장 후반부의 "직립불의 어렵거늘"에서 '직립'이라는 말도 찬찬히 눈여겨보아야 한다. 진화론의 관점에서 보면 팔다리로 기어 다니다가 곧바로 서서 걷는 단계에 이르렀다는 것은 가히 양자적 도약이라고 할 만큼 놀라운 발전이다. 19세기 말엽 네덜란드인 뒤브와가 인도네시아의 자바에서 발견하였다고 하여 흔히 '자바 원인(猿人)'이라고 부르는 약 50만 년 전 화석 인류가 바로 그것이다. 최초의 직립 인간으로 꼽히는 '피테칸트로푸스 에렉투스'는 인류와 유인원의 중간 형태로 추정된다. 이렇게 두 다리로 서서 걷는다는 것은 인류를 다른 동물과 구별 짓는 좋은 잣대가 되었던 것이다.

인간은 아무리 서서 걷는 동물이라고 하지만 언제나 서 있을 수만은 없다. 실제로 서서 걷는 시간보다는 의자에 앉거나 누워 있는 시간이 훨씬 더 많다. '직립불의'란 아무것에도 기대지 않고 곧게 서 있는 상태를 가리키는 말이다. 그러므로 "직립불의 어렵거늘"이라는 구절은 인간은 기대지 않고 서 있기가 무척 어렵다는 뜻이다. 그러나 인간이 흔히 '무정'하다고 이르는 바위는 아주 오랜 세월을 두고 늘 곧게 서 있다. 그렇다면 바위 같은 무생물이 '유정'하다는 인간보다 훨씬 더 나은 존재가 되는 셈이다. 인간을 최고의 반열에 올려놓으려는 인간중심주의를 버리지 않는 한 오늘날 인류가 겪고 있는 생태계 위기나 환경 위기를 극복한다는 것은 한낱 공염불처럼 부질없는 일에 지나지 않을 것이다.

06

시대와의 불화

— 이문열의 『선택』

최근 문학이나 문화 이론에서 가장 관심을 받고 있는 것은 인종 · 계급 · 성차(性差)를 둘러싼 문제이다. 처음에는 마르크스주의의 세례를 받은 좌파 이론가들이 주로 주장하였지만 이제는 좌파와 우파를 가르지 않고 모든 문학 연구가들한테서 관심과 주목을 받고 있다. 최근 들어 환경오염이나 생태계 파괴가 더 이상 추상적인 관념의 문제가 아니라 피부에 직접 와 닿는 현실적인 문제로 대두되면서 이 세 가지 의제에 환경이 하나 더 추가되었다. 그리하여 이 네 가지 의제는 이제 현대 문학 이론과 문화 이론의 집을 떠받들고 있는 네 기둥이라고 하여도 크게 틀리지 않다.

21세기의 문턱을 막 넘어선 지금 인종 · 계급 · 성차 · 환경과 관련한 문제를 접어두고 문학과 문화를 말하기란 이제 무척 어려운 단계에 이르렀다. 언뜻 추상적이고 거창한 것처럼 보일는지 모르지만 포스트모더니즘도 따지고 보면 이 네 문제가 가지를 뻗고 꽃을 피우는 데 밑거름 역할을 한 이론이라고 할 수 있다. 한마디로 어떤 중심에 대한 저항과 거부, 절대적 권위에 대한 회의와 도전—이것이 바로 포스트모더니즘이 지향하고 있는 궁극적 목표이다. 그 동안 인종을 비롯하여 계급과 성차 그리고 자연이나 환경을 둘러싼 문제는 하나같이 중심과 절대적 권위에 대한 갈망이 빚어낸 결과라고 할 수 있다.

이문열(李文烈)은 그 동안 원심적 가치보다는 구심적 가치, 상대적 진리보다는 절대적 진리에 무게를 실어 왔다. 그의 정신에는 가문(家門)이건 왕권(王權)이건 거의 언제나 중심적이고 절대적인 어떤 힘이 굳게 자리 잡고 있다. 그에게 이러한 힘의 상실은 곧 자아상실이나 자기분열과 크게 다르지 않다. 그런데 이문열은 이러한 작가 정신이나 문학관 때문에 그가 살아온 시대의 가치와 충돌할 때가 적지 않았다. 시대착오적이라고까지는 말할 수 없을는지 몰라도 때로는 진보주의의 도도한 시대적 흐름에 거슬렸던 것만은 틀림없다. 그 자신이 입버릇처럼 말해 왔듯이 그는 그 동안 '시대와의 불화'를 겪으며 살아 왔다. 몇몇 진보적인 비평가들이 그에게 좋게 말하면 보수주의자요, 나쁘게 말하면 체제 순응자라는 혐의를 두는 것은 바로 그 때문이다.

1

어느덧 21세기의 문턱을 넘어선 지도 몇 해를 넘기고 작가의 나이도 어느덧 60세를 넘긴 지금에 와서도 이문열은 여전히 시대와 불화를 겪고 있는 듯하다. 그의 말마따나 "신들메를 고쳐 매며" 새롭게 마음을 다짐하지만 시대와의 타협을 이룩하기란 좀처럼 쉽지 않은 것 같다. 예전과 차이가 있다면 시대와 불화를 겪고 있는 그 대상이 조금 달라졌을 뿐이다. 1990년대 중반까지만 하더라도 이문열은 주로 정치적 이데올로기 때문에 시대와 불화를 겪었다. 작가 자신과 그의 가족이 겪은 '레드 콤플렉스' 때문이기도 하지만 그는 앞에서 말한 대로 보수주의적이고 체제순응적인 경향을 보여 온 것이 사실이다.

그런데 1990년대 중반 이후 이문열은 정치적 이데올로기 못지않게 성차 문제에서도 시대와 불화를 겪고 있다. 페미니즘의 깃발 아래 모여 있는 여성들은 이문열이 『선택』(1997)에서 보여 준 반페미니즘적 태도에 정면으로 공격하고 나섰다. 1996년 《세계문학》에 그는 이 소설의 제1부와 제2부를 두 차례에 걸쳐 연재하였고, 연재가 미처 끝나기도 전에 제3부와 제4부를 완성하여 그 이듬해 단행본으로 출간하였다. 연재 중에 이미 여성계로부터 비판을 받기 시작한 이 작품은 단행본으로 출간되자마자 그야말로 집중 포화를 맞았다. 이전에 정치적 보수주의나 유교적 복고주의를 문제 삼아 그를 비판하던 비평가들이 주로 동년배의 남성이었다면, 이번에 성차의 문제로 그에게 비판의 화살을 퍼붓는 사람들은 주로 젊은 여성들이었다.

이문열의 작품이 흔히 그러하듯이 『선택』도 작가 자신의 가문과 문중에서 작품의 소재와 작중인물 그리고 배경 등을 취해 온다. 이 작품에서 이문열은 재령(載寧) 이 씨 가문의 현모양처로 존경받는 정부인(貞夫人) 인동(仁同) 장 씨(張氏)를 주인공으로 삼는다. 작품 첫머리에서 작가는 그녀를 두고 "한 이름 없는 여인"이라고 밝힌다. 그러나 장 씨는 실제로는 재령 이 씨 가문뿐만 아니라 조선조 전체를 통해서도 '여성 군자'로서 그 이름을 널리 날린 여성으로 꼽힌다.

유교 질서와 그 가치를 높이 평가하는 이문열이 인동 장 씨에 대하여 자부심을 느끼는 것은 어찌 보면 마땅하다. 그녀에 대하여 이문열은 "퇴계학의 한 종사(宗師)요 숙종조 영남 남인의 영수였던 갈암(葛庵) 이현일(李玄逸)의 어머니가 된다. 남편, 아들, 손자 3대에서 이른바 칠산림(七山林)을 배출한 현모양처로서 영남 지방에서는 신사임당(申師任堂)과 나란히 우러름을 받는 분이다" 하고 밝힌 적이 있다. 좀더 구체적으로 말하자면 정부인 장 씨는 퇴계(退溪) 이황(李滉)의 성리학을 이어받은 경당(敬堂) 장흥효(張興孝)의 외동딸이요, 석계(石溪) 이시명(李時明)의 아내로 존재(存齋) 이휘일(李徽逸)과 이현일 형제의 어머니가 되는 사람이다. 1999년 문화부에서 '11월의 문화 인물'로 선정할 만큼 그녀는 시문과 서화에 뛰어날 뿐만 아니라 자녀 교육에도 귀감을 보임으로써 뒷날 위대한 어머니로 추앙 받아 왔다.

그런데 『선택』에서 이문열은 역사적 사실이나 전기에서 소재를 빌려오되 그 형식에서는 변화를 꾀한다. 사건을 연대기적으로 기술하는 대신 정부인 장 씨의 혼백이 나타나 현대 여성을 꾸짖는 형식을 취한다. 혼백이 이야기를 서술한다는 점에서 언뜻 보면 현실성이 떨어지는 환상적인 작품이다. 이문열은 "나는 조선 왕조 선조(宣祖) 연간에 태어나 숙종 연간에 이 세상을 떠난 한 이름 없는 여인의 넋이다"라는 문장으로 이 작품을 시작한다. 곧 이어 장 씨는 "나를 수백 년 세월의 어둠과 무위 속에서 불러낸 것은 너희 이 시대를 살아가는 웅녀(熊女)의 슬픈 딸들이었다"고 밝힌다. 다시 말해서 이 작품의 화자는 장 씨요, 서술학 이론가 제럴드 프랭스가 말하는 '피화자(被話者)'는 장 씨가 이야기의 대상으로 삼고 있는 20세기의 젊은 여성들이다.

이러한 정부인 인동 장 씨를 두고 한 여성 논객은 지금 "가부장제의 망령이 배회하고 있다"고 비판의 화살을 던졌다. 물론 이것은 1848년 카를 마르크스와 프리드리히 엥겔스가 『공산주의 선언문』의 첫머리에서 "지금 유럽에는 코뮤니즘이라는 유령이 배회하고 있다"고 한 말을 빗대어 말한 것이다. 또 다른 논객은 이보다 한 발 더 나아가 장 씨를 아예 '매춘부'라고 매도하였다. 이 작품을 "아주 잘 쓴 잡품(雜品)"이라고 비아냥거리는 전여옥(田麗玉)은 인동 장 씨에 대하여 "사실 알고 보면 그녀 역시 불쌍한 매춘 여성이었다. 꼭 몸과 웃음을 팔아야만 매춘부인가? 남성 사회의 권력과 부와 명예에 기생한다면 매춘부와 별다름 없다. 정확히 장 씨 부인은 4백 년 전 철저하게 남성이 원하는 모든 것을 수단 방법 가리지 않고 해 줌으로써 '정부인'이란 허술한 소득을 챙긴 매춘 여성이었다"고 잘라 말한다.

물론 전여옥에 주장에 대한 이문열의 반격도 만만치 않아서 《동아일보》에 기고한 한 글에서 그는 "우리는 그들이 여성계를 대표하는 것이 아니며 요즘 들어 활기 있게 논의되는 페미니즘 운동과도 실상은 무관함을 알고 있다. 기껏해야 어물전의 꼴뚜기거나 어디가 잘못되어 갈팡질팡 널을 뛰고 있는 여자들로 짐작한다. 특히 정부인을 매춘부로 매도한 쪽은 자신의 마뜩치 못한 행실이나 결혼 이력을 변호하려다 망발의 늪으로 빠져든 게 아닌가

하는 의심조차 든다"고 반격의 고삐를 늦추지 않는다. 이것을 시작으로 작가와 페미니스트로 일컬을 수 있는 여성들 사이에 일련의 논쟁과 시비가 잇달아 벌어졌다. 이문열의 작품 가운데에서 이 소설처럼 그렇게 논란거리가 된 것도 아마 찾아보기 쉽지 않을 것이다.

2

이문열은 『선택』을 처음 집필하면서 흔히 페미니즘으로 일컫는 여성 운동에 비판의 칼날을 들이대기로 단단히 각오를 한 것처럼 보인다. 삼강오륜 같은 유가 질서에 철저히 물들어 있는 그의 눈에 오늘날의 여성 운동이 곱게 보였을 리 없다. 물론 그 동안 여기저기에서 비판을 많이 받아 온 탓에 남달리 방어 능력이 발달한 이문열은 여성들한테서 자신에게 쏟아질 비판의 화살을 교묘하게 비켜나갈 준비를 한다. 말하자면 빠져나갈 구멍을 미리 마련해 놓고 상대방을 공격하는 것이다.

예를 들어 이문열은 "성실하게 추구되고 있는 페미니즘에 저항할 논리는 이 세상에 없다"는 말로 먼저 방어벽을 친다. 그런 뒤 "선입견 없이 읽어 보면 거기서 비판되고 있는 것은 저속하게 이해되고 천박하게 추구되는 페미니즘임을 알게 될 것이다. 편의주의나 개인적인 약점의 책임 전가에 내걸고 있는 그 깃발을 나는 비판했을 뿐이다" 하고 자신의 입장을 분명히 밝힌다. 그러면서 "한쪽으로 기운 배를 바로 세우는 길은 균형을 회복하는 일이지 모든 짐을 다른 쪽으로 옮기는 데 있지 않다"는 비유로 여성계의 비판을 잠재우려고 한다. 여성이 의무과 책임을 게을리 한 채 남성에게 지나치게 요구만 한다면 지난 수천 년 동안 남성이 저지른 실수나 부조리를 이번에는 여성 쪽에서 되풀이하는 것과 조금도 다르지 않다는 논리를 편다.

한편 이문열은 행여 남성 비평가 쪽에서 페미니즘을 지지하거나 옹호할는지도 모른다고 생각하였는지 그 가능성마저 미리 차단해 버린다. "특히 여성 해방과 성적인 방종을 혼동하는 논리에 박수를 보내는 남성은 아첨으로밖에는 여성의 호감을 살 길이 없는 못난이나 그런 여성이 많아야만 한몫 볼 수 있는 바람둥이뿐이다" 하고 지적함으로써 남성이 이 문제에 개입하는 것에 아예 처음부터 쐐기를 박는다. 그러나 이 문제에서 이문열은 그만 실수를 범하고 만다. 여성으로도 모자라 일부 남성마저 적으로 만들고 있기 때문이다.

남성도 여성 못지않게 얼마든지 페미니스트가 될 수 있음은 두말할 나위가 없다. 남성이 페미니즘에 동조해서는 안 된다는 논리는 백인이기 때문에 흑인 민권 운동을 할 수 없다는 논리와 똑같다. 그러나 백인도 얼마든지 흑인의 권익을 위하여 싸울 수 있고, 이와는 반대로 흑인도 백인의 위하여 일할 수 있다. 예를 들어 미국의 16대 대통령 에이브러햄 링컨은 미국을 내란으로 몰고 가면서까지 흑인 노예 해방에 앞장서지 않았던가. 놀랍게도 페미니즘이 처음 일어난 서구에서 여성 운동의 불을 처음 댕긴 이론가들은 거의 대부분 남성들이었다. 가령 영국의 철학자요 경제학자인 존 스튜어트 밀은 일찍이 『여성의 종속』(1869)이라는 책을 써서 여성 해방에 길을 활짝 열어 놓았다.

이문열이 『선택』을 통하여 페미니즘을 비판하려고 하였다면 그것은 처음부터 '잘못된 선택'이었음이 밝혀진다. 작가가 즐겨 쓰는 말을 빌려 말한다면 '길을 잘못 든 속인'이 한 선택이라고 할 수 있다. 이문열은 무엇보다도 먼저 자기모순을 저지르고 있다는 비판을 면하기 어렵다. 자신이 비판 대상으로 삼고 있는 것은 여성 전체가 아니라 "어쩌다 앞서게 된 천방지축의 동성(同性) 몇"일 뿐이며, 여성 운동 전체가 아니라 어디까지나 "저속하게 이해되고 천박하게 추구되는 페미니즘"이라고 못 박아 말한다. 다시 말해서 이문열이 정부인 장 씨의 입을 빌려 질타하고 있는 대상은 "성난 외침과 괴로운 부르짖음"으로 남성에 도전하며 "그 화려한 겉꾸밈과 선동적인 외침"으로 순진한 동료 여성을 유혹하는 천둥벌거숭이 일부 여성일 뿐이라는 것이다.

그러나 이 작품의 첫 장만 넘겨보아도 이 말이 한낱 허구임이 금방 드러난다. 좀더 꼼꼼히 살펴보면 이문열이 질타하고 있는 대상은 여성 일부가 아니라 "이 시대를 살아가는 웅녀의 슬픈 딸들", 즉 한반도의 현대 여성 모두임이 밝혀진다. 다시 말해서 그는 가부장 질서에 길든 남성으로서 여성 전체에 대하여 비판의 칼날을 휘두르고 있다. 물론 작가의 이러한 이중적 태도는 자기모순이라기보다는 일종의 전략으로 볼 수도 있을 것이다. 그러나 작품 전편에 비추어 보면 이문열은 현대 여성 일반을 비판 대상으로 삼고 있음이 드러난다. 그렇다면 장 씨가 피화자에게 자신을 두고 "빛날 것도 자랑스러울 것도 없는 아내"라고 겸손하게 말하는 것도 왠지 공허하게만 들린다.

더구나 이문열은 여성 해방 운동을 일부 여성의 성적 방종과 동일시하거나 개인적 원한에서 비롯한 것으로 파악하는 과오를 범한다. 페미니즘의 주장에 대하여 그는 "그 항의가 뒤틀린 이로(理路)에서 비롯되거나 개인적 원한에 바탕한 표독스런 저주와 악담"처럼 들린다고 밝힌다.

> 진실로 걱정스러운 일은 요즘 들어 부쩍 높아진 목소리로 너희를 충동하고 유혹하는 수상스런 외침들이다. 그들은 이혼의 경력을 무슨 훈장처럼 가슴에 걸고 남성들의 위선과 이기와 폭력성과 권위주의를 폭로하고 그들과 싸운 자신의 무용담을 늘어놓는다. 이혼은 '절반의 성공' 쯤으로 정의되고 간음은 '황홀한 반란'으로 미화된다. 그리고 자못 비장하게 '무소의 뿔처럼 혼자서 가라'고 외친다.

두말할 나위 없이 여기에서 이문열은 여성 작가들의 작품을 직접 인용하거나 조금 비틀어 인용한다. 예를 들어 '황홀한 반란'이라는 구절은 이경자(李暻子)가 1996년에 출간한 동명 소설 제목을 그대로 옮긴 것이다. '절반의 성공'은 역시 이경자의 소설 『절반의 실패』(1993)를, '무소의 뿔처럼 혼자서 가라'는 공지영(孔枝泳)의 작품 『무소의 뿔처럼 가라』(1994)의 제목을 약간 비틀어 바꾼 표현이다.

그러나 남성의 부당한 지배와 억압에서 벗어나려는 페미니즘은 "천박한 복수의 구호거나 벌거숭이 이기주의의 전파열(傳播熱)"이 아니며, 어떤 개인적인 원한에 바탕을 둔 "표독스런 저주와 악담"은 더더욱 아니다. 이문열이 보는 여성의 가정관도 꽤 과장되어 있다. 가령 "자기 성취를 원하는 여성에게는 가정은 감옥이고 남편은 폭군이며 아이들은 족쇄라고 외치는 것처럼 들린다. 현모양처란 무능과 불행의 다른 이름이고 내조와 양육은 허송세월의 동의어인 듯하다"는 말도 논리의 비약으로밖에는 볼 수 없다. 주위를 돌아보면 가정에 충실하면서도 자기 성취를 이룩하는 여성이 얼마든지 있다. 그러한 여성에게 가정은 '감옥'이 아니라 천국이고, 남편은 '폭군'이 아니라 삶의 여정을 함께 하는 동반자이며, 아이들은 '족쇄'가 아니라 꿈과 희망이다.

3

자칫 여성 폄하나 비하로 보일 발언보다 더 심각한 문제는 이문열이 페미니즘이나 여성 해방 운동의 본질을 잘못 이해하고 있다는 점이다. 최근 들어 이문열은 요즈음 우리 비평계나 학계에서도 자주 거론하는 서구 이론에 대하여 어느 정도 알고 있는 듯하다. 1990년대 중반 이후에 나온 작품이나 산문에서 그는 '기호'니 '환유'니 '해체'니 '타자'니 '여성성'이니 하는 용어를 부쩍 자주 사용하고 있다. 그러나 이렇게 전문용어 사전에 새로 입적된 용어는 사용하여도 그 정확한 뜻과 쓰임새에 대해서는 제대로 이해를 하지 못하는 것 같다.

가령 페미니즘이라는 용어만 하여도 그러하다. 서구에서이건 한국에서이건 페미니즘이 무엇보다도 문제 삼는 것은 결정론과 본질주의, 좀더 자세히 말해서 생물학적 결정론과 본질주의이다. 본질주의가 품고 있는 비장의 무기는 다름아닌 차별이다. 인간은 본질적으로 자연과 다르다고 생각하기 때문에 자연을 타자로 간주하여 지배하고 정복해 왔다. 마찬가지로 백인은 본질적으로 흑인을 비롯한 유색 인종과는 다르다고 생각하기 때문에 그들을 지배하고 피식민지 주민으로 삼을 수 있었다. 또한 지금까지 남성들은 생물학적인 본질적 차이를 내세워 자신들을 동일자로 여성을 타자로 파악하였다. 다시 말해서 남성이 생물학적으로 여성보다 우월하다는 이론에 근거하여 여성을 지배하고 억압해 왔던 것이다.

페미니스트들이 '성별/섹스'와 '성차/젠더'를 애써 구별 지으려고 하는 까닭이 바로 여기에 있다. '섹스'는 생물학적인 개념인 반면 '젠더'는 어디까지나 문화적 개념이나 사회적 개념이다. 하도 많이 인용해 온 나머지 실오라기가 훤히 들여다보이는 말이 되어버렸지만 흔히 페미니즘의 복음서로 일컫는 『제2의 성』(1949)에서 시몬 드 보부아르는 "우리는 여성으로 태어나는 것이 아니라 어디까지나 여성으로 만들어진다. (……) 여성이라고 부르는 이 피조물을 만들어 내는 것은 다름아닌 총체적 문명이다" 하고 잘라 말한다. 많은 페미니스트는 보부아르와 마찬가지로 여성이 태생적으로 결정되는 것보다는 사회화 과정을 통하여 사회적으로나 문화적으로 결정되는 것이 훨씬 더 많다고 생각한다. 다시 말해서 그들은 생물학적 개념인 '섹스'보다는 오히려 문화적 · 사회적 개념인 '젠더'를 문제 삼으려고 하는 것이다.

토마스 칼라일이 식민지 인도를 주어도 바꾸지 않겠다고 선언할 만큼 영국 사람들이 무척 큰 자부심을 느끼는 윌리엄 셰익스피어는 생물학적 본질주의자로 보아 크게 틀리지 않다. 흔히 '4대 비극'의 한 편으로 꼽히는 『햄릿』(1604)에서 그는 여성을 두고 "약한 자여, 그대의 이름은 여자로다"(1막 2장) 하고 부르짖는다. 남성과 비교하여 여성을 힘이 없는 존재라고 보는 것은 어디까지나 생물학적 특성을 근거로 내린 판단이다. 또한 『리어왕』(1608)에서도 그는 한 남성 작중인물의 입을 빌려 막내딸 코딜리어에 대하여 "그녀의 목소리는 언제나 부드럽고 다감하며 나지막하였다. / 이것이야말로 바로 여성의 미덕이 아닌가"(5막 3장) 하고 말한다. 이 셰익스피어 대사에는 부드럽고 다정다감하며 다소곳하게 말하는 여성만이 '여성다운' 여성이고 그렇지 않은 여성은 '여성다운' 여성이 될 수 없다는 전제가 깔려 있다. 셰익스피어는 이렇게 생물학적 근거로 여성을 남성과 구분 짓고 여성을 종속적인 위치에 두려고 하였다. 비록 정도의 차이는 있지만 거의 대부분의 남성 작가들은 지금까지 셰익스피어와 마찬가지로 여성을 남성과 동일한 개성을 지닌 주체로서 간주하기보다는 오히려 남성에 종속된 객체나 대상으로 파악하려고 하였다.

굳이 남의 나라 작품에서 예를 찾을 것도 없이 한국 작품을 보아도 얼마든지 이러한 경우를 찾아볼 수 있다. 예를 들어 이문열이 『선택』에서 비판의 대상으로 삼는 여성 가운데 한 사람인 공지영은 『착한 여자』(1999)에서 인혜라는 작중 인물을 통하여 사회적 개념이나 문화적 개념인 젠더가 얼마나 깊이 내면화되어 있는지를 잘 보여 준다. 인혜는 여주인공 정임에게 여성이라면 마땅히 이러저러 하여야 한다고 밝힌다.

> "나 정인 씨하고 요즘 같이 살면서 참 많은 걸 느껴요. (……) 우리가 여자들인 것에 대해서. 아, 예전에는 왜 그렇게 내가 여자인 거 싫었나 몰라. 하지만 이젠 그런 생각이 안 들어요. 부드럽고 따뜻하고 조용조용하고 그런 거. 그건 너무나 소중한 거야."

남성의 입도 아니고 여성의 입에서 이러한 말이 나온다는 것이 여간 놀랍지 않다. 방금 앞에서 인용한 셰익스피어는 여성의 목소리를 두고 말하였지만 지금 공지영은 목소리뿐만 아니라 여성의 몸가짐이나 행동거지 일반을 두고 말한다. 여성이란 으레 "부드럽고 따뜻하고 조용조용"하여야 한다는 것은 어디까지나 남성 중심의 가부장 질서가 만들어 낸 신화나 미신에 지나지 않는다. 남성도 얼마든지 부드럽고 따뜻하고 조용할 수 있는가 하면, 여성도 용감하고 차갑고 호탕할 수가 있다. 마거릿 미드를 비롯한 문화 인류학자들에 따르면 남태평양에 살고 있는 몇몇 토착 인종을 보면 여성이 오히려 용감하고 전투적인 반면, 남성은 온순하고 가정적이라고 한다. 페미니즘에서는 생물학적 '성별/섹스'는 어쩔 수 없이 인정하면서도 이렇게 사회적으로나 문화적으로 습득한 '성차/젠더'에 대해서는 조금도 인정하려고 하지 않는다.

적어도 여성과 남성을 생물학적으로 엄격히 구분 지으려고 한다는 점에서 이문열은 셰익스피어처럼 생물학적 결정론이나 본질주의를 받아들이는 작가로 보아 크게 틀리지 않다. 이문열은『선택』에서 신체 구조나 기능에서 여성은 남성과는 본질적으로 다르다고 지적한다. 여성이 하여야 할 몫과 남성이 하여야 할 몫은 저마다 다르다는 것이다. 이문열에게 아내로서의 내조와 출산과 양육이야말로 여성만이 누릴 수 있는 가장 큰 축복이요 마땅히 져야 할 짐이다. 여성이 그 이상의 일을 추구하려고 하는 것은 조물주한테서 여성으로서 부여받은 신성한 의무와 막중한 책임을 넘어서는 것일 뿐이다.

『선택』에서 이시명의 후처로 결혼한 정부인 장 씨는 여섯 아들과 두 딸을 낳았고 전처소생의 자식까지 합하여 일곱 아들과 네 딸 등 모두 열한 명의 자식을 길렀다고 자랑한다. 그러면서 "이어지는 세상이 없다면 무엇을 남긴들 무슨 소용이 있겠는가. 아니 그 이상, 아내로서 이 세상을 유지하고 어머니로서 보다 나은 다음 세상을 준비하는 것보다 더 크고 아름다운 일이 어디 있겠는가" 하고 잘라 말한다. 특히 그녀는 무엇보다도 어머니로서 자식을 낳고 기르는 일을 중요하게 생각한다.

> 어머니는 여인이 가질 수 있는 가장 크고 아름다운 이름이다. 여인의 가장 중요한 생산은 자녀이며 가장 위대한 성취는 그 양육이다.—우리는 오랫동안 그렇게 배워 왔고 아마도 그것은 앞으로도 영원히 폐할 수 없는 진리일는지도 모른다.

이 문장에서 가장 핵심적인 낱말은 '생산'과 '양육'이다. 정부인 장 씨에 따르면 여성은 신체 구조나 기능에서 자식을 낳고 기르는 일을 도맡아야 한다. 이것을 달리 바꾸면 여성은 이 두 가지를 제외한 다른 일을 해서는 안 된다는 말이 된다. 장 씨는 출가하기 전에 이룬 모든 학문과 기예를 이미 스스로 버렸다고 말하면서 결혼 뒤에는 "아내와 어머니로서 필요한 것 이상으로 아는 체한 적도 없고, 붓을 잡아 글이나 그림을 희롱한 적도 없었다"고 밝힌다. 실제로 이 무렵 학문을 하고 기예를 하는 것은 남성의 몫일 뿐 여성이 해서는 안 되는 일이었다. 조선조 시대 유학자로 높이 칭송을 받는 이퇴계는 사대부 부녀자를 위한 지침서라고 할 『규중요람(閨中要覽)』이라는 책에서 "여자는 역대 국호와 선대 조상의 이름을 아는 것으로 족하다. 문필의 공교함과 시사(詩詞)를 아는 것은 사대부의 부녀자가 취할 일이 아니다" 하고 못 박아 말한다.

이문열은 이렇게 여성의 생물학적 개념인 성별에만 무게를 실을 뿐 문화적 개념이나 사회적 개념인 성차에 대해서는 이렇다 할 관심이 없다. 위 인용문에서 "우리는 오랫동안 그렇게 배워 왔고"라는 구절을 다시 한 번 찬찬히 눈여겨보아야 한다. 여성이 자녀를 낳고 기르고 훈육하는 역할을 맡아야 한다는 사실은 처음부터 그렇게 정해져 있는 것이 아니다. 물론 남성은 임신과 출산을 할 수 없기 때문에 이 부분은 마땅히 여성이 맡아야 할 몫이다. 그러나 자식의 양육을 '가장 위대한 성취'로 배워 왔다는 것은 여성이 오랫동안 학습을 통하여 습득해 왔다는 말이다. 그 동안 이러한 사실이 내면화되었기 때문에 그녀는 아무런 성찰이나 반성 없이 자연스럽게 받아들일 뿐이다. 또한 "어머니는 여인이 가질 수 있는 가장 크고 아름다운 이름이다"라는 진술도 정부인 장 씨가 학습을 통하여 습득하고 내면화한 것이다. 한마디로 이문열은 정부인 장 씨가 여성으로 태어났을 뿐만 아니라 사회적으로나 문화적으로 여성으로 그렇게 '만들어졌다'는 사실을 모르고 있거나 좀처럼 인정하려고 하지 않는다.

정부인 장 씨는 작품 곳곳에서 80평생에 걸쳐 "그 숱한 크고 작은 선택들"을 해 왔다고 말하고 있지만 과연 그것을 참다운 의미에서 '선택'이라고 볼 수 있을는지 의문이 든다. 오히려 기회 있을 때마다 애써 힘주어 말하는 것이 수상쩍다. 그녀의 숱한 행동은 생각해 보면 볼수록 자유 의지에 따른 선택이라기보다는 어쩔 수 없이 순응하였거나 체념한 결과라는 생각이 든다. 장 씨가 아무리 "세상에 어떤 선택이 그 처한 환경이나 주어진 여건과 온전히 무관할 수 있는가" 하고 합리화하여도 사정은 크게 달라지지 않는다. 이 소설의 한 장면에서 장 씨는 "오직 그 시대의 부녀에게 주어진 직분에만 전념해 삼십 년을 보냈다"고 고백한다. 그렇다면 그녀는 '시대의 부녀에게 주어진 직분'을 충실히 수행하였을 뿐 자유 의지를 통하여 자신의 삶을 스스로 선택하여 개척하였다고 보기 어렵다.

이 점을 의식하였는지 정부인 장 씨는 자신의 행동이 관습에 맹목적으로 순응한 것은 아니라고 변명한다. 특히 그녀는 스스로 가문을 선택하였다고 밝힌다. "우리 시대 여성들에게 가문은 피할 수 없는 강요였다. 그러나 나는 맹목적으로 순응한 게 아니라 그런 나름의 논리를 통해 적극적으로 그 이념을 껴안았고, 그런 뜻에서 감히 가문을 내가 결혼한 뒤에 첫 번째로 한 선택이었다고 말하고 싶다"고 말한다. 현대 여성한테 가문이 '피할 수 없는 강요'라고 일반화시켜 말하는 것도 문제이지만 그보다 더 큰 문제는 장 씨의 논리이다.

정부인 장 씨가 말하는 '그런 나름의 논리'라는 것이 외계에 로켓을 쏘아 올리고 컴퓨터와 인터넷의 보급으로 지구가 한 부락처럼 좁아진 오늘날에는 작아서 입지 못하는 옷처럼 낡은 생각이다. 가문은 그만두고 결혼조차 하지 않으려는 것이 요즈음 젊은 여성들의 추세이다. 한국은 이제 세계에서 출산율이 가장 낮은 나라가 되었다. 얼마 전 세계보건기구(WHO)가 발표한 '2008년도 세계보건통계'에 따르면 한국 여성의 평균 출산율은 2006년을 기준으로 1.2명을 기록하여 벨로루시와 체코, 폴란드 등과 함께 세계 193나라 중에서 가장 낮았다. 한국 여성 평균 출산율은 1990년 1.6명, 2000년 1.4명에 이어 계속 줄어들었다. 최근 통계청에 따르면 한국은 저출산으로 2018년부터 인구가 감소할 것이라고 한다. 이렇게 여성 출산율이 가장 낮은 데에는 그럴 만한 사회경제적 이유가 있을 것이다. 이러한 상황에서 장 씨처럼 자녀를 낳은 것을 '가장 중요한 생산'으로 보고 자녀를 양육하는 것을 '가장 위대한 성취'로 본다는 것은 가히 시대착오라는 비판을 면하기 어려울 것이다.

이 말은 장 씨가 가부장 질서를 얼마나 철저히 내면화하였는지를 단적으로 보여 주는 좋은 반증이다. 이문열이 장 씨의 입을 빌려 고백하듯이 "어떤 자유로운 정신은 여기서 그 시절의 여성에게 가해진 구조적 억압 혹은 정신적 폭력에 치를 떨 수도 있다. 그것이 얼마나 완벽하고 철저하였으면 한 인간에게서 그처럼 굴종적인 형태를 끌어낼 수 있었을까." 그런데 문제는 '자유로운 정신'이 비단 몇 사람에 그치지 않고 여성 세계에서 꽤 많은 부분을 차지한다는 데 있다. 그러한 여성들을 이문열이 그러하듯이 어물전을 망신시키는 '꼴뚜기'로 폄하하기에는 그 수가 너무 많다. 어찌 되었던 작가도 어디에선가 밝히듯이 가부장 제도와 유가적 이념이 서로 결합하면 단연 '이채를 띨' 뿐만 아니라 괴물처럼 기이한 형태를 띠게 마련이다.

『선택』을 출간한 뒤 이문열이 전여옥을 비롯한 여성 논객한테서 비판의 화살을 받은 것은 바로 이 점 때문이다. 장 씨는 여성을 자식의 생산과 양육 그리고 가문의 유지와 확장에 온힘을 쏟을 뿐 가부장 제도나 유가적 이념에 대해서는 추호도 의심을 품지 않는다. 그 대가로 받은 훈장이 바로 '정부인'이나 '여성 군자'라는 칭호이다. 이 점을 의식한 듯 이문열은 몇 해 뒤에 출간하는 『아가(雅歌)』에서 뒤로 한 발 물러선다.

> 남성 중심의 세계는 오랫동안 여성의 기능적 생산을 무시하고 성적인 생산만을 강조해 왔다. 여성 교육의 핵심은 남성들이 독점한 기능적 생산에 경외심을 품고 스스로를 가족 제도 속에 유폐하도록 유인하는 것이었다. 여성성은 오직 성적인 생산으로만 인정되고 보호받았다.
>
> 하지만 이제 시대는 변했다. 여성들은 기능적 생산에 참여하는 것을 주체성 회복의 지름길로 삼았다. 성적인 생산에만 종사하는 것은 매음으로 격하되었고, 여성들에게 그걸 강요하는 것은 폭력과 억압으로 규정되었다.

이 인용문에서 이문열이 밝히는 “여성의 기능적 생산을 무시하고 성적인 생산만을 강조하는” 남성 중심의 세계란 바로 이퇴계를 비롯한 유학자들의 성리학이고, 그들이 가르친 여성 교육이란 『규중요람』이나 『내훈(內訓)』 같은 지침서를 말한다. 이문열은 유가 질서가 큰 힘을 떨치던 시대에는 여성의 성적 생산성만을 강조하였지만 이제는 시대가 달라져 여성의 기능적 생산에 관심을 기울인다고 한 발 물러서면서도 못내 아쉬움을 떨쳐 버리지 못한다. “성적인 생산에만 종사하는 것은 매음으로 격하되었고”라는 구절에서는 정부인 장 씨를 매춘 여성으로 비하한 전여옥의 비판을 의식하고 있는 듯하다.

4

생물학적 결정론이나 본질주의의 반대쪽에는 여성을 남성과 전혀 구분 짓지 않으려는 태도가 버티고 서 있다. 생물학적 본질주의에 따라 남성과 여성을 엄격히 구분 짓는 것 못지않게 남성과 여성을 모든 면에서 동일한 차원에서 보려는 입장도 만만치 않다. 그러나 페미니즘은 이러한 태도에 대해서도 의혹의 눈길을 보낸다. 여성의 차별성과 개별성을 인정하지 않고 일반성이나 보편성의 보자기로 덮어씌우려는 경향도 지금까지 여성을 지배하고 억압하는 근거로 사용되어 왔기 때문이다. 이문열은 정부인 장 씨의 입을 빌려 “곰곰이 따져보면 기회와 여건의 차이일 뿐 너희들도 그 약점을 나눠 가졌고 그래서 너희들 불화는 남성과 여성의 문제가 아니라 인간의 문제가 된다. 정도의 차이를 본질의 차이로 몰아대지 말아라”고 충고한다. 또한 “너희가 괴로워하는 짐은 많은 경우 너희만의 짐이 아니다. 사람으로 태어나 지게 된 짐이며 남성들도 함께 지고 있다”고 여성을 위로하기도 한다. 그러나 이러한 태도 역시 곰곰이 따지고 보면 여성이 생물학적인 면에서 남성과 다르다고 하여 차별하고 억압하고 지배하는 것과 크게 다르지 않다.

때로는 포스트모더니즘에 적잖이 의혹의 눈길을 보내기도 하지만 포스트모더니즘한테 자양분을 받고 자란 페미니즘은 이 세상에 절대불변한 가치나 진리란 존재하지 않고 모든 가치와 진리는 어디까지나 상황에 따라 달라진다고 본다. 다시 말해서 그 동안 바윗덩어리처럼 굳건하다고 여겨 왔던 가치와 진리란 기껏해야 구체적인 역사와 사회가 만들어 낸 산물에 지나지 않는다는 것이다. 어느 시대 어느 누구에게나 똑같이 적용되는 보편성이란 없다. 한때 의심받던 가치가 뒷날에 와서는 진리로 융숭한 대접을 받는 경우를 종종 본다. 여성에 대한 대우만 하여도 고려 시대는 말할 것도 없고 조선조 초기까지만 하여도 남성과 여성이 거의 평등한 대우를 받았다고 한다. 가령 여성도 남성과 마찬가지로 제사에 참여하고 유산도 남녀가 평등하게 분배받았다. 그러나 조선조 중기로 접어들어 성리학이 발달하면서 남존여비 사상이 점차 굳어지게 되었던 것이다.

인류 역사에서 요즈음처럼 보편성이 의심을 받은 때도 일찍이 없을 것 같다. 포스트모더니스트들은 진리란 기껏 한 공동체가 합의를 통하여 도출해 낸 결과에 지나지 않는다고 지적한다. 보편성이란 기득권을 지키고 행사하여 여성을 비롯한 타자를 지배하고 억압하려는 음흉한 음모일 뿐이라는 것이다. 정부인 장 씨가 살던 조선조 중기와 정보를 돈을 주고 사고판다는 정보 사회인 21세기 사이에는 무려 4백여 년이라는 엄청난 시간 차이가 난다. 정신이 어지러울 정도로 하루가 다르게 변하는 한국 사회에서 4백여 년의 세월이란 서구 세계라면 아마 몇 천 년과 맞먹을 시간이다. 이렇게 엄청난 시간적 차이를 무시하고 똑같은 가치와 진리를 주장한다는 것은 가히 시대착오적이라고 할 만하다.

예를 들어 이문열이 비판해 마지않는 자연과 본능만 하여도 그러하다. 그는 요즈음 그 동안 여성들이 자연과 본능을 주장하는 것에 대하여 아주 못마땅하게 생각한다. "더욱 해괴한 것은 자연과 본능을 무슨 자랑스러운 부적처럼 앞세운 성 해방의 논리"라고 밝힌 뒤 "도대체 자연과 본능을 따르는 것이 바로 선(善)이란 단정은 어떤 근거에서 나온 것일까" 하고 묻는다. 그러나 남성 중심의 유가 전통에서는 여성의 성을 정절의 이름으로 억압하였지만 지금에 와서는 사정이 다르다. 성 해방을 부르짖는 여성들이 자연과 본능에 충실하려고 하는 것은 비록 선이라고는 할 수 없을는지 모른다. 아무리 자연과 본능에 충실히 따른다고 하여도 사회 제도와 인습의 테두리 안에서 따라야 하기 때문이다.

그러나 사회 제도나 사회적 인습 안에서 성 해방을 부르짖는 것은 그렇게 나무랄 것이 못 된다. 일찍이 장-자크 루소도 계몽주의에 반기를 들면서 "자연으로 돌아가라"고 부르짖지 않았던가. 그에게 자연으로 돌아가는 것은 곧 이성과 합리성의 쇠사슬을 끊어 버리는 것과 다름없었다. 이성과 합리성에서 해방되지 않고서는 인간은 삶다운 삶을 살 수 없기 때문이다. 성적 방종에 이르지 않고 사회 규범을 깨뜨리지 않는다면 성을 자연의 일부로 보는 것을 탓할 수만은 없을 것이다. 지나치게 성을 억압하고 죄악시한 태도가 어떠한 결과를 낳았는지 인류 역사는 웅변적으로 말해 준다.

정부인 장 씨가 남편인 석계 이시명을 두고 일컫는 '존빈(尊賓)'이니 '군자(君子)'니 하는 개념도 이와 크게 다르지 않아서 현대의 남편관이나 남편상에 비추어보면 가히 시대착오적이라고 할 만하다. 『논어(論語)』에서는 "멀리서 바라보면 씩씩하고, 가까이 하면 부드러우며, 그 말을 들으면 엄숙한 사람"이 바로 군자라고 정의를 내린다. 한마디로 유가에서 내세우는 가장 이상적인 인물이 군자이고, 역사에서 공자(孔子)나 맹자(孟子) 정도가 겨우 군자에 들어갈 수 있을 정도이다. 그렇다면 장 씨는 남편을 성인의 반열에 올려놓는 셈이다. 그런가 하면 그녀는 남편을 '귀한 손님'이라고 부르기도 한다. 손님이라도 보통 손님이 아니라 아주 귀하디귀한 손님이라는 것이다. 장 씨는 귀하다는 뜻에 대하여 "군자를 향한 내 우러름과 사모함을 간략하게 드러낸 말"이라고 말하며, 손님에 대해서는 "비록 가깝고 익숙하더라도 예를 잃지 않으리라는 내 다짐의 표현"이라고 밝힌다.

그러나 남녀평등을 부르짖는 오늘날의 여성에게 남편을 이르는 군자나 존빈이라는 표현은 아무래도 헌 옷처럼 낡았거나 잘 맞지 않는다. 비록 페미니즘의 깃발을 내걸고 있지는 않더라도 적지 않은 여성들은 부부 관계를 수직적 관계보다는 오히려 수평적 관계로 보려고 한다. 가장 이상적인 부부 관계는 아마 생사고락을 함께 하며 일생을 살아가는 반려자나 길동무가 될 것이다. 물 건너 서양에서는 배우자를 '더 좋은 반쪽(better half)'이라고 부른다. 한 몸을 둘로 나눈 반쪽이되 더 나은 쪽에 해당한다는 것이다. 장 씨처럼 남편을 군자나 존빈으로 숭배하는 상황에서 그녀가 그토록 강조하는 '사랑과 조화'를 찾아보기란 여간 어렵지 않다. 조금 극단적으로 말하자면 장 씨의 태도는 여성을 가부장제의 굴레에서 해방시키기는커녕 오히려 남녀여비(男尊女卑)나 여필종부(女必從夫)의 유가적 질서를 더욱 공고히 하는 데 기여할 뿐이다.

5

『선택』을 날카롭게 비판해 온 여성들이 미처 눈여겨보지 못하였지만 이 작품에는 여성과 관련하여 또 다른 문제점이 있다. 이문열은 지나치게 인간 중심주의적 태도를 취한다는 비판을 면하기 어렵다. 남성을 여성 위에 올려놓는 것처럼 그는 인간을 인간이 아닌 다른 피조물 위에 올려놓는다. 어머니로서의 정부인 장 씨의 위대성을 강조하기 위하여 작가는 '현빈(玄牝)'이라는 도가(道家)의 용어를 빌려 온다. '신령스런 암컷' 또는 '위대한 어머니'라는 뜻으로 풀이하면서 '자못 절실하게' 어머니란 이름의 크기와 아름다움을 드러내는 말이라고 설명한다. 그러나 현빈이라는 말을 단순히 인간의 어머니나 모성으로 해석하는 것은 좁은 생각이다. 노자(老子)의 『도덕경(道德經)』에 나오는 "穀神不死 是謂玄牝"이라는 구절을 종래 학자들처럼 "곡신은 죽지 않으니 이를 일러 현빈이라 한다"로 풀이하던, 아니면 최근 어느 여성 재야 학자처럼 "신은 죽지 않는 계곡이 있으니 이를 일러 현빈이라 한다"로 풀이하던 현빈을 어머니라고 보는 것은 아무래도 좁은 해석이라고 할 수밖에 없다. 현빈이라는 이 용어는 우주만물을 낳고 기르는 모든 힘으로 보는 쪽이 훨씬 더 옳을 것이다.

더구나 이문열은 정부인 장 씨의 입을 빌려 “짐승의 암수와 사람의 부부를 구별할 수 있는 것은 오직 예(禮)뿐이다”니, “사람의 수컷처럼 오래 자기 새끼에게 애정과 관심을 표명하는 동물의 수컷은 없다”니 하고 말한다. 태교 없이 자식을 낳는 여성에 대하여 그는 “어머니가 되는 것이 아니라 자신의 희로애락에 따라 새끼를 빨고 핥고 하다가 버리고 죽이기도 하는 짐승의 암컷이 될 뿐이다” 하고 말하기도 한다. 그냥 지나쳐 버리기 쉽지만 이 구절들을 좀더 꼼꼼히 뜯어보면 서슬 퍼런 인간중심주의가 도사리고 있음이 드러난다. 이 말에는 인간과는 달리 짐승에게는 예가 없고 자기 새끼에게 오래 애정과 관심을 표현하지 않으며 새끼를 쉽게 버리거나 죽인다는 전제가 깔려 있다. 이문열은 부부애나 부성애를 강조하려는 나머지 애꿎게 동물을 비하하는 결과를 낳는다.

동물에게는 영혼이 없다고 한 르네 데카르트의 말에 속아 넘어가서는 안 된다. 최근 들어 동물학자들은 짐승도 인간 못지않게, 아니 어떤 면에서는 인간보다도 더 새끼를 아끼고 사랑한다는 사실을 속속 밝혀내었다. 예를 들어 그 동안 아프리카 오지에서 침팬지를 연구해 온 영국의 문화 인류학자요 환경론자인 제인 구달은 마크 비코프와 함께 쓴 『열 가지 믿음』(2002)이라는 책에서 짐승도 인간처럼 희로애락의 감정을 가지고 있을 뿐만 아니라 당혹스러움이나 수치 같은 감정도 느낀다고 지적한다. 인간만이 온갖 감정을 지닌다고 생각하는 것은 어디까지나 인간중심적인 태도에서 비롯한다는 것이다. 이문열은 인간과 동물을 구분 짓는 지표로 예를 들고 있지만 실제로 개 같은 동물은 먹이를 준 손을 물지 않지만 사람은 은혜를 베푼 사람을 배반하는 경우를 가끔 보게 된다.

이문열의 인간중심주의적인 태도는 삼재(三才)를 설명하는 장면에 이르러 좀더 뚜렷이 드러난다. 이 세상을 구성하는 세 요소를 일컫는 삼재와 관련하여 그는 “곰곰이 생각하면 사람의 세상은 어차피 사람이 으뜸일 수밖에 없다"고 말하면서 한마디로 "사람이 곧 세상이다" 하고 결론짓는다.

> 하늘과 땅 그리고 그 사이에 펼쳐진 모든 것은 저마다 존재하는 것이기는 하지만 사람이 없으면 아무런 의미를 가지지 못한다. 우리가 세상이라고 말하는 것은 우리에게 감지되거나 인식된 것들로 이루어져 있다. 사람이 살지 않는 세상에 어짐이 무엇이며 의로움이 무엇이며 예절이 무엇이며 앎이 무엇인가. 사람이 느끼지 못하는 아름다움이 무엇이며 사람이 알 수 없는 진리는 무슨 의미가 있는가. 거룩함은 무엇이며 착함은 무엇인가.

이 인용문에서 무엇보다도 눈여겨볼 것은 우주에 존재하는 만물이 "사람이 없으면 아무런 의미를 가지지 못 한다"는 첫 구절이다. 이 구절은 이문열의 "우주도 사람이 있어서 존재한다"는 말과 맞닿아 있다. 모든 것을 오직 인간의 입장에서 보려는 인간중심주의적 태도를 단적으로 보여 주는 대목이다. 인간이 아닌 피조물은 인간이 없어도 얼마든지 그 나름대로의 살아갈 수 있다. 어떤 면에서는 인간이 없으면 더 나은 삶을 누릴 수 있을는지도 모른다. 최근 BBC 인터넷 판에 따르면 지구상에 존재하는 4만여 종(種) 중에서 1만2천여 종의 생물종이 지금 멸종 위기에 있다고 한다. 좀더 구체적으로 말해서 모든 조류(鳥類)의 12.5퍼센트, 꽃피는 식물의 13퍼센트, 그리고 모든 포유류의 25퍼센트에 해당하는 동물과 식물이 지구상에서 영원히 사라질 위험에 놓여 있다. 이미 지구상에서 자취를 감춘 동물과 식물을 합친다면 그 수는 참으로 엄청나다. 물론 인간이 생물종이 멸종하는 데 큰 몫을 하는 것은 사실이지만 그렇다고 이 우주에서 인간이 사라지는 것이 좋다고 생각하는 것은 바람직하지 않다. 인간도 생태계의 중요한 구성원이기 때문에 인간이 없는 생태계도 건강한 생태계라고 할 수 없다.

또한 "우리가 세상이라고 말하는 것은 우리에게 감지되거나 인식된 것들로 이루어져 있다"는 두 번째 문장도 문제가 있기는 마찬가지이다. 인간이 감지하지 못하거나 인식하지 못하는 것들이 이 세상에는 너무 많다. 아마존 같은 열대 우림이 파괴되는 것을 그렇게 안타깝게 생각하고 걱정하는 것은 우림이 지구의 허파 노릇을 하기 때문이기도 하지만 그 속에 살고 있는 수많은 생물이 사라지기 때문이다. 그리고 인간은 그 열대 우림 속에 어떤 생물들이 살고 있는지 아직도 제대로 헤아리지도 못하고 있는 실정이다. 그곳에 살고 있는 온갖 식물과 동물은 생태계라는 집에서 소중한 식구들이다. 그러하다면 지구가 이제 더 인간이 살 수 없는 뜨거운 돌덩어리로 변한 뒤에 과연 어짐이 무엇이며 의로움이 무엇이며 예절이 무엇이며 앎이 무엇인지 되묻고 싶다. 또한 아름다움은 도대체 무엇이며 진리는 무엇이며 거룩함은 무엇이며 착함은 무엇이라는 말인가.

더 나아가 이문열은 이러한 인간 중심주의적인 관점에서 문학의 기능과 임무를 규정짓기도 한다. 한 청중한테서 "왜 문학을 하는가?" 하는 질문을 받고 그는 오직 인간에 대한 사랑과 믿음을 표현하기 위해서 문학을 한다고 대답한다.

> 『소학(小學)』에 "오직 사람이 가장 귀하다"(惟人最貴)란 구절이 있다. 예전에는 낡고 소박한 인간 중심주의를 드러내는 말로 읽어 넘겼는데 요즘은 느낌이 다르다. (……) 적어도 우리에게 세계는 곧 사람으로 이루어진 그 무엇이고, 우주도 사람이 있어서 존재한다. 따라서 『소학』의 그 구절은 세계 이해의 출발점을 지적하고 있는 것이 아닌가 한다.
>
> 문학은, 특히 소설은 사람의 이야기다. 사람의 안목과 인식으로 번역되지 않고서는 어떤 세계도 드러낼 수 없듯, 사람에 대한 사랑과 믿음 없이는 어떤 문학도 우리를 감동시킬 수 없다. 왜 문학을 하느냐는 물음에 이제 다시 답을 찾아야 한다면 아마도 바로 그런 문학의 특성이 한 중요한 단서가 될 것이다.

『소학』의 "오직 사람이 가장 귀하다"는 그 구절을 이문열은 세계 이해의 출발점으로 삼고 있을 뿐만 아니라 문학의 목표로 삼고 있다는 데 놀라지 않을 수 없다. 요즈음 들어와 서양에서는 물론이고 한국에서도 '문학 생태학'을 비롯하여 '녹색 문학'이니 '생태 시학'이니 '생태 비평'이니 하는 분야가 부쩍 주목을 받고 있다. 생태학을 전공하는 과학자들이나 환경연합 같은 단체와 환경부 같은 정부 유관 기관은 말할 것도 없고 문학가들도 이제 인간중심주의적인 태도를 버리고 좀더 자연과 환경을 지키는 일에 앞장서야 한다는 목소리가 높다. 우주라는 타이타닉 호가 지금 깊은 바다 속에 침몰하고 있는 데 문학가들이 정치적 이데올로기에 심취해 있거나 예술적 심미성에 탐닉할 수만은 없기 때문이다. 그 어느 때보다 인간의 생존이 위협받고 있는 지금 문학이 맡아야 할 기능과 임무도 옛날과는 달라져야 한다. "사람에 대한 사랑과 믿음 없이는 어떤 문학도 우리를 감동시킬 수 없다"고 생각하는 이문열에게 문학 생태학은 아직도 낯설게만 느껴질 것이다.

정부인 장 씨를 통하여 이문열이 보여 주는 여성과 자연에 대한 태도는 에코페미니즘 또는 생태페미니즘이라고 일컫는 또 다른 유형의 페미니즘의 관점에서 보면 무척 흥미롭다. 적지 않은 페미니스트들은 남성의 여성 지배나 착취를 인간의 자연 지배나 착취 사이에는 깊은 함수 관계가 있다고 지적한다. 다시 말해서 이 두 가지를 동일한 차원에서 보려고 한다. 여성에 대한 남성의 지배나 착취를 근본적으로 뜯어고치지 않고서는 인간에 의한 환경오염이나 자연 파괴를 극복할 수 없으며 그 역도 성립한다. 가장 최근에 발전한 생태페미니즘에서는 남성을 타도하여야 할 적대자로 보지 않고 깊은 바다 속으로 침몰하고 있는 이 지구라는 배를 함께 구조하는 데 협력하여야 할 동반자로 본다.

더 나아가 생태페미니즘은 여성이나 남성뿐만 아니라 어린이나 노약자, 장애자, 제3세계 인종 등 흔히 '타자'로 일컫는 모든 것들을 함께 아우르려고 한다는 점에서 가히 혁명적인 이론이라고 할 수 있다. 최근에 대두한 모든 이론 중에서 생태페미니즘만큼 포용적인 이론도 찾아보기 어렵다. 여성의 입장을 취하되 다양성 속의 통일성 또는 통일성 속의 다양성을 추구하려고 한다. 적어도 생태페미니즘의 관점에서 보면 정부인 장 씨는 자격 미달이다. 그러고 보니 『선택』에서 이문열은 여성에 대한 태도로 보나 자연에 대한 태도로 보나 남성중심주의에다 인간중심주의라는 이중의 비난을 받을 만하다.

여성에 대한 이문열의 태도는 따지고 보면 그의 역사의식에서 비롯한다. 그의 역사의식은 『젊은날의 초상』(1981)이나 『영웅시대』(1984) 같은 초기 작품에서나 후기 작품에서나 크게 달라진 것이 없다. 『선택』에 이르러서도 초기 작품과 마찬가지로 비관주의와 허무주의에서 좀처럼 벗어나지 못한다. 이문열은 정부인 장 씨의 입을 빌려 여전히 정치적 무의식을 드러낸다.

> 우리는 역사에서 수많은 혁명의 밤을 찬연한 꿈으로 지새웠다. 그러나 아침이 되면 달라진 것은 통치자의 이름과 빼앗고 억누르는 구실뿐이었음을 환멸 속에서 깨달아야 했다. 지나친 비관일지 모르지만 나는 결혼 제도를 둘러싼 의식의 혁명적인 전환에서도 같은 경험을 하게 될까 두렵다. 왜곡되고 경직된 전 시대의 이념에서 힘들여 벗어난 결혼과 가족 제도가 그대로 벌거숭이 이기(利己)에게 내맡겨지는 것 같아 불안하기 그지없다.

이 인용문에서 일인칭 복수 화자 '우리'가 하는 말은 『영웅시대』에서 주인공 이동영이 하는 말과 크게 다르지 않다. 이동영은 아들에게 남기는 한 글에서 "그것이 어떤 이념 어떠한 사상이건 언제까지고 교묘한 논리와 현란한 수식으로 민중을 현혹하도록 놓아두지 말라. (……) 하나의 이념, 하나의 사상에 대한 신념과 열정이 부질없음을 깨우쳐 주고, 그 위험천만한 분기를 야유하여라" 하고 말한다. 다만 차이가 있다면 『영웅시대』에서는 정치적 이데올로기에 따른 혁명을 말하고 있다면, 『선택』에서는 여성 해방이라는 혁명을 말하고 있을 뿐이다. 어떤 이름으로 어떤 모습으로 나타나건 이문열은 모든 혁명에 의혹의 눈길로 바라본다. 이문열만큼 사회 변혁을 두려워하고 꺼려하는 작가도 아마 찾아보기 드물 것이다.

이 점에서 김명인(金明仁)의 지적은 귀담아 들을 필요가 있다. 이문열을 "유교적 복고주의자이자 반마르크스주의자"로 못 박는 김명인은 "[이문열은] 80년대 이래 우리 시대의 모든 진보적 세계관과 역사의식, 그리고 그에 기초한 변혁지향적 운동들에 부단히 '시비'를 걸어왔다"고 지적한다. 그러면서 "그것은 그가 살고 글을 쓰는 방식이지만 그것이 한갓 시대의 흐름을 역행하는 수구적이고 반역사적인 집단들의 이데올로기의 선전물로 전락할 때, 그를 '인기 작가'라고 부를 수는 있으되, '좋은 작가'라고 부르기는 힘든 것이다" 하고 결론짓는다. 물론 김명인의 주장에도 문제가 없지는 않다. '인기 작가'와 '좋은 작가'는 마땅히 구분 지어야 하지만 작가의 세계관이나 역사의식에 따라 '좋은 작가'와 '나쁜 작가'를 규정지을 수는 없다. 오노레 드 발자크한테서 볼 수 있듯이 아무리 보수적인 세계관이나 역사의식을 가지고 있어도 얼마든지 뛰어난 작가가 될 수 있는가 하면, 아무리 진보적 세계관이나 역사의식을 지니고 있어도 작가로서 실패할 수가 있다. 문제는 작가가 주제를 얼마나 설득력 있게 예술적으로 형상화하였느냐에 달려 있다. 작가에는 오직 두 부류, 즉 자신의 소재를 예술적으로 잘 형상화한 작가와 그러하지 못한 작가가 있을 뿐이다. "이 세상에는 도덕적인 책이나 부도덕한 책이란 없다. 오직 살 쓴 책과 잘못 쓴 책이 있을 뿐이다"라는 오스카 와일드의 말은 바로 이 점을 지적한 것이다.

이문열이 『선택』에서 성공을 거두지 못한 것은 "유교적 복고주의자이자 반마르크스주의자"이기 때문이 아니라 현대 여성의 문제를 예술적으로 설득력 있게 형상화하지 못하였기 때문이다. 『젊은날의 초상』이나 『황제를 위하여』(1982) 또는 『영웅시대』에서와는 달리 이 작품에서는 주제와 형식이 잘 맞아떨어지지 않는다. 이 소설을 읽고 있노라면 개작되기 이전의 사람의 아들』(1987)을 읽는 느낌을 받는다. 소설로 미처 형상화되지 않은 자료가 아직 익지 않은 쌀알처럼 입가에 묘한 맛을 풍긴다.

이문열은 이 점을 의식한 듯 『선택』의 「작가의 말」에서 "정작 작가로서 내가 고민해야 할 일은 (……) 세련된 현대 소설의 표현 양식에 익숙해 있는 독자들에게 불리하기 짝이 없는 방식으로 얘기해야 하는 점"이라고 밝힌다. 여기에서 현대 독자들에게 '불리한' 서술 방식이란 사건의 전개보다는 주변 인물과 배경 그리고 분위기를 통하여 사건을 전개하는 서술 방식을 말한다. 다시 말해서 민담이나 설화에서 주로 사용하는 "우리의 전통적인 얘기 방식"을 두고 일컫는 말이다.

그러나 아무리 전통적인 서사 방식을 사용한다고 하더라도 이 작품은 소설로서 충분히 형상화되었다고 보기 어렵다. 이러한 특성은 소설 전체에 걸쳐 나타나지만 제3부 「현빈의 꿈」에서 훨씬 두드러지게 드러난다. '혼란에 빠진 시대의 어머니들에게'니, '어머니 됨을 위한 준비—태교'니, '후부인(侯夫人)의 길을 좇아—심성(心性)의 바탕을 바로 다지고자'니 하는 소제목만 보아도 흥미진진한 한 편의 소설보다는 딱딱한 논문을 떠올리게 한다. 특히 일곱 아들을 하나하나 열거하며 설명하는 장면에 이르면 아들 자랑을 하는 같아 민망스런 느낌마저 든다. 『선택』은 과연 소설이 어떤 문학 장르인지, 소설이 가야 할 길이 무엇인지 다시 한 번 깨닫게 해주는 작품이기도 하다.

07

떠도는 풀꽃

— 이문열의 『아가』

이문열은 『선택』(1997)을 출간한 지 3년, 작품을 처음 집필하기 시작하고 십여 년 만에 마침내 『변경』(1998)을 완간한 지 2년 뒤 『아가(雅歌)』(2000)라는 장편소설을 다시 내놓는다. '희미한 옛사랑의 그림자'라는 부제를 붙인 이 작품의 끝에 붙여 놓은 「작가의 말」에서 그는 오랜만에 새 작품을 낸 것이 "내 주관적 감회로는 1991년 『시인』 이후에 처음인 것 같다"고 털어놓는다. 그러면서 『변경』은 자신의 나이 30대 후반부터 구상한 작품이고 『선택』은 전기적(傳記的) 특성이 강하기 때문에 새 작품을 출간하였다는 느낌이 별로 들지 않았다는 것이다. 그렇다면 이문열으로서는 무려 십여 년 만에 소설다운 소설을 출간한 셈이다.

그런데 이렇게 이문열한테 십여 년 만에 새 작품을 출간한 기분이 들었다는 『아가』는 바로 앞에 나온 『선택』과는 마치 쌍둥이처럼 여러모로 서로 비슷하다. 예를 들어 출간 시기가 비슷하다는 점에서도 그러하고, 역사적인 실제 인물을 모델로 삼고 있다는 점에서도 그러하다. 이문열이 말하는 전기성으로 보자면 이 두 작품은 서로 그렇게 다르지 않다. 『아가』의 작중인물에 대하여 그는 "이 소설의 주인공 당편이는 바로 그 이름으로 내 고향에 실재했던 인물이다" 하고 밝힌다. 비록 작가의 소설적 상상력과 여러 민담에 따라 변형되었다고 단서를 달고 있지만 실존 인물에서 소재를 취해 온 것만은 틀림없는 사실이다.

비록 정도의 차이는 있을망정 아무리 '순수한' 전기라고 할지라도 작가의 상상력에서 벗어날 수는 없다. 전기의 대상이 어떠한 사회적 신분에 놓여 있느냐에 따라 전기성의 순도가 결정되는 것은 아니다. 사회적 지위가 높건 신분이 낮건 모든 전기에서는 하나같이 주역으로 등장할 뿐이다. 요즈음 포스트모더니즘의 거센 기류를 타고 대서사(大敍事)보다는 오히려 소사사(小敍事), 거시사(巨視史)보다는 미시사(微視史)가 각광받는 시대에 이르렀다. 역사에 굵직한 획을 그은 거창한 인물 못지않게 빛도 없이 이름도 없이 살다가 역사의 뒤안길로 사라진 민초의 삶도 이제 역사의 드라마에서 주역이 되어 역사의 한 장을 화려하게 장식한다. 『선택』이 대서사나 거시사에 가까운 작품이라면 『아가』는 어디까지나 소사사에 가까운 작품이라고 할 수 있다.

1

『아가』와 『선택』은 마치 비슷한 시대 고생물의 모습을 간직하고 있는 화석처럼 서로 비슷하다. 무엇보다도 소설 형식에서도 두 작품은 닮은 데가 많다. 『선택』이 이문열의 말대로 "우리의 전통적인 얘기 방식"에 의존하듯이 『아가』도 전통적인 서사 형식에 크게 기댄다. 작가는 『아가』에 '장편소설'이라고 못 박고 있지만 적어도 구성에서도 보면 아무래도 플롯을 따라 진행하는 전통적인 의미에서의 서양의 장편소설과는 크게 다르다. 서장(序章)에 해당하는 「누가 당편이를 모르시나요」와 결론에 해당하는 「기호의 행방, 혹은 이별의 의식」을 포함하여 『아가』는 모두 열두 편의 단편이나 에피소드로 느슨하게 구성되어 있다. 잘 짜인 장편소설보다는 아무래도 단편소설을 한데 모아놓은 듯한 느낌이 든다. 적어도 구성에서 보면 이 작품은 『그대 다시 고향에 가지 못 하리』(1980)나 『젊은날의 초상』(1981) 같은 초기 작품과 비슷하다.

이문열이 『아가』에서 사용하는 소설 형식은 미국 소설가 셔웃 앤더슨이 『와인즈버그, 오하이오』(1919)에서 시도한 '새로운 느슨함'의 형식에 가깝다. 앤더슨은 장편소설의 형식이 유럽에서 빌려온 것으로 미국 작가에게는 잘 맞지 않는다고 밝힌다. 그러면서 "삶이란 느슨하고 유동적인 것이다. 삶에는 잘 짜인 이야기란 있을 수 없다. (……) 우리 작가들은 이러한 삶을 가지런하고 작은 소포로 포장해 버림으로써 삶 자체를 배반하고 있다"고 불평을 늘어놓는다. 앤더슨은 이 '새로운 느슨함'의 형식을 아일랜드 작가 제임스 조이스한테서 배웠다. 앤더슨과 조이스가 이 형식을 시도한 것처럼 이문열도 『아가』에서 이러한 형식을 시도한다.

언뜻 보면 『아가』에서 이문열은 샌드위치 같은 구성 방법을 사용하고 있는 것 같다. 「누가 당편이를 모르시나요」와 「기호의 행방」이 중간을 앞뒤로 감싸고 있고 그 중간에 들어 있는 내용이 곧 이 작품의 핵심 부분이라고 할 수 있다. 말하자면 격자 소설 형태를 취하고 있는 셈이다. 그러나 좀더 따져보면 반드시 격자 소설로만 볼 수도 없다. 격자 안에 들어 있는 그림이 서로 유기적으로 연관되어 있지 않을 뿐만 아니라 방금 앞에서 밝혔듯이 앤더슨의 작품처럼 '느슨하게' 짜여 있기 때문이다.

『아가』에서 한 중간에 위치해 있는 「황 장군전—경외서」는 이문열이 몇 해 전에 이미 단편소설로 발표한 뒤 그의 『중단편선』에 수록한 작품이다. 작가는 굳이 '경외서(經外書)'라는 단서를 붙임으로써 이 책에 실린 다른 작품들이 정경(正經)이나 정전(正典)의 성격을 띤다는 사실을 은근히 내비친다. 또한 이렇게 발표한 작품을 다시 장편소설의 일부로 사용한다는 점을 의식하고 있는 듯 작가는 "근년 들어 고향 출신의 문사(文士) 하나가 (황) 장군의 일을 소설로 쓰고 그의 죽음에 대한 독특한 해석을 붙였다"고 넌지시 밝히기도 한다.

물론 황 장군과 당편이 사이에서 어떤 유사점이나 공통점을 찾을 수 없는 것도 아니다. 학생들의 논술 교육에 도움이 될 만한 대표 작품을 뽑아 이문열이 직접 윤문하였다는 '이문열 창작선' 9권 『황 장군전』의 표지에서 작가는 청소년 독자들에게 환경이 개인한테 끼치는 영향을 눈여겨보라고 귀띔해 준다.

> 농업 사회에서 태어난 황 장군은, 우람한 체격과 타고난 힘으로 많은 사람들의 기대를 받습니다. 그러나 일제 강점기부터 5·16 군사 정변까지의 암울한 시대를 겪으며 그는 점점 말을 잃고, 사람들의 기억 속에서 사라지지요. 주인공 황 장군의 달라진 모습을 통해 환경이 개인의 삶에 얼마나 많은 영향을 미치는가를 깊이 생각해 보세요.

환경이 개인의 삶에 끼치는 영향으로 말하자면 당편이는 황 장군 못지않게 환경의 제단에 바친 희생양이라고 할 수 있다. "우람한 체격과 타고난 힘"을 지닌 황 장군만 하여도 신체적으로는 거의 초인에 가깝고 정신적으로 조금 모자라기는 하여도 그렇게 문제 될 것이 없다. 그러나 신체에서나 정신에서나 박약하여 흔히 '반편이'라고 일컫는 당편이는 황 장군보다 환경의 영향을 훨씬 더 심하게 받을 수밖에 없다. 유전에 따른 생물학적 결정론과 환경에 따른 사회경제적 결정론을 주장하는 자연주의자들이 자주 사용하는 비유를 빌린다면 당편이는 거센 바람에 나부끼는 나뭇잎이나 망망대해에 떠 있는 조각배와 같다. 그만큼 자유 의지를 행사하여 자신의 삶을 개척할 만한 힘이 약하다.

그러나 「황 장군전」은 아무래도 『선택』에 유기적으로 잘 들어맞는다고 보기 어렵다. 억지로 끼어 맞춘 탓에 아무렇게나 지은 옷처럼 여기저기에서 솔깃이 보인다. 황 장군과 관련한 이야기는 이 작품 바로 앞에 나오는 「유전(流轉)」이라는 작품, 그리고 「그들의 봉별(逢別)」이라는 작품 사이에 끼어 있다. 당편이가 녹동댁에서 떠나야 하는 저간의 사정을 다루는 「유전」의 맨 마지막 단락에서 작가는 "그녀는 바로 그 술도가에서 운명의 사람, 황 장군을 만나게 되기 때문이다" 하고 말한다. 「그들의 봉별」에서는 "둘은 성(性)

이 달랐고, 그 성질에는 차이가 나도, 둘 모두가 당시에는 흔치 않은 30대 중후반의 독신이었다"는 말로 두 사람을 한데 엮어 놓는다. 그런가 하면 난데없이 이 두 사람의 만남이 '어떤 초월적 의지'에 따른 것이라고 설명하기도 한다.

> 그들의 만남은 별난 선택을 받은 두 영혼과 육체를 잠시나마 결합시킨 한 어떤 초월적 의지의 실현이었으며, 그들이 나눈 것도 성한 사람들의 그 말 많고 요란스런 사랑은 아니지만 적어도 불우한 동류에게 느끼는 연민은 뛰어넘는 어떤 끈끈한 감정이었다고.

이 인용문에서 작가는 당편이와 황 장군이 어떤 초월적 존재자한테서 '별난 선택'을 받아서 육체와 영혼을 같이하였다고 지적한다. 그러나 그가 말하는 '초월적 의지'는 저 옛날의 서사시는 몰라도 현대 소설에는 그다지 걸맞지 않는다. 총체성을 상실한 세계와의 대립이건, 타락한 자본주의 사회에 대한 저항이던 소설의 작중인물들은 어디까지나 초월적 의지에서 벗어나 행동하지 않으면 안 된다. 그러므로 황 장군과 당편이의 만남에 대한 작가의 설명은 아무래도 궁색하다고 할 수밖에 없다. 비유적으로 말하면 이 두 사람의 만남은 거인과 난장이의 만남처럼 왠지 어울리지 않는다. 이문열은 '삶의 희비극'이라는 말을 사용하고 있지만 그 두 사람의 관계야말로 희비극이라고 할 수 있다.

2

『아가』는 무엇보다도 남성이 아닌 여성을 중심인물로 삼는다는 점에서 『선택』과 아주 비슷하다. 유가(儒家) 질서에 철저히 물들어 있는 이문열은 그 동안 작품에서 주로 남성을 주인공으로 삼았을 뿐 여성한테는 보조적인 역할밖에는 맡기지 않았다. 작가 자신을 포함한 가족의 역사에서 주로 소재를 빌려 왔기 때문에 그럴 수밖에 없었을 것이다. 가족사의 드라마에서 어머니와 누이는 어디까지나 보조적인 역할을 하였을 뿐이다. 그러나 1900년대 말엽에 들어오면서 그가 점차 여성을 중심인물로 삼기 시작하는 점이 흥미롭다. 물론 이문열이 가부장 질서를 옹호하는 남성중심주의자라고 비판받는 것과는 또 다른 이야기이다.

또한 이 두 여성 주인공 정부인 장 씨(張氏)와 당편이가 뿌리를 내리는 지리적 공간도 거의 같다. 이문열의 문중인 재령(載寧) 이 씨의 집성촌으로 작가의 말대로 "산골 동족부락"이 『선택』과 『아가』의 중심적인 공간적 배경이다. 이렇게 삶을 영위하는 공간은 같아도 그들이 살아가는 시대는 크게 달라서 두 사람의 삶 사이에는 줄잡아 무려 4백여 년의 세월이 가로 놓여 있다. 장 씨가 17세기 말엽에 사망한 반면, 작가가 "죽지도 않은 김일성이 죽었다고 난리치던 해"에 당편이가 죽었다고 말하는 것으로 보면 아마 1994년쯤에 사망하는 듯하다.

그러나 이 두 여주인공의 유사점이나 공통점은 여기에서 모두 끝난다. 성별과 지리적 배경을 제외하고 나면 두 사람은 사회적 신분을 비롯한 모든 면에서 마치 하늘과 땅만큼이나 큰 차이가 난다. 당편이는 가문은커녕 부모가 누구인지도 모르는 떠돌이 고아에다 배운 것도 없고 몸마저 성치 못한 지체장애자요 정신박약자이다. 『선택』의 첫머리에서 이문열은 이 씨 가문뿐만 아니라 조선조 전체를 통틀어서도 현모양처로 존경받는 정부인 장 씨를 두고 짐짓 "한 이름 없는 여인"이라고 일컫고 있지만 이 표현은 장 씨보다는 오히려 당편이한테 훨씬 더 잘 어울린다. 장 씨에 대하여 작가는 "이른바 칠산림(七山林)을 배출한 현모양처로서 영남 지방에서는 신사임당(申師任堂)과 나란히 우러름을 받는 분"이라고 자못 자랑스럽게 밝힌다.

물론 『선택』에도 장 씨와 비슷한 여성 인물이 등장하기도 한다. 몰락하였다고는 하지만 아직도 마을에서 가장 핵심적인 역할을 하는 녹동댁(鹿洞宅)의 외며느리 닭실댁[鷄谷宅]이 바로 그 사람이다. 이 작품의 화자는 그녀를 두고 "영남 북부에서도 알아주는 가문의 딸이요 자질이 요조(窈窕)하기로 소문난 숙녀"라고 밝힌다. 그러면서 남편이 서울에서 첩살림을 차려도 '작은 분란조차' 일으키지 않고 묵묵히 참는 여성이라고 칭찬한다. 또한 유가에서 말하는 옛 도리에 충실하여 시부모 모시고[事舅姑] 제사를 받들며[奉祭祀] 손님을 맞이하는 일[接賓客] 등을 게을리 하지 않는 전형적인 여성이라는 것이다. 실제로 이 세 가지 일은 양반 집안이라면 일상생활에서 지켜야 할 중요한 덕목이었다.

이 씨 문중의 '여성 군자'로 이름을 크게 떨친 장 씨와는 대조적으로 당편이는 시골 공동체에 겨우 의지해 살아가는 그야말로 보잘것없고 가련한 여성이다. 녹동댁 문간에서 당편이를 처음 발견한 삼산(三山) 영감은 그녀를 두고 측은한 마음으로 "험한 세상 바람을 탄 가엾은 풀씨 하나가 녹동댁 기름진 텃밭으로 날아들었구나" 하고 말한다. 그의 말대로 당편이는 한낱 바람에 이리저리 휘날리는 보잘것없는 풀씨에 지나지 않는다. 또한 이 작품의 화자도 "어디서 날아왔는지는 모르는 당편이라는 풀씨는 녹동댁이라고 하는, 그때로 봐서는 제법 괜찮은 텃밭에 그 가늘고 긴 뿌리를 내렸다"고 밝힌다. 이렇게 당편이가 바람에 이리저리 휘날리는 '가엾은 풀씨'라면 장 씨는 재령 이 씨 가문의 집안에 버티고 서 있는 우람한 느티나무라고 할 수 있을 것이다.

한편 녹동댁의 가부장인 녹동어른은 당편이를 가엾은 한 마리 새에 빗댄다. 문간에서 발견한 뒤 겨우 몸을 추스르게 한 그녀를 어떻게 해야 할지 고민하는 녹동댁 며느리 닭실댁은 며칠 동안 눈치를 살피다가 집에서 일하는 사람을 시켜 시아버지에게 넌지시 속을 떠보게 한다. 그러자 녹동어른은 "어예기는 어예? 하마 내 품에 날아든 새를. 그러이 여러 소리 말고 낑가조라(끼워줘라)" 하고 말하면서 당편이를 한집에서 살도록 해 준다. 그에게는 당편이가 어디론가 날아가다가 날갯짓이 찢겨 그만 땅에 떨어진 가엾은 한 마리 새에 지나지 않는다.

가히 여장부라고 할 장 씨와는 달리 당편이는 어렸을 적에 소아마비를 앓은 탓에 손발을 자유롭게 움직이지 못한다. 또한 구루병을 앓았는지 목이

짧고 등이 굽어 두 어깨가 귀 가까이 솟아 있는 기형적인 모습을 하고 있기도 하다. 더구나 유인원(類人猿)을 떠올리게 하는 길쭉한 얼굴에 영양실조로 제대로 발육하지 못하여 키도 초등학생보다도 작다. 이러한 당편이가 걸어가는 모습을 두고 이 소설의 화자는 "마치 커다란 애벌레가 굼실거리며 기어가는 듯했다"고 말한다. 그러면서 화자는 온전하지 못한 몸에서 비롯한 유별난 걸음걸이와 생김새가 곧 '당편이의 기호'라고 밝힌다.

유가 질서에서 여성으로서 지켜야 법도와 예의를 갈고닦은 정부인 장 씨와는 달리 당편이는 사회 규범이나 예의나 법도와는 거리가 멀어도 한참 멀다. 심신미약자나 심신박약자라고는 하지만 당편이는 신분이나 나이에 아랑곳하지 않고 아무한테나 반말을 한다. 녹동댁에 들어설 때부터 이 시골 마을에서 영원히 자취를 감출 때까지 그녀는 어느 누구한테도 한 번도 존댓말을 써 본 적이 없다. 이 점과 관련하여 화자는 "그 무슨 종류의 해괴한 언어 장애인지 당편이는 존칭 접미사나 존칭 보조어간은커녕 간단한 존경형 어미조차 활용하지 못했다"고 밝힌다.

당편이는 다른 어른들은 말할 것도 없고 심지어 녹동어른에게조차 반말을 쓴다. 하루는 녹동어른이 외출하는 것을 보고 그녀는 녹동어른에게 "니 대가리에 …… 니 머리 꼭대기에, 벌거지 있데이" 하고 말한다. 그러나 녹동어른은 그녀가 이렇게 반말하는 것을 듣고도 화를 내기보다는 "오냐, 요년아. 말 잘 났다. 들고 있기 무거울 낀데 콰악 잘 났뿌랬다" 하고 맞장구를 친다. 아직도 유가 질서가 살아 숨 쉬고 존비(尊卑)가 엄하기 그지없던 재령 이 씨 문중 마을의 언어적 관습에서 보면 당편이의 반말 사용은 파격을 넘어 가히 혁명적이라고 할 만하다.

당편이가 언제나 이렇게 마을 사람들한테서 보호를 받으며 살아갈 것만은 아니다. 온전하지 못한 몸과 정신 때문에 때로는 사람들한테 이용을 당하기도 한다. 가령 "우리 현대사를 피로 얼룩지게 한, 저 낯설고 수상쩍으면서도 또한 영문 모를 매혹이었던 이데올로기" 때문에 일어난 동족상쟁의 전쟁을 치르며 당편이는 크나큰 시련을 겪는다. 녹동 마을이 한때 인민군의 손아귀에 떨어지자 중앙당에서 내려온 젊은 지도원은 당편이를 정치 선전에 이용한다.

> "저 동무는 몸 전체가 바로 우리 이념의 효과적인 선전이며, 삶 자체가 그 실현의 결의를 촉구하는 선동이요. 저 동무가 선전선동부장의 자리에 앉아 있다는 것만으로도 우리가 진정으로 떠받드는 인민이 누구이며, 우리가 만들려는 세상이 어떠한 것인가를 웅변해 줄 것이오."

비록 반대가 없었던 것은 아니지만 당편이는 정식 공산당원일 될 뿐만 아니라 지역 여맹(女盟) 선전선동부장이라는 어마어마한 직함을 얻는다. 닭실댁이 맡아야 할 몫을 영문도 모르고 당편이가 대신 맡는다. 중앙에서 내려온 지도원은 "머리가 썩어빠진 부르주아의 환상으로 가득 차 있는" 닭실댁보다는 차라리 "이름 없는 인민의 딸이요 진정한 무산자"에다 "순혈(純血)의 프롤레타리아"인 당편이가 훨씬 자격이 있다고 말하면서 그녀를 요직에 앉히는 것이다. 인천 상륙 작전과 더불어 군국이 다시 마을을 차지하자 당편이가 "눈먼 증오와 벌거숭이 폭력"의 희생자가 되는 것은 불을 보듯 뻔한 노릇이다.

그러나 신체나 정신이 온전하지 못하지만 당편이는 시골 동족마을에서 그 나름대로 맡은 기능과 역할을 한다. 이 작품의 화자는 "그녀의 기능에 굳이 이름을 붙인다면 기능과 기능의 틈새를 메우는 것, 혹은 분리된 영역과 영역 사이를 연결하는 일이라고 할 수밖에 없다"고 밝힌다. 즉 당편이는 온전한 사람이 하지 못하는 일을 대신 떠맡는다. 뒷날 그녀가 이 마을에서 발붙일 곳을 찾지 못하고 이리저리 방황하게 되는 것도 사회가 점점 기능적으로 발달하면서 바로 그 기능의 틈새가 없어졌기 때문이다.

그런데 여기에서 한 가지 흥미로운 것은 '반편이'라고 할 당편이한테는 신비스러운 초능력이 있다는 점이다. 서양에서나 동양에서나 '성치(聖痴)'라고 하여 흔히 백치한테는 보통 사람한테서는 쉽게 찾아볼 수 없는 어떤 신비한 능력이 있다는 생각이 널리 퍼져 있다. 가령 표도르 도스토예프스키는 『백치』(1868)에서 주인공 미쉬킨을 통하여 성스러운 백치의 모습을 잘 묘사한다. 자신을 만물의 척도라고 생각하는 라스콜리니코프가 자부심 강한 서구인의 합리주의적 사고를 대변한다면, 간질병 환자에다 바보에 가까운 미쉬킨은 서구인의 합리주의 밑바닥에 도사리고 있는 무의식이나 잠재의식을 대변한다고 할 수 있다. 한국 문학에서는 몇 해 전 김영래(金榮來)가 『숲의 왕』(2000)이라는 '녹색소설'에서 아예 '성치'라는 작중인물을 등장시키기도 하였다.

당편이는 바로 성치에 속할 만큼 초자연적인 능력이 뛰어나다. 그녀는 과학과 합리로써는 섣불리 해석할 수 없는 수수께끼 같은 초능력을 행사한다. 상식과 논리를 뛰어넘는 이러한 초능력은 혼기에 접어든 당편이가 산골짜기에 사는 가난한 농부의 외아들과 첫선을 볼 때 잘 드러난다. 어쩐 일인지 당편이는 신랑감을 만나기는커녕 자기 방에 들어가 문고리를 걸어 잠그고 그가 집을 떠날 때까지 방안에서 나오려고 하지 않는다. 그 까닭을 묻는 을순이에게 당편이는 "너어 그거, 그게 사람인 줄 아나? 사람이 아이라 귀신이라 귀신. 그것도 물에 팅팅 뿔은(불은) 무서븐 귀신이라꼬…… " 하고 말한다. 그런데 놀랍게도 그로부터 한 달 뒤 선을 보러 온 총각은 그만 물에 빠져 사망하는 비운을 맞는다.

또한 당편이한테는 제삿밥 먹으러 찾아오는 귀신을 알아보는 초능력도 있다. 귀소본능에 따르기라도 하듯 술도가에서 나온 뒤 폐허가 되다시피 한 녹동댁으로 다시 들어가 살게 되는 당편이는 밥을 얻어먹을 만한 일거리가 없을 때는 문중 마을의 집을 돌면서 허기를 달랜다. 특히 문중에 제사를 지내는 집이 있으면 영락없이 그 집을 찾아가 젯밥을 얻어먹는다. 그런데 당편이는 귀신이 그 집에 찾아오는 것을 보고 제삿날인 것을 용하게 알아맞힌다.

더구나 언젠가 며칠 심하게 앓고 난 뒤부터 당편이는 아낙네가 임신을 하고 있다는 사실뿐만 아니라 배 속에 들어 있는 아이가 사내아이인지 계집애

인지 알아내기조차 한다. 물론 이러한 초능력 때문에 당편이는 적잖이 곤혹을 치르기도 한다. 예를 들어 딸만 넷 낳은 젊은 아낙네가 당편이한테서 배 속에 들어 있는 아이가 딸이라는 말을 듣고 돌팔이 의사한테서 낙태 수술을 받다 그만 사망하는 사고가 일어난다. 또 한 번은 고등학교를 졸업하고 집에서 놀고 있는 면장의 딸이 아이를 임신하였다고 무심코 말하였다가 온갖 수난을 당하기도 한다. 이러한 일화를 통하여 작가는 당편이가 비록 몸과 마음은 온전하지 못하여도 보통 사람과는 다른 정신적 능력이 있다는 사실을 내비친다.

3

미국의 시인이요 수필가이며 환경론자인 웬델 베리는 "모든 사람의 문제는 어느 누구의 문제도 아니다" 하고 말한 적이 있다. 다시 말해서 모든 사람한테 공통된 문제이기 때문에 어느 누구도 선뜻 나서거나 책임을 떠맡으려고 하지 않는다는 것이다. 이러한 경우를 보여 주는 가장 대표적인 경우가 바로 자연이나 환경을 둘러싼 문제이다. 그러나 이제 환경 문제는 모든 사람의 문제라고 눈을 돌릴 수 없는 단계에 이르렀다. 지구 온난화 등 환경오염이나 환경 위기는 이제 '모든 사람'이 관심을 기울여야 하는 '모든 사람'의 문제가 되었다. 비관적으로 보는 학자들은 앞으로 지구가 50여 년 이상을 버티지 못할 것이라고 내다본다. 아마존 같은 열대우림이 모두 파괴되고 석탄이나 석유 같은 화석 연료가 고갈되는 2050년경이면 지구는 이제 더 인간이 살기에는 부적하게 될 것이라 경고한다. 비록 조금 과장하여 말한다는 혐의가 있지만 지구가 지금 심각한 위기에 놓여 있는 것만은 틀림없는 사실이다.

생존 자체를 위협받고 있는 환경 위기 시대에 지구촌의 주민이라면 이제 어느 누구도 이 문제에 무관심할 수는 없다. 이문열의 『아가』는 자연의 소중함을 일깨우고 타자에 대한 관심을 기울인다는 점에서 3년 전에 출간한『선택』과는 큰 차이가 난다. 당편이와 정부인 장 씨 사이에 가장 큰 차이점이 있다면 역시 그들의 타고난 생태 의식이라고 할 수 있다. 자연을 사랑하고 아끼는 마음에서 심신박약자인 당편이가 장 씨보다 한 수 위이다. 한때 인간의 지적 능력을 측정하기 위하여 독일의 정신학자 윌리엄 스턴이 개발한 지능지수를 사용하였다. 그러다가 인간의 삶에서 지능 못지않게 중요한 것이 정서라는 생각이 널리 퍼졌다. 오늘날처럼 스트레스와 수많은 문제의 도전 속에서 성공적이고 행복한 삶을 살기 위해서는 정서나 감성을 중요하게 생각한다. 그래서 생겨난 것이 감정지수이다. 그러나 최근 자연 파괴나 환경오염 그리고 생태계 위기를 맞이하여 인류가 생존에 위협을 받기 시작하면서 감정지수보다 생태지수가 더욱 각광을 받는다. 적어도 생태지수로 말하자면 당편이의 수치가 정부인 장 씨의 수치를 훨씬 앞지른다.

정부인 장 씨의 관심사는 어디까지나 가문과 집안 안에 머물 뿐 좀처럼 그 테두리를 벗어나는 법이 없다. 양반 집안에 시집 온 며느리로서의 임무와 책임을 충실히 수행할 뿐이다. 또한 녹동댁의 외며느리 닭실댁처럼 시부모를 모시고 제사를 받들며 손님을 맞이하는 등 양반 규수로서의 옛 도리를 다한다. 특히 남편을 하늘처럼 높이 떠받들어 섬기고 자식을 낳아 보살피는 데 온힘을 쏟는다. 장 씨의 이러한 태도는 남편 석계(石溪) 이시명(李時明)을 두고 '존빈(尊賓)'이니 '군자(君子)'니 하고 부르는 데서 단적으로 드러난다. 또한 장 씨는 이시명 사이에서 여섯 아들과 두 딸을 낳았고 전처소생의 자식까지 합하여 일곱 아들과 네 딸 등 모두 열한 명의 자식을 길렀다고 자랑한다. 그러면서 "[자식을 통하여 후대가] 이어지는 세상이 없다면 무엇을 남긴들 무슨 소용이 있겠는가. 아니 그 이상, 아내로서 이 세상을 유지하고 어머니로서 보다 나은 다음 세상을 준비하는 것보다 더 크고 아름다운 일이 어디 있겠는가" 하고 밝힌다.

정부인 장 씨가 '나'에 무게를 싣는 인물이라면 당편이는 어디까지나 '우리'에 무게를 두는 인물이다. 장 씨한테는 무엇보다도 '나의' 부모에다 '나의'

군자, '나의' 자식들이 앞선다. 그러나 당편이는 정부인 장 씨와는 달리 동일자(인간)와 타자(자연)의 벽을 허물고 모든 피조물을 부모형제처럼 함께 아우른다. 당편이한테는 그럴 만한 부모형제가 없기 때문이라고 말하는 것은 옳지 않다. 그녀가 이렇게 피조물에 관심을 기울이는 것은 부모형제와는 관계없이 그녀의 타고난 성격 때문이라고 보아야 한다.

당편이에게 소중한 것은 '나의' 남편이나 자식이 아니라 '우리' 것이다. 그녀한테는 처음부터 아예 소유에 대한 관념이 없다. 물론 그렇다고 이러한 현상을 그녀의 온전하지 못한 정신 탓으로 돌릴 수만도 없다. 당편이의 이러한 태도를 두고 화자는 "그녀는 일생 단 한 번도 '나의'라는 소유격 대명사를 써 본 적이 없었다. 어떤 사변(思辨)의 경위를 통해 그리 되었는지는 알 수 없지만, 세상에 존재하는 모든 것은 언제나 다른 사람의 것이었다"고 말한다. 그리하여 당편이는 길가에 피어 있는 민들레꽃이나 미루나무 위에 앉아 있는 까치도 '우리 민들레'요 '우리 까치'라고 말한다.

녹동댁 식구들이나 주위 사람들이 당편이의 소유로 준 물건들도 굳이 '나의' 것이나 '우리'의 것이라고 주장하지도 않는다. 가령 누가 그녀에게 입던 옷을 주어도 누구든지 그것을 자기 것이라고 주장하는 사람이 있으면 선뜻 내어준다. 당편이는 가장 좋은 의미에서 원시 공동체 정신을 몸소 실천하는 사람이라고 할 수 있다. 여기에서 당편이를 두고 북한의 중앙당에서 내려온 젊은 지도원이 한 말을 다시 한 번 떠올릴 필요가 있다. 그는 "이 동무야 말로 이름 없는 인민의 딸이요 진정한 무산자외다. 바로 우리가 찾고 있는 순혈의 프롤레타리아요" 하고 잘라 말하는 것이다. 이 말에서 정치적 이데올로기의 옷만 벗겨내고 나면 내 것 네 것 소유를 가리지 않는 당편이의 속살이 훤히 드러난다.

심지어 소유의 대상이 될 수 없는 해와 달도 누군가가 자기 것이라고 우기면 당편이는 우기는 사람의 소유로 생각한다. 가령 녹동댁에서 같이 살고 있는 창길이가 하늘에 떠 있는 해를 보고 자기 것이라고 주장하면 그렇게 주장하는 창길이의 것일 뿐이다. 마찬가지로 만약 을순이가 둥근 달을 보고 자기 것이라고 우기면 하늘에 떠 있는 달은 을순이의 것이 되는 식이다. 당편이는 어쩌다 자기 것이라고 소유를 주장하는 사람이 없거나 분명히 그녀의 소유로 결정된 물건일 때만 아주 조심스럽게 '우리'라는 복수 소유격을 사용한다. 그러나 "이때도 '우리'의 범위는 그녀가 아는 모든 세상 사람이 다 들어갈 정도로 넓어 실제적인 소유의 관념하고는 거의 무관했다"고 화자는 말한다.

더구나 당편이가 인간이 아닌 다른 피조물에 보여 주는 관심과 애정은 무척 남다르다. 한 번은 동지섣달 매서운 추위에 벌벌 떨고 있는 강아지의 몸을 따뜻하게 녹여 주려고 아궁이 속에 넣어준다. 강아지 세 마리가 비록 불에 그슬려 죽기는 하지만 짐승을 사랑하는 마음씨가 이렇게 애틋하다. 또 한 번은 어느 봄날 병아리들이 마당에서 모이를 찾다가 갑작스럽게 쏟아진 소낙비를 맞아 깃털이 흠뻑 젖은 채 죽어 가고 있는 모습을 보고 당편이는 가엾은 병아리 여남은 마리를 자신의 거처로 옮겨와 젖은 깃털을 닦아주고 이불을 펴 덮어준다. 병아리와 함께 이불 속에 들어가 자신의 체온으로 병아리의 언 몸을 녹여 주려고 하다가 그만 깜박 잠이 드는 바람에 병아리는 어이없게도 그녀의 몸에 깔려 죽거나 솜이불에 질식하여 죽는 사태가 벌어지기도 한다.

이 작품의 화자가 밝히듯이 이 두 사건에서 느낄 수 있는 것은 당편이의 낮은 지능이 아니라 짐승을 사랑하는 그녀의 착한 심성이다. 앞에서 밝혔듯이 지능지수는 낮을는지 몰라도 그녀의 생태지수는 어느 누구보다도 높다. 그저 '반편이 짓거리'로 치부해 버리기에는 피조물에 대한 당편이의 애정과 관심이 무척 남다르고 애틋하다. 몸과 마음이 온전한 보통 사람도 당편이처럼 인간이 아닌 피조물에 그렇게 깊은 애정과 관심을 기울이기 힘들 것이다.

> 그녀가 의식했건 못했건 그때 그녀를 내몬 것은 이 세상 모든 목숨붙이들이 받는 고통에 대한 연민과 동정, 좀더 삼엄하게 말하면 생명에 대한 외경(畏敬)

> 이었음에 틀림없다. (……) 그녀는 살아 있는 목숨들이 받는 고통뿐만 아니라 그것들이 떠나며 남긴 껍질들까지도 그대로 보아넘기지 않았다. 길짐승 날짐승부터 작은 풀벌레에 이르기까지 죽어 버려진 것들은 모두 그 온전하지 못한 팔다리로 정성껏 땅에 묻어주었다.

생명에 대한 외경심에서도 볼 수 있듯이 당편이한테는 이 세상에 존재하는 것은 하나같이 생태계라는 가족의 소중한 구성원일 뿐이다. 강아지나 병아리 같은 길짐승에서 새 같은 날짐승, 그리고 하찮은 풀벌레에 이르기까지 그녀한테 소중하지 않은 피조물은 하나도 없다시피 하다. 이러한 당편에게는 '우리'와 '그들', 인간과 자연, 동일자와 타자, 주체와 객체 따위를 구별 짓는 일은 부질없는 일이다. 오직 남편과 자식에만 집착하는 정부인 장 씨는 아무리 범위를 넓혀도 좀처럼 가문이나 문중의 울타리를 벗어나지 않는다. 이러한 장 씨의 태도와 비교해 볼 때 당편이의 태도는 훨씬 더 소중하다고 값지다. 적어도 타자를 사랑하고 타자에 깊은 관심을 기울인다는 점에서 당편이야말로 다름아닌 '정부인'으로 부를 수 있을 것이다. 육체는 어느 한 구석 성한 데가 없어도 당편이의 영혼은 그야말로 은화처럼 빛을 내뿜는다.

그러고 보니 녹동댁에서 일하는 삼산 영감이 당편이를 두고 "험한 세상 바람을 탄 가엾은 풀씨 하나가 녹동댁 기름진 텃밭으로 날아들었구나" 하고 말하는 까닭을 알 만하다. 또한 녹동어른이 왜 그녀를 "내 품에 날아든 새"라고 일컫는지도 쉽게 이해가 간다. 당편이야말로 바람에 휘날리어 떠돌아다니는 '가엾은 풀씨'요 날개 찢긴 한 마리 '새'이다. 어쩌면 그렇게 보잘것없는 피조물이기에 다른 피조물에 대하여 남달리 동류의식을 느끼는 것일는지도 모른다. 그러나 그녀의 높은 생태 의식은 처지나 형편보다는 타고난 심성 때문이라고 보는 쪽이 더 옳을 것이다. 당편이한테는 녹동댁이 '기름진 텃밭'이요 녹동어른의 포근한 '품' 안이라면, 피조물에게는 당편이가 '기름진 텃밭'이요 포근한 '품' 안이다.

이 문제와 관련하여 여기에서 잠깐 『아가』의 화자에 대하여 찬찬히 살펴볼 필요가 있다. 무심코 지나치기 쉽지만 이문열은 이 작품에서 '우리'라는 일인칭 복수 대명사를 화자로 삼는다. 일인칭 단수형으로 '나'라고 하지 않고 굳이 '우리'라는 복수형을 사용하는 데에는 그럴 만한 까닭이 있을 것이다. 이때 '우리'는 막연한 집단이 아니라 화자를 포함한 특정 집단을 가리키기 때문이다. 가령 윌리엄 포크너의 「에밀리에게 장미를」이라는 작품에서 '우리'라는 일인칭 복수 화자는 여주인공 에밀리 그리어슨이 살고 있는 미시시피 주 요크너퍼토퍼 군의 제퍼슨 주민을 가리킨다.

이문열은 『아가』에서 제퍼슨 주민처럼 공동체 구성원으로 이루어진 '우리'라는 집단 화자를 "몇 백 년 고향을 같이해 온 산골 동족부락의 또래들"로 한정짓는다. 그 가운데에는 시인 지망생으로 한때 신문사에서 근무하던 사람이 들어 있는가 하면, "되잖은 언문(諺文) 소설 가주고 용이라도 잡을 듯 나대던(설쳐대던)" 사람도 들어 있다. 당편이가 녹동 마을로 흘러들어와 뿌리를 내리고 자리를 잡을 때는 '우리'라는 일인칭 복수 화자는 아직 이 세상에 태어나지도 않았다. '우리'가 이 세상에 태어날 때는 이미 그녀는 마을에서 '살아 있는 전설'과 다름없는 존재가 되었던 것이다.

그런데 집단적 화자라고 할 '우리'는 당편이를 자못 긍정적인 시선으로 바라본다. 무엇보다도 이 작품의 제목이 '아가'라는 점을 다시 한 번 눈여겨보아야 한다. '솔로몬의 노래' 또는 '노래 중의 노래'로 흔히 일컫는 「아가」는 구약성서 정경 중의 하나이다. 솔로몬이 지었다고는 하지만 아직도 저자가 정확히 밝혀지지 않은 이 책은 남성과 여성이 번갈아가며 주고받는 연애시 모음집으로 책 전체를 일관하는 줄거리는 좀처럼 찾아볼 수 없다. 그 가운데에서도 몇몇 시는 사랑하는 대상의 아름다움과 빼어남을 실감나게 묘사한다. 초라하기 그지없는 당편이에게 사랑을 바치는 노래라고 할 수 없을는지는 몰라도 이문열의 『아가』는 여주인공에 대한 애틋한 향수를 담고 있는 책인 것만은 틀림없다.

또한 '희미한 옛 사랑의 그림자'라는 자칫 진부해 보이는 이 작품의 부제도 눈길을 끈다. 두말할 나위 없이 이 구절은 멕시코 출신의 3인조 트리오 '로스 트레스 디아멘테스'가 발표하여 전 세계적으로 유명해진 노래의 제목이다. 이제는 라틴 음악의 고전으로 꼽히는 이 애잔한 노래는 우리나라에서는 1960년대 남성 4중창단 '블루벨즈'가 가사를 번안하여 불러 크게 히트하기도 하였다. 또한 김광규(金光圭)도 "4 · 19가 나던 해 세밑 / 우리는 오후 다섯 시에 만나……"로 시작하는 작품에 이 '희미한 옛 사랑의 그림자'라는 제목을 붙인다. 이문열의 소설에서도 김광규의 시에서도 감미로운 라틴 음악처럼 이미 지나가 버려 다시는 돌아올 수 없는 젊은날의 열정과 추억에 대한 안타까운 그리움과 함께 애틋한 슬픔을 느낄 수 있다.

일인칭 복수 화자 '우리'는 당편이를 일컬을 때마다 거의 예외 없이 '우리 당편이'라는 표현을 사용한다. 가령 "우리 당편이도 그런 그들 중의 하나였다"니, "우리 당편이게도 그런 전쟁이 원래 의미대로 의식되었는지는 분명하지 않다"니 "우리 당편이의 삶을 재구성하는 일은 전설과 후문의 몫으로 돌아간다"니 그 예를 하나하나 들 수 없을 만큼 자주 사용한다. 방금 앞에서 언급한 포크너가 「에밀리에게 장미를」에서 주인공 에밀리 그리어슨을 두고 '우리 에밀리'라고 언급하는 것과 같다. 이 작품에서도 화자 '우리'는 에밀리의 기괴한 행동에 놀라움을 금치 못하면서도 '기념비와 같은' 존재를 기억하며 그녀의 죽음에 애틋한 슬픔을 표한다.

이렇게 당편이를 '우리 당편이'라고 부른다는 것은 주인공이 화자와 동일한 집단에 소속되어 있거나 같은 편에 서 있다는 것을 뜻한다. 흔히 '그들'을 타자를 가리키는 대명사로 사용하는 반면 '우리'는 동일자를 가리키는 대명사로 자주 쓰인다. 심지어 '우리'라는 복수 화자는 당편이를 '전설의 여왕'이니 '불우한 여왕'이니 하고 부르면서 그녀를 여왕의 반열에까지 올려놓기도 한다. 집단적 화자 '우리'가 당편이를 어떻게 보고 있는지 쉽게 미루어볼 수 있는 대목이다. 당편이가 마침내 복지 시설에 수용되었을 때 화자는 "몇 달이나 지나서야 그 소식을 들었지만 우리도 마음속으로는 울었다"고 말한다. 화자 '우리'는 어느덧 당편이와 함께 울고 함께 웃을 만큼 서로 친밀

한 사이가 되었다.

그런데 여기에서 한 가지 짚고 넘어가야 할 것은 '우리'는 단순히 화자의 역할에 머물러 있지 않다는 점이다. '우리'는 한편으로는 당편이와 관련한 '삶의 희비극'을 독자들에게 전달하는 역할을 하고, 다른 한편으로는 그 희비극의 무대에 직접 참여하여 한 역할을 맡기도 한다. 그러니까 화자이면서 동시에 작중인물로 텍스트의 안과 밖을 자유롭게 드나드는 '참여 화자'의 구실을 맡고 있다. 이러한 역할과 구실은 화자가 "무너져 내리는 그 왕국의 마지막 기사(騎士) 역할을 기꺼이 맡고, 이미 별로 소비자가 없어진 어두운 웃음의 전설을 몇 보태게 된다"고 말하는 데에서도 단적으로 드러난다. 당편이가 '무너져 내리는 왕국'의 여왕이라면 화자 '우리'는 이 왕국의 '마지막 기사'의 역할을 맡고 있는 셈이다. 여왕이건 기사이건 모두가 이 왕국의 구성원임에는 틀림없다.

4

이문열은 『아가』에서 지금까지 그의 작품에서는 좀처럼 볼 수 없는 색다른 기법을 구사한다는 점에서도 관심을 끈다. 작품 활동을 시작할 무렵부터 시대정신에 유난히 예민한 그는 역시 1980년대부터 1990년대에 걸쳐 우리 학계와 문단에 한바탕 거센 바람을 몰고 지나간 포스트모더니즘을 간과할 수 없었다. 『선택』과 『아가』에서는 전에 없이 전문 학술 용어가 자주 튀어나온다는 사실은 이 점을 뒷받침한다. 그만큼 이문열은 20세기가 서산마루에 걸쳐 있을 무렵 전파처럼 공중에 떠돌고 있던 새로운 시대정신을 호흡하지 않을 수 없었을 것이다.

이미 이문열은 『황제를 위하여』(1982)에서 삶을 포괄적으로 설명하고 해석하는 추상적인 거대 담론(메타내러티브)에 대한 강한 불신을 드러낸 적이 있다. 거대 담론 중에서도 특히 공산주의나 민주주의 같은 정치 이데올로기를 비롯하여 불교나 기독교 같은 종교 담론이 신랄하게 비판을 받는다. 이문열이 초기 작품에서는 주로 포스트모더니즘의 사상이나 철학 쪽에 관심을 기울였다면, 『아가』에 이르러서는 주제나 내용 쪽보다는 기법이나 형식 쪽에 좀더 주의를 기울인다.

'작가의 개입'은 이문열의 작품에서 그다지 어렵지 않게 찾아볼 수 있는 기법이지만 1990년대 작품에 이르러서는 눈에 띄게 늘어난다. 『아가』에서 작가는 당편이의 삶이 마을 사람들에게 주는 의미에 대하여 장황하게 설명한다.

> 한 줌도 안 되지만 정채(精彩)와 영화(榮華)를 타고난 존재들, 우리보다 잘나고 날래고 똑똑하여 운명의 편애를 받는 이들은 또한 얼마나 자주 우리를 절망에 빠지게 하고 속절없는 열패감(劣敗感)이나 천박한 시기로 스스로를 쥐어뜯게 하는가. 그런 그들에 비해 우리보다 못나고 더디고 모자라는 이들은 존재 그 자체가 큰 위로이다. 그들로 하여 우리는 안도 속에서 자신의 삶을 돌아볼 수 있고 성실과 경건의 결의까지도 다질 수 있다. (……) 당편이는 옛 고향 사람들에게 바로 그 살아 움직이는 효용이 아니었는지.

당편이가 마을 사람들에게 그 나름대로의 쓸모 있는 역할을 하고 있다는 사실은 작가가 직접 나서서 말하기보다는 작중인물의 입을 빌려 말하거나, 아니면 당편이의 구체적인 행동을 통해서 직접 보여 주는 쪽이 훨씬 더 '소설다울' 것이다. 실제로 「유전」에서 녹동어른이나 곽산댁 그리고 을순이는 저마다 구수한 경상도 사투리로 당편이의 효능을 밝힌다. 가령 곽산댁은 "그거 참 이상하제. 저거 옆에 있으믄 뭐신가 성가시고 귀찮은 일이 생기지만, 그게 꼭 싫지는 않다고" 하고 말한다. 미국 문학에 심리적 리얼리즘 전통을 세우는 데 크게 이바지한 헨리 제임스는 소설가가 직접 나서 독자들에게 '말하기'보다는 작중인물의 구체적인 행동을 통하여 '보여' 주어야 한다고 주장한다. 위 인용문을 보면 이문열은 '보여 주는' 쪽보다는 아무래도 '말하는' 쪽에 좀더 무게를 싣는다.

특히 『아가』는 포스트모더니즘 작가들이 흔히 사용하는 메타픽션에 해당하는 작품이다. '소설의 소설' 또는 '소설에 관한 소설'이라고 할 메타픽션은 한편으로는 작품을 창작하면서 다른 한편으로는 작품이 창작되는 과정을 보여 주는 소설이다. 비유적으로 말하자면 전통적인 소설가들이 삶을 향하여 거울을 높이 쳐들고 있다면, 메타픽션 작가들은 그렇게 거울을 쳐들고 있는 소설가를 향하여 또 다른 거울을 쳐들고 있는 셈이다. 이 유형의 소설을 두고 흔히 '자기반영적(自己反映的)'이라고 부르는 까닭이 바로 여기에 있다. 이렇게 메타픽션에서는 소설의 인식론적 측면보다는 존재론적 측면에 좀더 무게를 싣는다.

『아가』를 읽다 보면 곳곳에서 작가가 직접 등장하여 소설을 집필하는 과정을 설명해 준다. 거울에 사물을 비추듯이 객관적으로 삶의 모습을 고스란히 작품에 옮겨놓은 것이 아니라, 작가가 지금 언어라는 매체를 사용하여 허구적 구성물을 '만들어 내고' 있다는 사실을 독자들에게 끊임없이 상기시킨다. 그렇게 함으로써 작가는 독자들이 현실에 대하여 가질 수 있는 환상을 일부러 깨뜨리려고 한다. 전통적인 미학 이론의 관점에서 보면 예술가는 예술을 창작하는 과정을 교묘하게 감추면 감출수록 훌륭한 예술가로 평가받는다. 그러나 메타픽션 작가들은 그러한 창작 과정을 드러내지 못하여 안달이다. 이렇게 창작 과정을 드러내는 방법에는 여러 가지가 있지만 이문열은 이 소설에서 작품 집필과 관련한 내용을 자주 언급하는 방법을 구사한다.

예를 들어 이문열은 세 번째 이야기인 「뿌리 내리기」에서 주인공 당편이의 '육체적 기호'라고 할 온전하지 못한 몸을 설명하고 난 뒤 이번에는 그녀의 '정신적 기호'를 설명하기 시작한다. 그러면서 그는 갑자기 "자, 어디서부터 시작할까. 그래, 끝내 당당했던 당편이의 말투에서부터 시작하자" 하고 말을 꺼낸다. 그런 뒤 작가는 누구한테나 언제나 반말을 쓰는 당편이의 삶을 엮어나가기 시작한다. 그런데 '어디서부터 시작할까'니 '말투서부터 시작하자'니 하는 구절은 독자들이 당편이의 삶에 환상을 갖는 데 걸림돌이 되는 말이다. 전통적인 작품이라면 작가가 굳이 이러한 말을 하지 않고 직접 당편이가 반말을 사용하는 장면부터 이야기를 전개해 나갈 것이다.

또한 「마지막 봄」에서 이문열은 "이제 그들의 성(性)을 이야기할 때가 된 것 같다"고 밝힌다. 여기에서 '그들'이란 당편이와 그녀의 마지막 사랑이라고 할 건어물 가게 영감을 말한다. 굳이 이 문장을 작품 안에 삽입하여야 할 까닭이 어디에 있을까. 작가는 직접 두 사람의 성에 관한 이야기를 풀어나가면 될 터인데도 이렇게 토를 달고 지나간다. 또한 당편이를 성적으로 희롱하는 이야기를 다루는 「희미한 옛 사랑의 그림자」에서도 이문열은 "그런데 그 시절의 얘기를 맺으려 하고 보니 문득 은밀한 죄의식 같은 게 인다"고 말하기도 한다.

그런가 하면 이문열은 "이제 다시 우리 당편이의 삶을 재구성하는 일은 전설과 후문(後聞)의 몫으로 돌아간다"는 문장으로 「영락(零落)의 세월」을 시작한다. 이 이야기의 끝부분에 이르러서도 이와 비슷하게 "풍문과 추측으로 재구성한 것이지만……"이라고 되풀이한다. 그렇다면 이 이야기는 재구성에서 시작하여 재구성으로 끝나는 셈이다. 전통적 소설 형식에서는 화자가 직접 나서 '얘기를 맺으려고' 한다느니 '삶을 재구성'한다느니 하고 말하는 것은 좀처럼 있을 수 없는 일이다. 작가는 독자들이 미처 눈치 채지 않도록 자연스럽게 이야기를 맺거나 재구성하면 되는 일이다.

메타픽션적인 기법은 당편이가 황 장군과 함께 안동에 나갔다가 돌아오는 길에 날이 저물어 주막에서 하룻밤을 지내는 사건을 다루는 「그들의 봉별」에서 좀더 뚜렷이 드러난다. '당편이와 번호 헛방 친 얘기'를 다루면서 화자는 "하지만 이 이야기는 우리가 알고 있는 진실과는 달라도 많이 달랐다"고 언급한다. 또한 "거기다가 이 이야기의 허구성을 더욱 강하게 짐작케 하는 것은 성(性)을 대하는 당편이의 태도다" 하고 말하기도 한다. 이렇게 창작 과정을 일부러 드러내는 기법은 '이야기의 허구성'에 그야말로 찬물을 끼얹는 것과 같다.

더구나 당편이가 술도가에 처음 들어설 때 마침 술 배달을 나갔다가 돌아오는 황 장군을 만나는 장면에서는 작가의 짓궂은 장난기마저 느껴진다. 이 작품의 화자는 "그때 당편이가 다시 장군 쪽을 돌아보아 두 눈길이 마주치면서 불꽃이 튀었다, 고 했으면 좋겠지만 실은 그렇지가 못했다"고 말한다. 전통적인 소설 같으면 실제로 불꽃이 튀었다고 말하거나, 만약 그렇지 않다면 아예 그러한 말을 입 밖에도 내지 않을 것이다. 소설이 독자들에게 삶에 대한 환상을 그대로 심어 주는 보는 전통적인 소설가들이나 이론가들에게 이문열의 이러한 태도는 저주와 다를 바 없다.

메타픽션적 기법이 가장 잘 드러나는 것은 바로 단편이의 삶이 마을 사람들의 관심과 시야에서 벗어나는 이야기를 다루는 「마지막 봄」이다. 이 작품의 첫머리에서 장애자 시설에서 나온 당편이가 녹동 마을 근처로 다시 돌아와 장터거리에 자리를 잡는 과정을 다루다가 이문열은 갑자기 이렇게 말한다.

> 우리가 어떤 사람의 삶에 특별히 유의하거나 어떤 행동을 주목하는 것은 거기서 드러나는 문제가 흔치 않고 그 해결도 간단하지 않을 때가 된다. 소설의 주인공을 달리 '문제적 인간'이라 부르는 것도 그 때문일 것이다.

이 인용문을 읽고 있노라면 흥미진진한 소설 한 편을 읽고 있다기보다는 소설에 관한 논문, 그 가운데에서도 작중인물과 관련한 한 대목을 읽고 있는 것 같은 기분이 든다. 마지막 문장에서 그가 언급하는 '문제적 인간'이란 바로 헝가리 철학자이며 문학 이론가 죄르지 루카치가 처음 사용한 말이다. 한때 민중 문학이 성난 파도처럼 한국 문단을 휩쓸던 무렵 비평가들이 무슨 부적처럼 자주 입에 오르내리던 용어이다. 루카치는 『소설의 이론』(1920)에서 근대 소설의 주인공에 '문제적 인간' 또는 '문제적 개인'이라는 이름을 붙였다.

마르크스주의 이론가 루카치에게 소설이란 문제적 인간이 총체성을 상실한 변화무쌍한 세계 속에 내던져져 자신의 운명을 알지 못한 채 오직 신념의 폿대에 의지하여 자아를 찾아 길을 나서는 자기 인식 과정을 형상화하는 형식이다. 뒷날 루카치의 '문제적 인간'은 프랑스의 이론가 뤼시엥 골드만이 그 바통을 이어받는다. 『소설 사회학을 위하여』(1973)에서 골드만은 자본주의 체제에 맞서면서 '사용 가치'를 직접 추구하는 사람들을 '문제적 개인'이라고 부른다.

이문열이 『아가』에서 현실의 모방이나 재현 못지않게 언어적 구성물에 무게를 싣고 있다는 사실은 방금 앞의 인용문을 작품 끝에 붙어 있는 「작가의 말」 한 대목과 비교해 보면 금방 드러난다. 작품 후기에 해당하는 이 글에서 이문열은 "이 작품을 쓰고 나서 먼저 생각해 보게 되는 것은 소설의 주인공에 관한 낡은 문예 이론의 물음이다. 곧 소설의 주인공은 작가 자신인가, 모델인가, 창조물인가" 하고 묻는다. 앞의 인용문은 텍스트 안에 들어 있고 뒤의 인용문은 텍스트 밖에 놓여 있지만, 주제나 스타일이나 어조 같은 형식에서 보면 거의 구별을 할 수 없을 정도로 똑같다.

그런가 하면 이문열은 「황 장군전」과 관련하여 고향의 문사 한 사람이 황 장군의 일을 소설로 썼다고 언급하기도 한다. 이렇게 작품 안에 수록되어 있는 작품을 직접 언급하는 것은 메타픽션 작가들이 흔히 사용하는 장치 가운데 하나이다. 그것은 마치 작가나 작가의 동료 작가가 직접 작품에 작중 인물로 등장하는 것과 비슷한 효과를 낳는다. 이러한 형식은 한 서양 이론가의 용어를 빌리면 텍스트의 '존재론적 불안'을 드러내는 기법이다. 모르긴 몰라도 지금 작가 말하는 그 고향의 문사란 다름아닌 「황 장군전」이라는 단편소설을 발표한 작가 이문열로 보아 크게 틀리지 않을 것이다.

이문열의 이러한 언급은 그림에 빗대어 말하자면 그림을 바라보는 감상자에게 화가가 액자 속의 그림보다는 액자 자체에 주목하도록 하는 발언이다. 러시아 형식주의자들은 이렇게 소설의 구성에 주목하는 수법을 '드러내기' 기법이라고 불렀다. 이렇게 현실에 대한 감정이입을 차단하는 방법으로서의 '드러내기' 기법은 뒷날 베르톨트 브레히트가 정치적 목적으로 사용하였다. 그러나 이문열이 이러한 기법을 구사하는 것은 어떤 정치적 의도

보다는 글쓰기 행위 자체에 주목하는 데 있다. 즉 작품의 내용 못지않게 창작 과정 같은 형식도 문학의 중요한 주제 중의 하나라는 사실을 말하고 싶은 것이다.

08

오리엔탈리즘과 동아시아

포스트식민주의는 흔히 포스트모더니즘과 포스트구조주의와 더불어 현대 이론의 트로이카로 일컫는다. '포스트'라는 접두어가 붙어 있는 이 세 이론은 1960년대 이후 처음 본격적으로 모습을 드러내었고, 21세기의 문턱을 막 넘어선 지금 현대 문학과 문화 이론을 떠받들고 있는 세 주춧돌이라고 할 수 있다. 오늘날 세계 인구 가운데 무려 4분의 3에 해당하는 사람이 그동안 직접 또는 간접으로 식민주의를 겪어 왔다는 사실을 떠올린다면 포스트식민주의가 새로운 저항 담론이나 반(反)담론으로 그 가치를 인정받고 있는 것은 어찌 보면 당연하다고 할 수 있다.

포스트식민주의를 제대로 이해하기 위해서는 무엇보다도 먼저 이 용어를 '탈(脫)식민주의'나 '신(新)식민주의'와 엄밀히 구별할 필요가 있다. '반(反)식민주의'와 거의 뜻으로 사용하는 탈식민주의란 정치와 경제를 비롯한 문화 분야에서 온갖 형태의 식민주의 권력을 폭로하고 해체하려는 과정을 가리킨다. 식민주의의 지배와 통치에서 벗어나려는 이러한 저항의 몸짓은 한 민족의 정체성을 지키려는 민족주의와 깊이 맞물려 있다. 그러므로 탈식민주의에서는 어조가 좀더 호전적이다.

한편 신식민주의란 글자 그대로 새로운 형태의 식민주의를 가리킨다. 20

세기 말엽과 21세기 초엽에 걸쳐 일어난 전(全)지구적인 세계화의 물결 속에서 정치적 독립을 이룩한 식민지 국가들은 초기 민족주의자들이 기대하였던 것만큼 그렇게 완전히 경제적인 종속과 문화적 지배에서 벗어날 수 없었다. 다시 말해서 식민주의의 굴레에서 해방된 국가들은 정치적인 독립을 이룩한 뒤에도 경제적으로나 문화적으로는 여전히 식민주의나 제국주의의 영향권 안에 놓여 있게 되었다. 신식민주의 담론에는 제국주의적 식민주의는 역사적 뒤안길로 사라졌지만 새로운 형태의 식민주의가 약소 국가를 지배하고 있다는 전제가 깔려 있다.

탈식민주의나 신식민주의와는 달리 포스트식민주의는 식민주의가 피식민지 국가의 문화와 사회에 끼친 영향과 결과에 초점을 맞춘다. 특히 이 용어는 서구 열강 제국으로부터 식민주의를 겪은 약소국가의 정치적 경험을 비롯하여 언어적 · 문화적 경험을 가리키는 말로 널리 쓰인다. 이 용어에서는 '포스트'라는 접두어에 주목하여야 하는 까닭이 바로 여기에 있다. '포스트'라는 갓을 쓰고 있는 용어가 흔히 그러하듯이 한편으로는 식민주의에서 해방되었다는 후시성(後時性)을 뜻하고, 다른 한편으로는 식민주의의 이데올로기에서 벗어난다는 초월의 뜻을 지니기 때문이다. 한마디로 탈식민주의와 신식민주의를 모두 포함하는 개념이 바로 포스트식민주의라고 할 수 있다.

그러므로 엄밀한 의미에서 포스트식민주의는 탈식민주의도 아니고 식민주의도 아니다. 포스트식민주의에 대하여 오스트레일리아의 이론가 사이먼 듀링은 "제국주의의 희생자였던 국가나 지역에서 보편주의적이거나 유럽중심적인 개념과 이미지에 오염되지 않는 정체성을 성취하려는 욕구"라고 규정짓는다. 개인적 차원으로 좁혀 보건, 아니면 국가적 차원으로 넓혀 보건 포스트식민주의는 무엇보다도 제국주의나 식민주의의 지배 체제에서 그 동안 잃어버렸던 정체성을 되찾는 데 온갖 노력을 기울이려는 담론이다.

1

포스트식민주의의 역사는 제2차 세계대전 이후 1950년대 말이나 1960년대 초로 거슬러 올라간다. 나이지리아의 대표적인 작가 치누아 아체베는 일찍이 『사물은 떨어져 나간다』(1958)라는 소설에서 서구 열강들이 그 동안 비서구 세계를 의도적으로 왜곡하여 재현하거나 표상해 왔다고 지적한다. 알제리 태생의 이론가 프란츠 파농도 『지구의 비참한 사람들』(1961)에서 서구의 이항대립적 사고를 날카롭게 비판할 뿐만 아니라, 서구 식민주의가 피식민지 주민에게 심어 준 자기소외나 분열증 같은 심리적 영향을 자세히 분석한다.

그러나 포스트식민주의는 팔레스타인 태생의 미국 이론가 에드워드 사이드에 이르러 좀더 뚜렷한 이론적 뒷받침을 받는다. 이제는 이 분야에서 고전이 되다시피 한 책 『오리엔탈리즘』(1978)과 『문화와 제국주의』(1993) 같은 책에서 그는 처음으로 오리엔탈리즘 이론을 펼쳐 큰 관심을 모았다. 사이드는 지난 4천 년에 걸쳐 유럽을 비롯한 서구 세계는 식민지 지배와 정복 그리고 억압과 착취를 정당화하기 위하여 한편으로는 백인 우월주의나 유럽중심주의의 이데올로기를 널리 유포하고 다른 한편으로는 고의적으로 동양을 열등한 타자(他者)로 만들어 내었다고 지적한다.

특히 사이드는 서구 제국주의의 이데올로기가 그 동안 어떻게 동양 사회를 지배하는 도구나 수단으로 이용되어 왔는지를 밝혀내었다. 그가 말하는 '오리엔탈리즘'이란 유럽중심주의에 입각하여 19세기 서구 제국주의가 만들어낸 지배 전략의 한 이데올로기에 지나지 않는다. 이러한 이데올로기에 따라 서양 사람들은 자신들을 합리적이고 계몽주의의 세례를 받은 '빛의 자녀'라고 생각하는 한편, 동양인들에 대해서는 아직도 무지와 미신의 감옥에 갇혀 있는 '어둠의 자식'이라고 간주하기 일쑤였다. 그리고 이것을 빌미로 삼아 비유럽 약소국가를 식민지로 삼고 그 국민을 피식민지 주민으로 삼았던 것이다.

사이드는 귀스타브 플로베르를 이러한 경우를 보여 주는 좋은 예로 꼽는다. 플로베르는 이집트에서 한 창녀와 잠자리를 같이한 뒤 프랑스에 있는 정부(情婦) 루이즈 콜레한테 보낸 편지에서 "동양 여자는 기계와 다름없소. 동양 여자는 한 남자를 다른 남자와 구별 짓지 않지요" 하고 밝힌다. 그 뒤 플로베르는 여러 소설을 통하여 동양 여성에 대한 그릇된 관념을 유럽 독자들에게 널리 유포하는 데 크게 이바지한다. 그러나 이집트의 창녀 쿠축 하넴이라는 여성의 입장에서 보면 플로베르의 주장은 터무니없이 과장되어 있음에 틀림없다. 단 한 명의 이집트 여성, 그것도 단 하룻밤 잠자리를 같이한 경험을 기초로 동양 여성을 일반화시키고 있기 때문이다. 이 하찮은 에피소드 한 토막을 보더라도 서구인이 보편적 진리라고 말하는 것이 얼마나 허구적인가 하는 것을 새삼 깨닫게 된다.

포스트식민주의 이론가들이 하나같이 식민지 변방에서 태어났거나 변명 국가 주민으로 몸소 식민주의를 겪은 이방인들이라는 사실은 시사하는 바 자못 크다. 또한 포스트식민주의를 주장한 이론가들이 거의 대부분 유럽의 포스트구조주의의 영향을 받았다는 사실도 무척 흥미롭다. 예를 들어 사이드는 안토니오 그람시의 마르크스주의와 함께 미셸 푸코의 담론 이론에서 큰 영향을 받았다. 인도 태생의 미국 이론가 가야트리 스피박은 자크 데리다의 해체주의에서 영향을 받았는가 하면, 역시 인도 태생의 영국 이론가 호미 바바는 자크 라캉의 정신분석 이론에서 자양분을 얻었다.

한 미국의 흑인 여성 시인은 "주인집 연장을 빌려서는 주인집을 부술 수 없다"고 잘라 말한 적이 있다. 그러나 사이드와 스피박 그리고 바바 같은 이론가는 바로 주인집 연장을 빌려 주인집을 부수고 있는 셈이다. 포스트식민주의 이론가들은 만약 자신의 이론에 조금이라도 도움을 줄 수 있다면 어떠한 이론, 어떠한 방법론과도 기꺼이 손은 잡으려고 한다. 적어도 이 점에서 그들은 좋게 말하면 다원주의자요, 나쁘게 말하면 잡종주의자라고 할 수 있다.

포스트식민주의에서는 그 동안 서구 제국주의나 식민주의의 힘에 밀려

주변부에 몰리거나 침묵을 강요당한 식민지 국가들이 내는 목소리에 주의를 기울인다. 한 이론가는 "식민지화 된다는 것은 곧 역사로부터 제거되는 것을 뜻한다"고 말한다. 또 다른 이론가는 "식민지 국가가 받는 가장 심각한 피해는 바로 역사로부터 제외되는 것이다" 하고 밝힌다. 그렇다면 포스트식민주의란 식민지 국가들이 지금까지 서구 열강에 빼앗긴 역사를 다시 찾으려는 노력이라고 하여도 크게 틀리지 않다.

포스트식민주의는 역사나 철학 같은 다른 문학과 문화에서도 드러나지만 특히 문학 이론이나 문화 이론에서 가장 뚜렷이 나타난다. 잃어버린 목소리와 빼앗긴 역사를 되찾기 위하여 포스트식민주의 이론가들은 다양한 문화 전략을 사용한다. 첫째, 포스트식민주의 비평은 식민주의 국가의 문학에 나타난 피식민지 주민에 대한 편견과 오해를 폭로하는 것을 무엇보다도 중요한 목표로 삼는다. 이러한 입장을 취하는 책으로는 방금 앞에서 말한 사이드의 『오리엔탈리즘』을 꼽을 수 있다.

이 책에서 사이드는 유럽 사람들이 얼마나 동양에 대하여 판에 박은 듯한 편견을 가지고 있는가 하는 점을 설득력 있게 보여 준다. 방금 앞에서도 지적하였듯이 동양에 대한 서구인의 지식과 정보가 실제 사실과 거리가 멀다는 점을 밝혀낸다. 가령 유럽 사람들은 동양인들이 게으르고 무책임하며 비합리적이고 성적(性的)으로 방종하다고 보고 있지만 이러한 생각은 한낱 허구에 지나지 않는다고 지적한다. 사이드에 따르면 동양에 대한 이러한 편견이나 선입견은 실제 사실에 뿌리를 두고 있는 것이라기보다는 문화적으로 만들어진 '상상적 허구'에 지나지 않는다. 그러므로 오리엔탈리즘은 어쩔 수 없이 정치적일 수밖에 없다고 사이드는 결론짓는다.

둘째, 포스트식민주의 비평은 그 동안 제국주의 열강들이 식민주의 이데올로기를 전달하는 도구로 삼아 온 본질주의나 보편주의를 비판하는 일에도 관심을 기울인다. 유럽 식민주의자들은 자신들의 생각이나 의견을 일반화하거나 보편화하여 다른 민족이나 나라를 이해하려는 경향이 있다. 그러나 이러한 태도는 한 민족이나 나라에 독특한 특수성을 소홀히 하거나 아예 무시하는 것과 크게 다르지 않다. 그러므로 겉으로는 객관성으로 그럴듯하게 포장하고 있지만 실제로 유럽 식민주의의 이데올로기는 적잖이 왜곡되어 있다.

예를 들어 미국의 비평가 마크 밴 도런은 중국 청(淸)나라 때의 대표적인 소설로 흔히 꼽히는 조설근(曹雪芹)의 『홍루몽(紅樓夢)』에 관한 글에서 "가장 위대한 사랑 이야기는 장소와 시간의 구별이 없다"고 말한 적이 있다. 러브스토리는 굳이 서양과 동양을 가르지 않고, 또한 옛날이나 지금이나 시간을 초월하여 두루 나타난다는 것이다. 그러나 찰스 라슨도 지적하듯이 아프리카 문학에서는 서구 작품에서 흔히 볼 수 있는 그러한 사랑 이야기를 찾아보기란 그렇게 쉽지 않다. 마찬가지로 영국의 소설가요 비평가인 앨프리드 알바레스는 자살에 관한 연구서 『야만의 신』(1972)에서 "아마도 세계 문학의 절반은 죽음에 관한 것일지 모른다"고 말하면서 죽음이 문학의 중요한 소재요 보편적 주제라고 주장한다. 그러나 아프리카 문학에서는 서구 작품에서 흔히 볼 수 있는 그러한 죽음은 별로 없다. 그리하여 치누아 아체베는 "아프리카 문학을 논할 때에는 아예 '보편적'이라는 말을 완전히 제외시켜야 한다"고 주장하기에 이른다.

셋째, 포스트식민주의 비평은 어떻게 피식민지 문학이 식민주의나 제국주의와 관련한 문제에 침묵을 지키고 있거나 호도하고 있는지를 밝혀내는 데 관심을 쏟는다. 포스트식민주의 비평가들은 이러한 경우를 보여 주는 좋은 예로 흔히 영국의 여성 작가 제인 오스틴의 『맨스필드 공원』(1814)을 꼽는다. 언뜻 이 작품은 시골 저택 맨스필드 공원을 중심으로 세 작중인물의 도덕적 갈등을 다루고 있는 것처럼 보인다. 그러나 좀더 꼼꼼히 살펴보면 작중인물들이 누리는 그런 대로 유복한 생활은 서인도 제도의 식민지에 뿌리를 두고 있다는 사실이 드러난다. 영문 문학뿐만 아니라 서구 문학의 최고봉으로 흔히 일컫는 윌리엄 셰익스피어도 겉으로는 보편적인 인간 경험을 다루고 있는 것 같지만 좀더 꼼꼼히 따지고 보면 제국주의적인 태도를 드러내는 작품을 썼다. 이 점과 관련하여 한 학자는 "셰익스피어는 백인이 아니거나 유럽이 아닌 것은 어느 사람 어느 것이나 공격하였다"고 지적한다.

넷째, 포스트식민주의 문학 비평은 제국주의나 식민주의를 정당화하거나 합리화하려는 시도에 대해서도 문제 삼는다. 지금까지 제국주의자들이나 식민주의자들은 식민주의 지배가 피식민지 국가나 그 주민들에게 궁극적으로 좋은 결과를 가져왔다고 주장해 왔다. '문명의 선물'이니 '영국 문학의 유산'이니 심지어는 '르네상스'니 하는 용어들은 하나같이 제국주의나 식민주의를 합리화하거나 옹호하는 표현들이다. 굳이 먼 데서 예를 찾을 것도 없이 36년 동안 우리나라를 통치한 일본은 철도를 놓고 전기와 통신 시설을 설치하는 등 한국의 근대화에 기틀을 마련해 주었다고 주장한다. 이러한 뻔뻔스런 태도를 포스트식민주의 비평가들은 단호히 배격한다. 그것은 또 다른 형태의 식민주의에 지나지 않기 때문이다.

다섯째, 작가들이 어떻게 언어를 구사하는가를 밝혀내는 일도 포스트식민주의 비평가들이 맡아야 할 몫이다. 언어는 계급조직적 권력 구조를 영구화하고 진리나 실재의 개념을 만들어내는 역동적 구실을 한다. 다시 말해서 언어란 페르디낭 드 소쉬르의 말처럼 기호의 관계가 아니라, 미하일 바흐친이나 미셸 푸코의 지적대로 서로 다른 가치가 맞부딪치는 계급투쟁의 장(場)이요 권력의 싸움터와 다름없다. 그러므로 식민주의를 경험한 국가의 작가들이 식민지 종주국의 표준 어법에서 벗어나게 언어를 사용한다는 것은 곧 그 자체로 정치적 행위가 된다.

마지막으로, 포스트식민주의에서는 이번에는 시선을 안쪽으로 돌려 내재적인 모순과 병폐를 비판하기도 한다. '내적 식민주의'이니 '이중 식민주의'니 하는 개념이 바로 그것이다. 내적 식민주의란 한 나라 안에서 이루어지는 식민주의를 말한다. 가령 미국에서 멕시코 계열의 소수 집단, 독일에서 가스타르바이터 집단, 그리고 프랑스에서 뵈르스 집단 따위가 여기에 속한다. 이중 식민주의란 식민주의 지배를 받는 국가의 여성이 피식민지 주민으로서 받는 피해뿐만 아니라 가부장 질서에서 남성한테서 받는 이중적 피해를 가리키는 말이다. 포스트식민주의에서는 이러한 형태의 식민주의에 대해서도 비판의 칼날을 들이댄다.

포스트식민주의는 가능성과 함께 한계를 지니고 있는 이론이요 담론이다. 이것을 비판하는 사람들은 오늘날 같은 세계화 추세에서 포스트식민주의 이론가들이나 작가들은 어쩔 수 없이 제1세계의 영향을 받지 않을 수 없다고 지적한다. 쿠암 안토니 아피아는 포스트식민주의의 작가들이나 이론가들도 궁극적으로는 '콤프라도르'에 지나지 않는다고 지적한다. 콤프라도르란 본디 외국 상사에 고용되어 중국인과 거래나 교섭을 하던 중국인을 가리킨다. 그러니까 포스트식민주의의 작가들이나 이론가들은 한낱 매판(買辦) 지식인이라는 것이다. 아피아는 서구에서 교육을 받은 몇 안 되는 서구 지향적 작가들이나 사상가들이 만들어 낸 것이 곧 포스트식민주의 문학이라고 주장한다. 이러한 상황에서 포스트식민주의 문학은 어쩔 수 없이 비판과 저항의 칼날이 무뎌질 수밖에 없을 것이다. 자국에서의 비판 담론을 흡수할 뿐만 아니라 반대 집단과의 거리를 좀더 넓히는 결과를 낳기도 한다.

이렇듯 식민주의 담론에는 어쩔 수 없이 틈이나 빈칸이 있게 마련이고, 포스트식민주의 비평가들은 이러한 틈이나 빈칸을 찾아내는 데 온갖 힘을 쏟는다. 호미 바바의 말대로 제국주의나 식민주의 담론에 숨어 있는 틈이나 빈칸은 자국의 비평가들의 눈에는 좀처럼 잘 띄지 않을는지 모르지만 제국의 중심에서 멀리 떨어지면 떨어질수록 훨씬 더 뚜렷하게 드러난다. 그리하여 바바는 제국주의나 식민주의는 유럽 현대성이 안고 있는 결함과 불안이 싹트는 온실과 다름없다고 말한다. 포스트식민주의 비평가라면 작품에 숨어 있는 식민주의 이데올로기를 드러내려고 한다. 이 점에서 제인 오스틴은 집안에서 일어나는 일상적 삶의 모습을 그린 여성 작가의 테두리를 훨씬 뛰어넘어 조셉 콘래드와 러드야드 키플링 같은 식민지 문학의 작가라고 할 수 있다.

그런데 텍스트 속에 숨어 있는 식민주의 이데올로기를 밝혀내는 데에는 피에르 마슈레나 루이 알튀세르가 말하는 '증후적 독서' 방법이 가장 효과적이다. 흔히 구조주의적 마르크스주의자로 일컫는 마슈레와 알튀세르는 말하자면 텍스트의 무의식이나 억압된 부분을 밝혀내는 데 관심을 기울인다. 마슈레에 따르면 작가가 무엇인가를 언급하기 위해서는 다른 어떤 것을 언급하지 않아야 한다. 그렇기 때문에 모든 문학 작품은 어쩔 수 없이 그 안에 빈틈이나 침묵을 지니고 있게 마련이라는 것이다. 그런데 이렇게 텅 비어 있는 공간이나 언어로 표현하지 않은 침묵 속에 진실이 숨어 있을 수 있다. 이 증후적 독서 이론에 따르면 비평가는 바로 문학 텍스트가 간직하고 있는 빈틈이나 공간을 메우고 침묵을 깨뜨림으로써 작가의 숨은 의도를 찾아내는 사람이다.

포스트식민주의는 처음에는 문화 영역에서 꽃을 피웠지만 시간이 지나면서 점차 정치나 경제나 사회 영역으로 그 범위를 확대해 나갔다. 식민주의나 제국주의의 유산을 청산하려는 노력이 지금 여러 분야에 걸쳐 아주 폭넓게 이루어지고 있다. 포스트식민주의는 최근에 나온 모든 '이즘'이나 '주의' 가운데에서도 가장 역동적이요 실천적인 이론이다. 돈을 주고 정보를 사고판다는 정보화 시대, 금융이 국경 없이 자유롭게 넘다드는 다국적 자본주의 시대에 포스트식민주의야말로 문화적 침투에 대한 마지막 보루라고 할 수 있을 것이다.

2

에드워드 사이드가 『오리엔탈리즘』에서 말하는 동양이란 "빛은 동방에서"라고 말할 때의 바로 그 동방이다. 여기에서 빛이란 원시와 야만의 어둠을 밝힌 문명의 빛을 말한다. 또한 동방이라면 흔히 아시아를 생각하지만 이 말은 본디 로마를 기준 삼아 동쪽을 뜻하는 것으로 서아시아, 즉 오늘날의 중동 지방을 가리킨다. 좀더 좁혀 말하면 티그리스 강과 유프라테스 강이 만나는 메소포타미아를 뜻한다. 서양 사람들은 로마의 서쪽에 해당하는 동방에는 좀처럼 관심조차 두지 않았다. 기껏해야 인도를 언급할 뿐이었고, 그곳에 대한 언급도 중동 지방 못지않게 부정적이다. 가령 영국의 소설가 E. M. 포스터는 『인도로 가는 길』(1924)에서 인도 사람들을 여간 업신여기지 않는다.

캐나다 장로교 선교사 제임스 S. 게일은 『한국 스케치』(1898)에서 "극동에서 일할 때 부딪치는 큰 문제는 바로 동양적 정신이다" 하고 말한 적이 있다. 그는 서양의 어느 선교사보다 한국에 오랫동안 머물었고, 한국을 가장 잘 이해하고 한국을 서구 세계에 널리 알리는 데 크게 이바지한 사람으로 평가받는다. 게일은 한국을 두고 "이 세계에서 가장 매력적인 나라"라고 못 박아 말하였다. 기후며 자연 환경이며 언어며 풍습이며 사람들이며 무엇 하나 나무랄 것이 없다는 것이다. 그런데도 게일은 선교사를 비롯한 서양 사람이 동양을 이해할 때 무엇보다도 먼저 고려하여야 하는 것이 바로 '동양적 정신'이라고 밝혔다. 그 정신을 이해하는 것이 그 만큼 힘이 든다는 말일 것이다.

게일이 한국에서 활동하던 19세기 말엽 서양 사람들은 동양인들을 흔히 '황색 경보'로 간주하기 일쑤였다. 이 '황색 경보'란 이 무렵 중국 이민자들이 미국과 서유럽에 몰려들기 시작하자 위협을 느낀 나머지 붙인 이름이다. 백인이니 흑인이니 하는 말처럼 동아시아 사람의 피부 색깔이 황색이라는 점에 착안하여 만든 색깔의 은유이다. 이 용어는 1895년 독일 황제 빌헬름 2세가 'gelbe Gefahr'라는 말을 처음 사용하면서 생긴 것이라고 주장하는 학자들이 많다. 한편 1898년 영국 작가 M. P. 쉴은 독일 선교사들이 중국에서 살해당한 사건을 소재로 '황색 위험'이라는 제목을 붙인 일련의 단편소설을 발표하였다. 이 작품은 뒷날 판본에서는 '황색 경고'라는 제목으로 바꾸어 출간하였다.

한편 20세기에 들어와 이 '황색 경고'라는 용어는 미국의 신문왕 윌리엄 랜돌프 허스트가 소유하고 있던 여러 신문에서도 자주 볼 수 있었다. 또한 영향력 있는 미국의 종교가 G. G. 루퍼트는 아예 『황색 경보』(1911)라는 책을 출간하기도 하였다. 루퍼트는 좁게는 앵글로-색슨 혈통의 민족, 넓게는 영국인, 더 넓게는 백인이 아브라함의 자손으로 하나님이 택한 선민이라고 부르짖은 장본인이다. '동양 대 서양'이라는 부제가 붙어 있는 이 책에서 그는 중국을 비롯한 일본과 인도 그리고 한국이 영국과 미국을 공격할 것이고 그러면 예수 그리스도가 나타나 그들을 무찌를 것이라고 주장한다. 특히 제2차 세계대전 이후 일본이 경제 대국으로 발돋움하면서 서유럽 국가들은 백인 우월주의에 더욱 더 박차를 가하기 시작하였다.

사이드가 말하는 오리엔탈리즘은 중국과 일본 그리고 한국을 비롯한 동아시아에 이르면 사정은 더더욱 말이 아니다. 서유럽과 동아시아의 경우 동일자(同一者)와 타자(他者)의 거리는 좀더 멀어진다. 서유럽이 합리적이고 이성적이라면, 동아시아는 비합리적이고 비이성적이다. 전자가 언제나 앞만 바라보고 나아간다면, 후자는 늘 뒤로 뒷걸음만 친다. 전자가 어른처럼 생각하고 책임감 있게 행동한다면, 후자는 마치 어린아이처럼 생각하고 무책임하게 행동한다. 전자가 남성과 같다면 후자는 여성과 같다. 한마디로 동아시아에 살고 있는 사람들은 서유럽에 살고 있는 사람들과 모든 점에서 부족하다.

예를 들어 미국 작가 브렛 하트는 백인을 동일자로, 중국인을 타자로 간주한 대표적인 작가 중의 한 사람이다. 백인 우월주의를 부르짖은 그는 오리엔탈리즘 시각에서 중국인을 부정적으로 묘사한다. 그의 내러티브 시 「진실한 제임스가 전하는 솔직한 말」(1870)은 이러한 경우를 보여 주는 좋은 예이다. 이 작품에서 하트는 중국인을 두고 '음흉하고' 남을 '속이기 잘하는' 사람이라고 밝힌다.

> 나는 이 이야기를 전하고 싶네.
> 또한 내가 쓰는 말은 평범하다네.
> 음흉한 방법으로 말하자면

헛된 속임수로 말하자면
이교도 중국인은 유별난 데가 있다는 것을.
나는 이 말을 언제라도 일어서서 똑같이 설명하겠네.

그자의 이름은 아신(Ah Sin)이었지.
그리고 나는 부정하지 않으리
동일한 말에 대하여
그 이름이 무엇을 뜻하는지를.
빌 나이한테 내가 자주 말했듯이
그자의 미소는 애수를 띠고 어린애처럼 순진했다네.

위 인용문은 모두 10연으로 되어 있는 작품 중에서 처음 두 연을 뽑은 것이다. 하트는 빅토리아 시대 영국 시인 앨저넌 찰스 스윈번의 「아탈란타」를 패러디하여 쓴 이 작품을 《오버랜드》에 처음 발표하였다. 이 시가 인기를 끌자 미국 전역에 걸쳐 '이교도 중국인'이라는 제목으로 이 신문 저 신문에 다시 실렸다. 그 인기가 얼마나 높았는지 이듬해에는 주인공 아신의 삽화를 곁들인 문고판 시집이 무려 세 종류나 출간되기도 하였다. 그 동안 미국 문단에서 이렇다 할 관심을 받지 못하던 하트는 이 시 한 편으로 그야말로 하루아침에 유명한 시인으로 대접받게 되었던 것이다.

미국 독자들한테는 「진실한 제임스가 전하는 솔직한 말」보다는 「이교도 중국인」으로 더욱 잘 알려진 하트의 이 작품은 19세기 중엽 미국은 말할 것도 없고 전 세계적으로 널리 알려질 만큼 큰 인기를 끌었다. 하트는 이 작품에서 캘리포니아 주 광산에서 일하는 미국인 두 광부 빌 나이와 '진실한' 제임스가 '순박한' 중국인 아신과 카드게임을 벌이고 이 게임에서 두 백인이 중국인의 속임수에 넘어가 돈을 모두 잃는다고 노래한다.

아신은 겉으로는 '애수를 띤' 표정에 '어린아이처럼 순진한' 척하는 중국인이다. 백인들이 유커 카드게임을 하자고 제안을 하자 그는 천연스럽게 카드놀이를 할 줄 모른다고 말하면서 마지못해 게임에 응하는 척한다. 그런데 막상 카드놀이가 시작하자 아신은 중국옷의 긴 소매에 카드를 숨긴 채 능수능란하게 게임을 한다. 또한 손톱에는 밀랍을 칠하여 숨긴 카드를 자유자재로 꺼내기도 한다. 물론 빌 나이도 속임수를 쓰지만 아신의 속임수를 도저히 당해낼 재간이 없다. 결국 두 백인은 순진한 척하는 아신한테 돈을 모두 잃고 마는 것이다. 하트가 제임스의 입을 빌려 "음흉한 방법으로 말하자면 / 헛된 속임수로 말하자면 / 이교도 중국인은 유별난 데가 있다는 것을" 하고 말하는 까닭이다.

비록 중국에서 이민 온 아신이 카드놀이에서 속임수를 써서 두 백인 광부를 속였다고 하여도 그것은 어디까지나 아신의 잘못일 뿐 중국인의 국민성으로 일반화시킬 수 없다. 또한 '음흉한 방법'을 쓰고 '헛된 속임수'를 쓰는 것은 비단 중국인들만이 아닐 것이다. 백인들도 중국인들처럼 얼마든지 속임수를 쓴다. 실제로 마크 트웨인은 「캘러베러스 군의 악명 높은 점핑 개구리」(1865)에서 캘리포니아 주 광산촌에서 일어난 이와 비슷한 사건을 다룬다. 목사 부인의 죽음에서 강아지 싸움까지 뭐든지 내기를 좋아하는 짐 스마일리는 개구리가 점프하는 것을 두고 낯선 사나이와 시합을 벌인다. 그런데 짐이 개구리를 찾으러 간 사이에 낯선 사나이는 짐의 개구리에 산탄을 먹여 시합에서 지도록 만드는 것이다.

위 인용문 둘째 연에서 "그자의 이름은 아신이었지. / 그리고 나는 부정하지 않으리 / (……) 그 이름이 무엇을 뜻하는지를"이라는 구절을 찬찬히 눈여겨보아야 한다. 유커 게임에서 두 백인을 속이는 아신이 중국어로 '阿欣'로 표기하는지 '阿莘'으로 표기하는지, 아니면 그밖에 달리 표기하는지는 알 수가 없다. 그러나 하트는 영어로 'Ah Sin'으로 표기하면서 엉뚱하게도 영어 단어 'sin'의 의미와 연관시킨다. 다시 말해서 "아, 죄로구나!" 하고 해석하는 것이다. 아신의 이름과 죄 사이에는 아무런 관련이 없음은 두말할 나위가 없다.

어찌 되었던 하트의 「진실한 제임스가 전하는 솔직한 말」은 이 무렵 어느 작품보다도 좁게는 중국계 이민자, 넓게는 아시아계 이민자에 대한 편견이나 부정적인 선입견을 널리 전파하는 데 크게 이바지하였다. 독자들은 이 작품의 화자 제임스는 '진실한' 사람이며 그가 전하는 말은 '솔직한' 것이라고 순진하게 믿고 있었다. 한편 중국인이 하는 말은 콩으로 메주를 쓴다고 하여도 좀처럼 믿으려고 하지 않았다. 미국의 흑인 작가 랠프 엘리슨은 미국 사회에 살고 있는 흑인들이 백인들의 눈에 보이지 않는 '불가시적인' 존재라고 말하였다. 그의 유명한 작품 『보이지 않는 사람들』(1952)은 바로 이러한 흑인의 불가시성(不可視性)을 소설로 형상화한 작품이다. 흑인들이 백인의 눈에 '보이지 않는' 인종이라면, 중국인들은 백인의 '귀에 들리지 않는' 인종이라고 할 수 있을 것이다. 중국인은 말하자면 '불가청적(不可聽的)인' 존재인 셈이다.

그런데 문제는 이렇게 중국인들을 얕잡아 보는 작가나 시인이 비단 하트 한 사람에 그치지 않는다는 데 있다. 이 무렵 많은 문학가들이 하트처럼 중국인들을 마음이 음흉하고 남을 속이기 잘하는 사람들로 생각하고 있었다. 한국계 미국 작가 박노영(朴魯英)이 『서구의 후퇴』(1937)라는 저서에서 지적하듯이 백인들은 흔히 중국인들을 "'시무룩하고 말이 없는, 반은 악마이고 반은 어린아이' 같은 야만인들"로 간주하기 일쑤였다. 어쩌다 백인이 중국인들을 너그럽지 대해 준다면 그것은 어디까지나 손윗사람이 아랫사람을 대해 주는 듯한 태도에 지나지 않을 뿐이다.

박노영은 이민 자서전 『중국인의 기회』(1940)에서도 미국 사람들이 중국인을 비롯한 동양인들을 얼마나 우습게 보는지 실감나게 보여 준다. 이 무렵 중국인에 대한 인종 차별은 중국인을 경멸적으로 '찰리(Charie)'나 '칭크(chink)'라고 부르는 데에서 잘 드러난다. 이 두 낱말을 하나로 결합하여 '찰리 칭크'라고 부르기도 한다. 박노영이 미국인한테서 '찰리'라는 말을 듣는 경우는 하나하나 헤아리기 어려울 만큼 아주 많다. 이러한 경멸어마저도 인종에 따라 구분하지도 않고 일본인이나 한국인 등 동양인한테 두루 사용한다.

더구나 박노영은 하버드대학교에서 국제정치학으로 박사학위까지 받은 지성인인데도 외모만 보고 무조건 세탁소를 경영하거나 중국 음식점을 운영하는 것으로 간주한다. 언제가 한 번 그는 프랭클린 루즈벨트 대통령과 해리 트루먼 대통령 시절 국무장관을 지낸 헨리 L. 스팀슨을 집으로 방문한 적이 있다. 박노영이 그를 찾아간 이유를 자세히 밝히고 있지 않지만 아마 국제관계 전문가로서 상의하거나 건의할 일이 있어서 방문하였을 것이다. 어찌 되었든 박노영이 낡은 포드 자동차를 타고 스팀슨 집을 찾아가자 집사가 당황한 표정을 지으며 갑자기 나타나 정문이 아닌 옆문으로 그를 인도한다. 집사의 무례한 태도에 대하여 그는 "모르긴 몰라도 아마 내가 세탁물을 받으러 온 것으로 생각한 모양이다" 하고 자조적인 어조로 말한다.

박노영을 남의 옷을 세탁하여 먹고사는 동양인으로 당연하게 간주하는 태도는 비단 교육을 많이 받지 못한 사람한테만 그치지 않는다. 비교적 교육을 많이 받은 미국인들도 이와 똑같거나 비슷한 태도를 취한다. 가령 미국 전역을 누비고 다니며 강연할 때 그는 마찬가지 대우를 받는다.

> 내가 겪은 가장 신기한 경험 중 하나는 어디를 가나 사람들은 나를 강연하는 연사가 아니라 '워시-워시'로 분류한다는 점이다. 많은 미국인은 우리 동양인을 오직 남의 옷을 세탁하여 생계를 유지하는 사람으로만 생각하는 것 같다.

위 인용문에서 '워시-워시(washie-washie)'란 옷을 세탁하는 일이나 세탁소를 일컫는 말이다. 두말할 나위 없이 영어를 제대로 구사하지 못하는 중국인들 발음을 흉내 내어 일부러 틀리게 사용하는 엉터리 영어이다. 만난 지 오래 되었다는 '롱 타임 노 시(long time no see)'라는 표현도 몇몇 미국 사람들은 익살스럽게 사용하고 있지만 실제로는 중국인이 사용하는 엉터리 영어를 흉내 내어 말들어낸 말이다.

박노영은 『중국인의 기회』에서 틀에 박힌 미국인의 고정관념의 또 다른 실례를 소개한다. 시카고의 한 여성클럽에서 강연 초청을 받았을 때 그가 강당에 들어서자마자 갑자기 한 백인 부인이 그에게 다가와 세탁소 사업이 잘 되냐고 묻는다. 그러자 박노영은 얼떨결에 세탁소 사업은 하지 않지만 그와 비슷한 사업, 즉 '뜨거운 공기 사업'을 하고 있다고 대답한다. 여기에서 '뜨거운 공기 사업'이란 직업적으로 연설을 하여 먹고사는 일을 자조적으로 일컫는 말이다. 박노영은 자신의 강연이나 연설을 두고 "입이라고 알려진 작은 화덕에서 혀가 뜨거운 공기를 부채질하여 만들어내는 일"이라고 자조적으로 밝힌 적이 있다.

또 다른 도시에서 열린 강연회에서 한 사회자가 박노영을 소개할 때도 사정은 크게 다르지 않다. 사회자는 청중에게 "우리는 박 박사님을 환영합니다. (……) 언젠가 박사님이 나이가 많아 더 이상 강연을 할 수 없게 되면 이곳에 와서 우리와 함께 살았으면 합니다. 우리 도시에 중국 세탁소 하나를 더 차릴 만한 공간은 있으리라고 믿습니다!" 하고 소개한다. 사회자는 비록 진심에서 우러나는 마음에서 그러한 말을 하는지는 몰라도 듣기에 따라서는 민망스러운 언사임에 틀림없다. 시카고 강연회처럼 개인적으로 묻는 것도 아니고 아예 강단에서 공개적으로 드러내놓고 세탁소를 언급하기 때문이다. 다만 이 강연장에서는 '워시-워시'라는 엉터리 영어 대신에 '차이니스 론드리'라는 표준어를 사용하는 것이 다를 뿐이다.

3

이렇게 동양 사람을 얕잡아 보거나 업신여기는 것은 비단 중국인들한테만 그치지 않는다. 서양 사람의 눈에 비친 일본인들도 중국인들 못지않게 미개하고 야만적이었다. 요즈음에 와서는 일본이 서양 사람들한테 적잖이 부러움을 받고 있지만 불과 백여 년 전만 하여도 미개하고 야만적인 나라로 여간 홀대를 받지 않았다. 1870년대 일본을 처음 방문한 미국인 윌리엄 그리피스는 일본 거리를 걷는 것이 마치 '아직 폐허가 되기 전의 폼페이 거리'를 걷는 것과 같다고 밝혔다. 또한 1880년대에 일본을 처음 방문한 이사벨라 버드라는 영국 여성도 "일본을 여행하다 보면 마치 다른 행성에 여행하는 것 같은 색다른 느낌을 받는다"고 적었다. 그런데 '폼페이 거리'니 '다른 행성'이니 하는 말에는 하나같이 긍정적인 뜻보다는 부정적인 뜻이 함축되어 있다.

미국 사람들이 일본에 처음 도착하기 시작한 것은 19세기 후반부터이다. 도쿠가와 바쿠후(德川幕府)의 봉건 정치가 막바지에 이른 1853년 매슈 C. 페리 제독이 미국의 동인도 함대를 이끌고 우라가(浦賀)에 내항하면서부터이다. 그 뒤 크고 작은 압력에 굴복하여 일본은 어쩔 수 없이 굳게 닫아 놓았던 쇄국의 빗장을 풀지 않을 수 없었다. 그런데 일본을 방문하는 기독교도인 백인 서구인들의 마음속에는 자신들은 어디까지나 문명 개화인인 반면 일본인들은 야만인이라는 생각이 굳게 자리 잡고 있었다.

그리하여 일본에 온 외교관들을 비롯하여 선교사들과 학자들 그리고 예술가들은 일본을 야만과 무지 상태에서 해방시켜 문명과 개화의 세계로 이끌고 이교도의 암흑 세계에서 기독교의 광명 세계로 인도하는 것을 중요한 사명으로 삼고 있었다. 조셉 M. 헤닝은 『문명의 전초 기지』(2000)라는 책에서 19세기 후반 미국인들의 인종관과 종교관을 분석한 뒤 그들이 어떻게 일본인들을 자신들의 선입관과 편견에 맞게 '끼워 맞추려고' 하였는지를 밝혀내어 큰 관심을 끌었다. 헤닝에 따르면 앵글로-색슨 혈통의 백인은 인종의 계급 구조에서 가장 윗자리를 차지하고 있었고, 서구 기독교는 '문명'에 이를 수 있는 유일하고 참다운 길이었다. 나머지 인종은 어디까지나 이차적이고 부차적인 인종이며 나머지 종교는 원시적이고 이단적인 종교일 뿐이라는 것이다.

일본에 첫 발을 들여놓은 서양 사람들은 외교관들이었다. 동아시아 여러 나라 중에서도 메이지(明治) 유신과 더불어 서구 문물에 일찍 눈을 뜬 일본은 외교에도 박차를 가하였다. 영국은 상하이(上海) 영사였던 루서포드 앨콕을 최초의 일본 주재 공사로 임명하였다. 일본에 처음 도착하자마자 이 이국적인 섬나라에서 평화와 풍요로움을 발견하면서도 앨콕이 느낀 인상은 에드워드 사이드가 말하는 오리엔탈리즘에서 크게 벗어나지 못하였다. 1860년대 앨콕은 중국이나 일본이나 중세기의 봉건시대와 크게 다름없다고 지적하였다. 일본인들은 유럽 사람들과 비교해 볼 때 역사의 진보에서 10세기쯤 뒤진 채 여전히 봉건시대에서 살고 있다는 것이다. 그러면서도 앨콕은 중국에서는 봉건시대의 후진성을 볼 수 있는 반면 일본에서는 과거의 낭만성을 느낄 수 있다고 밝혔다.

한편 앨콕은 중국이나 일본이나 하나같이 어린아이와 같은 나라와 다름없다고 언급하기도 하였다. 이번에도 일본을 중국과 비교하면서 중국은 "따끔하게 매를 때려야 얌전해지는 아이인 반면, 일본은 행복하고 만족스러워하는 아이"라고 하였다. 물론 앨콕은 중국인들보다는 일본인들을 상대적으로 조금 더 낫게 평가하는 것은 사실이지만 여전히 중세의 봉건시대에 살고 있을 뿐만 아니라 어린아이에 빗댄다는 점에서는 크게 다르지 않다. 이 말을 달리 바꾸면 영국을 비롯한 서구 유럽은 현대문명 사회에 살고 있고 책임감 있고 성숙한 성인에 해당한다는 것이 된다.

조약과 외교 문서를 들고 들어온 외교관들의 뒤를 따라 곧바로 선교사들이 성서를 들고 일본에 들어오기 시작하였다. 19세기 중엽과 말엽부터 서양 선교사들이 기독교 복음을 전하고 서양식 학교를 세우는 등 암흑의 땅에 '빛'을 전하는 데 온갖 노력을 기울였다. 예를 들어 19세기 말엽 애그니스 윈티뮤트를 비롯한 캐나다 선교사들은 도쿄 남서쪽으로 130마일 떨어진 시주오카(靜岡)에서 교육 선교 사업을 시작하였다. 그때 윈티뮤트는 이 지방의 일본인들의 풍습에 적잖이 혐오감을 느낀다. 이 무렵 일본인들은 '코시마키(腰卷)'라는 폭이 좁고 천 조각 하나로 아랫도리를 겨우 가릴 뿐 옷 같은 옷을 입고 있지 않았다. 코시마키란 글자 그대로 허리를 감아 두르는 천이라는 뜻이다. 캐나다의 여성 선교사의 눈에 일본인의 이러한 모습이 야만스럽게 보일 수밖에 없었을 것이다.

좀더 엄밀히 말하자면 윈티뮤트가 말하는 코시마키란 여성이 입는 속옷을 말하며, 남성이 입는 것은 '훈도시(褌)'라고 부른다. 지금도 일본의 전통 축제인 오마쓰리 행사에 참가하는 사람들이나 일본식 씨름인 스모 시합 때 선수들이 이 훈도시 차림으로 나오는 것을 흔히 볼 수 있다. 윈티뮤트의 지적대로 코시마키건 훈도시건 그것은 치부만 살짝 가린 것으로 옷이라기보다는 차라리 천 조각에 가깝다.

그런데 문제는 서양의 선교사들이 일본의 의상 문화를 잘못 이해하고 있었다는 데 있다. 날씨가 춥고 건조한 캐나다와는 달리 덥고 습한 일본에서는 코시마키나 훈도시가 평상복을 겸한 차림새였다. 날씨가 덥고 습하다 보니 의복이 간단하고 의복이 간단하다 보니 몸이 노출될 수밖에 없다. 또한 몸을 노출하다 보니 남에게 몸을 보이는 것을 그렇게 부끄럽게 생각하지 않는다. 요즈음에도 '센토(錢湯)'라고 하는 일본 대중목욕탕에 가면 남자 종업원이 여탕에 들어와 청소를 하거나, 여자 종업원이 남탕에 들어와 청소를 하는 경우를 자주 보게 된다. 물론 일본의 목욕 문화에 익숙하지 않은 사람들한테는 상스럽고 야만적이라고 생각할는지 모른다.

의복도 음식처럼 그 지방의 풍토와 문화를 반영하게 마련이다. 외국인들은 훈도시나 코시마키처럼 신체의 일부만을 살짝 가린 '의복 아닌 의복'을 흔히 성(性)과 관련짓고 있지만 일본인들은 그렇게 생각하지 않는다. 이와는 반대로 일본인들은 게이샤(藝者)처럼 필요 이상으로 화려하게 의상을 차려 입는 것을 오히려 성과 관련짓는다.

캐나다 선교사들한테 코시마키나 훈도시보다도 더욱 더 야만적인 것으로 보이는 것은 일본인들의 목욕 풍습이었다. 이 무렵 성인 남성이 성인 여성과 함께, 그것도 집 안이 아니라 집 밖에서 목욕을 하였다. 부부 사이에도 좀처럼 함께 목욕을 하지 않는 서양 선교사의 눈에 이러한 일본의 목욕 문화는 매우 야만적이고 이교도적으로 보일 수밖에 없을 것이다. 이 점과 관련하여 윈티뮤트는 "단테가 『지옥』 편을 쓰기 전에 이곳을 꼭 방문하였어야 하였다"고 자못 경멸적인 어조로 말한다. 단테가 만약 이 시주오카 마을 방문하였더라면 모르긴 몰라도 『지옥』 편을 지금보다 훨씬 더 끔찍스럽게 묘사하였을 것이라는 것이다. 이렇게 혼욕(混浴)이나 혼탕(混湯)을 야만적으로 보는 것은 비단 윈티뮤트 한 사람한테만 그치지 않는다. 가령 1861년 빅토리아(홍콩)의 비숍인 조지 스미스는 일본을 처음 방문하여 이 목욕 풍습을 보고 아예 "일본인이 이 세계에서 가장 방탕한 민족 중의 하나"라고 못박아 말하였다.

일본인들은 의복을 간단하게 입고 몸을 드러내야 하듯이 목욕도 자주 하여야 한다. 날씨가 덥고 습한 기후 때문에 날마다 몸을 씻지 않으면 안 된다. 그런데 물이 귀한 탓에 물을 아껴서 사용하여야 한다. 그래서 생긴 목욕 풍습이 남녀가 같은 탕에 들어가 목욕하는 이른바 혼욕이나 혼탕이다. 옛날에 일본에서 자기 집에 따로 목욕탕을 설치할 수 있는 집은 상당한 재력가가 아니고서는 도저히 누릴 수 없는 사치 중의 사치였다. 협동조합을 통하여 물건을 공동으로 싸게 구매하듯이 목욕도 대중탕에서 공동으로 하였던 것이다.

조선 숙종(肅宗) 때 조선 통신사의 한 사람으로 일본에 다녀온 신유한(申維翰)도 『해유록(海遊錄)』에서 일본의 혼욕 풍습에 대하여 "남녀가 아무런 거리낌 없이 목욕을 하고 있는 것은 정말 기괴하다"고 평하였다. 같은 동양 사람으로서도 '기괴하다'고 느낄 정도였으니 서양의 여성 선교사로서는 더더욱 그러하였을 것이다. 그러나 실제로는 혼탕이나 혼욕은 로마시대처럼 음란한 장소가 아니라 대형 가족 목욕탕의 개념에 가깝다고 할 수 있다. 어찌 되었던 이러한 혼욕은 도쿠가와 이예야스(德川家康)가 처음 문을 연 에도(江戸) 시대가 끝날 무렵 막부가 혼욕을 금지하기 전까지 관례처럼 되어 있었다. 막부에서 아무리 칙령을 내려 혼욕을 금지를 하려고 하여도 이 같은 규제는 쉽게 고쳐지지 않았다. 더구나 막부의 힘이 미치지 못하는 시골 지방에서는 종래의 혼욕 풍습이 그대로 남아 있었다. 또한 이러한 풍습은 너무 오랫동안 지켜온 탓에 하루아침에 고칠 수 있는 것도 아니었다.

그러나 메이지 정부가 들어서면서 외국인의 눈에 '야만적'이고 '이교도적'으로 보일 관습을 법령으로 강력하게 단속하기 시작하였다. 외국과 통상 외교조약을 맺으면서 일본은 외국에 대하여 치외법권을 인정해 주는 등 여간 불리한 입장에 놓이지 않았다. 미국이나 영국 또는 프랑스 같은 외국이 일본에게 이렇게 치외법권을 요구하는 것은 서양과 비교하여 일본은 아직도 '야만적'인 수준에 머물러 있기 때문이라는 것이다. 예를 들어 도쿄의 경우 정부에서는 혼욕은 말할 것도 없고 공공장소에서 나체 상태로 있는 행위와 노상 방뇨 행위 등을 대대적으로 단속하였다. 그리하여 1876년 도쿄에서만 나체 행위로 2천여 명을 체포하고 노상 방뇨로 4천 5백여 명으로 체포하였다.

일본이나 일본인에 대한 편견이나 선입견은 요즈음에도 그다지 힘들이지 않고 찾아볼 수 있다. 서양에서는 일본인을 두고 '경제적 동물'이라고 일컫는 말을 자주 듣는다. 이 용어는 말레이시아의 수상을 지낸 툰쿠 압둘 라만이 처음 사용한 것으로 알려져 있다. 언뜻 보면 이 말은 일본인들의 부지런한 성격을 칭찬하는 말 같지만 좀더 꼼꼼히 따져보면 지나치게 장삿속만 차린다고 욕하는 말임이 밝혀진다. 무엇보다도 사람을 '동물'로 표현하는 것부터가 예의에 벗어난다. 생물학적 분류로는 사람도 동물에 들어가지만 사람한테는 좀처럼 동물이라고 부르지 않는다.

더구나 제2차 세계대전 이후 일본은 한국전쟁과 월남전의 군수품 공급 기지가 되면서 일약 패전국에서 경제대국으로 발돋움한다. 그러한 경제력을 바탕으로 막강한 군사력을 증강하고, 과거 식민주의와 제국주의 역사를 반성하지 않은 채 역사 왜곡을 일삼아 주변 국가로부터 따가운 시선을 받는다. 또한 가난한 나라들을 경제적으로 지원해 주되 명목상으로 생색만 낼 뿐 좀처럼 실질적인 도움을 주지 않는다. 친미 위주의 외교 등으로 세계 평화에 대한 공헌보다는 끊임없이 과거 일본의 군국주의로 불안을 주고 있다. 특히 20세기 후반에 들어와서는 동남아 사람들은 일본의 경제 지배를 태평양 전쟁보다 더 끔찍하게 생각한다. 한마디로 일본이 그 동안 졸부 근성을 여지없이 드러냈다고 지적하는 학자들이 적지 않다.

일본에 대한 오리엔탈리즘은 외교관이나 선교사뿐만 아니라 문학가들한테서도 엿볼 수 있다. 예를 들어 프랑스 작가 피에르 로티는 남태평양 타이티와 이스탄불을 여행한 뒤 나가사키(長崎)에 도착하여 일본 '무스메'와 짧은 관계를 시도하였다. 귀스타브 플로베르가 이집트 여성과 신비스럽고 이국적 관계를 맺었듯이 로티도 일본 여성과 그러한 관계를 맺어 작품으로 표현하고 싶었던 것이다. 이렇게 작품을 통하여 타자를 지배하려는 문화 제국주의는 로티의 작품 『마담 국화』(1887)에 잘 드러나 있다. 물론 이 작품은 에드워드 사이드를 비롯한 포스트식민주의 이론가들한테서 적잖이 비판을 받아 왔다. 일본 여성에 대한 로티의 태도는 뒷날 존 루서 롱이 단편소설 「마담 버터플라이」(1889)를 쓰는 데 큰 영향을 끼쳤다. 또한 이 작품은 1904년에 다시 이탈리아의 작곡가 쟈코모 푸치니가 오페라로 만들어 더욱 유명하게 되면서 이른바 '버터플라이 현상'을 낳기에 이르렀다.

5

오리엔탈리즘은 중국이나 일본과 비교하여 서양에 거의 알려져 있지 않다시피 한 한국의 경우에 훨씬 심하다. 일본만 같아도 탈아 입구(脫亞入歐)라고 하여 후쿠자와 유기치(福擇諭吉)는 일본이 살아남기 위해서는 아시아를 버리고 유럽 국가와 손을 잡을 것을 부르짖으며 서양 문물을 적극적으로 수용하려고 하였다. 그러나 우리나라에서는 서양 문물이 들어오지 못하도록 쇄국의 빗장을 굳게 닫고 있었다. 그나마 한국을 처음 서양에 알린 사람들은 주로 학자들이거나 선교사들이었다. 그런데 그들은 일본을 '떠오르는 태양'으로 묘사한 반면, 한국은 주로 '은자의 왕국'(윌리엄 그리피스)이니 '고요한 아침의 나라'(헨리 새비지 랜더, 퍼시벌 로웰)니 하고 소개하였다. 하나같이 개방보다는 폐쇄, 역동성보다는 정체성을 강조하는 표현이다.

이러한 현상은 비교적 최근까지도 거의 그대로 이어지다시피 하였다. 예를 들어 이 분야의 전문가를 제외하고는 한미 외교사에서 굵직한 획을 그은 중요한 역사적 사건인 신미양요(辛未洋擾)에 대하여 알고 있는 미국 사람은 거의 없는 듯하다. 설령 알고 있다고 하여도 '미국이 이교도와의 벌인 작은 전쟁'이니 '미국이 은자의 나라와 벌인 전쟁'이니 '미국이 조선을 혼내준 전쟁'이니 하는 그나마 신문에 실린 기사의 제호를 통하여 부정적으로 알고 있을 뿐이다. 그러나 1871년 6월에 일어난 이 전쟁은 한국인의 입장에서 보면 그 이름에서도 엿볼 수 있듯이 야만인의 침략을 물리친 영웅적인 전쟁이었다.

서구인이 부정적으로 파악하는 한국인의 성격 중에서도 게으름은 아마 첫손가락에 꼽을 만하다. 예를 들어 시어도어 루즈벨트 미국 대통령의 친구로 서양 사람들에게 한국에 관한 이미지를 형성하는 데 큰 영향을 끼친 조지 케넌은 한국을 아예 '게으른 나라'라고 못 박았다. 20세기 초엽 케넌은 루즈벨트 대통령의 정치적 입장을 대변하는 잡지 《아웃룩》의 부탁을 받고 러일전쟁을 취재하기 위하여 한국을 방문한다. 1904년에서 1905년에 걸쳐 케넌은 이 잡지에 일련의 글을 기고한다. 「고요한 아침의 나라」라는 글에서 그는 한국의 도시 풍경을 적잖이 부정적으로 묘사한다.

> 나의 제한된 관찰 범위 안에서 판단을 내린다면, 도시에 살고 있는 한국의 보통 사람들은 시간의 절반 이상을 게으름을 피우는 데 보낸다. 오랫동안 쉬는 동안에도 건물을 깨끗이 청소하는 대신에 만족스러운 듯이 문지방에 앉아서 담배를 피거나 복개하지도 않은 시궁창에 코를 드러낸 채 땅 바닥에 누워 잠을 잔다. 시궁창에서는 독수리 한 마리가 날고 돼지 한 마리가 역겨움 모습으로 달아나곤 한다.

케넌이 로웰의 책 제목을 빌려 이 글의 제목을 '조용한 아침의 나라'라고 붙이는 것은 자못 반어적이다. 한국 특유의 고요하고 명상적인 분위기를 긍정적으로 묘사하기보다는 오히려 빈정대는 투가 역력하기 때문이다. 그러나 케넌의 이러한 혹평은 허버트 헐버트도 일찍이 지적하였듯이 식객노릇이나 하면서 대도시거리를 배회하는 건달들에게나 들어맞을 뿐이다. 그러한 계층은 서구 사회에서도 얼마든지 찾아볼 수 있다는 것이다. 영국의 여성 여행가 엘리자베스 비숍도 처음에는 게으름을 조선인의 기질로 간주하였다. 그러나 러시아나 만주에 이주하여 그곳 풍토에 적응하며 근면하게 살고 있는 조선인들의 모습을 보고 나서는 자신의 판단이 틀렸다고 생각하고 "조선 사람은 나라 밖에 나가면 더욱 잘 사는 민족이다" 하고 새롭게 결론을 내린다.

그 이듬해 가을 케넌은 《아웃룩》에 한국에 관한 또 다른 글을 싣는다. 이번에는 굳이 수사적 장치에 의존하지도 않고 아예 노골적으로 '타락한 나라'라는 제목을 붙인다. 이 글에서 그는 "청결하고 질서정연하고 근면하고 일반적으로 번영하는" 일본과 비교해 볼 때 한국은 "불결하고 혼란스럽고 나태하고 일반적으로 황폐해 있다"고 지적한다. 이 무렵 대한제국의 고종(高宗) 황제에 대해서도 케넌은 "그는 어린아이처럼 지각이 없고, 남아프리카 보어 사람처럼 고집이 세고, 중국인처럼 무식하고, 남아프리카 호텐토트 사람처럼 자만심이 많다"고 혹평한다. 더욱 놀라운 것은 이 글에서 케넌은 한국을 부정적으로 묘사하는 것으로도 모자라 중국을 비롯하여 아프리카 인종들까지 비판 대상으로 삼는다는 점이다. 이 글에 대하여 루즈벨트 대통령은 케넌에게 편지를 보내 이 기사를 아주 감명 깊게 읽었다고 칭찬하였다.

이보다 10여 년 앞서 스코틀랜드 여행가 앨프리드 에드워드 존 캐븐디쉬는 한국을 오리엔탈리즘의 시각에서 바라본 가장 대표적인 사람 중의 하나로 꼽을 만하다. 주로 서울 근교를 여행한 퍼시벌 로웰과는 달리 그는 1891년에 제물포로 입국하여 서울과 원산을 거쳐 백두산을 등정하였으며 이 과정에서 여간 큰 고통과 좌절을 겪지 않았다. 비록 캐븐디쉬는 무려 30여 상자에 이르는 필수품을 가지고 여행하였지만 이 무렵 백두산 지역을 여행한다는 것은 여간 큰 모험이 아니었을 것이다.

캐븐디쉬는 『한국과 백두산』(1894)이라는 책에서 한국인들이 "알코올 중독자에다 방탕에 빠져 있다"고 지적한다. 이 밖에도 한국인들은 게으르고 위생 관념이 없으며 도덕적으로 타락하였다고 밝힌다. 그런데 그가 이렇게 판단을 내리는 것은 어떤 객관적 근거에 따른 것이라기보다는 그가 한국을 여행할 때 고용한 통역관과 하인 몇 사람과 접촉하면서 얻은 경험을 토대로 한 것이다. 캐븐디쉬가 고용한 하인들은 시간을 잘 지키지 않을뿐더러 돈을 더 받으려고 쉽게 갈 수 있는 거리를 돌아서 가거나 험난한 길을 택하는가 하면, 날마다 만나는 통역관도 그에게 친절하게 대해 주지 않았던 모양이다. 그리하여 캐븐디쉬는 "중국처럼 한국에서도 거짓말은 기술이며 기본 덕목이다" 하고 빈정거린다.

캐븐디쉬가 이렇게 부정적으로 묘사하는 것은 비단 한국에 살고 있는 사람들만이 아니다. 그에게는 한국의 의식주 모두가 불만이었다. 특히 한국 음식은 그에게 '구토를 일으킬' 만큼 역겨워 그는 한국에 머무는 두 달 반 동안 한국 음식은 한 번도 입에 대지 않았다. 여행하는 동안 자신이 먹을 음식을 본국에서 가지고 왔기 망정이지 하마터면 그는 굶어죽을 뻔하였다. 심지어 하인들이 먹는 음식도 아주 못마땅하게 생각하였다. 한마디로 그는 "로마에 가면 로마 사람처럼 행동하라", 즉 여행자가 지켜야 할 입향순속(入鄕循俗)의 관습을 제대로 지키지 않았던 것이다.

이렇게 한국을 오리엔탈리즘 시각으로 바라보는 것은 스코틀랜드 사람 못지않게 영국 사람도 마찬가지이다. 영국인 T. 필립 테리는 외국 여행자를 위한 일본 안내서라고 할 『테리의 일본 제국』(1914)이라는 책을 발간하였다. 그런데 흥미롭게도 이 책에는 70쪽에 이르는 한국에 관한 별도의 항목이 들어 있다. 실제로 테리는 12년 동안 일본에 살면서 서울을 비롯한 몇 몇 도시를 방문하면서 자료를 모았다. 그런데 테리가 한국에 대하여 말하는 내용은 하나같이 부정적이고 고약하다. 긍정적으로 칭찬하는 말이 있다면 '고요한 아침의 나라'에 걸맞게 기후가 아주 좋다는 언급뿐이다. 이 말을 빼놓고 나면 모두가 서구인의 우월한 입장에서 한국인을 얕잡아보거나 깔보는 말이다. 예를 들어 한국인들은 "물과 진실은 아까워하면서도 알코올은 아끼지 않고 아낌없이 소비한다"고 비꼰다. 여기에서 물을 아낀다는 말은 목욕을 자주 하지 않는 등 위생 관념이 없다는 말이다. 특히 목욕을 자주 하는 일본인들과 오랫동안 살아온 테리로서는 한국인들의 목욕 관습이 이상하게 보일 것이다. 또한 진실을 아까워한다는 말은 한국인들이 거짓말을 일삼는 것을 두고 이르는 말이다. 캐븐디쉬처럼 테리도 한국인들이 거짓말을 잘하는 민족으로 몰아붙인다.

한편 한국인들이 술을 많이 마신다는 것은 테리뿐만 아니라 다른 외국인들도 흔히 지적하는 말이다. 테리는 한국인들이 술의 소비를 줄이는 대신 물이나 진실의 소비를 늘려야 한다고 지적한다. 그는 한국인들이 술뿐만 아니라 음식도 지나치게 많이 먹고 게걸스럽게 먹는다고 비판한다. 서양 사람들이 음식의 양보다는 질에 무게를 싣는 것과는 달리, 한국인들은 음식의 질보다는 양에 무게를 싣는다고 밝힌다. 그런데 여기에서 한 가지 눈여겨볼 것은 테리는 한국인들이 동물을 학대한다고 말하면서 개고기를 먹는다는 사실을 들어 야만인으로 간주한다는 점이다.

더구나 필립 테리는 한국인들이 도둑질을 잘 하는 민족이라고 비판한다. 그러면서 엉뚱하게도 한국인의 이러한 습성을 고유 의상인 한복과 관련짓는다. 한복은 주름이 많아 옷에 들어 있는 돈이나 지갑을 훔치기에 안성맞춤이라는 것이다. 여기에서 브렛 하트의 「진실한 제임스가 전하는 솔직한 말」 또는 「이교도 중국인」을 다시 한 번 떠올리는 것이 좋을 것이다. 하트는 시적 화자의 입을 빌려 중국인 아신이 중국옷의 긴 소매에 카드를 숨긴 채 능수능란하게 카드게임을 속인다고 밝힌다. 또한 테리는 천성적으로 나태한 한국인들은 게으른데다가 걸핏하면 돌팔매질을 하는 등 싸움질을 벌인다고 지적하기도 한다. 한마디로 테리는 한국인이 동양인들이 흔히 그러하듯이 "속임수와 교활함과 일반적인 불신감"의 악에 물들어 있다고 결론짓는다.

테리는 이보다 한 발 더 나아가 이 무렵 대부분의 외국 사람들처럼 친일 성향을 고스란히 드러낸다. 그 동안 문명의 후진성을 면치 못하던 한국은 일본의 도움과 안내를 받아 조금씩 문명화를 향하여 진전하고 있다고 지적한다. 예를 들어 일본은 자국의 기술을 도입하여 한국의 전근대적 농업을 발전시켰는가 하면, 수도 시설을 건설하여 위생을 보급하였다. 무엇보다도 일본은 부패하고 무능한 한국의 정부를 보호국으로 삼아 개혁을 단행하였다. 한마디로 한국은 일본의 도움을 받아 지난 2천 년 동안 꿈꾸어 온 변화를 불과 몇 년 안에 성취하였다는 것이다. 그러고 보니 페리는 오늘날 문제가 되고 있는 식민주의 사관을 거의 그대로 되풀이하고 있는 셈이다.

그러나 누구보다도 오리엔탈리즘 시각에서 한국과 한국인들을 부정적으로 바라본 사람 중에서 미국 작가요 저널리스트인 잭 런던을 빼놓을 수 없다. 런던은 샌프란시스코의 《익재미너》와 《허스트》의 신디케이트 종군기자 자격으로 러일전쟁을 취재하기 위하여 1904년 2월부터 4월까지 한국에 머문 적이 있다. 이때 그는 서울 YMCA의 초청으로 얼마 전 출간되어 인기를 끌고 있는 『야성의 소리』(1903)를 낭독하기도 하였다. 일본군을 따라 러일전쟁을 취재하면서 런던은 전쟁 관련 기사보다는 오히려 조선의 여러 풍물과 풍습을 그린 기사를 써서 더욱 큰 관심을 끌었다.

그런데 런던이 한국인에 대하여 쓴 기사 내용이 적잖이 부정적이다. '부정적'이라는 표현으로써는 충분하지 못하고 인종차별적으로 백인의 우월감을 여지없이 드러낸다. 가령 런던은 한국인들을 살해하고 싶은 충동에 사로잡혔다고 털어놓는다.

> 백인 여행자가 한국 땅에 머무는 처음 몇 주일은 결코 기분 좋을 수가 없다. 만약 예민한 신체를 가진 사람이라면 아마 그는 상충되는 두 가지 욕망 사이를 오가며 대부분의 시간을 보내게 될 것이다. 첫 번째 욕망은 한국인들을 살해하는 싶다는 생각이고, 두 번째 욕망은 자살하고 싶다는 생각이다. 개인적으로 나는 첫 번째를 선호한다. 그러나 지금은 꽤 면역이 되어 있어 이 여행을 그런 대로 참고 견딜 수 있을 것 같은 희망이 있다.

런던이 그 까닭을 자세히 밝히고 있지 않아 알 수 없지만 한국인들을 그토록 살해하고 싶은 충동에 사로잡힌 것은 아마 이 무렵 한국을 여행하기가 너무 불편하였기 때문일 것이다. 세계화와 국제화에 앞장선다는 요즈음에도 불편하다고 생각하는 외국인들이 있을 터인데 지금으로부터 1백 년이

넘는 시대였으니 사정이 과연 어떠하였을는지 미루어보고 남는다. 비록 이 점을 감안하더라도 이른바 문명국에서 온 사람이 남의 나라를 여행하면서 주민들을 '살해'하고 싶다고 말하는 것은 지나친 백월 우월주의라는 비난을 면하기 어려울 것이다.

한국을 여행하는 동안 런던은 시각 · 후각 · 미각 등 모든 감각을 싫어하였다. 특히 한국의 음식에 대한 혐오감은 일반 상식을 훨씬 뛰어넘었다. 두 번째 부인 차미언에게 보낸 편지와 신문사에 보낸 기사에서 그는 여행을 위하여 가지고 간 식량이 모두 떨어지고 이제 한국 음식을 먹을 수밖에 없게 되었다고 한탄하면서 "내가 억지로 쑤셔 넣는 몇몇 음식을 내 위(胃)가 용서해 주기를 바란다"고 밝힌다. 그러면서 한국 음식을 "뭐라고 말로 표현할 수 없는 오물과 쓰레기"라고 부른다. 또한 "무엇보다도 가장 곤란한 일은 이러한 음식을 먹으면서 오물과 쓰레기를 생각하지 않을 수 없다는 데 있다"고 밝힌다. 남의 나라를 여행하면서 여행국의 음식을 '오물과 쓰레기'라고 부른다는 것은 문화 상대주의를 인정하지 않는 처사로 그야말로 용서받지 못할 죄이다.

더구나 런던은 미국 독자들에게 한국인들이 개고기를 먹는 야만인이라고 보고하였다. 이 점과 관련하여 그는 "한국인은 배가 고플 때 개를 잡아먹을 뿐만 아니라, 맛있는 음식으로 위를 즐겁게 하기 위해서도 자기가 기르는 개들을 잡아먹는다"고 말한다. 그러나 런던은 필립 테리처럼 한국에서 개는 애완용이 아니라 어디까지나 식용으로 사육하며 이 무렵 쇠고기나 돼지고기를 좀처럼 먹을 수 없는 서민들에게 개고기는 거의 유일한 단백질의 공급원이라는 사실을 까맣게 모르고 있다. 예로부터 개고기와 보신탕은 한국의 전통적인 음식 문화이다. 정학유(丁學游)가 지었다는 조선시대 농가의 열두 달을 노래한 「농가월령가(農家月令歌)」의 팔월령에서도 "며느리 말미 받아 본집에 근친 갈 제 / 개 잡아 삶아 건져 떡고리와 술병이라" 하고 노래한다.

방금 앞에서 언급한 필립 테리가 『테리의 일본 제국』을 출간한 바로 그 해 잭 런던은 이번에는 『별을 쫓는 사람』(1914)이라는 장편소설을 출간한다. 이 장편소설은 서양의 저명한 소설가가 부분적이나마 한국을 소재로 삼은 최초의 작품으로 꼽힌다. 물론 제임스 게일이 20세기 초엽 한국을 소재로 한 소설 『전위(前衛)』(1904)를 출간하지만 그는 어디까지나 기독교 복음을 전하는 선교사로 전업 작가와는 거리가 멀다.

런던이 이 작품에서 한국의 소재를 삼은 것은 1904년에 종군기자 자격으로 한국을 방문하였기 때문이다. 『별을 쫓는 사람』은 제목에서도 잘 드러나듯이 런던의 사실주의적인 다른 작품들과는 달리 자못 낭만적이고 환상적인 작품이다. 주인공 대널 스탠딩이라는 미국인 교수가 살인죄로 감옥에 갇히고 감옥에서 반란을 일으켜 마침내 사형 선고를 받는다. 사형 집행을 기다리며 독방에 감금되어 있는 그는 전생(前生)에 대하여 꿈을 꾸는데 그 중 하나가 바로 한국과 관련한 것이다.

그런데 런던은 한국과 관련한 플롯을 꾸미는 데 1653년에 제주도 근처에서 표류하여 그해부터 1666년까지 조선에서 산 네덜란드의 선원 헨드릭 하멜과 1867년에 독일인 에르네스트 오페르트가 대원군(大院君) 부친의 무덤을 도굴하려던 모험에 뿌리를 둔다. 문제는 런던이 한국에 대하여 묘사하는 것이 그렇게 호의적이 아니라는 데 있다. 첫째, 한국인은 외국인을 혹독하게 매질할뿐더러 굶겨서 죽게 하는 등 잔인하기 그지없는 민족이라고 밝힌다. 이러한 특성을 한국인들한테만 국한시키지 않고 좀더 확대하여 "동양인들이란 잔인한 짐승이다. 그들은 인간이 고통 받는 광경을 보는 것을 매우 좋아한다"고 말한다. 둘째, 한국 여성은 외국 남성이라면 사족을 쓰지 못하는 음탕한 색녀라고 지적한다. 셋째, 런던은 화자의 입을 빌려 한국인을 비롯한 동양인들이 온갖 음모에 능하다고 밝힌다. 이 점과 관련하여 그는 "엄청나고 복잡한 음모를 꾸미고 실행에 옮기는 데에는 아시아인들의 무정한 인내가 필요하다"고 말한다.

런던이 사회주의자라는 사실을 염두에 둘 때 그의 이러한 오리엔탈리즘 시각은 뜻밖이라고 할 수밖에 없다. 민족과 국경을 초월하여 자본가 계급에 맞서 프롤레타리아 혁명을 통하여 계급 없는 이상주의 사회를 건설하는 것이 사회주의의 목표라면 런던은 자기모순을 범하고 있는 셈이다. 그가 믿고 있던 사회주의적 국제주의는 오직 백인한테만 해당할 뿐 유색 인종에게는 여전히 그림의 떡일 뿐이다. 그렇다면 그는 한국인과 동양 사람에 대한 편견과 선입관에 사로잡혀 있다는 비판을 면하기 어려울 것이다. 실제로 런던은 "나는 무엇보다도 먼저 백인이고 그 다음에 사회주의이다" 하고 말한 것으로 전해진다. 오리엔탈리즘적 시각 때문인지는 몰라도 이 소설은 런던이 출간한 작품 중에서 가장 인기를 끌지 못하다.

한국에 대한 오리엔탈리즘적 시각은 20세기 후반에 이르러서도 크게 달라지지 않는다. 달리지기는커녕 오히려 잭 런던보다 훨씬 더 부정적이다. 예를 들어 1950년대 말엽 정보장교로 한국에서 2년 동안 근무한 C. D. B. 브라이언은 『P. S. 윌킨슨』(1965)라는 소설에서 백인 우월주의를 그대로 드러낸다. 주인공 윌킨스는 군부대 철조망 밖에 옹기종기 모여 있는 한국 위안부들을 보자 그들한테서 풍기는 김치 냄새를 맡고 역겹게 생각한다. 그러다가 갑자기 한국인들이 개고기를 먹는다는 사실을 떠올리고는 이렇게 혼잣말을 한다.

> 한국인들은 개도 잡아먹지. 빌어먹을, 그 사람들은 뭐든지 다 먹거든. 개고기도 먹고, 고양이 고기도 먹고, 지프 차 뒤에 붙어 있는 반사기도 먹고, 종이 타월도 먹고, 비누도 먹고, 서로서로를 잡아먹기도 하지.

한국인들이 개를 잡아먹는다고 말하는 것까지는 좋지만 뭐든지 다 먹는다고 말하는 것은 옳지 않다. 비록 식용으로 사육한 개라고 하여도 일부 한국인이 개고기를 먹는다. 그러나 이 사실을 과장하고 야유하여 종이 타월도 먹고 비누도 먹고 심지어 상대방까지 잡아먹는다고 말하는 것은 전혀 차원이 다른 이야기이다. 프랑스나 스페인에서는 달팽이를 먹지만 한국인은 달팽이를 먹지 않는다. 윌킨슨의 상관 스터지 소령은 이보다 한 발 더 나아가 "한국은 내가 지금껏 보아 온 나라 중에서 제일 빌어먹을 나라야! (……)

내가 본 나라 중에서 가장 지저분하고 가장 망할 놈의 나라라고!" 하고 내뱉는다. 비록 작중인물들의 입을 빌려 말하고 있지만 브라이언은 인종차별주의자라는 혐의를 벗기 어렵다.

6

동양의 부정적인 이미지를 서양에 전달하고 널리 전파하는 데 이 무렵 새로 발명한 사진술이 자못 중요한 역할을 하였다. 오늘날처럼 교통수단이 발달하지 않아 해외여행을 하기가 그렇게 쉽지 않은 18세기 말엽이나 19세기 초엽에는 여행가들이 사진을 찍어 고국에 있는 이른바 '안락의자의 여행자들'에게 이국적인 풍경을 보여 주었다. 이 무렵 가장 유명한 사진 여행가 중의 한 사람인 존 톰슨은『중국과 그 국민』(1873년)이라는 사진첩을 출간하여 큰 관심을 끌었다. 중국의 풍경과 중국인들의 모습을 찍은 이 사진첩은 뒷날 영국 사람들이 중국을 지배할 뿐만 아니라 야만적인 동양과 문명화된 서구를 이항대립적으로 구별 짓는 데에도 크게 이바지하였다.

이러한 사정은 일본의 경우도 마찬가지여서 펠리스 비토라는 사진 여행가가 일본 풍물을 사진으로 찍어 서구 세계에 널리 알렸다. 1873년 처음 일본에 도착한 그는 무려 20년 이상 일본에 머물면서 온갖 사진을 찍었다. 비토가 찍은 사진과 그 사진에 덧붙여 놓은 글은 그때까지 달나라처럼 다른 행성과 다름없던 섬나라 일본을 서구 세계에 널리 알리는 데 크게 이바지하였음은 두말할 나위가 없다.

한편 동양의 풍물을 찍은 사진과 함께 동양의 물건도 동양을 서양 사람들한테 알리는 데 한몫을 하였다. 중국이나 일본을 여행한 사람들은 기념품을 구입하였고, 고국에 돌아와 관심 있는 사람들을 위하여 이러한 기념품을 전시하였다. 영국이 중국과 처음 국교를 맺은 1842년 런던에서는 네이선 던의 '중국 전시회'가 성황리에 열렸다. 이 전시회는 회화 작품과 장식 예술품을 비롯하여 진흙으로 만든 실물 크기의 인물 등 지금까지 있었던 전시회 중에서 가장 규모가 컸다. 관람객의 인기를 끌자 이 전시회는 무려 4년 동안이나 계속되었다. 그러나 이 전시회는 이국적인 중국에 대하여 관객의 관심을 높이는 데에는 크게 이바지하였지만 중국이나 중국인들에 대한 편견이나 선입관을 고치는 데에는 별다른 역할을 하지 못하였다. 오히려 부정적인 편견이나 선입관을 고착시키는 데 한몫을 하였던 것이다.

비록 중국이나 일본과 비교하여 그렇게 활발하지는 않지만 한국에 관한 사진이나 그림도 '은자의 나라'요 '고요한 아침의 나라'인 한국을 서구 세계에 알리는 데 크게 이바지하였다. 이렇게 한국을 알린 사람들은 주로 의료 사업이나 교육 사업을 통하여 기독교 복음을 전한 선교사들이거나 여행가들이 거의 대부분이었지만 전문적인 화가들도 더러 있었다. 이 가운데에서도 특히 헨리 새비지 랜더는 특히 눈여겨볼 만하다. 1880년에 조선에 온 랜더는 몇 달 동안 조선에 머물며 풍경을 그려 『조선: 고요한 아침의 나라』(1895)라는 책에 38장의 그림을 실었다. 그는 또한 고종황제의 어진(御眞)을 그린 것으로도 유명하다. 스코틀랜드 출신의 또 다른 화가 콘스탄스 테일러는 『고향의 한국인』(1904)이라는 책에 「한국 소년들」과 「어린 신랑」 등 저자가 직접 그린 삽화와 사진을 비롯하여 E. H. 피츄가 그린 한국 관계 그림을 싣기도 하였다. 그런가 하면 1919년에 한국에 온 엘리자베스 키스는 『옛 한국』(1946)이라는 책에서 역시 한국 관련 사진을 실어 서구 세계에 한국을 알리는 데 이바지하였다.

앞에서 언급한 엘리자베스 비숍은 조선을 네 차례나 방문하고 나서 『한국과 그 이웃나라들』(1897년)이라는 책을 출간하였다. 그런데 이 책에는 이 무렵의 조선 풍물 사진이 실려 있어 귀중한 자료가 된다. 프랑스 사람 장 드 팡제가 파리에서 출간한 『한국에서』(1904)라는 책도 눈여겨볼 필요가 있다. 저자는 일본을 거쳐 제물포를 통하여 한국에 입국한 뒤 서울에 머물다가 금강산과 원산까지 여행을 하고 다시 서울로 돌아왔다. 그런데 이 책에는 저자가 직접 찍은 30여 장의 사진이 들어 있어 20세기 초엽 우리나라의 상황을 살필 수 있다. 미국 감리교 여선교사 미너바 L. 구서펠은 서울과 경기 지역에서 선교 활동을 한 경험을 기독교 잡지에 연재한 뒤 『한국에서 가장 행복한 소녀』(1911)라는 책으로 펴냈다.

서양 여행가들이나 화가들이 서구 세계에 알린 동양에 관한 이미지는 긍정적인 것 못지않게 부정적인 것도 적지 않다. 이국적인 것에 대한 호기심을 충족시키려는 나머지 보편적인 것보다는 특수한 것, 일상적인 것보다는 상궤에서 벗어난 것을 다루기 일쑤였다. 한마디로 문서에서나 이미지에서나 동양은 역시 서양의 타자에 지나지 않았던 것이다.

서양인이 사진을 통하여 동양을 부정적으로 소개하는 것 못지않게 동양인이 같은 동양을 부정적으로 묘사하는 것도 여간 심각하지 않았다. 동양인이 같은 동양을 폄하하거나 부정적 이미지로 묘사하는 현상은 '내적 오리엔탈리즘'이라는 용어로 불러도 좋을 것이다. 일본인이 한국을 부정적 이미지로 선전한 것이 좋은 예로 꼽힌다. 가슴을 훤히 드러낸 채 머리에 물동이를 이고 있거나 밥을 먹고 있거나 다리미질을 하고 있는 조선 여인의 사진을 가끔 보게 된다. 1911년 일본 제국주의가 경성사진관을 통하여 펴낸 『조선풍속풍경 사진첩』에 담겨 있는 사진들이다.

그런데 최근 이 사진 속의 세 여성이 서로 다른 사람이 아니라 동일 인물이었던 것으로 드러났다. 또한 사진에 등장하는 온갖 소품도 동일한 것으로 판명되었다. 이 사진첩에는 가슴을 노출한 여성들만이 실려 있는 것이 아니다. 헐벗고 굶주린 아이들, 하는 일 없이 빈둥거리며 게으름을 피우는 남성들, 웃음과 몸을 파는 기생들, 총살당하는 의병들, 목에 칼을 쓰고 미소를 짓고 있는 죄수들의 사진도 실려 있다. 이 사진들도 하나같이 여성이 가슴을 드러내고 있는 사진과 마찬가지로 조작되거나 의도적으로 왜곡한 것들이다. 이 무렵 일본은 조선 침략과 식민지 지배를 정당화하기 위하여 상징 조작이 필요하였다. 다시 말해서 조선은 미개하고 야만스럽고 낙후된 나라이기 때문에 일본 같은 문명 강대국의 보호를 받아야 문명개화를 할 수 있다는 논리를 펴기 위하여 이렇게 이미지를 조작하였던 것이다.

요컨대 서구인들이 동양인들을 '야만적'거나 '여성적' 또는 '어린아이처럼 유치하다'고 보는 것은 어디까지나 동양인들에 대한 편견이요 오해에서 비롯한 것이다. 지금까지 서구인은 흔히 이러한 편견과 오해를 바탕으로 동양인을 지배하고 정복하는 구실로 삼아 왔다. 포스트모더니즘 이론가들은 인종과 관련한 이러한 편견과 오해는 마땅히 청산하여야 할 유산이라고 지적한다. 다문화주의가 그 어느 때보다 소중한 덕목으로 인정받고 있는 지금 유색 인종을 타자로 간주하는 태도는 바람직하지 않을뿐더러 가히 시대착오적이라고 할 수 있을 것이다.

09
번역은 가능한가

일본의 도쿄 시내에 있는 어느 건물 안, 조명등을 환하게 밝힌 나지막한 무대 위에서 산토리 위스키 광고 촬영을 하고 있다. 중년의 미국 신사 한 사람이 연미복 차림으로 테이블 앞 의자에 앉아 위스키 잔을 손에 들고 미소를 지으며 카메라를 향하여 몸을 돌린다. 그러자 일본인 감독이 자못 흥분한 어조로 일본말로 길게 뭐라고 지시를 내린다. 일본인 여성 통역관이 광고 모델인 미국 신사에게 "몸을 돌리고 카메라를 쳐다보고는 대사를 외우랍니다" 하고 간단히 일러준다. 그러자 그 미국 신사는 아주 의아하다는 표정을 지으며 통역관에게 "감독이 한 말이 그게 전부요?" 하고 묻는다. 통역관은 그렇다고 짧게 대답하면서 카메라를 향하여 몸을 돌리라고 거듭 재촉한다.

그러자 미국인 신사는 이번에는 통역관에게 "왼쪽으로 돌릴까요, 오른쪽으로 돌릴까요?" 하고 다시 묻는다. 통역관은 감독에게 일본말로 길게 뭐라고 물어보고, 감독은 마찬가지로 길게 일본말로 뭐라고 그녀에게 대답한다. 통역관은 다시 광고 모델에게 다가가 "오른쪽으로 돌리랍니다" 하고 짤막하게 대답하면서 "강열한 표정을 지으면서요" 하고 덧붙인다. 그러나 광고 모델은 더더욱 난감한 표정을 지으며 "그게 전부란 말이요? 감독은 그보다 훨씬 더 많은 것을 말한 것 같았는데" 하고 얼버무린다.

몇 해 전 개봉한 할리우드 영화 『로스트 인 트랜슬레이션』(2003)에 나오는 한 장면이다. 『대부』를 비롯한 영화로 전 세계에 걸쳐 이름을 크게 떨친 프랜시스 포드 코펄러 감독의 딸 소피어 코펄러가 직접 대본을 쓰고 메가폰을 잡은 영화이다. 한국에서는 '사랑도 통역이 되나요?'라는 제목으로 상연되어 그런 대로 인기를 끌었다. 그러나 미국을 비롯한 서구에서는 한국에서보다 훨씬 더 주목을 받았다.

빌 머리와 스칼레트 요한슨이 주연을 맡은 이 영화는 두 미국인 남녀가 처음 도쿄를 방문하여 그곳에서 겪는 문화 충격을 다룬다. 또한 이국의 대도시에서 느끼는 고독과 상실감, 소외, 의사소통의 어려움 등을 주제로 삼는다. 중년에 들어선 영화배우 봅 해리스(빌 머리 분)는 결혼한 지 20여 년이 지난 지금 가정을 꾸려나가는 가장(家長)의 짐을 지고 있을 뿐 아내에게 별다른 애정을 느끼지 못한다. 예일대학교에서 철학을 전공하고 작가를 꿈꾸는 샬롯(스카레트 요한슨 분)도 사진작가와 결혼한 지 겨우 2년밖에 되지 않는 신혼이지만 일에 빠져 있는 남편한테서 점점 마음이 멀어진다. 상황이 이쯤 되고 보면 이국 도시를 배경으로 질퍽한 남녀 정사가 벌어질 법한데도 이 영화에서는 두 주인공이 한두 번 손을 잡아보고 마지막 장면에서 헤어지면서 가볍게 포옹하는 것이 고작이다. 이 점에서 이 영화는 할리우드 영화이면서도 전혀 할리우드 영화답지가 않다.

한편 이 영화는 비록 전면에 뚜렷하게 드러나 있지는 않아도 통역이나 번역의 어려움을 주제로 삼기도 한다. 그런데 이 주제는 방금 앞에서 밝힌 산토리 위스키 광고 촬영 장면에서도 단적으로 엿볼 수 있다. 일본인 감독과 통역관 사이에서는 일본말로 뭐라고 길게 말이 오고가는데도 막상 광고 모델한테 전해 주는 내용은 겨우 짧은 한두 마디뿐이다. 광고 모델이 통역관에게 "감독이 한 말이 그게 전부요?"니, "감독은 그보다 훨씬 더 많은 것을 말한 것 같았는데"니 하고 좀처럼 믿기지 않는 표정을 지으며 말하는 것은 바로 그 때문이다. 이렇게 이 영화는 한 나라의 말을 다른 나라 말로 옮기는 과정이 얼마나 힘들고 까다로운지 보여 준다.

1

이 영화에서 통역이나 번역과 관련한 주제를 좀더 쉽게 이해하려면 무엇보다도 먼저 '로스트 인 트랜슬레이션'이라는 제목을 찬찬히 눈여겨보아야 한다. 이 제목은 영어가 아닌 다른 외국어, 특히 동양어로써는 적절하게 옮기가 그렇게 쉽지 않다. 그리하여 한국에서는 엉뚱하게 '사랑도 통역이 되나요?'로 옮겼다. 영화 제목을 비교적 잘 번역한다는 일본에서도 이 영화 제목에 대해서는 그만 손을 들고 말았다. 일본 사람들은 하는 수 없이 서툰 일본어 발음으로 '로스토 인 토란스레—숀(ロスト・イン・トランスレーション)'이라는 원어 그대로 옮겨놓았다.

그런데 이 대본을 쓴 소피아 코펄러는 제목에서부터 통역이나 번역 과정에서 그 의미가 '상실될' 수밖에 없다는 사실을 강하게 내비친다. 따지고 보면 그녀는 유명한 미국 시인 로버트 프로스트가 한 말에서 이 영화 제목을 빌려온다. 흔히 미국의 국민시인으로 일컫는 프로스트는 시에 대하여 정의를 내리면서 "시란 번역하는 과정에서 잃어버리는 그 무엇이다" 하고 말한 적이 있다. 번역 불가론을 말할 때마다 이론가들이 무슨 부적처럼 들고 나오는 문장이다.

일정한 줄거리를 따라 사건을 전개하는 소설과는 달리, 언어의 함축적 의미를 비롯하여 음성 구조에 크게 의존하는 시는 프로스트의 말처럼 본질적으로 남의 나라말로써는 번역할 수 없을는지도 모른다. 시란 흔히 소리와 의미가 결합한 문학 장르라고 일컫는다. 시를 남의 나라말로 옮길 때 의미는 어떻게 가까스로 전달할 수 있을는지 몰라도 그 나라말에 독특한 음성 구조까지 그대로 옮겨놓을 수는 없을 것이다. 빗대어 말하자면 원문의 몸은 번역할 수 있어도 그 혼까지는 번역하기 힘들다. 강약의 리듬이나 장단의 리듬을 사용하는 서구 시를 어떻게 그러한 리듬을 좀처럼 사용하지 않는 한국어로 옮길 수 있으며, 3 · 4조나 7 · 5조의 음수율에 기대는 한국 시를 어떻게 서양어로 옮길 수 있단 말인가. 물론 프로스트는 여기에서 시 장르를 두고 말하고 있지만 넓은 의미에서는 소설을 비롯한 산문, 좀더 넓은 의미에서는 모든 문학에도 마찬가지로 적용할 수 있다. 범위를 좀더 넓혀 보면 문학뿐만 아니라 문화도 다른 나라 것으로 번역할 수 없을 것이다.

프로스트의 말대로 '기점 언어(SL)'를 '목표 언어(TL)'로, 또는 '기점 텍스트(ST)'를 '목표 텍스트(TT)'로 옮기는 과정에서 어쩔 수 없이 의미의 '손실'이 일어날 수밖에 없게 된다. 이것이 바로 번역의 타고 난 숙명이요 운명이다. 그런데 이러한 현상은 물리학의 열역학 제2법칙에서 말하는 엔트로피에 빗댈 수 있다. 열역학 제2법칙에 따르면 물질과 에너지는 오직 한쪽 방향으로만 변한다. 즉 유용한 상태에서 무용한 상태, 획득 가능한 상태에서 획득 불가능한 상태, 그리고 질서에서 무질서로 이동한다. 그러므로 엔트로피가 증가한다는 것은 곧 사용할 수 있는 에너지가 점차 감소하는 것을 뜻한다. 물질과 에너지가 다른 형태로 바뀌면서 점차 그 유용성을 잃어가듯이 '기점 언어'나 '기점 텍스트'도 '목표 언어'나 '목표 텍스트'로 옮기는 과정에서 어쩔 수 없이 의미의 손실이 일어나게 마련이다. 우리는 이러한 현상을 '번역의 엔트러피'라고 부를 수 있을 것이다.

지금까지 '번역'이라는 말을 별다른 생각 없이 사용해 왔지만 여기에서 잠깐 이 용어를 짚고 넘어갈 필요가 있다. 국어사전에는 번역을 "어떤 언어로 된 글을 다른 언어의 글로 옮기는 것"이라고 풀이한다. 그러나 번역은 이러한 사전 풀이보다 훨씬 더 복잡하게 이루어진다. 러시아에서 태어나 미국에서 활약한 문학 이론가 로만 야콥슨은 일찍이 「번역의 언어적 측면」(1959)이라는 논문에서 번역을 1) 언어내(言語內) 번역, 2) 언어간(言語間), 3) 기호간(記號間) 번역 등 크게 세 갈래로 나눈다.

'언어내 번역'이란 동일한 언어 체계 안에서 한 언어적 기호를 다른 언어적 기호를 바꾸는 것을 말한다. 야콥슨이 '바꾸어 말하기'라고 부르는 이 갈래의 번역은 자국어 독자를 위하여 애매한 표현을 좀더 정확하고 좀더 이해하기 쉽도록 다른 표현으로 바꾸는 것이다. 가령 동일한 언어를 사용하고 있으면서도 특정한 전문 분야에서 사용하는 용어나 특정한 지역이나 사회 계층에 따른 사투리 때문에 의사소통이 제대로 이루어지지 않는 경우가 가끔 있다.

예를 들어 중국처럼 땅덩어리가 큰 나라에서는 사투리가 너무 심한 탓에 한 지역에 살고 있는 사람은 다른 지역에 살고 있는 사람이 쓰는 중국어를 제대로 알아들을 수 없다. 사용자가 줄잡아 13억 명으로 전 세계 인구의 약 5분의 1이 사용하고 있는 중국어는 지역에 따라 여러 방언이 있지만, 다른 나라의 방언과는 달라서 서로 간에 의사소통이 불가능하다. 그리하여 이 사투리들을 방언으로 취급할 것이냐, 아니면 아예 다른 언어로 취급할 것이냐 하는 문제를 두고 학자들 사이에서 논란거리로 남아 있다.

중국과는 비교도 되지 않을 만큼 땅덩어리가 좁은 우리나라에서도 사투리 때문에 적잖이 어려움을 겪기도 한다. 가령 제주도 사람들이 사용하는 토속어를 이해하기란 무척 어렵다. 가령 "혼저옵서" 하고 하면 "어서 오십시오"라는 뜻이다. "와리지 말앙, 촌촌이 고르라 보게"라는 말은 "너무 서두르지 말고서, 천천히 말해 보아라"라는 뜻이다. 경상도 산골지방에서 아낙네들이 쓰는 "햄이 샘인교?"(형님이 선생님이세요?)니, "나이가 천지개락이라 고마 항정도 없재?"(냉이가 천지에 지천으로 있어 그만 한정도 없지?)니 하는 말도 좀처럼 경상도 사람이 아니면 좀처럼 이해하기 어렵다. 이번에는 이문열(李文烈)이 최근에 출간한 소설 『아가(雅歌)』(2000)에서 구체적인 예를 들어보자.

> "보래이, 저 까마구 니가 불렀나?"
> "아이."
> "그래도—"
> "야, 이 등시야, 사얌이 어예 까마구를 부유노? 그코 또 까마구는 부윤다꼬

오야?"

"나는 니가 부른 줄 알고. 히잇, 아이문 그만이지 머."

서울에 사는 독자라면 경상북도 산골지방에 사는 시골사람들이 사용하는 짙은 경상도 사투리를 이해하기 힘들 것이다. 위 인용문에서 웬만한 독자라면 '보래이(보라고)'나 '까마구(까마귀)' 정도는 어떻게 눈치로 그 뜻을 짐작할 수 있을 것이다. 그러나 '등시야(등신아)'를 비롯하여 '사얌(사람)', '어예(어떻게)', '부유노(부르노)', '그코(그렇고)', '아이문(아니면)', '부윤다꼬(부른다고)', '오야(오나)' 등은 거의 외국어 가까울 만큼 그 뜻을 헤아리기란 어렵다. 누군가가 이해하기 어려운 사투리를 표준어나 다른 지방 사투리로 옮겨주지 않으면 안 된다. 그리하여 이 소설에서 작가는 독자들이 이해하기 어렵다 싶은 사투리는 괄호 안에 표준어로 표기해 주기도 한다.

특히 아직 우리 문자가 없던 신라 시대 한자의 음과 뜻을 빌린 향찰(鄕札)로 표기한 향가는 언어내 번역을 보여 주는 더할 나위 없이 좋은 예이다. 향가의 번역과 해석을 두고 학자들 사이에 의견이 서로 크게 엇갈린다. 가령 「찬기파랑가(讚耆婆郎歌)」의 첫 구절 "咽嗚爾處米 / 露曉邪隱月羅理 / 白雲音逐于浮去隱安支下"을 양주동(梁柱東)은 "(바람이 구름을) 열어젖히니 / 나타난 달이 / 흰 구름 좇아 떠가는 것이 아닌가?"로 옮긴다. 한편 김완진(金完鎭)은 똑같은 구절을 "흐느끼며 바라보매 / 이슬 밝힌 달이 / 흰 구름 따라 떠간 언저리에"로 옮긴다. '달'과 '흰 구름'이라는 어휘를 빼놓고 나면 이 두 번역은 동일한 작품의 번역이라고는 좀처럼 믿어지지 않을 만큼 큰 차이가 난다.

향찰을 빌려 감정과 정서를 표현하던 신라 시대로부터 무려 일 천여 년 이상이 지난 개화 계몽기의 번역에서도 언어내적 번역의 예를 쉽게 찾아볼 수 있다. 중세적인 봉건 시대에서 근대로 넘어가는 과도기라고 할 이 무렵 번역자들은 외국 문헌을 옮길 때 순국문(순한글)으로 옮기거나 순국문과 한문을 섞어 쓴 국한문혼용체로 옮기거나 이 두 가지 방법 중에서 하나를 택하였다. 한문 해독이 가능한 지식인 독자층을 위해서는 주로 국한문혼용체를 구사하였고, 한글만 읽을 수 있는 독자들을 위해서는 주로 순국문체를 구사하였다. 그런데 국한문혼용체로 번역한 글을 다시 순국문체로 번역하거나, 이와는 반대로 순국문체로 번역한 글을 국한문혼용체로 번역하는 일이 흔히 있었다. 이러한 현상을 전문 용어로 '역등(譯騰)'과 '조등(照騰)'이라고 부른다. 예를 들어 《대한매일신보》는 순국문으로 쓴 《경향신문》의 논설을 국한문체로 번역하였다. 홍난파(洪蘭坡)는 지금은 음악가로 널리 알려져 있지만 20세기 초엽에는 번역가로 활약하였다. '도레미생'나 '홍영후(洪永厚)'니 하는 이름으로 활약한 그는 1922년에 빅토르 위고의 『레미제라블』(1862)을 『애사(哀史)』라는 제목으로 번역하여 출간하였고, 그 이듬해에는 이 작품을 다시 순한글로 개역하여 『잔발잔의 설음』이라는 제목으로 다시 출간하였다. 순한글 개역판의 서문에서 홍난파는 "특별히 한문을 알지 못하시는 여러 부인네들을 위ᄒᆞ야 지금 다시 이 세계 명져를 순전한 우리의 말로 번역하노라" 하고 밝힌다.

한편 '기호간 번역'이란 언어적 기호를 비언어적인 기호 체계에 속한 기호로 바꾸는 것을 말한다. 야콥슨이 '변형'이라고도 일컫는 이 갈래의 번역에서는 문학 작품을 연극이나 영화 또는 그림이나 음악 등 다른 장르의 예술로 바꾸거나, 이와는 반대로 다른 예술 장르를 문학 작품으로 바꾸어 놓는다. 예를 들어 '리처드 김'으로 잘 알려진 한국계 미국 작가 김은국(金恩國)이 쓴 영문 소설 『순교자』(1964)는 그 동안 영화를 비롯하여 연극과 오페라 등으로 만들어졌다. 마찬가지로 어떤 작가들은 그림을 소재로 작품을 쓰기도 한다. 가령 황지우(黃芝雨)는 경기도 파주 보광사 벽에 그려놓은 그림을 보고 「게 눈 속의 연꽃」(1990)이라는 작품을 썼다.

그런가 하면 '언어간 번역'이란 한 나라 말을 다른 나라 말로 옮기는 것을 말한다. 방금 앞에서 '기점 언어', '기점 텍스트', '목표 언어', '목표 텍스트' 등의 용어를 사용하였지만 '기점' 언어나 텍스트란 번역가가 번역하려는 원본 언어나 텍스트를 말한다. '목표' 언어나 텍스트란 '기점' 언어나 텍스트를 옮기는 대상 언어나 텍스트를 가리킨다. 통시통역처럼 음성으로 되어 있는 구어를 가리킬 때는 흔히 '언어'라는 용어를 사용하고, 문자로 표기한 문학 작품을 가리킬 때는 흔히 '텍스트'라는 용어를 사용한다. 이렇게 기점 언어를 목표 언어로, 기점 텍스트를 목표 텍스트로 옮기는 것이 바로 언어간 번역이다. 우리가 흔히 '번역'이라는 용어를 사용할 때 의미하는 것이 바로 이 언어간 번역이다.

2

예로부터 번역에 대한 태도는 크게 두 가지로 나뉜다. 한 가지 태도는 로버트 프로스트처럼 번역이란 처음부터 아예 불가능하다고 보는 입장이다. 또 다른 태도는 번역이란 얼마든지 가능하다고 보는 입장이다. 이보다 한 발 더 나아가 번역이란 '제2의 창작'이나 '재창조'로 간주하려고 한다. 그런데 이 두 입장은 그 동안 마치 불과 얼음처럼 서로 날카롭게 대립해 왔다. 어떤 의미에서 번역의 역사는 곧 이 두 태도가 교차반복을 거듭하며 발전해 온 역사라고 하여도 크게 틀리지 않을 듯하다.

첫 번째 태도는 무엇보다도 '번역은 반역'이라는 표현에서 가장 웅변적으로 드러나 있다. 이 표현은 흔히 '번역가는 반역자(*traduttore, traditore*)'라는 이탈리아 격언에서 비롯하였다고 한다. 또한 프랑스의 문학 사회학자 로베르 에스카르피가 처음 사용하였다고 하기도 하고, 독일 철학자 빌헬름 폰 쉴레겔이 처음 사용하였다고 하기도 한다. 최근에 들어와서는 16세기 프랑스의 시인이요 비평가인 조아킴 뒤 벨레가 처음 사용하였다는 데 대체로 의견을 모은다.

누가 이 표현을 처음 사용하였든 번역 행위를 반역 행위로, 번역가를 반역자로 몰아세우는 것은 조금 지나치다고 하지 않을 수 없다. 물론 동일한 조상에서 갈라져 나온 같은 계통에 속하는 언어를 번역하는 일은 비교적 쉽다. 심지어 아랍어를 한국어로 번역하는 경우처럼 계통이 서로 다른 언어에서도 비록 힘이 들기는 하지만 번역이 전혀 불가능하다고는 할 수 없을 것이다. 이렇게 번역을 반역으로 보려는 태도에는 따지고 보면 아예 번역을 손에 대지 않으려는 의도가 숨어 있다. 그러므로 이러한 행위는 자칫 무책임하다는 비판을 모면하기 어렵다.

번역 불가론에서 비록 한 발 물러서기는 하였지만 독일의 염세주의 철학자 아르투르 쇼펜하우어는 아무리 단순한 산문일지라도 번역이란 궁극적으로 언제나 불완전할 수밖에 없다고 지적한다. 그는 한 기점 언어에서 다른 목표 언어로 옮기는 것을 음악에서 조(調)를 바꾸는 것에 빗댄다. 번역이란 가령 한 음악 곡을 장조에서 단조로, 또는 단조에서 장로로 음조를 바꾸는 것과 같다는 것이다. 그러면서 쇼펜하우어는 이렇게 조를 바꾸어 놓은 음악처럼 번역이란 마치 커피 대용으로 마시는 치코리 차와 같아서 제맛이 나지 않는다고 밝힌다. 다시 말해서 번역은 아무리 잘 하여도 원문과는 적잖이 차이가 난다는 말이다.

한편 번역을 '제2의 창작'나 '재창조'로 간주하는 것도 바람직하지 않기는 마찬가지이다. 가령 고대 로마시대에 활약한 웅변가 퀸틸리아누스는 일찍이 번역을 원문 저자와 벌이는 일종의 '경쟁'으로 파악하였다. 번역가는 원문 저자와 경쟁을 벌여 원문 저자에 대하여 '승리'를 거두어야 한다고 지적한다. 이렇듯 퀸틸리아누스한테 번역가란 피정복자나 패배자가 아니라 어디까지나 정복자나 승리자일 뿐이다. 역시 '팍스 로마나'를 확립하려고 한 로마제국의 시민다운 태도라고 할 수 있다. 이와 관련하여 신(神)의 죽음을 선포한 프리드리히 니체도 "그 무렵 번역을 한다는 것은 곧 정복을 뜻하였다"고 밝힌 적이 있다.

번역에 대한 올바른 태도는 극단적으로 맞서는 이 두 입장 사이 어디에서 그 해답을 찾아야 한다. 번역은 반역도 아니요, 그렇다고 제2의 창작도 아니다. 번역에서는 "전부(全部) 아니면 전무(全無)"라는 태도를 버려야 한다. 원문의 내용은 말할 것도 없고 그 스타일이나 형식까지 그대로 옮겨놓은 그야말로 '완벽한' 번역은 어쩌면 무지개를 좇는 것처럼 부질없는 일일는지도 모른다. 그러나 번역에서는 될 수 있는 대로 '완벽'에 이를 수 있도록 언제나 최선의 노력을 기울여야 하고, 만약 최선을 이룰 수 없다면 차선이라도 얻도록 노력하여야 한다.

3

번역에서는 완벽함을 지향하되 최선이 아니면 차선이라도 얻으려고 노력하여야 하는 데는 그럴 만한 까닭이 있다. 무엇보다도 언어의 속성이나 성격에서 볼 때 기점 언어와 목표 언어가 완전히 일치하지 않기 때문이다. 앞에서 이미 기점 언어를 목표 언어로, 또는 기점 텍스트를 목표 텍스트로 옮기는 과정에서 어쩔 수 없이 손실이나 엔트로피가 일어날 수밖에 없다고 지적하면서 이것이 곧 번역의 타고 난 숙명이요 운명이라고 말하였다. 그런데 여기에서 숙명이나 운명이라는 말을 사용한 것은 바로 언어의 본질적 한계 때문이다.

최근 들어 자크 데리다를 비롯한 해체주의자들을 포함하여 포스트구조주의자들은 언어를 투명한 매체로 보지 않는다. 그들에게 언어란 평면 유리를 낀 창문처럼 창밖의 사물을 뚜렷이 바라볼 수 있게 해 주는 매체가 아니다. 언어는 불투명하거나 기껏해야 반투명한 매체에 지나지 않는다. 다시 말해서 전통적인 언어학자들과는 달리 포스트구조주의자들은 언어가 사물을 있는 그대로 정확하게 지칭한다는 입장에 적잖이 회의를 품는다. 데리다는 "번역이란 시니피앙(기표)와 시니피에(기의) 사이의 차이를 실천하는 것이다" 하고 잘라 말한다. 다시 말해서 기표와 기의의 차이 사이에서 절묘하게 줄타기를 하는 것이 곧 번역이라는 말이다.

계통이 서로 다른 언어는 말할 것도 없고 계통이 비슷하거나 같은 언어라고 할지라도 기점 언어의 어휘는 목표 언어의 어휘와 언제나 일치하지 않는다. 앞에서 언급한 아르투르 쇼펜하우어는 일찍이 "한 언어의 어휘는 다른 언어의 어휘와 동일한 의미를 지니지 않는다"고 잘라 말한다. 독일의 언어학자 카를 빌헬름 폰 훔볼트도 한 언어의 어휘와 다른 언어의 어휘는 어디까지나 '유의어적 관계'를 맺고 있거나 '유사어적인 관계'를 맺고 있을 뿐이라고 지적한다.

예를 들어 "눈치 빠르면 절에 가서도 새우젓 얻어먹는다"는 우리말 속담에서 그 '눈치'라는 우리말 어휘를 다른 나라말로 옮기기란 무척 어렵다. 가령 '사이치(才知)'나 '키가키키(きが利き)라는 일본어나, 'sense'나 'tact'라는 영어로써는 그 미묘한 뉘앙스를 제대로 표현할 수 없다. 마찬가지로 '느끼하다'는 말도 이와 크게 다르지 않아서 일본어 '아부랏코이(あぶらっこい)'나 영어 'greasy'라는 어휘로써는 충분하지 않다. 음식이 기름져서 비위를 건드린다는 뜻은 그런 대로 표현할 수 있을는지 몰라도 능글맞아 마음에 들지 않는 사람을 두고 일컫는 뜻은 그러한 어휘로써는 도저히 담아낼 수가 없을 것이다.

심지어 한 언어에 있는 어휘가 다른 언어에는 아예 없는 경우도 적지 않다. 나폴레옹 1세는 "내 사전에 '불가능'이라는 단어는 없다"고 말하였다지만, 열대 지방에서 살고 있는 사람들한테는 '눈[雪]'이라는 어휘가 없다. 일 년 내내 흰 눈은커녕 더위 속에서 살아가야 하는 그들에게 그러한 어휘가 있을 리 없다. 한편 사시사철 눈과 얼음 속에서 살아가야 하는 에스키모 사람들한테는 눈을 가리키는 어휘가 무려 30여 종류가 된다고 한다. 이와는 반대로 에스키모 말에는 열대 과일인 '바나나'라는 어휘가 없지만, 열대 사람들은 바나나를 가리키는 어휘가 크기와 종류 그리고 용도 등에 따라 대여섯 종류가 넘는다고 한다.

한편 씨족 사회인 우리나라에서는 다문화 사회라고 할 다른 나라에서는 좀처럼 볼 수 없을 만큼 친족 명칭과 친족 호칭 등 친족과 관련한 어휘가 유난히 발달해 있다. 가령 할아버지의 남자형제는 종조부, 종조부의 부인은 종조모, 할아버지의 여자형제를 대고모 또는 당고모라고 부른다. 백

부나 숙부의 아들은 종형제이고, 고모의 아들은 내종형제 또는 고종형제이다. 외숙부의 아들은 외종형제, 이모의 아들은 이종형제라고 부른다. 그런가 하면 아버지의 육촌 형제를 재당숙, 재당숙의 아내를 재당숙모, 종형제의 아들은 당질, 내종형제의 아들을 내종질, 재종형제의 아들을 재당질이라고 하는 등 이렇게 한참 친족 명칭이나 호칭을 따지다 보면 골치가 아플 정도이다.

언어의 본질적 성격에 비롯하는 번역의 어려움은 말장난(펀)에서 좀더 뚜렷이 엿볼 수 있다. 내용이나 메시지 같은 시니피에(기의) 못지않게 형식이나 기호 같은 시니피앙(기표)가 핵심적 역할을 하는 말장난에서는 번역하는 과정에서 어쩔 수 없이 정보의 손실이 일어나게 마련이다. 장기의 양수겸장처럼 일거양득의 효과를 노리는 동음이의어법에서 구체적인 예를 들어보기로 하자.

금야(今夜) 삼경(三更) 깊은 밤에
춘향 배를 넌짓 타고
홑이불 돛을 달아
내 기계(器械)로 노(櫓)를 저어
오목섬을 들어가되
순풍(順風)에 음양수를
시름없이 건너갈 제

『춘향전』에서 이도령이 춘향을 처음 만난 단옷날 밤 질펀한 정사를 벌이는 장면이다. 언뜻 보면 두 사람이 배를 타고 뱃놀이를 하고 있는 것처럼 보이지만 좀더 찬찬히 살펴보면 방 안에서 정사를 벌이고 있음이 밝혀진다. 좀더 정확히 말하자면 이 소설의 작가는 두 청춘 남녀의 정사를 흥겨운 뱃놀이에 빗대고 있는 것이다.

둘째 행의 "춘향 배 넌짓 타고"라는 구절에서 '배'는 신체의 일부인 배[腹]를 가리키는 동시에 바다에 떠 있는 배[舟]를 가리킨다. 넷째 행의 "내 기계로 노를 저어"에서 '기계'는 남성의 성기를 가리키는 말이고, 다섯째 행의 "오목섬을 들어가되"에서 '오목섬'은 여성의 성기를 가리키는 말이다. 마지막 두 행 "순풍에 음양수를 / 시름없이 건너갈 제"는 성행위 자체를 일컫는 표현이다. 이 장면은 육감적이다 못해 자못 외설적이다. 그런데 위 인용문을 다른 나라 말로 번역할 때 온갖 말장난 때문에 적잖이 어려움을 겪을 것이다.

소리가 비슷하고 의미가 다른 말을 서로 연관 지어 말하는 수사법인 괘사법(卦辭法)도 번역하기 어렵기는 마찬가지이다. 6세기 로마교황 그레고리 1세가 로마 시장에서 우연히 포로 소년들을 만난다. 교황은 그 소년들이 영국인이라는 말을 듣고 나서는 "Non Angli sed Angeli" 하고 말하였다고 전해진다. 우리말로 직역한다면 "영국인이 아니라 천사로군"이라는 뜻이다. 그러나 이렇게 단순히 뜻만 옮긴다면 그 과정에서 이 표현이 지니고 있는 괘사법의 묘미를 모두 놓치고 만다. 교황 그레고리 1세는 뜻은 다르지만 소리가 비슷한 'Angli'와 'Angeli'라는 말을 두고 말장난을 하고 있기 때문이다. 우리말로는 차라리 "영국인이 아니라 영웅호걸이로다"로 옮긴다면 그나마 괘사법의 효과를 조금이나마 얻을 수 있을는지 모른다. 그러나 어른들이라면 몰라도 나이 어린 아이들을 두고 '영웅호걸'이라는 부르는 것이 왠지 걸맞지 않는다.

한편 진이정은 「압구정동」에서 괘사법을 구사하여 "구정동 / 구정동 / '압' 자 버리고도 / 남은 구정물 너무도 많아" 하고 노래한다. 압구정동은 이제 한국에서 향락과 소비문화의 대명사가 되어버린 지 이미 오래 되었다. 값비싼 외제 물건이 판을 치는 곳이요, 이른바 '오렌지족'이 불빛을 찾는 부나비처럼 환락을 찾아 드나드는 곳이다. 진이정은 이 작품에서 괘사법을 아주 효과적으로 구사한다. 시인은 '압' 자를 빼고 그냥 구정동이라고 부르는 이 동네 이름을 더러운 '구정물'과 관련시킨다. 그러나 방금 앞에서 예를 든 교황 그레고리 1세의 말처럼 의미를 살려 번역하다 보면 시인이 의도하고 있는 음성적 효과를 모두 잃어버리게 될 것이다.

그러나 이러한 언어의 본질이나 성격 때문에 그렇게 절망을 느낄 필요는 없다. 번역에서 차선을 지향한다면 이러한 문제는 얼마든지 극복할 수 있기 때문이다. 이와 관련하여 로만 야콥슨은 '차이의 등가'라는 용어를 사용한다. 그는 우유 속에 들어 있는 카세인을 뽑아 응고하여 발효시킨 식품 '치즈'라는 어휘를 한 예로 든다. 영어 '치즈'는 가령 슬라브 어로는 '시르(syr)', 스페인 어로는 '케소(queso)', 프랑스 어로는 '프로마주(fromage)', 그리고 독일어로는 '쾨제(Käse)'라고 한다.

그런데 야콥슨에 따르면 이 '치즈'라는 어휘는 나라에 따라 그 의미 영역이 조금씩 다르다. 예를 들어 영어 '치즈'에는 탈지유로 만든 희고 부드러운 '코티지치즈'를 포함시키지만 슬라브어 '시르'에서는 코티지치즈를 제외시킨다. 예로부터 낙농업이 발달하지 않은 동양에서는 아예 이러한 어휘가 없다. 그리하여 우리나라나 일본에서는 아예 '치즈'에 해당하는 어휘가 없기 때문에 영어 어휘를 빌려다 외래어로 사용한다. 한편 같은 동양 문화권이라고 하여도 좀처럼 외래어를 사용하지 않고 자국어로 만들어 사용하는 중국에서는 '루라오(乳酪)'라는 말을 사용한다. 야콥슨은 이렇게 '치즈'라는 어휘가 가리키는 의미가 비록 나라에 따라 조금씩 차이가 나지만 그 나름대로 등가적인 의미를 지닐 수 있다고 지적한다.

4

번역이 차선을 지향하여야 하는 두 번째 이유는 다름아닌 문화적 차이 때문이다. 따지고 보면 언어란 바로 문화가 만들어 낸 산물에 지나지 않는다. 번역은 한 언어나 텍스트를 다른 언어나 텍스트로 옮기는 것 못지않게 한 문화를 다른 문화로 옮기는 것이다. 즉 '기점 문화(SC)'에서 '목표 문화(TC)'로 옮기는 것이 넓은 의미의 번역이라고 할 수 있다. 그러므로 번역은 어쩔 수 없이 문화적인 영향을 많이 받을 수밖에 없다. 최근 들어 부쩍 문화에 대한 연구가 눈에 띄게 이루어지고 있고, 이러한 현상은 번역의 경우에도 예외가 아니다.

독일 태생의 미국 언어학자 에드워드 서피어는 언어가 다르면 사회 현실이 다르고, 사회 현실이 다르면 세계관이 다르다고 지적한다. 카를 빌헬름 폰 훔볼트도 일찍이 한 언어와 다른 언어의 차이는 기호의 차이가 아니라 어디까지나 세계관의 차이라고 지적한 적이 있다. 언어학자들에 따르면 오늘날 이 세계에 '살아 있는' 언어는 줄잡아 3,000여 종이 된다. 이미 지구에서 자취를 감추었거나 기록에만 남아 있는 언어까지 합한다면 무려 5,500여 종이 넘는다고 한다. 이렇게 많은 언어가 존재하는 것은 그만큼 언어를 사용하는 사람들의 세계관이 서로 다르기 때문이다.

서피어의 제자인 벤저민 워프도 호피 인디언을 연구하면서 백인들의 언어는 인디언의 언어와 서로 다르기 때문에 인디언의 세계관을 이해할 수 없다고 결론짓는다. 이러한 현상은 심지어 서로 다른 인디언 족 사이에서도 얼마든지 일어날 수 있다. 가령 호피 인디언의 언어와 나바호 인디언의 언어가 다른 것은 두 인디언의 세계관이 서로 다르기 때문이다. 더 나아가 한국어 안에서 일어나는 계층별 사투리나 지역별 사투리도 어떤 의미에서는 그것을 사용하는 사람들의 세계관의 차이에서 비롯한다고 볼 수도 있다. 이렇게 언어가 인간의 사고(思考)나 세계관을 결정한다는 이론을 흔히 '서피어-워프 가설'이라고 일컫는다. 언어의 보편성을 주장하는 노엄 촘스키 같은 변형문법학자나 최근의 인지과학자들은 좀처럼 받아들이려고 하지 않지만 언어 결정론은 지금까지도 꽤 설득력을 지닌다.

이러한 추세에 발맞추어 최근에는 '문화지향 번역' 이론이 부쩍 관심을 끌고 있다. 이 이론에서는 통사 구조나 의미를 둘러싼 문제보다는 오히려 문화와 관련한 개념 쪽에 초점을 맞춘다. 전통적인 번역 이론이 원심적인 성격을 띤다면 문화지향 번역 이론은 구심적인 성격을 띤다. 바꾸어 말해서 새로운 번역 이론에서 번역가는 마치 헬리콥터를 타고 공중에서 지상을 내려다보는 사람과 같다. 먼저 기점 언어가 속해 있는 문화적 맥락을 살피고

난 뒤에 텍스트의 상황으로 점차 시야를 좁히고, 다시 텍스트의 상황에서 번역하려는 텍스트로 시야를 집중시킨다.

그리하여 최근 들어 M. A. K. 할러데이와 R. 핫산은 '맥락지향적 번역' 이론을 주창하기에 이른다. 이 이론에서는 언어보다는 문화, 텍스트보다는 텍스트를 에워싸고 있는 맥락에 무게를 싣는다. 자크 데리다도 "텍스트를 떠나서는 아무것도 존재하지 않는다"고 지적한다. 그런데 여기에서 그가 말하는 텍스트란 바로 컨텍스트, 즉 맥락이나 문맥을 가리키는 것으로 보아 크게 틀리지 않다. 맥락에나 문맥을 떠나 텍스트 그 자체로서는 이렇다 할 의미가 없다는 것이다.

번역자는 기점 언어나 기점 텍스트를 목표 언어나 목표 텍스트로 번역할 때에는 목표 문화 못지않게 기점 문화에 대해서도 잘 알고 있어야 한다. 번역을 훌륭하게 하기 위해서는 어느 한 쪽 문화를 잘 알고 있는 것만으로는 충분하지 않다. 번역이란 혼잣말로 중얼거리는 독백이 아니라 어디까지나 상대방과 의사소통을 하는 대화이기 때문이다. 언어도 마찬가지이지만 문화도 축어적으로 직역을 해 놓으면 무슨 뜻인지 헤아리기 쉽지 않다. 반드시 목표 언어가 속해 있는 문화에 걸맞게 옮겨 놓아야 한다. 가령 서구어를 우리말로 옮기는 것은 양복을 벗기고 그 몸에 한복을 입혀 놓는 것에 빗댈 수 있다.

신약성서에는 세례 요한이 예수 그리스도를 '하나님의 어린양'이라고 부르는 대목이 나온다. 사람들이 도대체 그리스도가 누구인지 묻자 세례 요한은 "보시오 세상 죄를 지고 가는 하나님의 어린 양입니다"(「요한복음」 1장 29절) 하고 대답한다. 라틴어로는 'Agnus Dei', 영어로는 'Lamb of God'이라고 한다. 서양에서 아직 태어난 지 얼마 안 되는 어린 양은 때 묻지 않은 순수한 상태나 그러한 사람을 가리킨다. 또한 구약시대부터 어린 양을 잡아 하나님께 번제를 드렸기 때문에 희생양이나 속죄양이라는 상징적 의미도 있다.

그런데 양이라는 짐승이 살지 않는 에스키모 사람들한테는 이 '하나님의 어린 양'이라는 표현이 무엇을 뜻하는지 전혀 알 수 없을뿐더러 전혀 피부에 와 닿지도 않을 것이다. 그리하여 이 표현을 에스키모 말로 번역할 때는 '하나님의 어린 물개(Seal of God)'로 옮겨야 한다고 주장하는 학자들이 있다. 에스키모 사람들한테 물개는 이스라엘 사람들의 양과 다름없는 동물이기 때문이다. 마찬가지로 에스키모 사람들한테 양처럼 친근한 물개를 유목민의 독자들에게 번역할 때는 '물개'로 직역하는 것보다는 '양'이나 '낙타'로 번역하여야 할 것이다.

굳이 먼 데서 그 예를 찾을 필요도 없다. 성경을 비롯하여 서양 작품을 보면 '빵'이라는 말이 약방의 감초처럼 자주 나온다. 예수 그리스도가 광야에서 40일 동안 마귀한테 시험을 받는 동안 한 번은 마귀가 그리스도에게 돌을 주며 빵으로 바꾸어 보라고 말한다. 그러자 그리스도는 "사람이 떡으로만 살 것이 아니요 하나님의 입으로부터 나오는 모든 말씀으로 살 것이라"(「마태복음」 4장 4절) 하고 대답한다. 영어 'bread'에 해당하는 고대 그리스어를 개역개정판에서는 이렇게 '떡'으로 옮겼지만 현대인의 성경을 비롯한 다른 번역본에는 '떡' 대신에 '빵'으로 옮겨 놓는다. 또한 요한 볼프강 폰 괴테는 『빌헬름 마이스터의 수업시대』(1796)에서도 "눈물 젖은 빵을 먹어 보지 못하고 여러 밤을 울면서 지새워 보지 못한 사람은 천상의 성령을 알지 못 하리!" 하고 노래한다.

그러나 '빵'이나 '떡'이라는 어휘로써는 고대 그리스어나 영어가 지니는 본뜻을 전달할 길이 없다. 쌀로 지은 밥을 주식으로 삼고 있는 우리에게 '빵'이나 '떡'은 어디까지나 간식일 뿐 주식이 아니기 때문이다. 그나마 소화가 잘 되지 않는다고 하여 빵이나 떡을 별로 좋아하지 않는 사람도 적지 않다. 그렇기 때문에 '빵'이나 '떡'으로 번역해서는 먹고 살아간다는 그 절박한 의미를 도저히 전달할 길이 없다. 마땅히 주식인 '밥'으로 번역하여야 한다. 직장을 잃어 생계를 이어나가기 힘들 때 흔히 '밥줄이 끊어졌다'니 '밥통이 날아갔다'니 하는 표현을 쓰는 까닭이 바로 여기에 있다. 공무원 자리나 교수직과 관련하여 가끔 쓰는 '철밥통'이라는 말도 이와 같은 맥락에서 이해할 수 있다.

> 밥그릇을 빼앗긴 지 1년이 되었습니다.
> 그 동안 놀고먹지는 않았습니다.
> 벽보와 풀통을 들고 거리를 해매기는 했습니다만
> 입에 풀칠하기 위한 일은 아니었습니다.
> 빼앗겨 본 적이 있는 사람은
> 빼앗은 사람의 이름과 성격을
> 머리끝까지 새겨 두고 살아갑니다.

안도현(安道鉉)의 「밥」이라는 작품의 첫 구절이다. 그 동안 유난히 밥과 국을 소재로 작품을 써 온 그는 십여 년 전 전교조 문제로 교직에서 쫓겨 난 뒤 이 시를 썼다. 직장에서 쫓겨난 것을 안도현은 '밥그릇을 빼앗겼다'는 환유법으로 표현한다. '입에 풀칠한다'는 표현도 먹고 살아가는 생계를 가리키는 또 다른 환유이다. 마지막 구절에 이르러서는 생계 수단을 빼앗긴 사람이 느끼는 분노와 절망을 읽을 수 있다. 그런데 여기에서 '밥그릇'이라는 구절을 '빵 접시'나 '떡 사발'로 옮겨 놓으면 어떻게 될까. 실직하여 생계에 위협을 받고 있다는 그 절박한 뜻을 모두 놓쳐 버리게 된다는 것은 불을 보듯 뻔한 노릇이다.

이번에는 새가 소리를 내어 지저귀는 현상을 한 예로 들어보기로 하자. 가령 "Birds sing"이라는 영어나 "L'oiseau chante"라는 프랑스 어를 우리말로 번역할 때마다 마치 목에 걸린 가시처럼 걸린다. 서양에서는 하나같이 '새가 노래한다'고 말하는 것을 동양 문화권에서는 '새가 운다'고 표현하기 때문이다. 특히 우리나라 사람들은 비단 새뿐만 아니라 '닭이 운다'니 '벌레가 운다'니 하고 말한다. 심지어 종소리가 나는 것도 울음소리로 들어 '종이 운다'고 말하고, 바람에 문풍지가 소리를 내는 것도 '문풍지가 운다'고 말한다. 이밖에도 '바람이 운다'니 '천둥이 운다'니 '사이렌이 운다'니 하나하나 그 예를 들 수 없을 정도이다. 한민족은 모든 소리가 하나같이 우는 소리로 들릴 만큼 눈물 많고 슬퍼하기 잘하는 애달픈 민족이다.

> 우러라 우러라 새여, 자고 니러 우러라 새여
> 널라와 시름 한 나도 자고 니러 우니노라

그 유명한 고려가요 「청산별곡」에 나오는 둘째 연으로 새도 울고 이 시의 화자인 '나'도 운다. 대표적인 남도 민요인 「새타령」에서도 "저 뻐꾸기가 울어, 저 뻐꾸기가 울어, 울어, 운다 / 이 산 가야 뻐꾹, 저 산 가야 뻐꾹 / 뻑뻑꾹 뻐꾹 뻑뻑꾹 뻑꾹 / 울어 설리도 운다" 하고 노래한다. 또한 「유산가(遊山歌)」에서도 "기러기 무리 져서 거지중천(居之中天)에 높이 떠서 / 두 나래 훨씬 펴고 펄펄펄 백운간(白雲間)에 높이 떠서 / 천리 강산 머나먼 길을 어이 갈꼬 슬피 운다"고 노래한다.

이러한 사정은 비단 한국에 그치지 않고 중국이나 일본 같은 이웃나라에서도 마찬가지로 찾아볼 수 있다. 한자어 울 명 '鳴' 자를 보면 쉽게 알 수 있다. 이 한자어는 새(수탉)가 입을 벌려 소리를 내고 있는 모습을 나타낸 것이다. 새 '鳥' 자 대신에 까마귀 '烏' 자 옆에 입 '口' 자를 놓으면 탄식할 '嗚' 자가 된다. 우는 것이건 탄식하는 것이건 노래하는 것과는 큰 차이가 난다. 중국 사람들은 이 '鳴' 자와 함께 울 '啼' 자를 자주 사용하기도 한다. 이 글자 또한 뜻을 나타내는 입 '口'와 소리를 나타내는 '帝' 자가 결합하여 이루어진 것이다.

중국과 우리나라에서는 심지어 꾀꼬리 소리처럼 청아한 소리마저도 우는 것으로 표현하기 일쑤이다. 앞에서 언급한 남도 민요 「새타령」에는 "명랑한 새 울음 운다 / 저 꾀꼬리가 울음 운다"는 구절이 나온다. 논리적으로 보자면 '명랑한 새'가 운다는 것은 맞지 않는다. '운다'고 말하는 것으로도 모자라 '울음을 운다'고 표현한다. 박목월(朴木月)도 「윤사월」에서 "송화(松花)가루 날리는 / 외딴 봉우리 // 윤사월 해 길다 / 꾀꼬리 울면" 하고 읊는다. 당나라 때 시인 맹호연(孟浩然)은 "春眠不覺曉 處處聞啼鳥"(봄잠에 취해 날 밝는 줄 몰랐더니 / 여기저기 들리는 새 우는 소리 하고 노래한다. 같은 시대에 활약한 왕유(王維)도 "月出驚山鳥 時鳴春澗中"(떠오르는 환한 달빛에 산새들 놀랐음인가 / 때때로 산새들 울어대는 봄날의 개울가)하고 노래한다. 그런가 하면 "花笑聲未聽 鳥啼淚難看"(꽃이 웃는데 소리를 들을 수 없고 / 새는 우는데 눈물은 볼 수 없다)하는 작품에서는 그만 정신이 번쩍 든다.

그렇다면 새가 노래한다고 표현하는 서양의 작품을 우리말로 어떻게 번역하여야 할 것인가. 예를 들어 어떤 새보다도 종달새를 무척 좋아한 윌리엄 셰익스피어는 『심벌린』(1623)에서 "Hark, hark! the lark at heaven's gate sings" 하고 노래한다. 두말할 나위 없이 '새가 노래한다'로 옮기지 말고 우리 문화적 정서에 걸맞게 '새가 운다'로 옮겨야 한다. 그러니까 "귀를 기울여 들어보라! 종달새가 천국의 문에서 울고 있나니"로 번역하는 것이 옳다. 물론 천국 문 앞에서 종달새가 울고 있다는 것이 마치 결혼식장에서 눈물을 흘리는 것처럼 왠지 어울리는 것 같지 않을는지 모르지만, 어느 민족보다도 한(恨)과 정(情)의 정서에 젖어 있는 우리네한테는 그렇게 낯선 표현이라고 할 수 없을 것이다.

5

문화적 맥락이 중요한 역할을 하는 것은 무엇보다도 속담이나 격언, 비유법, 속어처럼 생활습관과 깊이 연관되어 있는 표현이다. 가령 유목민한테는 초원에서 짐승을 기르는 것과 관련한 표현이 많은 반면, 농경민족한테는 농사짓는 것과 관련한 표현이 많다. 그런가 하면 험난한 바다와 싸우며 살아가는 바이킹 족한테는 바다나 배와 관련한 표현이 많을 수밖에 없다. 언어란 궁극적으로 문화가 빚어낸 그릇이라는 사실을 다시 한 번 깨닫게 된다.

기독교 성경에 보면 농사짓는 비유나 표현이 유난히 많이 눈에 띈다. 그도 그럴 것이 이스라엘 백성은 사막에서 살아가던 유목민이었기 때문이다.

예를 들어 예수 그리스도는 "부자가 하나님의 나라에 들어가는 것보다 낙타가 바늘귀로 지나가는 것이 더 쉽다"(「마태복음 19장 26절)고 말한다. 온대 지방에서 말에 해당하는 짐승이 사막 지방에서는 낙타이기 때문에 생긴 비유일 것이다.

이왕 이 구절이 나왔으니 말이지만 최근 한 성서학자는 이 표현이 지나친 과장법이 아니라 실제로는 오역에서 비롯한 표현이라는 사실을 밝혀내어 관심을 끌었다. 아람어 'gamta(밧줄)'를 'gamla(낙타)'로 그만 잘못 읽어 생긴 오역이라는 것이다. 밧줄이건 낙타이건 작은 바늘귀를 통과하는 것은 불가능할 일일 것이다. 논리적으로 보자면 아무래도 낙타보다는 밧줄이 훨씬 더 잘 어울린다. 비록 크기가 달라서 그렇지 밧줄은 실과 같은 모양을 하고 있기 때문이다. 그러나 수사학적 관점에서 보자면 밧줄보다는 낙타에서 과장법의 묘미를 훨씬 더 실감나게 느낄 수 있어 오역치고는 그야말로 '창조적 오역'이라고 할 만하다.

관용어는 문화의 특성에 따라 편차가 크다. 동양 문화권은 서양 문화권과는 다르고, 심지어 같은 문화권에 속한 나라라고 하여도 조금씩 차이가 난다. 예를 들어 사귀는 사람이 많아 활동하는 범위가 넓다는 뜻으로 우리말에서는 '발이 넓다'는 관용어를 쓴다. 그러나 일본 사람들은 이러한 뜻으로 '얼굴이 넓다(顔が ひろい)'고 말한다. 한국 사람들은 부지런히 발로 뛰어다니며 인맥을 쌓지만 일본 사람들은 발보다는 얼굴로 사람을 사귀기 때문일 것이다. '얼굴이 넓다'고 하면 우리나라 사람들은 아마 '얼굴이 두껍다'는 표현처럼 뻔뻔스럽다는 뜻으로 받아들일는지 모른다.

또한 양이 적을 때 우리는 '쥐꼬리만큼 적다'는 관용어를 사용하지만 일본 사람들은 '참새의 눈물이다(雀の涙だ)'라는 표현을 쓴다. 같은 동물이라고 하여도 쥐와 참새 사이에는 엄청난 차이가 난다. 그런가 하면 중국 사람들은 '참깨처럼 적다(小如芝麻)'고 말한다. 이렇게 서로 다른 관용어를 번역할 때는 목표 언어의 문화적 관습에 맞게 옮겨야 한다. 이 표현을 한국어로 옮기면서 '참새의 눈물이다'니 '참깨처럼 적다'니 하고 번역한다면 마치 불

발탄처럼 그 뜻을 제대로 전하지 못할 것이다.

서양 문화권에 속한 언어의 관용어를 번역할 때는 이보다 훨씬 더 세심하게 주의를 기울여야 한다. 자칫 잘못하다가는 오역을 하거나 비록 오역은 아니더라도 그 뜻을 제대로 옮기지 못하기 때문이다. 예를 들어 "물고기한테 수영하는 법을 가르친다"는 관용어를 번역할 때는 상황에 따라 적절하게 옮겨야 한다. 가령 점잖은 일반 독자들을 대상으로 하는 경우라면 "공자님 앞에서 문자 쓴다"로 옮기면 무난하다. 중국에서도 '孔夫子面前賣文章'이라는 표현을 사용한다. 다만 '문자를 쓰는' 것이 아니라 '문장을 판다'고 말하는 것이 조금 다를 뿐이다. 속어에 익숙한 청소년을 상대로 하는 경우라면 "번데기 앞에서 주름잡는다"로 옮기는 것이 좋다. 영어에서도 상황에 따라 "교황에게 기도하는 법을 가르친다"니 "대통령에게 백악관이 어디 있는지 가르쳐 준다"니 하는 표현을 사용하기도 한다.

속담이나 격언을 번역할 때도 목표 언어의 문화적 관습에 따라 옮겨야 한다. 앞에서도 이미 밝혔듯이 한이 많은 우리 민족은 유난히 울음이 많지만 외세에 시달리고 하늘의 뜻에 의지하여 농사를 지으면서 가난하게 살아온 탓에 관용어에서도 먹는 것과 관련한 것이 무척 많다. 한민족이 얼마나 배가 고팠으면 별걸 다 먹으려고 한다고 지적한 학자가 있다. 예를 들어 '나이를 먹는다', '욕을 먹는다', '핀잔먹는다', '더위 먹는다', '애먹는다'니 하고 말한다. 오죽하면 축구할 때 공이 골 안에 들어가도 '한 골 먹었다'고 말하고, 상대방과 섹스를 하여도 '따 먹었다'고 말할까.

그래서 그런지는 몰라도 한국어 속담이나 격언에도 음식과 관련한 것이 유난히 많다. 예를 들어 서양 사람들이 '돌 하나로 새 두 마리를 잡는다'고 말하는 격언을 우리는 '꿩 먹고 알 먹고'니 '도랑 치고 가재 잡고'니 하고 표현한다. 또한 서양 사람들이 "담장 너머 남의 잔디가 더 푸르게 보인다"고 말하는 것을 우리는 "남의 떡이 더 커 보인다"고 말한다. 서양 사람들이 "병아리가 부화할 때까지는 병아리 수를 세지 마라"고 말하는 것을 우리는 "떡 줄 사람은 생각도 않는데 김칫국부터 마신다"로 표현한다. 그런가 하면 서양에서는 “수고가 없으면 이득도 없다”라는 격언을 사용하지만 우리 문화권에서는 “부뚜막의 소금도 집어넣어야 짜다”고 말한다.

6

문화적 맥락이 가장 중요한 역할을 하는 것이 바로 인유법 또는 암유법이다. 인유법은 역사적으로 이미 잘 알려진 사건, 저명한 문학 작품의 문구, 옛 사람들의 명언 등을 끌어들여 말하는 수사법이다. 적게는 한 마디 낱말이나 어구에서 많게는 한 문장이나 단락이 인유법의 대상이 될 수 있다. 서양에서는 성서를 비롯하여 호메로스의 서사시와 윌리엄 셰익스피어 작품이 자주 인유법의 대상이 되고, 동양에서는 사서삼경(四書三經)을 비롯한 고전과 고사성어 등이 흔히 인유법의 대상이 된다.

그런데 한 기점 언어에서 사용하는 인유법은 오직 그 언어 체계 안에서만 의미가 있을 뿐 일단 그 체계를 벗어나면 이렇다 할 의미가 없다. 다시 말해서 기점 언어의 인유법은 목표 언어에서는 사용하지 않는다. 그러므로 번역가는 기점 언어의 인유법과 가장 비슷하거나 닮은 표현을 목표 언어에서 찾아내야 한다.

> 수양산(首陽山) 바라보며 이제(夷齊)를 한(恨)하노라.
> 주려 죽을진들 채미(採薇)도 하난 것가.
> 비록애 푸새엣것인들 그 뉘 따헤 났나니.

계유정란(癸酉靖難)을 일으켜 단종(端宗)을 폐위시키고 왕의 자리에 앉은 세조(世祖)에 맞서다가 죽임을 당한 사육신의 한 사람 성삼문(成三問)이 지은 시조이다. 그런데 이 작품을 제대로 이해하려면 중국의 고사(故事)와 함께 성삼문이 구사하고 있는 인유법을 알아야 한다.

초장의 수양산은 황하 부근에 있는 산의 이름이지만 수양대군을 빗대어 가리키기도 한다. '이제'는 중국 은(殷)나라 때 고죽국(孤竹國)의 두 왕자였던 백이(伯夷)와 숙제(叔齊)를 가리킨다. 무왕(武王)이 은나라를 멸망시키고 주(周)나라를 세우자 은나라 신하였던 백이와 숙제는 주나라 곡식을 먹고 살지 않겠다고 수양산에 들어가 고사리를 꺾어 먹다가 죽었다는 이야기가 전해진다. 그리하여 '백이숙제'라고 하면 절개를 지키는 충신을 가리킨다. 그러나 성삼문은 백이와 숙제의 처사를 못마땅하게 생각한다. 비록 산 속에서 자라는 고사리를 꺾어 먹고 살았다고는 하지만 그 고사리도 결국은 주나라의 땅에서 나는 것이기 때문이다. 중장에서 '채미를 한다'는 것은 곧 수양대군이 내리는 녹봉을 얻어먹고 살아가는 것을 뜻하기도 한다. 만약 계유정란과 백이숙제와 관련한 중국 고사를 잘 모르는 서양 번역가들한테는 성삼문이 이 시조에서 사용하는 인유법은 마치 그림의 떡처럼 이렇다 할 의미가 없을 것이다.

이와 마찬가지로 영어를 비롯한 서구어의 작품에서 사용하는 인유법을 한국어로 번역할 때도 무엇보다도 먼저 그 원전이나 유래를 이해하여야 한다. 그 다음에는 필자가 왜 그러한 인유를 끌어오는지 그 이유를 꼼꼼히 살펴야 한다. 남의 것을 끌어다가 자신의 주장이나 의견을 보강하는 수법이기 때문에 그것이 사용되는 맥락을 잘 몰라서는 인유법의 의미를 놓쳐 버리기 쉽다. 예를 들어 영어 문화권의 사람들이 자주 사용하는 'Caesar's wife'라는 표현은 직역하여 '카이사르의 아내'라고만 옮겨서는 제대로 뜻이 통하지 않는다. 이 구절의 뜻을 파악하기 위해서는 카이사르에 관련한 전기를 알아야 한다. 로마 공화국을 로마제국으로 바꾸는 데 결정적인 역할을 한 정치가 가이우스 카이사르는 코르네이아와 결혼하였고, 그녀가 사망하자 폼페이아와 다시 결혼하였다. 그런데 폼페이아는 딴 남자와 혼외정사를 하였다는 의혹을 샀다. 카이사르는 이러한 의혹을 증명할 만한 증거는 없었지만 적어도 "카이사르의 아내라면 마땅히 의심을 받을 행동을 하여서는 안 된다"고 말하면서 그녀와 이혼을 하였다. 이러한 역사적 사실에서 '카이사르의 아내'라고 하면 남의 의혹을 살 만한 행위를 하여서는 안 될 사람을 뜻하게 되었다.

이 '카이사르의 아내'를 우리말로 적절하게 번역하려면 무엇보다도 먼저 중국 고전을 살펴보아야 한다. 그 동안 우리나라에서 자주 사용해 온 인유법은 흔히 중국 고전에 뿌리를 두고 있기 때문이다. 아니나 다를까 중국 고사나 고사성어에서 '카이사르의 아내'와 비슷한 경우를 찾아볼 수 있다. 가령 까마귀 날자 배 떨어진다는 '오비이락(烏飛梨落)'은 우연의 일치로 남의 의심을 받는 것을 일컫는 표현이다. 또한 자두나무 아래에서는 갓을 고쳐 쓰지 말라는 뜻으로 '이하부정관(李下不正冠)'이라는 고사성어가 있다. 물론 '카이사르의 아내'와 똑같지는 않지만 두 표현 모두 남에게 의심받을 일을 하지 않도록 주의하라는 말로 어느 정도 인유법을 살릴 수 있다.

7

번역을 말할 때마다 거의 언제나 약방의 감초처럼 입에 자주 오르는 것이 직역과 의역을 둘러싼 문제이다. 한쪽에서는 기점 언어의 어휘를 비롯하여 구와 절 그리고 문장을 하나도 빠뜨리지 말고 원문 그대로 옮겨놓아야 한다고 목소리를 높인다. 한편 다른 쪽에서는 굳이 원문에 얽매이지 말고 목표 언어의 독자들이 이해하기 쉽도록 자유롭게 의미를 전달하는 데 힘을 기울여야 한다고 주장한다.

직역을 주장하는 이론은 기점 언어의 저자에 무게를 싣는다는 점에서 '기점 언어 지향적' 또는 '작가 지향적'이라고 할 수 있다. 한편 의역을 주장하는 이론은 목표 언어의 독자 쪽에 좀더 관심을 기울인다는 점에서 '목표 언어 지향적' 또는 '독자 지향적'이라고 할 수 있을 것이다. 그런데 직역과 의역의 문제를 두고 이론가들의 의견은 마치 활시위처럼 팽팽히 엇갈린다. 미국의 번역 이론가 로런스 벤누티는 전자를 '외국어화'라고 부르고 후자를

'자국어화'라고 부른다. 전자가 기점 언어의 텍스트를 낯설게 만드는 전략라면, 후자는 목표 언어인 자국어에 텍스트를 길들이는 전략이기 때문이다.

직역과 의역을 둘러싼 문제는 그 역사가 꽤나 오래되었다. 실제로 번역의 역사는 다름아닌 이 문제에서 처음 시작한다고 할 수 있다. 그 역사를 거슬러 올라가다 보면 저 멀리 그리스 시대와 로마 시대 번역가들을 만나게 된다. 키케로와 호라티우스를 비롯한 고대 로마 시대의 번역가들이 번역을 일종의 '정복'으로 간주하였다는 점은 이미 앞에서 밝혔다. 이렇게 진취적인 정신에 걸맞게 이 무렵 번역가들은 그리스 문헌을 라틴어로 번역하면서 그리스 문화에 독특한 표현이나 언급을 삭제하였을 뿐만 아니라 더 나아가 로마 문화에 대한 언급을 덧붙이고 그리스 시인들의 이름을 자신들의 말로 고쳐 버렸다. 같은 달의 여신이라고 하여도 로마 사람들은 '다이아나'로 부르고 그리스 사람들은 '아르미테스'라고 부르는 까닭이 바로 여기에 있다. 가득이나 신들의 온갖 이름 때문에 정신이 어지러운 동양 문화권의 독자들한테 이중의 부담을 주는 결과를 낳았다.

한마디로 로마 번역가들은 그리스 문헌에서 번역한 텍스트를 처음부터 자신들이 직접 쓴 텍스트처럼 간주하였다. 이러한 태도는 4세기에 이른바 '70인역 그리스 구약성서'를 라틴어로 번역한 세인트 제롬한테서도 마찬가지로 엿볼 수 있다. 17세기에 이르러서는 존 드라이든이 그 바통을 물려받는다. 그런가 하면 최근 20세기 후반에 들어와서는 의역은 다시 한 번 고개를 쳐든다. 해체주의를 비롯한 포스트구조주의가 유럽을 한바탕 휩쓸고 지나가면서 번역가는 다시 한 번 '정복자'나 '창조자'로서의 영광을 누리게 된다.

한편 직역을 내세우는 이론가 중에서는 러시아에서 태어나 미국에 이주하여 소설가와 번역가로 활약한 블라디미르 나보코프가 아마 첫 손가락에 꼽힌다. 처음에는 러시아 어로 소설을 아홉 권이나 출간하였고, 고국을 떠난 뒤에는 영어 산문 스타일의 대가로 이름을 떨쳤다. 나보코프는 프랑스어나 영어로 쓰인 작품을 러시아 어로 번역하기도 하였지만 무엇보다도 알

렉산드르 푸슈킨의 산문시 『예브게니 오네긴』(1832)을 영어로 번역하면서 번역가와 번역 이론가로서의 명성을 더욱 굳힌다. 나보코프는 원문을 자유롭게 의역하는 번역가들이 흔히 범하는 생략과 첨가를 "형식의 요건, 소비자 위주의 관습, 그리고 번역가의 무지 탓"으로 돌린다. 그러면서 자신은 푸슈킨을 영어로 번역하면서 "멋진 흉내쟁이들이 진리보다 더 중요하게 생각하는 (우아함, 명료함, 양식, 현대적 어법, 심지어 문법까지) 모든 것을 희생시켰다"고 자랑 아닌 자랑을 늘어놓는다.

그런데 미국의 비평가 에드먼드 윌슨을 비롯한 이론가들이 지적하듯이 나보코프는 이론적으로는 직역을 주장하면서도 실제로는 원문에서 꽤 벗어나게 의역을 한다. 가령 『예브게니 오네긴』의 번역만 하여도 철저하게 운을 밟고 있는 이 작품을 운을 무시한 채 산문으로 번역하였다. 이 점과 관련하여 나보코프는 푸슈킨의 이 작품을 원문 그대로 운문으로 번역해 놓은 것이야말로 저자의 언어 구사에 크게 어긋나는 '배반 행위'에 지나지 않는다고 지적한다. 그러나 윌슨을 비롯한 이론가들은 오히려 원문의 운을 무시하는 나보코프의 번역이 훨씬 더 심각한 '배반 행위'라고 날카롭게 꼬집는다.

적어도 이론에서 나보코프는 기점 언어의 낱말 하나하나 놓치지 말고 원문 그대로 옮겨놓아야 한다고 주장함으로써 직역 쪽에 손을 들어준다. 특히 그는 원문의 문장과 번역한 문장이 일대일로 서로 상응하여야 한다고 지적한다. 그리하여 푸슈킨 등 러시아 작가들의 작품을 번역할 때는 거의 축어역 또는 축자역이라고 할 수 있을 정도로 원문에 충실하게 번역하였다. 또한 학자들과의 논쟁에서도 직역을 주장하는 자신의 입장을 굽히지 않고 밀어붙였다.

나보코프의 이러한 주장은 일찍이 독일의 신학자요 철학자인 프리드리히 슐라이어마허를 비롯한 낭만주의자들의 이론에 뿌리를 두고 있다. 슐라이어마허는 기점 언어가 낯설면 낯선 대로 목표 언어로 충실하게 그래도 옮겨놓아야 한다고 주장하였다. 그에 따르면 이러한 번역이야말로 독일 민족을 심미적으로나 문화적으로 교육시키는 데 아주 핵심적인 역할을 할 수 있다.

이러한 태도를 흔히 '외국어투 번역'이라고 부른다. 그리하여 이 무렵 요한 하인리히 포스는 외국어투를 최대한으로 살려 번역하였고, 그보다는 덜 하지만 아우구스트 빌헬름 슐레겔도 독일 낭만주의 번역 전통에 따라 원문에 충실히 번역하려고 하였다. 최근에는 피터 뉴마크 같은 번역 이론가들이 슐라이어마허의 전통을 이어받아 더욱 발전시킨다.

한편 슐라이어마허와 나보코프 그리고 뉴마크의 반대쪽에는 유진 나이더 같은 이론가가 버티고 서 있다. '역동적 등가' 이론을 주장하는 나이더는 번역가란 목표 언어 독자들의 편에 서서 그들이 쉽게 이해할 수 있도록 자연스러운 표현으로 번역하여야 한다고 주장한다. 그에 따르면 메시지는 목표 언어의 독자들의 언어적 필요성과 문화적 기대에 걸맞게 표현하지 않으면 안 된다. 물론 나이더는 스타일과 내용 중에서 내용이 우선하여야 한다고 지적한다.

직역과 의역을 둘러싼 문제는 우리말로 성경을 번역하던 외국 선교사들한테서도 쉽게 찾아볼 수 있다. 1893년 호러스 언더우드, 제임스 게일, 메리 스크랜튼, 헨리 아펜젤러, 마크 트롤로프가 중심이 되어 '5인 번역자회'를 조직하고 영국, 스코틀랜드, 미국성서공회들이 연합하여 번역 출판을 지원하였다. 이 무렵 한국 교인들의 빗발치는 성경 요구에 부응하기 위하여 번역에 박차를 가한 나머지 1899년에 일차 번역을 완성하고 1900년에 7월 '임시본' 신약전서를 출판하기에 이르렀다. 1887년 존 로스의 『예수셩교젼셔』가 출판된 지 무려 13년 만에 국내에서 출간하는 첫 신약전서였다. 그런데 이 신약성경을 번역하는 데 어려움이 적지 않았다. '5인 번역자회' 회장을 맡은 언더우드는 직역할 것을 주장한 반면, 게일은 쉽게 풀어쓰는 의역을 주장하였다. 회원들은 첫 번역이라는 점을 감안하여 언더우드의 주장을 받아들였고, 이러한 번역 방침은 그 뒤 한글성경 번역에서도 계속 유지되었다.

외국 작품을 우리말로 번역하는 문학 번역에서도 직역과 의역이 드러나기도 한다. 예를 들어 프랑스 문학 작품을 우리말로 번역한 앞장 선 이휘영

(李彙榮)과 김붕구(金鵬九)는 이러한 경우를 보여 주는 좋은 예이다. 한국에서 최초로 『불한사전』을 편찬하는 등 불문학 연구에 선구적인 역할을 한 이휘영은 프랑스 작품을 충실하게 직역한 것으로 유명하다. 한편 김붕구는 원문의 문법 구조에 얽매이지 않고 자유롭게 우리말답게 의역하여 관심을 끌었다.

그런데 여기에서 한 가지 눈여겨볼 것은 직역이나 의역을 너무 지나치게 이항대립적으로 생각하여서는 안 된다는 점이다. 아무리 한 어휘 한 어휘, 한 구절 한 구절 축어적으로 옮긴 직역이라고 하여도 기점 언어와 완전히 일치할 수는 없다. 번역된 글을 읽으면서 원문을 한 번 보고 싶다는 생각이 든다면 번역으로서는 일단 실패한 것이다. 흔히 '일본의 볼테르'로 일컫는 후쿠자와 유기치(福澤諭吉)는 언젠가 "원래 번역이란 것은 원서를 읽지 못하는 사람을 위하여 하는 것이다. (……) 역서와 원서를 대조하지 않으면 그 의미를 알 수 없는 번역서조차 있다. 참으로 딱한 일이다" 하고 지적한 적이 있다.

직역하면서 실수를 저지르기 가장 쉬운 것이 외국의 인사말을 자국어로 번역할 때이다. 예를 들어 영어 'Good morning'이나 독일어 'Guten Morgen' 또는 프랑스 어 'Bonjour'를 직역하여 '좋은 아침'이라고 번역한다면 훌륭한 번역이라고 할 수 없다. 물론 요즘은 젊은 세대 사이에서는 이 '좋은 아침'이라는 인사말을 사용하는 것을 자주 듣지만 갓을 쓰고 자전거를 타는 모습처럼 어딘지 어울리지 않는다. "(밤새) 안녕하셨습니까?"로 번역하여야 한다. 짧은 부사구로써만 인사말을 대신하는 일본에서는 더더욱 주의를 기울이여야 한다. 가령 아침인사인 '오하요(御早う)'를 축어적으로만 해석하여 '일찍이'이라고 직역할 가능성을 배제할 수 없다.

실제로 바람에 몇 해 전 일본 인사말을 두고 웃지 못 할 해프닝이 일어나기도 하였다. 한 희곡의 첫 장면에서 한 작중인물이 다른 작중인물을 만나자마자 다짜고짜로 상대방에게 '오늘은' 하고 말한다. 이 바람에 독자들은 어리둥절할 수밖에 없다. 아니나 다를까 영어로 쓴 작품을 일본어 번역판에

서 중역하면서 한 번역가가 '곤니치와(今日は)'의 관용어적 의미를 그만 깜박 잊어버리고 직역하여 '오늘은'으로 옮겼던 것이다.

마찬가지로 아무리 풀어서 쉽게 의역을 한다지만 기점 언어의 어떤 식으로든지 메시지를 손상하는 의역은 번역으로서 이렇다 할 가치가 없다. 자구에만 지나치게 집착하거나 의미만 전달하면 된다는 생각은 옳지 않다. 한마디로 메시지는 그대로 전달하되 형식 스타일에서는 될 수 있는 대로 목표 언어에 자연스럽게 옮겨야 훌륭한 번역일 것이다. 이렇게 훌륭하게 번역을 하기 위해서는 한편으로는 기점 언어와 문화에 대하여 잘 알고 있어야 하고, 다른 한편으로는 목표 언어와 문화에 대해서도 해박하여야 한다. 훌륭한 번역가란 모름지기 기점 언어를 원어민처럼 이해하면서 목표 언어를 자유자재로 구사하여야 한다.

최근 들어 번역은 전보다 훨씬 관심을 받는 분야가 되다시피 하였다. 이렇게 번역 분야가 부쩍 관심을 끄는 것은 그 이름만 보아도 잘 알 수 있다. 몇 해 전까지만 하여도 '번역 연구'라는 어정쩡한 이름을 널리 사용하였다. 이 용어에는 응용언어학이나 비교문학에 속하는 분과 학문이라는 뜻이 담겨 있다. 그러나 최근에는 '번역학'이라는 이름을 사용하기 시작하면서 비로소 독자적인 학문으로 독립을 선언하였다. 국경이 없는 국제화나 세계화 또는 글로벌화 시대에 접어들면서 번역은 더욱 더 각광을 받고 있다.

17세기 초엽 영국 왕 제임스 1세는 47명의 학자와 성직자에게 명하여 성서를 새롭게 번역하도록 하였다. 3년에 걸친 번역 끝에 1611년에 출간된 성서가 오늘날 흔히 '흠정역(欽定譯) 성서' 또는 '킹 제임스 성서'로 일컫는 성경이다. 종교개혁 정신에 입각하여 10세기부터 쏟아져 나온 온갖 영역 성서를 바탕으로 왕과 교회의 권위로써 통일시킨 표준 번역이라고 할 수 있다. 내용면에서도 독일에서 마르틴 루터가 번역한 성서와 쌍벽을 이룬다. 또한 장중하고 전아한 문체, 짧은 어휘를 사용하는 간결하고 힘 있는 표현, 유려하고 격조 높은 리듬, 명확하고 구체적인 이미지 등으로 '영어 산문의 가장 숭고한 금자탑'으로 흔히 평가받고 있다.

이 흠정역 성서를 번역하고 난 뒤 번역자들은 이 책에 비교적 긴 서문을 붙였다. 이 서문에서 번역자들은 "번역, 그것은 창문을 열어젖히고 빛을 들어오게 하는 것이요, 껍질을 깨고 알맹이를 먹게 하는 것이요, 장막을 걷고 가장 성스러운 곳을 보게 하는 것이요, 우물 뚜껑을 열고 물을 얻게 하는 것이다" 하고 밝힌다. 번역을 빗대어 말하는 비유가 그야말로 보석처럼 찬란한 빛을 내뿜는다.

'흠정역 성서'가 출간된 지 무려 4백여 년이 지난 지금 번역은 그때보다도 더욱 더 중요한 의미를 지닌다. 그들의 말대로 이제 번역 없이는 눈이 부실 만큼 시시각각으로 변하는 지구촌의 빛을 받아들일 수 없을 것이고, 배가 고픈데도 막상 껍질을 깨지 못하여 알곡을 먹지 못할 것이다. 장막에 가려 가장 아름다운 곳을 보지도 못할 뿐만 아니라 우물을 두고도 뚜껑을 열지 못하여 갈증을 채울 수도 없을 것이다.

10

서구 생태주의의 계보

"내일 지구가 멸망하더라도 나는 오늘 한 그루의 사과나무를 심겠다." 어렸을 적부터 자주 들어왔기 때문에 이제는 귀에 익은 경구이다. 한국에서는 흔히 범신론을 주장한 네덜란드의 철학자 바뤼흐 스피노자가 한 말로 전해지고 있다. 그러나 그가 쓴 글을 아무리 눈을 씻고 샅샅이 찾아보아도 이 구절을 찾아볼 수가 없다. 그도 그럴 것이 이 유명한 경구는 스피노자가 한 말이 아니라 독일의 종교 개혁가 마르틴 루터가 한 말이기 때문이다. 이 말을 누가 하였는가 하는 것은 그렇게 중요하지 않다. 문제는 이 경구의 진술이 과연 논리적으로 타당한가 하는 점이다. 지구가 내일 멸망하는데 사과나무를 심는 것은 어리석은 일이다. 사과나무를 심기 전에 무엇보다도 먼저 하여야 할 일은 사과나무를 심을 수 있고 자랄 수 있는 환경을 마련하는 것이다. 한마디로 내일 비록 지구가 멸망하여도 오늘 사과나무 한 그루를 심겠다는 경구는 언뜻 멋진 말처럼 보이지만 좀더 찬찬히 뜯어보면 앞뒤가 뒤바뀐 말로 이렇다 할 설득력이 없다.

인류 역사에서 그 어느 때보다 환경위기를 몸소 피부로 느끼고 있는 지금 환경만큼 더 중요한 의제는 없다고 하여도 크게 틀리지 않다. 자유 민주주의니 사회주의니, 남성 우월주의니 여성해방 운동이니, 이제 그 어떤 '이즘' 그 어떤 '주의'도 환경 문제만큼 절실하고 중요하지 않다. 신약성서에서 예수 그리스도는 제자들에게 "사람이 온 세상을 얻고도 제 목숨을 잃으면, 무슨 이득이 있겠느냐?"(「마태복음」 16장 26절) 하고 묻는다. 지구를 잃는다면 아무리 이상적인 정치 체제나 해방 운동도 그림의 떡일 뿐이다. 지구라는 타이타닉 호는 지금 이 순간도 파멸의 깊은 바다 속으로 가라앉고 있다. 프랑스의 정치 이론가 폴 비릴리오가 생태학적 투쟁이야말로 이제 "유일하게 싸울 만한 가치가 있는 투쟁"이라고 못 박아 말하는 까닭이 바로 여기에 있다.

그래서 그런지는 몰라도 '언어적 선회(旋回)'니 '포스트모더니즘 선회'니 하는 용어에 이어 요즈음 들어와서는 부쩍 '녹색 선회'라는 용어를 심심치 않게 듣게 된다. 오늘날 인류가 겪고 있는 환경 위기나 생태계 위기는 무한한 진보와 발전이라는 목표를 향하여 직선으로 달려온 결과라고 하여도 크게 틀리지 않다. 지금까지 숨 가쁘게 달려 온 길을 멈추고 이제 방향을 돌려야 할 단계에 이르렀다. 지금은 인간이 만물의 영장이나 척도로서 다른 종(種)과 개체(個體) 위에 군림할 것이 아니라 오히려 다른 생명체와 더불어 살아갈 수 있도록 조화의 균형을 꾀하여야 할 때이다. 일직선의 끝에는 종말이 기다리고 있지만 '녹색 선회'의 모퉁이에서는 비록 어렴풋하게나마 희망의 빛이 가물거린다.

그런데 여기에서 한 가지 염두에 두어야 할 것은 이러한 녹색 선회가 비단 21세기에 이르러 처음 시작된 것은 아니라는 점이다. 지금까지의 인류 문명사나 문학사를 좀더 꼼꼼히 들여다보면 이러한 선회가 여러 번 있어 왔음이 드러난다. 물론 지금 일어나고 있는 녹색 선회는 과거의 선회와 비교해 볼 때 그 규모나 정도가 훨씬 크다. 그 만큼 환경 위기나 생태계 위기가 위험 수위를 넘어 아주 심각하다는 것을 보여 주는 반증이기도 하다. 그러므로 이제까지 있어 온 녹색 선회의 역사를 살펴보는 것은 지금의 녹색 선회가 앞으로 나아갈 방향을 제시해 줄 수 있다는 점에서 무척 중요하다.

1

자연을 지키고 환경을 보호하려는 노력은 인류의 역사와 거의 때를 같이 하여 시작되었다. "모든 길이 로마로 통한다"는 말도 있지만 서구 사상은 하나같이 고대 그리스와 로마 시대를 떠나서는 그 계보를 찾을 수 없다. 오늘날 우리가 사용하는 사상이나 관념은 거의 대부분 이 시대에 걸쳐 그 씨앗이 뿌려졌다고 하여도 크게 틀리지 않다. 요즈음 뭇 사람의 입에 자주 오르내리는 자연이나 환경에 관한 담론도 예외가 아니다. 서양에서 자연 보호나 환경 운동의 역사를 거슬러 올라가다 보면 저 멀리 고대 그리스시대나 로마시대와 만나게 된다.

서양과 동양을 가르지 않고 아직도 사람의 뭇 사람의 상상력을 자극하고 있는 그리스 신화와 로마 신화에서 이미 그 뿌리를 찾아볼 수 있다. 신화란 단순히 허황된 이야기가 아니라 한 민족의 세계관과 가치관이 문화 속에 침전된 이야기라는 사실은 새삼스럽게 말할 필요가 없을 것이다. J. 도널드 휴즈의 지적대로 이 무렵 신화에 등장하는 신들은 하나같이 자연의 정령이었다. 가령 제우스는 때로는 빛을 밝히고 때로는 비를 뿌리는 하늘의 신이었고, 포세이돈은 바다의 신이었으며, 데메테르는 식물을 주관하는 신이었다. 고대 그리스와 로마의 종교적 관점에서 보면 인간과 자연 세계는 서로 엄격히 구분 지을 수 없었다.

그리스 신화의 아르테미스와 로마 신화의 다이아나는 달의 여신이지만 동시에 야생 동물의 정부(情婦)요 수렵의 수호신이기도 하다. 한 신화에 따르면 아르테미스는 몸집이 크고 힘센 미남 사냥꾼 오리온을 살해한다. 그런데 그 까닭은 오리온이 어떤 짐승이라도 다 죽일 수 있다고 의기양양하고 호기롭게 말하고 다니기 때문이다. 아르테미스가 또 다른 사냥꾼인 액타이온을 자신의 개에 찢겨 죽게 만드는 것도 그녀의 사슴을 사냥하였기 때문이라고 한다. 아르테미스는 특히 야생 동물 중에서도 새끼를 자상하게 돌보아 준 것으로 유명하다. 그런데 이렇게 아르테미스가 짐승을 보살펴 주는 데에는 그럴 만한 까닭이 있다. 짐승도 인간과 마찬가지로 영혼을 지니고 있다고 생각하였기 때문이다. 인간처럼 영혼을 지니고 있는 이상 짐승을 함부로 대할 수 없다는 것이다. 사냥꾼은 비록 짐승을 잡더라도 짐승을 위로하고 살아 있건 죽어 있건 정중하게 다루어야 하였다.

더구나 고대 그리스시대 사람들은 숲을 무척 소중하게 여긴 것으로도 유명하다. 신들을 위하여 특정한 구역을 정해 놓고, 이 구역에는 어떤 사냥꾼도 들어가지 못하도록 금하였다. 그리스어로 '테메네(temene)', 라틴어로 '템플라(templa)'라고 일컫는 이 성역에는 나무숲과 샘물이 있었다. 그런데 이 무렵 이러한 성역이 여간 많지 않았으며, 그 곳에는 신상(神像)을 세우거나 신전(神殿)을 지어 보호하였다. 어떤 의미에서 고대 그리스와 로마 사람들에게는 숲 자체가 신전과 크게 다름없었다. 제우스에게는 참나무, 아폴로에게는 월계수, 헤라에게는 버드나무, 그리고 판에게는 소나무 하는 식으로 숲에서 자라는 나무는 신들에게 아주 신성하였을 뿐만 아니라 각별한 의미를 지니고 있었다. 로마 시인 베르길리우스가 모든 숲은 다이아나에게 신성하다고 말하고, 플리니가 금과 상아로 만든 조상(彫像) 못지않게 숲을 찬양한다고 말하는 까닭이 바로 여기에 있다.

이러한 상황에서 숲을 파괴하는 것은 곧 신을 저주를 하는 것과 크게 다름없었다. 또한 그러한 저주는 곧바로 끔찍한 처벌로 이어졌다. 실제로 에리식톤은 케레스의 성림(聖林)에서 참나무 한 그루를 잘랐다고 하여 평생 동안 배고픔을 느끼도록 저주를 받는다. 성림에 불을 지른 스파르타의 클레오메네스는 신들의 저주를 받고 광란에 빠진다. 살아 있는 나무는 말할 것도 없고 경우에 따라서는 심지어 부러진 나뭇가지조차 가져가지 못하게 하였다.

로마시대에 이르러서는 지방장관을 임명하거나 임기를 연장할 때는 숲을 얼마나 잘 관리하였느냐를 그 기준으로 삼을 정도였다. 알렉산더 대왕이 시돈의 새 왕을 뽑을 때 정원에 물을 주고 있는 압달로니무스를 보고 그를 왕으로 뽑았다는 일화는 너무 유명하다. 세계 문명사에서 이렇게 숲은 물 못지않게 중요한 역할을 맡았다. 중남아메리카 대륙에 찬란한 문명을 이룩하였던 마야 문명이 이 지구상에서 사라져 버린 것도 숲의 파괴와 관련 있다고 주장하는 학자들이 적지 않다.

자연에 대한 관심은 비단 올림포스 신들에게만 그치지 않고 지하의 신들에게도 마찬가지로 해당한다. 일찍이 호메로스가 "모든 피조물을 먹이는 모든 것의 어머니요 모든 존재자의 우두머리"하고 노래한 가이아는 이러한 경우를 보여 주는 좋은 예이다. 가이아는 인간에게 농작물을 공급해 줄 뿐만 아니라 들판에 사는 초식 동물들과 야생 동물들에게도 먹이를 제공해 준다. 이 무렵의 신화에 따르면 모든 생명은 대지의 어머니에게서 생겨났기 때문에 하나같이 신성하고 거룩하다. 인간은 가이아가 낳은 많은 자식 가운데 하나에 지나지 않을 따름이다.

1970년대 중엽 영국의 생물학자 제임스 E. 러브록은 지구가 살아 있는 유기체라는 '가이아 가설'을 주장하여 전 세계적으로 큰 관심을 끌었지만 이러한 생각은 이미 서력기원전 6세기 그리스 사람들에게 널리 퍼져 있었다. 그런가 하면 아폴론과 칼리오페 사이에서 태어난 오르페우스도 자연의 조화를 중시하고 인간을 포함한 모든 생명체가 하나로 연결되어 있다고 보았다. 오르페우스는 어찌나 리라를 잘 탔는지 인간뿐만 아니라 사나운 짐승들마저 그 소리를 들으면 유순해져서 사나운 성질을 버리고 그의 주위에 모여 들어 그의 음악에 넋을 잃곤 하였다. 그뿐만 아니라 수목이나 암석까지도 그 매력에 감응할 정도였다고 한다.

고대 그리스와 로마 시대에는 신화의 세계뿐만 아니라 실제 세계에서도 자연을 소중하게 여기고 환경을 지키려고 무척 애썼다. 최초의 수학자인 피타고라스를 비롯하여 엠페도클레스, 흔히 '의학의 아버지'로 일컫는 히포크라테스 등은 여러모로 오늘날의 생태주의자나 환경론자로 보아 크게 틀리지 않다. 그들은 이론에서나 실제 행동에서나 인간과 다른 피조물이 서로 그렇게 다르지 않다고 밝혀 관심을 끌었다.

피타고라스는 살아 있는 모든 것이 서로 연결되어 있으며 같은 조상에서 태어났다고 주장하였다. 식물이건 동물이건 모든 생명체는 하나같이 인간과 마찬가지로 영혼을 지니고 있을 뿐만 아니라 지능도 지니고 있다고 보았다. 이렇게 영혼과 지능을 지니고 있다면 인간은 식물이나 동물을 함부로 대할 수 없을 것이다. 실제로 피타고라스는 사냥을 삼가고 짐승을 잡아 제물로 삼지 말며 육식을 피하라고 가르쳤다. 피타고라스는 심지어 음식을 얻기 위하여 나무나 식물을 자르거나 죽이는 것에 대해서도 반대하였다. 오비디우스에 따르면 피타고라스는 사과와 포도와 우유와 꿀을 먹고 살았다고 한다. 피타고라스는 한마디로 "살아 있는 것을 죽이는 것은 관습에 어긋나는 동시에 자연에도 어긋난다"고 가르쳤다.

그런데 피타고라스가 이렇게 육식을 피하고 채식을 권한 데에는 그럴 만한 까닭이 있었다. 동물이나 식물의 영혼은 실제로 인간의 영혼이 환생한 것으로 보았기 때문이다. 인간이 죽으면 육체는 썩어 없어지지만 그 영혼은 동물에게도 옮겨간다고 생각하였다. 피타고라스가 개 한 마리가 사람한테 얻어맞고 울부짖는 소리에서 죽은 친구의 목소리를 들었다는 이야기는 너무 유명하다. 피타고라스의 이러한 태도는 짐승에게는 영혼이 없다고 하여 젖소를 한낱 '젖을 생산하는 기계'로 파악한 르네 데카르트와는 그야말로 하늘과 땅만큼 큰 차이가 난다.

이러한 태도는 시칠리아 섬 출신으로 정치가요 의사로 활약한 엠페도클레스한테서도 마찬가지로 엿볼 수 있다. 그는 "영혼은 모든 형태의 동물과 식물에 깃들어 있다"고 잘라 말한다. 우주를 여러 요소의 지속적인 재순환으로 파악한다는 점에서 그는 피타고라스보다 오늘날에 말하는 의미의 생태학자에 좀더 가깝다. 그의 이론에서는 여러모로 '생태학적 폐쇄계'의 개념이 떠오른다. 엠페도클레스에게는 출생도 죽음도 어디까지나 재순환 과정의 일부에 지나지 않을 뿐이다.

> 사멸하여야 할 운명을 지닌 모든 것에는 태어남이 없고 파멸과 죽음을 맞이하여도 종말이 없다. 다만 부분의 혼합과 상호교환만이 있을 뿐이며, 우리는 이

> 것을 '자연'이라고 부른다. (……) 이러한 요소들이 밝은 하늘 아래 살고 있는 인간의 모습으로 결합하거나 야수나 식물 또는 새의 모습으로 결합할 때 우리는 그것을 태어남이라고 부른다. 이러한 요소들이 부분으로 흩어질 때 우리는 운이 나쁜 죽음에 대하여 말한다.

또한 엠페도클레스는 피타고라스처럼 짐승을 잡아 제물로 삼는 것을 금하였다. 짐승을 잡아 제물을 바치는 사람들을 두고 "너희는 네 친척을 희생시키고 있다"고 말할 정도였다. 피타고라스처럼 영혼의 환생을 믿은 엠페도클레스는 "과거에 나는 소년이었고 소녀였으며 숲이었고 조용히 물속에서 사는 물고기였다"고 밝혔다.

자연에 깊은 관심을 기울였다는 점에서는 히포크라테스도 피타고라스나 엠페도클레스와 크게 다르지 않다. 특히 히포크라테스는 과학자답게 자연환경이 인간의 건강에 끼치는 영향을 연구한 것으로 유명하다. 인간의 육체는 말할 것도 없고 영혼을 이해하기 위해서는 무엇보다도 먼저 인간을 에워싸고 있는 자연을 이해하여야 한다고 주장하였다. 히포크라테스에 따르면 풍토, 지형, 계절, 바람, 물 따위는 인간의 신체를 비롯하여 기질과 지능을 결정하게 마련이다. 이러한 사정은 동물과 식물의 경우에도 크게 다르지 않다. 생태학이 생물과 그 환경의 유기적 관계에 관한 연구라면 히포크라테스야말로 생태학의 개척자라고 하여도 크게 틀리지 않을 것이다.

그러나 피타고라스를 비롯한 철학자들의 이러한 태도는 그리스 시대를 휩쓴 주류 사상이라기보다는 어디까지나 주변 사상에 지나지 않았다. 그들의 철학과 사상은 역시 플라톤과 그의 제자 아리스토텔레스의 그것에 가려 제대로 빛을 받을 수 없었다. 존 로드먼이 피타고라스와 엠페도클레스의 철학을 두고 '일종의 반문화'라고 부르는 까닭이 바로 여기에 있다. 오늘날의 환경 운동이 주류 문화에 편입하지 못하고 반문화적 성격을 띠고 있는 것과 비슷하다.

몇몇 철학자들의 노력에도 이 무렵 자연은 걷잡을 수 없이 파괴되고 환경은 적잖이 오염되었다. 오늘날 못지않게 환경오염의 심각성을 우려하는 목소리가 높은 것을 보면 이 무렵의 상황이 어떠하였는지 쉽게 미루어볼 수 있다. 가령 로마시대의 건축가인 비트루비우스가 광산에 따른 수질 오염을 경고하였는가 하면, 지리학자인 스트라보는 은 제련에 따른 공기 오염의 심각성을 경고하였다. 제노폰과 콜룸멜라 같은 농부는 땅을 소홀히 다룬 나머지 황폐하게 되었다고 한탄하였으며, 바로는 나무와 다른 식물이 염소 같은 짐승 때문에 무참히 파괴된다고 불만을 털어놓았다. 호라티우스는 매연과 소음 공해가 위험 수위에 이르렀다고 경고하였는가 하면, 유베르날은 교통 체증, 화재, 자연의 아름다움을 해치는 공공 공사 따위를 지적하였다. 그런가 하면 세네카는 사람들이 점점 높이 집을 짓는 것에 대하여 경고하기도 하였다. 이 무렵 환경오염이나 자연 파괴에 대한 불평이나 고발은 하나하나 예로 들 수 없을 만큼 아주 많다.

2

고대 그리스와 로마 시대 철학자들이 보여 준 생태주의는 중세기에 이르러 다시 한 번 고개를 쳐든다. 이탈리아 아시시 지방에서 살았던 성(聖) 프란체스코는 이 무렵 자연의 소중함을 일깨운 가장 대표적인 사람으로 꼽힌다. 13세기 초엽에 프란체스코 수도회를 설립으로 세속화된 로마 가톨릭 교회의 개혁 운동을 이끈 교회 개혁가이기도 한 그는 가난과 청빈을 몸소 실천에 옮긴 사람으로 유명하다. 부유한 집안에서 태어났으면서도 프란체스코는 아버지의 뜻을 거스르고 민중들과 함께 살기 위하여 스스로 가난한 사람이 되었다. "나는 청빈이라는 아내와 결혼하였다"고 말하면서 청빈을 몸소 실천하여 모범을 보였다. 그는 부(富)가 선망의 대상이 아니라 삶의 족쇄라는 사실을 너무 잘 알고 있었기 때문이다

성 프란체스코는 인간은 말할 것도 없고 다른 피조물에 대해서도 아주 깊

은 관심을 기울였다. 오늘날 환경 위기나 생태계 위기의 원인을 서구 기독교의 탓으로 돌리는 린 화이트마저도 프란체스코 성인에 대해서는 유보적인 입장을 취한다. 몇 해 전에 로마 교황청이 성 프란체스코를 '환경 주보성인'의 반열에 올려놓은 것을 보아도 그가 자연에 얼마나 남다른 관심을 보여 주었는지 쉽게 알 수 있다.

성 프란체스코는 만약 황제를 만나게 되면 "내 여동생인 종달새를 사람들이 잡거나 감금하지 못하게 명령을 내려 달라고 부탁하겠다"고 밝혔다. 황제에게 하는 부탁치고는 너무 소박하다고 생각할는지 모르지만 종달새를 형제처럼 사랑하는 성 프란체스코한테는 자못 중요한 일이다. 지오토 디 본도네가 그린 그림에서도 엿볼 수 있듯이 그는 새들을 모아놓고 설교를 하여 새들을 감화시킨 것으로도 유명하다.

성 프란체스코의 생태주의를 가장 잘 엿볼 수 있는 작품은 역시 「태양 찬가」이다. 산마리노에서 병석에 누워 있을 때 썼다는 이 작품에서 그는 해와 달과 별, 물과 불, 그리고 공기와 구름에 대해서도 한 부모 밑에서 태어난 사랑스런 형제요 자매라고 부른다. 심지어 그 끔찍한 죽음마저도 그에게는 한낱 다정스러운 자매에 지나지 않을 뿐이다.

주님, 찬미 받으시옵소서.
당신이 지으신 모든 창조물한테서 찬미 받으시옵소서.
특별히 형님인 태양에게서 찬미를 받으소서.
태양을 낮이 되게 하시어
저희에게 빛을 주셨사오니
태양은 아름답고 찬란한 광채를 띠우나니
당신의 모습을 지니고 있는 까닭이나이다.

주님, 찬미 받으시옵소서.
누님인 달과 별들에게서 찬미를 받으시옵소서.
맑고 빛나고 사랑스럽게
하늘에 그들을 지으신 분은 당신이시나이다.

이 「태양 찬가」는 단테에 앞서 이탈리아 민중 언어로 쓴 최초의 문학 작품으로 흔히 일컫는다. 이 작품에서 프란체스코는 하나님이 창조한 모든 피조물이 하나같이 인간과 동등한 관계를 맺고 있다고 노래한다. 인간과 동등한 관계를 맺고 있다고 노래할 뿐만 아니라 한 핏줄에서 태어난 형제자매처럼 간주한다. 이 성인한테는 하늘 높이 떠서 만물을 환하게 비추고 온갖 생물을 자라게 하는 태양은 형님이다. 밤하늘을 곱게 장식한 달과 별은 그에게 누님이다. 1973년 이탈리아의 영화감독 프랑코 제피렐리가 성 프란체스코의 생애를 다룬 영화를 만들면서 '형님 태양, 누님 달'이라는 제목을 붙인 것은 바로 그 때문이다.

또한 프란체스코에게는 바람도 공기도 구름도 맑고 고요한 날씨도, 그리고 "아름답고 장난스러우며 활달하고 강인한" 불도 하나같이 형님일 뿐이다. "쓸모 있고 겸손하며 맑고 소중한" 물은 누이이다. 한편 인간을 지켜주며 "온갖 과일이며 갖가지 꽃과 풀을 자라게 하는" 대지는 누님이요 어머니라고 노래한다. 심지어 성 프란체스코는 육신의 죽음마저도 사랑스러운 누이라고 밝힌다.

> 나의 주님, 당신은 찬미를 받으소서
> 누님인 육신의 죽음을 통해서도 찬미를 받으소서
> 아무도 죽음을 피할 수 없나이다.
> 대죄를 짓고 죽음을 맞는 사람은 불행할진저!
> 당신의 지극히 거룩한 뜻 따르며
> 죽음을 맞는 사람들은 복되나이다.
> 두 번째 죽음이 그들을 해칠 수 없는 까닭이옵나이다.

여기에서 프란체스코가 하나님이 피조물의 죽음을 통해서도 찬미를 받아야 한다고 노래하는 것이 여간 놀랍지 않다. 육신의 죽음은 인간이라면 누구나 끔찍이 싫어하고 멀리하는 것으로 찬미하여야 할 대상이라기보다는 오히려 저주하여야 할 대상이다. 그런데도 죽음을 맞이하는 사람은 복이 있다고 노래한다. 이렇듯 프란체스코는 죽음을 생명의 종착역이 아니라 영원한 생명의 집으로 들어가는 문으로 생각한다. 그리하여 죽음은 자비로운 하나님의 가장 큰 선물이기 때문에 찬미와 감사를 드릴 수밖에 없다고 생각하는 것이다.

그러나 티 없는 옥이 없다고 성 프란체스코의 생태주의에도 어쩌다 한계를 보일 때도 있다. 그에 따르면 "모든 피조물은 '하나님이 인간 당신을 위하여 나를 만드셨나이다' 하고 노래한다." 그냥 지나치기 쉽지만 좀더 곰곰이 생각해 보면 이 말에는 서슬 퍼런 인간중심주의가 도사리고 있음이 드러난다. 결국 태양도 별도 달도 하나같이 인간을 위하여 빛나고 종달새가 지저귀는 것도 인간의 귀를 즐겁게 해주기 위해서라는 것이다.

실제로 이러한 인간중심주의는 기독교 경전인 성서에서도 쉽게 엿볼 수 있다. 예를 들어 구약성서 「시편」 저자는 "주께서 사람을 / 하나님보다 조금 못하게 지으시고 / 그에게 영광과 존귀의 왕관을 / 씌워 주셨습니다. / 주께서 손수 지으신 만물을 / 사람이 다스리게 하시고 / 모든 것을 사람의 발 아래에 두셨습니다. / 크고 작은 온갖 집짐승과 들짐승까지도 / 하늘에서 나는 새들과 / 바다에서 노니는 물고기와 / 물길 따라 움직이는 모든 것을 / 사람이 다스리게 하셨습니다"(8편 5-8절) 하고 노래한다. 그러나 성 프란체스코의 이러한 태도는 규칙이라기보다는 어디까지나 예외로 보아야 할 것이다.

3

자연과 환경에 대한 관심은 역시 낭만주의에 이르러 좀더 뚜렷이 드러나기 시작한다. 18세기 중엽은 서구 역사에서 그야말로 획기적인 시기였다. 지리상의 발견이 이루어진 것도 이 무렵이요, 산업혁명이 일어난 것도 바로 이 무렵이었다. 1760년경 영국에서 처음 시작된 산업혁명은 한편으로는 인간의 노동력을 덜어주었지만 다른 한편으로는 자연을 파괴하고 환경을 오염시키는 부작용을 낳았다.

그런데 산업혁명에 동력을 마련해 준 것은 다름아닌 계몽주의였다. 이성과 합리성으로 굳게 무장한 계몽주의는 자연 세계를 정복하여 인간의 이익에 복무시키려는 원대한 꿈을 지니고 있었다. 자연을 체계적으로 정복하고 지배하면 할수록 문명의 순도는 그만큼 높아졌다. 그리고 낭만주의는 바로 이러한 계몽주의 계획에 대한 비판에서 시작하였다. 무엇보다도 인간의 직관과 상상력에 무게를 싣는 낭만주의는 정신과 자연, 인간과 비인간 사이에 세워 놓은 높다란 벽을 허무는 데 크게 이바지하였다.

영국 낭만주의 시인 가운데에서도 자연과 환경에 깊은 관심을 보인 사람으로는 윌리엄 워즈워스가 단연 첫손가락에 꼽힌다. "훌륭한 시란 하나같이 강력한 감정의 자발적인 발로"라고 규정짓는 그는 『서정 시집』(1800) 서문에서 자신이 소박한 전원생활을 즐겨 작품의 소재로 삼은 것에 대하여 "인간의 감정이 아름답고 영원한 자연의 형식과 결합하기 때문이다" 하고 밝힌다. 또한 워즈워스는 인간과 그를 에워싸고 있는 자연이 서로 유기적 관계를 맺고 있을 뿐만 아니라 서로에게 적잖이 영향을 끼친다고 밝힌다.

이렇게 인간과 자연, 주관과 객관의 유기적 관계를 지적한 것은 비단 워즈워스에 그치지 않고 새뮤얼 코울리지도 마찬가지이다. 『문학 전기』(1817)에서 코울리지는 "지식 행위 그 자체가 일어나는 동안 객관과 주관은 너무 동시에 일어나기 때문에 우리는 이 두 가지 중 어느 쪽이 우선하는지 결정할 수 없다. 여기에는 선후 관계가 있을 수 없다. 둘 다 동시에 일어나며 하나가 된다"고 잘라 말한다. 한편 대립적이거나 이질적인 것을 종합하는 마술적 힘을 지니고 있는 상상력은 동일성과 차별성, 일반성과 특수성, 관념과 이미지, 개별성과 대표성, 자연적인 것과 인공적인 것을 조화시킨다.

워즈워스는 「세상은 우리에게 너무 고달파」(1807)라는 작품에서 산업혁명 이후 돈을 벌고 쓰는 일에 인간의 창조적 에너지가 모두 고갈되었다고 한탄한다.

우리에게 세상은 너무 고달파
아침부터 밤늦도록
벌고 쓰는 일에 있는 힘을 헛되이 써버린다.
우리에게 주어진 자연도 보지 못하고
마음마저 버렸으니 이 보잘것없는 흥정이여!
달빛에 젖가슴을 드러내는 바다
또는 언제까지나 울부짖다가
시들어버린 꽃처럼 잠잠해지는 바람
이 모든 것과 이제 우리는 남남이 되었구나.

예나 지금이나 소비는 언제나 골칫거리이다. 비록 정도의 차이는 있을망정 워즈워스가 살던 19세기 초엽 사람들도 다국적 자본주의 시대에 살고 있는 현대인과 마찬가지로 소비에 적잖이 탐닉해 있었다. 워즈워스가 이 무렵 사람들이 '아침부터 밤늦도록' 돈을 벌고 소비하는 일에 정신이 팔려 있다고 한탄하는 까닭이다. 이렇게 돈을 벌고 소비하는 일에 사람들은 정신과 마음이 모두 팔려 있으니 주위에 있는 자연이 눈에 들어올 리가 없을 것이다.

요즈음 소비를 미덕으로 생각하고 고객을 왕으로 치켜세우는 소비 자본주의 시대에 '쇼포홀릭'이라는 용어까지 생겨났다. 술을 습관적으로 많이 마셔 알콜 중독에 걸리듯 현대인들이 쇼핑에 중독에 걸린 현상을 일컫는 말이다. "나는 생각한다. 그러므로 나는 존재한다"는 르네 데카르트의 그 유명한 명제를 비틀어 "나는 쇼핑한다. 그러므로 나는 존재한다"고 말하기에 이르렀다. 실제로 알코올 중독자처럼 쇼핑 중독에 걸린 사람들이 적지 않고, 현대인 중에는 쇼핑에서 존재이유를 찾으려는 사람들이 적지 않다. 소비는 자본주의라는 바퀴를 원활하게 돌아가게 하는 윤활유의 역할을 하지만 문제는 정상적인 수준이나 정도를 넘는다는 데 있다. 이렇게 소비를 하다 보니 물건을 만들어내는 과정에서 자연이 파괴되고 환경이 오염되지 않을 수 없다. 자연을 희생시키고 얻은 문명은 그야말로 '보잘것없는 흥정'임에 틀림없을 것이다. 마치 모래 위에 지은 집과 같아서 언제 무너져 버릴는지 모르기 때문이다.

> 책! 그것은 지리하고도 끝없는 투쟁이다.
> 이리 와서 숲 속 방울새의 노래를 들어라,
> 그 노랫소리가 얼마나 감미로운가! 맹세컨대,
> 그 노래 속에 훨씬 많은 지혜가 들어 있다.
>
> 그리고 들어봐라! 티티새가 얼마나 쾌활하게 노래하는가!
> 저 새도 만만찮은 설교가다.
> 사물의 빛 속으로 뛰어 들어라.
> 자연을 스승으로 삼아라.

워즈워스의 또 다른 작품「돌려놓은 테이블」(1798)의 일부이다. 이 작품의 의미를 쉽게 깨닫기 위해서는 제목을 좀더 꼼꼼히 따져보아야 한다. 영어로 '테이블을 돌려놓는다'고 하면 사태나 형세를 역전시키는 것을 뜻한다. 요즈음은 '패러다임의 전환'이라는 용어를 심심치 않게 듣지만 워즈워스는 이 작품에서 바로 그러한 전환을 촉구한다. 이렇게 혁명적인 새로운 발상의 전환이 없이는 자연 파괴나 환경오염을 극복할 수 없기 때문이다.

지금까지 인간은 자신의 의식 밖에 존재하는 사물은 하나같이 혼돈과 무질서 상태에 있고, 인간 의식이 그것에 질서와 의미를 부여해 주는 것으로 생각해 왔다. 그러나 워즈워스는 이러한 태도에 쐐기를 박는다. 인간의 지적 능력이란 기껏해야 '쓸데없이 참견하는 지식'에 지나지 않는다. 여기에서 책은 인간의 지식을 가리키는 환유이고, 방울새나 티티새는 자연을 가리키는 환유이다. 워즈워스는 인간은 책보다도 자연 속에서 훨씬 더 소중하고 많은 지혜를 얻을 수 있다고 노래한다. 한마디로 책이 아닌 자연을 스승으로 삼으라고 말한다.

> 자연의 가르침은 감미롭지만

우리의 주제넘은 지성은
만물의 아름다운 형상들을 일그러뜨린다.
우리는 해부하기 위하여 살해한다.

이 인용문에 이르러 워즈워스는 인간 지성과 자연을 극명하게 대조시킨다. 자연의 가르침은 감미롭고 조화를 추구하지만 인간의 지성은 주제넘게 모든 것을 엉망으로 만들어 놓을 뿐이다. 이러한 대립은 "우리는 해부하기 위하여 살해한다"는 마지막 구절에서 뚜렷하게 드러난다. 무엇인가를 '살해'하지 않고서는 '해부'할 수 없다는 데 인간 지성의 한계가 있다. 인간이 '사물의 빛 속으로' 들어가기 위해서는 무엇보다도 먼저 빛이 인간 의식과 독립된 것으로 보아서는 안 된다. 다시 말해서 인간은 사물 그 자체와 하나가 되어야 한다. 워즈워스는 정신과 물질, 주체와 객체, 관찰자와 대상의 이항대립을 넘어설 때 비로소 자연을 제대로 볼 수 있다고 지적한다.

생태 의식으로 말하자면 흔히 '농부 시인'으로 일컫는 존 클레어가 어떤 의미에서 '신사 시인'이라고 할 워즈워스보다 한 발 앞선다. '녹색 언어'라는 용어를 처음 사용한 시인이 바로 클레어이다. 「전원적 포에지」라는 작품에서 그는 시인은 "언제나 녹색인 언어"로 작품을 써야 한다고 밝힌다. 자연을 한낱 도구로만 사용하는 전통적인 전원시나 목가시에 적잖이 불만을 털어놓는 클레어는 관념적으로 시를 쓰는 것이 아니라 몸소 농사를 지으며 느낀 생각을 시로 표현한다. 그러므로 그의 작품에서는 흙냄새가 물씬 풍긴다.

나는 남자가 한 번도 밟지 않은 경치를 갈망하노라
　여자가 한 번도 미소 짓거나 눈물을 흘리지 않은 장소 말이다.
그곳에서 나는 내 창조주 하나님과 함께 살고
　어린 시절 달콤하게 잠을 잔 것처럼 잠을 자리라.
내가 누워 있는 곳에서는 아무런 걱정 근심 없으리.
　발밑에는 풀밭, 고개를 쳐들면 둥근 천장 같은 하늘.

이 작품에서 클레어는 화자의 입을 빌려 인간의 발길이 한 번도 닿지 않은 원시적인 자연을 꿈꾼다고 노래한다. 그곳에서는 어른이 되면서 사회화 과정에서 잃어버린 순진성과 행복을 다시 되찾을 수 있다고 말한다. 화자는 말하자면 잃어버린 낙원을 되찾기를 갈망하는 것이다. 그런데 이 작품에서 무엇보다도 눈길을 끄는 것은 둘째 행이다. 화자는 "여자가 한 번도 미소 짓거나 눈물을 흘리지 않은" 장소를 애써 찾는다. 그가 감정을 헤프게 털어놓는 것을 좋아하지 않는다는 사실을 엿볼 수 있는 대목이다. 감정을 토로하는 것은 비단 여성에 그치지 않는다. 인간이라면 누구나 쉽게 자연을 보고 희로애락의 감정을 표현하기 일쑤이다. 존 러스킨은 이러한 태도를 두고 '감정의 오류'라는 말로 불렀다. 그러면서 기껏 이류 시인들이나 이러한 오류에 탐닉한다고 밝힌다. 참다운 시인이라면 자연에 대하여 인간의 감정을 투사하지 않는다는 것이다.

한편 조지 고든 바이런은 「암흑」이라는 작품에서 환경 재앙의 실상을 묵시론적 또는 종말론적 관점에서 고발한다. 그는 흔히 열정적이고 낭만적인 작품을 쓴 것으로 잘 알려져 있지만 때로는 환경 위기를 경고하는 작품을 써 관심을 끌기도 하였다.

> 세상은 텅 비어 있었다.
> 사람들이 많이 살고 힘을 자랑하던 세상은 이제 한 덩어리에 지나지 않았다.
> 계절도 없고, 약초도 자라지 않고. 나무도 없으며, 인간도 없고, 생명도 없다.
> 죽음의 덩어리, 딱딱한 진흙의 무질서한 상태가 되었다.
> 강도 호수도 대양도 모두 정지해 있다.
> 깊숙한 침묵 속에 움직이는 것이라곤 아무것도 없다.

이 작품을 좀더 잘 이해하기 위해서는 1815년에 인도네시아 탐보라 화산 분출 사건을 알아야 한다. 1500년 이래 최대 규모의 화산 분출인 이 재앙으로 숨바와 섬과 롬복 섬에 살고 있는 8만 명의 사람들이 목숨을 잃었다.

화산재가 성층권을 뒤덮어 햇빛을 차단하여 기온이 급강하하였고, 그 결과 지구상의 유기체의 성장력을 떨어뜨리는 등 3년에 걸쳐 크나큰 영향을 끼쳤다. 곡물 수확량이 급격하게 줄어들자 유럽 여러 나라에서는 폭동이 일어났다. 조너선 베이트의 지적대로 이 작품을 읽노라면 '생태 살인'이나 '생태 파괴'의 예언자로서의 바이런의 면모를 깨닫게 된다. 환경 파괴는 전 지구적으로 영향을 끼친다는 사실을 새삼 깨닫게 된다. 탐보라 화산 분출 재앙은 영국에도 큰 영향을 끼쳐 1816년 6월에서 8월까지 무려 세 달 동안 햇빛을 볼 수 없었다. 바이런은 「암흑」은 바로 태양이 없는 암흑의 읊은 작품이다.

이렇게 기상이나 날씨를 작품의 소재로 다룬다는 점에서 존 키츠의 「가을에게」도 「암흑」과 크게 다르지 않다. 평소 폐 질환을 앓고 있던 키츠는 그 누구보다도 날씨에 대하여 민감한 반응을 보였다. 한 친구에게 보낸 편지에서 그는 "나는 청명한 날씨를 내가 누리는 가장 큰 축복으로 존경한다"고 밝힐 정도였다. 그런가 하면 "고독과 불순한 날씨를 한꺼번에 참을 수 없다"고 밝히기도 한다. 키츠가 「가을에게」를 쓴 1819년 가을은 유난히 날씨가 좋았던 것으로 유명하다. 기상청 자료에 따르면 8월 7일부터 9월 22일에 이르는 47일 가운데에서 무려 38일이 날씨가 청명하였고 기온도 평년의 온도를 몇 도나 웃돌았다고 한다.

한편 윌리엄 블레이크는 워즈워스와 달리 자연을 경멸한 것으로 악명이 높다. 그에게 자연은 '그림자처럼 어두운 여성'이요 '사탄의 아내'와 다름없었다. 워즈워스에 대한 노트에서 그는 "나에게 자연의 대상은 언제나 상상력을 약화시켰고 지금도 그러하다" 하고 적는다. 또 다른 곳에서 블레이크는 "자연은 영적인 삶에 대해서는 아무 것도 가르쳐 주지 않고 오직 자연적 삶만을 가르친다"고 밝히기도 한다. 한마디로 "자연은 악마의 작품이다" 하고 잘라 말한다. 이 점에서 그는 다른 낭만주의 시인들과는 크게 다른 것처럼 보인다.

그러나 좀더 꼼꼼히 살펴보면 블레이크도 자연에 적잖이 깊은 관심을 보이고 있음을 알 수 있다. 블레이크의 자연관은 “구두쇠의 눈에는 금화가 태양보다 훨씬 더 아름답고, 돈을 넣어 닳고 닳은 돈주머니가 포도가 주렁주렁 매달린 포도나무보다 훨씬 더 아름다운 균형을 지닌다. (……) 그러나 상상력의 인간의 눈에는 자연은 상상력 그 자체이다”는 말에서도 단적으로 드러난다. 블레이크가 거부한 것은 아이작 뉴턴의 ‘죽은’ 우주였을 뿐 워즈워스나 클레어가 말하는 ‘살아 있는’ 자연은 아니었다.

워즈워스와 클레어의 전통을 이어받아 존 러스킨과 윌리엄 모리스도 자연에 대한 깊은 통찰과 관심을 기울였다. 러스킨은 자연을 사랑하는 것은 곧 초월적 존재자에 대한 믿음으로 이어진다고 지적하였다. 사회 개혁에 관심을 기울인 모리스는 사회 생태학에 크게 이바지하였다. 그렇다면 낭만주의는 단순히 사회로부터 도피하려는 운동이 아니라 세계를 새롭게 이해하려는 한 방법이라고 할 수 있다. 워즈워스는 그의 친구인 과학자 험프리 데이비의 과학 이론에 깊은 매력을 느끼고 있었던 것으로 알려져 있다. 모리스도 이 무렵 유럽을 휩쓴 유토피아를 꿈꾸는 사회 운동에서 적잖이 영향을 받았다.

생태주의의 관점에서 낭만주의를 새롭게 조명한 이론가는 ‘낭만적 생태주의’의 깃발을 내건 조너선 베이트였다. 1980년대 초엽에 이르러 형식주의에 반기를 들고 마르크스주의와 신역사주의 이론이 점차 고개를 쳐들기 시작하였고, 이러한 경향은 낭만주의 연구에서도 예외가 아니었다. 가령 제롬 J. 맥갠은 『낭만적 이데올로기』(1991)와 앨런 류의 『워즈워스: 역사의식』(1989)이라는 저서는 대표적인 책이다. 그들은 워즈워스가 개인의 역사적 현실을 무시한 채 개인의 상상력에 초점을 맞춘다고 비판하였다. 마르크스주의자들의 관점에서 보면 개인주의란 결국 부르주아의 주물(呪物)에 지나지 않는다. 그러나 맥갠이나 류에 맞서 낭만주의를 이데올로기나 역사의 관점에서 보려는 이론에 쐐기를 박은 베이트는 오히려 낭만주의를 생태주의의 관점에서 새롭게 읽어내어 관심을 끌었다. 낭만주의 전통이야말로 기본 정신에서 오늘날의 생태주의에 아주 가깝다.

영국의 낭만주의는 대서양을 건너 미국 땅에서 초월주의라는 이름으로 다시 태어난다. 초월주의를 처음 주창한 랠프 월도 에머슨은 영국이나 유럽의 낭만주의자들과 마찬가지로 이성적 담론보다는 직관과 영감에 무게를 실었다. 한편으로는 도덕적 성격에 심취하면서도 다른 한편으로는 자유로운 상상력에 대해서도 적잖이 관심을 기울였다. 에머슨은 특히 대령(大靈)이나 대원(大圓)의 개념을 통하여 우주의 삼라만상이 서로 깊이 연관되어 있음을 지적한다. 그러나 좀더 꼼꼼히 살펴보면 대령이나 대원의 개념에는 여전히 인간중심주의가 도사리고 있음이 드러난다. 초월주의에 대하여 에머슨은 플라톤의 관념론을 미국 땅에 옮은 것이라고 밝힌다. 그러나 생태주의는 관념론보다는 좀더 구체적인 물질주의와 맞닿아 있다. 오늘날 인류가 겪고 있는 환경 위기나 생태계 위기는 지나친 물질적이고 육체적인 것을 무시한 채 지나치게 관념론에 무게를 실은 탓으로 돌릴 수 있다.

생태주의에 관한 한 에머슨보다는 헨리 데이비드 소로가 훨씬 앞선다. 19세기 미국 시인 제임스 러셀 로웰은 에머슨과 소로를 두고 "에머슨의 과수원에서 낙과(落果)나 줍는 사람"이라고 혹평하였지만 에머슨보다는 소로에게서 생태주의를 훨씬 쉽게 읽을 수 있다. 어딘지 먹물냄새가 나는 에머슨과는 달리 소로한테서는 흙냄새가 물씬 풍긴다.

물론 소로한테도 한계가 없는 것은 아니다. 가령 자연을 여성으로 간주하는 그는 때로는 가부장적인 태도를 드러내며 남성중심주의에 대한 향수를 품는다. 『월든』(1955)에서 소로는 "자연은 정복하기 어렵지만 그녀는 정복하여야 한다"고 밝힌 것은 이러한 경우를 단적으로 보여주는 좋은 예이다. 한 여성 이론가의 말을 빌린다면 소로는 한편으로는 자연을 존중하고 숭배하면서도 다른 한편으로는 자연의 옷을 벗기고 절단하고 형체를 일그러지게 하였다고 할 수 있다.

그러나 본질적으로 소로는 누구보다도 자연에 깊은 관심과 친화력을 보여 준다. 한 저널에서 그는 자연을 두고 '나의 신부(新婦)'라고 밝힌다. 그렇다면 성 프란체스코가 "나는 청빈과 결혼하였다" 하고 말하듯이 소로는 자연과 결혼하였다고 말하는 셈이다.

> 젊은 청년이 처녀를 사랑하듯이 그렇게 자연을 사랑하는 것을 중요한 원칙으로 삼고 있으면서도 그보다 좀더 오래 사랑할 수 있는 사람은 얼마나 보기 드문 일인가! 모든 자연은 나의 신부이다. 자연은 한 사람에게는 명백하고 유령 같이 음산한 고독이 될 수 있지만 다른 사람에게는 달콤하고 부드럽고 상냥한 친구가 될 수 있다.

19세기 미국 소설가 헨리 제임스는 신랑이 신부를 사랑하듯이 예술가는 아름다움을 사랑하여야 한다고 말한 적이 있다. 그러나 소로는 신랑이 신부를 사랑하듯이 인간은 자연을 사랑하여야 한다고 말한다. 똑같은 비유법을 구사하고 있으면서도 두 사람이 말하려고 하는 바는 하늘과 땅만큼 차이가 난다. 제임스가 예술에 무게를 싣는다면 소로는 어디까지나 자연에 무게를 싣는다. 어머니이던 신부이던 자연은 남성이 아니라 어디까지나 여성이라는 점을 눈여겨보아야 한다.

또한 소로는 「걷기」라는 글에서 인간의 손길이 아직 닿지 않은 황야나 황무지에 오늘날 위기를 극복할 수 있는 구원이 들어 있다고 역설한다. 소로에게 '야성적인' 것은 길들여야 할 대상이 아니라 오히려 본받아야 할 미덕이다. "바람과 시냇물을 감동시켜 자신에게 유리하도록 말하게 만들 수 있는 사람, 봄에 농부가 겨울 서리로 튀어 올라온 말뚝을 내리 박듯이 언어를 원시적인 의미로 못 박을 수 있는 사람"이야말로 참다운 의미의 시인이라고 밝힌다. 한마디로 소로는 "훌륭한 것이란 하나같이 야성적이고 자유롭다" 하고 결론짓는다.

4

자연과 환경에 대한 관심은 이번에는 20세기 초엽에 걸쳐 서구를 휩쓴

모더니즘으로 이어진다. '모던'이라는 의미소(意味素) 때문에 모더니즘을 자칫 생태주의와는 거리가 먼 것으로 생각하지 쉽다. 그러나 모더니즘 전통에서 있는 소설가들과 시인들은 그 나름대로 자연에 깊은 관심을 기울였다. 모더니즘은 계몽주의의 유산을 물려받고 있는 모더니티에 대한 비판이요 반작용이다. 인간 역사의 발전과 진보를 굳게 믿는 모더니티는 자연과 환경을 파괴하는 데 앞장섰다.

이 점에서 모더니스트들은 낭만주의 전통을 이어받고 있다고 할 수 있다. 역사적 개념이나 사회적 개념으로서의 모더니티와 문학과 예술 운동으로서의 모더니즘을 엄격히 구별 지어 사용하여야 하는 까닭이 여기에 있다. 모더니티는 가깝게는 18세기, 멀게는 신(神)을 밀어내고 그 자리에 인간을 올려놓은 르네상스 시대에까지 거슬러 올라가지만, 모더니즘은 그 시기를 아무리 일찍 잡는다고 하여도 19세기 말엽 이전으로 거슬러 올라가기 어렵다.

20세기 초엽 영국의 시인 에드워드 토머스는 자연과 환경에 깊은 관심을 기울인 문인으로 꼽힌다. 형식이나 기법에서 실험을 꾀하지 않았기 때문에 엄밀한 의미에서 모더니스트로 규정지을 수는 없지만 작품의 주제나 내용에서 그는 다른 모더니스트들과 비슷하다. 흔히 모더니스트들이 그러하듯이 그도 모더니티의 병폐를 날카롭게 비판하였다. 토머스는 "위대한 시치고 자연과 동떨어진 작품은 하나도 없기 때문에 훌륭한 시를 읽는 것을 자연을 연구하는 것과 연관시키는 것이 좋을 것이다" 하고 지적하였다. 특히 그는 학교 교육을 통하여 나이 어린 학생들에게 자연을 가르쳐야 한다고 주장하였다.

D. H. 로런스는 토머스의 주장을 한 발 더 밀고 나간다. 광부의 아들로 태어나 누구보다도 환경 파괴의 실상을 두 눈으로 목격한 로런스는 기독교가 퍼지기 시작하면서 그 동안 고대 그리스와 로마 신화에 나오는 이교도 신들이 사망하였다고 지적한다. 프리드리히 니체가 신의 죽음을 선포하는 것처럼 그는 "판은 죽었다! 위대한 판은 이제 사망하였다!"고 부르짖는다. 이교도적인 판은 기독교에 이르러 악마로 변하여 조롱과 괴멸의 대상으로

바뀌었다고 개탄한다. 자연 파괴의 원인을 다름아닌 판의 죽음에서 찾는 로런스는 인간과 우주의 관계를 회복할 때 인간은 낙원으로 되돌아갈 수 있다고 지적한다.

> 우주를 정복한 문명인은 그것에 대하여 주인 노릇을 하지 않는 것이 좋을 것이다. 왜냐하면 삶 자체는 인간과 해 · 달 · 별 · 지구 · 나무 · 꽃 · 새 · 짐승 · 인간 · 그밖에 모든 것인 우주 사이의 역동적인 관계에 존재할 뿐 그 무엇에 의한 그 무엇의 '정복'에 존재하지 않기 때문이다. 심지어 공기를 정복하면 이 세계는 그만큼 작아지고 좁아지며 공기가 희박해져 버린다.

여기에서 로런스가 세 번씩이나 되풀이하는 '정복'이라는 낱말을 찬찬히 눈여겨볼 필요가 있다. 구약성서 「창세기」에는 하나님이 아담과 하와에게 "생육하고 번성하여 땅에 충만하여라. 땅을 정복하여라. 바다의 고기와 공중의 새와 땅 위에서 살아 움직이는 모든 생물을 다스려라"(1장 28절) 하고 말한다. 린 화이트를 비롯한 몇몇 이론가는 이 구절을 문제 삼아 오늘날 인류가 겪고 있는 환경 위기나 생태계 위기의 탓을 서구 기독교의 인간중심주의에서 찾는다. 「창세기」의 이 구절은 "오 제우스, 아버지 제우스여, 당신은 하늘을 지배하고 인간의 일을 감독하나이다"라는 호메로스의 「찬가」와는 여러모로 크게 다르다. 「창세기」에서는 하나님의 형상으로 빚어진 인간이 피조물을 다스리지만 호메로스의 「찬가」에서는 제우스 신이 모든 것을 지배하고 감독한다.

흔히 모더니즘의 대부로 일컫는 T. S. 엘리엇은 처음에는 낭만주의보다는 고전주의 전통에 더 가까웠다. "침잠(沈潛) 가운데 회상한 감정"으로 본 워즈워스의 시의 정의를 거부하고 오히려 개인의 재능의 임무는 과거 전통에 순응하는 것이라고 주장하였다. 그리하여 존 미들턴 머리는 엘리엇 같은 작가들의 고전주의가 영국 문학의 발전을 가로막고 있다고 지적하면서 워즈워스 전통으로 돌아갈 때 영국 문학이 다시 앞으로 나아가게 될 것이라고 주장하였다. 그러나 엘리엇은 후기로 오면 올수록 고전주의적인 태도를 버리고 점차 낭만주의 태도를 지니기 시작한다. 그에게 종교란 '자연과의 순응하는 삶'에 지나지 않는다. 산업 자본주의의 병폐를 몸소 경험한 그는 "상업적 이익을 위하여 지구의 착취하는 행위"를 경고하면서 "눈앞의 이익은 기근과 사막에 이르게 된다"고 밝혔다

이러한 사정은 비단 로런스나 엘리엇에 그치지 않고 버지니아 울프나 윌리엄 포크너 같은 모더니스트들의 작품에서도 쉽게 찾아볼 수 있다. 윌리엄 워즈워스와 도로시 워즈워스를 좋아한 울프는 현대 페미니즘이 발전하는 길을 닦았을 뿐만 아니라 더 나아가 생태주의가 발전하는 데에도 밑거름이 되었다. 미국 남부문예부흥에서 주도적인 역할을 한 포크너도 『모세여 내려가라』(1949) 같은 작품에서 한편으로는 문명의 병폐를 고발하고 다른 한편으로 자연의 소중함을 새삼 일깨워준다. 남부 문예부흥이란 따지고 보면 북부의 공업주의와 상업주의에 대한 문학적 대응으로 볼 수 있다.

에머슨과 소로 그리고 휘트먼이 뿌린 씨앗이 20세기에 이르러 싹을 터 활짝 꽃을 피우기 시작한 단계에 이르렀다. 어렸을 적부터 유럽에서 교육을 받은 로빈슨 제퍼스는 문학을 말할 것도 없고 종교, 철학, 언어학, 신화, 그리고 과학 등 여러 학문 분야에 걸쳐 폭넓은 관심을 보인 시인이다. 캘리포니아 주 카멜 해안에 살면서 그가 말하는 "사물의 아름다움"을 즐겨 시의 주제로 다루었다. 그의 생태주의는 범신론적인 세계관과 순환론적 시간관에서 엿볼 수 있다. 그에게 신이란 끊임없이 진화 과정에 있는 우주일 따름이며 고통스런 변화 속에서 드러난다. 또한 신화나 제의, 프리드리히 니체의 '영원 회귀' 사상, 오스발트 슈펭글러, 지암바티스타 비코 등에서 영향을 받은 그의 순환론적 시간관을 보여주는 이미지나 주제도 그의 작품 곳곳에서 그다지 어렵지 않게 찾아볼 수 있다.

그러나 제퍼스의 생태주의는 인간에 염세주의적 태도를 보인다는 점에서 한계를 지닌다. 그는 개별적으로나 집단적으로 다른 개체나 종을 무참히 착취하고 파괴해 왔다는 점을 들어 인간이 이 우주에 존재할 가치가 없다고 잘라 말한다. 이러한 태도는 대규모 전쟁을 환영한다고 말하는 데에서 단적

으로 드러난다. 전쟁이 일어나게 되면 인간은 이 우주에서 영원히 사라지게 될 것이라는 것이다. 궁극적으로 제퍼스는 인간이 이 우주에 출현하기 이전의 상태로 다시 돌아가기를 열렬히 바라고 있다. 그의 작품에 바위의 이미지가 자주 나타나는 것은 바로 그 때문이다.

물론 인간이 그 동안 만물의 영장이나 르네 데카르트가 말하는 '우주의 주인' 또는 '우주의 소유주'로 행세해 오면서 다른 개체나 종을 함부로 다룬 것은 부정할 수 없는 사실이다. 그러나 인간도 생태계에서 없어서는 안 될 소중한 존재이다. 빅토리아비단나비나 제왕도마뱀이 없는 생태계는 건강한 생태계가 아니지만 인간이 없는 생태계도 건강한 생태계가 아니다. 인간중심주의를 비판하는 것은 옳지만 인간 자체를 부정하는 것은 옳지 않다.

미국 문학에 생태주의의 복음을 좀더 일관되게 전해 온 시인이라면 역시 게리 스나이더를 빼놓을 수 없다. 1950년대의 비트 세대 작가들과 함께 문학을 시작한 그는 좁게는 도시 문명, 넓게는 서구의 생활 방식을 비판하며 그 대안을 모색하였다. "숲을 지키는 것이 곧 시인의 임무이다" 하고 잘라 말하는 그는 그 동안 동양의 선불교의 영향을 받아 자연의 소중함을 일깨우는 데 크게 이바지하였다. 그가 중국 문화에 심취하고 일본에 살면서 미우라 잇슈와 오다 셋소 같은 선사(禪師) 밑에서 선불교 교육을 받았다는 것은 잘 알려진 사실이다.

스나이더의 생태주의는 "자연과 사회, 바위와 별 등 모든 것은 서로 연결되어 있고 상호 의존적이다"라는 그의 말에서 단적으로 드러난다. 그는 이 명제를 주제로 삼아 『신화와 텍스트』(1960)와 『거북이 섬』(1974) 같은 시집을 통하여 생태 의식을 일깨운 시인으로 평가받는다. 한편으로는 D. H. 로런스의 생명주의의 영향을 받고 다른 한편으로는 로빈슨 제퍼슨의 비관주의의 영향을 받았다.

로버트 덩컨도 제퍼스나 스나이더와 마찬가지로 자연에 대한 깊은 관심과 통찰을 보인다. 덩컨은 그 동안 동성애에 관심을 보인 시인으로 유명하지만 어떤 의미에서 이러한 관심은 서구 개신교 윤리에 대한 저항의 몸짓에 지나지 않는다. “동성애자로서도 시인으로서도 용인된 개신교 윤리의 패러다임을 쉽게 취할 수 없을 것이다” 하고 밝힌 적이 있다. 이렇게 개신교 윤리를 거부하면서 그는 자연을 지배하고 정복하고 착취해 온 서구 자본주의를 날카롭게 비판한다.

덩컨은 인간에 관심을 보일 뿐만 아니라 ‘타자(他者)’에 대해서도 깊은 관심을 기울인다는 점에서 제퍼스나 스나이더와는 조금 다르다. 덩컨은 타자의 범주를 자연에만 국한시키지 않는다. 그가 궁극적으로 목표로 삼고 있는 것은 이른바 ‘전체의 심포지엄’이다. 그에게 ‘동일자(同一者)’와 ‘타자’, ‘우리’와 ‘그들’은 이렇다 할 차이가 없다.

> 그러한 전체의 심포지엄, 그러한 총체를 만들기 위해서는 그 동안 제외되어 온 모든 질서를 포함시켜야 한다. 여성과 프롤레타리아와 외국인, 동물과 식물, 무의식과 미지의 것, 죄수와 실패자들—버림받아 떠돌아다니던 모든 것과 모든 사람들이 다시 ‘우리’라고 간주하는 창조 세계로 돌아와 그 속에 들어와야 한다.

여기에서 덩컨의 생태주의를 좀더 쉽게 이해하려면 ‘심포지엄’이라는 용어를 찬찬히 살펴볼 필요가 있다. 무심코 사용하고 있지만 이 말은 본디 ‘함께 마신다’는 뜻을 지닌 그리스어 말에서 왔다. 저 옛날 그리스 시대 사람들은 술을 마시고 음식을 먹으며 자유롭게 의견을 서로 주고받았다. 플라톤의 대화편을 때로 ‘향연’이라고 옮기는 까닭이 바로 여기에 있다. 오늘날 심포지엄이라고 하면 침을 튀기며 상대방의 이론을 반박하는 살벌한 토론장을 떠올리기 쉽지만 플라톤 시대만 하여도 화기애애한 향연이나 잔치와 다름없었다. 이 무렵 대화의 향연에는 플라톤 같은 철인들은 말할 것도 여성들과 심지어 미소년들까지 참여할 정도였다.

덩컨은 그 동안 억압받고 소외 받아 온 인간은 말할 것도 없고 더 나아가 동물과 식물 같은 비인간 세계까지도 전체를 아우르는 ‘향연’에 초대한다. ‘우리’의 울타리 안에 ‘그들’이라는 타자의 이름으로 소외 받고 제외되어 온 모든 사람과 모든 자연을 넣는다. 그렇다면 덩컨에게 동일자에 억압받아 온 것은 하나같이 타자에 해당하는 셈이다. 이 점에서 덩컨의 생태주의는 여러모로 에코페미니즘을 떠올리게 한다. 그가 "국가와 전쟁은 질병이고 보편적 인간성과 개인의 의지의 영원한 적이다" 하고 잘라 말하는 까닭이 바로 여기에 있다. 국가 제도와 전쟁의 재앙에서 누구보다도 가장 피해를 입는 것은 역시 힘없는 주변인들이고, 또한 이 과정에서 인간이 아닌 피조물도 어쩔 없이 희생되지 않을 수 없을 것이다. 한마디로 덩컨은 우리가 무엇보다도 먼저 해결하여야 할 문제로 민족과 계급과 성차 못지않게 자연을 꼽고 있는 것이다.

5

유럽의 여러 나라 가운데에서도 독일은 가히 생태주의의 메카라고 할 수 있다. 녹색 운동이 정당으로 처음 뿌리를 내린 곳도 이곳이요, 문학에서 본격적인 녹색시가 쓰인 것도 이곳이다. 독일에서는 일찍이 1950년대부터 환경 파괴를 고발하고 생태 의식을 불러일으키는 이른바 '생태시(외코리릭)'를 발표하여 전 세계적으로 큰 관심을 끌었다. 1981년에는 그 동안의 생태시를 한데 모아 『직선들의 폭풍우 속에서, 1950-1980』라는 사화집을 출간하기에 이르렀다. 독일의 저명한 생태학자인 페터 코르넬리우스 마이어-타쉬가 92명의 시인이 쓴 작품 200여 편을 모은 이 시 선집은 녹색 문학사에서 이정표 구실을 한다. 흥미롭게도 이 시집에는 『양철북』(1959)의 작가 귄터 그라스의 「데카당스」와 「채소 실험」이라는 시도 실려 있다. 이제 생태시 하면 곧 독일을, 독일 하면 곧 생태시를 곧 떠올리게 된다.

마이어-타쉬는 이 시집을 편집하면서 주제나 내용에 따라 모두 8부로 나눈다. 1) 고생물학적 서막, 2) 물 · 공기 · 흙, 3) 아름다운 신세계: 감지, 경험, 재앙, 4) 공업, 5) 나팔꽃 또는 황금마차, 6) 경고 · 희망 · 꿈, 7) 묵시록, 8) 고생물학적 종막 등이 바로 그것이다. 그러나 이 시집에 수록된 작품은 크게 환경오염의 실상을 고발하는 '환경시', 그리고 환경 위기나 생태계 위기의 근본 원인을 따지는 '생태시'의 두 갈래로 나눌 수 있다.

그런데 이 시집의 주제를 좀더 쉽게 알기 위해서는 '직선들의 폭풍우 속에서'라는 제목을 찬찬히 눈여겨볼 필요가 있다. 오늘날 인류가 겪고 있는 환경 위기나 생태계 위기는 서구의 일직선적 세계관 때문이라고 하여도 크게 틀리지 않다. 목적을 설정해 놓고 매진하는 이 세계관에서 자연이나 환경에 대한 배려는 좀처럼 찾아볼 수 없다. 자연은 달팽이처럼 서두르지 않고 느리게 움직이지만 인간은 쳇바퀴를 돌리는 다람쥐처럼 한 순간도 쉬지 않는다. 인간은 어떤 목표를 정해 놓고 그 목표를 향하여 매진하는 것을 미덕으로 생각한다. 이러한 일직선적인 세계관에서는 진보와 발전을 기대할 수는 있지만 쉽게 절망을 느낀다.

한편 고대 그리스 시대나 동양 문화권에서 흔히 볼 수 순환적 세계관에서는 진보와 발전을 기대하기 어렵지만 삶에 쉽게 절망하거나 자연과 환경을 파괴하지 않는다. 강강술래처럼 원무(圓舞)를 추며 움직이는 이 세계관에서는 생태계의 원칙인 물질과 에너지의 흐름처럼 모든 것을 순환하는 것으로 본다. 그러나 앞만 바라보고 숨 가쁘게 달려온 일직선적 세계관은 그 동안 휘몰아치는 폭풍우처럼 자연과 환경을 무참히 짓밟았다. 지난 몇 백 년 동안 앞만 쳐다보고 숨 가쁘게 달려온 결과 인류는 오늘날의 환경 위기와 생태계 위기를 맞고 있다고 하여도 크게 틀리지 않을 것이다.